KB063546

중국
에너지
국제협력
보고서

중국
에너지
국제협력
보고서

초판 1쇄 인쇄 2017년 7월 9일
초판 1쇄 발행 2017년 7월 16일
지 은 이   쉬친화(許勤華)
옮 긴 이   김승일·이인선
발 행 인   김승일
디 자 인   조경미
펴 낸 곳   경지출판사
출판등록   제2015-000026호

판매 및 공급처   도서출판 징검다리
주소 경기도 파주시 산남로 85-8
Tel : 031-957-3890~1 Fax : 031-957-3889 e-mail : zinggumdari@hanmail.net

ISBN 979-11-86819-64-7   93320

중국
에너지
국제협력
보고서

쉬친화(許勤華) 지음 | 김승일 · 이인선 옮김
중국인민대학 국제에너지전략 연구센터

Korea Wisdom China
경지출판사

총 서(總序)

천위루(陳雨露)

현재 중국에는 각종 연구보고가 끊임없이 생겨나고 있는데 종류가 많고 다양하여 "모든 배가 먼저 도착하기 위해 다투듯"이 각자 제각기 재주를 뽐내고 있는 형국이다. 중국인민대학은 정성껏 조직하고 통합적으로 설계하여 인민대학의 학자들이 합동 편찬한 『연구보고 시리즈』를 내놓았다. 이 시리즈는 주로 응용대책 형 연구보고이며, 이를 집중적으로 내놓은 의도는 중대한 사회 현실 문제를 직시하고 동적인 분석과 평가를 통해 정부의 자문과 학술발전을 위한 문제점을 건의하고 대책을 제언하려는데 있다.

"학술적으로 선두에 있고, 시사에 관심을 가지며, 정부의 자문에 응하고 기업을 돕는다"는 것이 중국인민대학 『연구보고 시리즈』의 기본 방침과 기능이다. 연구보고는 일종의 과학연구 성과의 캐리어로 인민대학의 학자들이 창의성을 발휘하여 학술적으로 높은 고지를 점령하고 싱크탱크 자문단을 수립하려는 학술적 책임감과 사회적 관심을 담고 있다.

연구보고는 일종의 연구방식이며 관련 영역의 지표와 통계 수치를 기초로 삼아 현황을 평가하고 미래를 예측하고 인문사회의 과학적 연구 성과의 전환 및 응용을 추진하는데 있다. 연구보고는 또 하나의 학술브랜드로서 경제와 사회발전 과정의 열점과 초점, 그리고 중대한 전략적 문제에 지속적으로 훌륭한 연구 성과를 내어 당과 정부, 그리고 기업의 계획 및 정책에 서비스하고, 전문적인 분야의 연구에 서비스하며, 아울러 자체적인 주제성과 주기성(周期性), 그리고 상세하고 확실한 특징을 보임으로서 독자들의 주목을 받고 있다.

중국인민대학이 내놓은 『연구보고 시리즈』는 자체적인 학술 업적과 학술적 사고를 가지고 있다. 우리 학교는 줄곧 인문사회과학 방면에서 우수한 학술 연구를 함으로서 정부의 자문에 응하고 인재를 육성하며 사회에 봉사하는 역할을 중시해왔다. 그리고 영향력이 있는 연구보고를 많이 발표했다. 예를 들면 2002년부터 우리가 학제적 연구팀을 조직하여 연구 편찬한 『중국 경제발전 연구보고』, 『중국 사회발전 연구보고』, 『중국 인문사회과학발전 연구보고』는 긴밀히 연결하면서 10년 동안 중단되지 않았으며, 중국 경제, 사회, 인문 사회과학 발전영역의 중대한 현실 문제를 진실되게 반영해왔다. 최근에는 또 『중국법률발전 보고』 등을 내놓았는데 앞의 세 보고서와 함께 '4대 보고서'라고 불린다. 이밖에 산재된 같은 학과의 테마 연구보고서 역시 연속적으로 다년간 학계와 사회에 영향을 주고 있다. 이런 연구보고는 모두 다 정치와 경제, 사회문화 등 영역의 중대한 문제를 관찰 분석하고 평가 예측한 테마 연구로서, 그중에는 객관적인 수치와 사례가 있을 뿐만 아니라, 또한 심도 있는 분석과 전략적인 예측도 있어 실증성과 전망성, 학술성 모두를 겸비하고 있다고 할 수 있다.

우리는 이 연구보고를 통합하고 인민대학이 출판한 자원과 결합시켜 새롭게 기획, 징집, 선발하여 이 『연구보고 시리즈』를 만들었는데, 이를 통해 규모와 효과가 확대되고 사회 서비스 기능이 확대되기를 기대한다. 이 시리즈는 개방된 것이며 앞으로 상황에 따라 조금씩 증감함으로써 동적으로 발전시킬 계획이다.

중국인민대학이 내놓은 『연구보고 시리즈』는 또 학과(學科) 건설, 인재 양성 기능 강화, 협동적인 창의성 추진 등 여러 가지 의의를 가지고 있다. 연속성을 가진 출판물인 연구보고는 본 학과 학자들이 학술성과를 전시, 교류하는 무대로 활용된다. 하나의 좋은 연구보고를 만들려면 힘을 모아 성실하게 협력해야 하며, 협력자들은 보고가 연속됨에 따라 안정된 팀을 형성하게 되고, 학과의 실력도 강화된다. 연구보고는 풍부한 소재를 바탕으로 하기 때문에 학생을 동원하여 참가시킬 때도 있는데, 이러한 기회를 통해 학생들은 계통적인 연구 과정에서 학술적인 훈련을 받고 능력을 향상시키게 된다. 이밖에도 사회적 실천을 필요로 하는 연구보고는 필연적으로 정부와 기업과의 밀접한 연계성을 가지게 되고, 사회의 상황과 수요에 관심을 돌리게 되는데, 이로써 대학교와 기업, 정부, 학계 및 국외 연구기구 간의 심도 있는 협력을 선도하게 되고, '협동적인 창조'의 효과를 얻게 된다.

정보화, 디지털화, 네트워크화의 발전 추세에 적응하기 위해 중국인민대학의 『연구보고 시리즈』는 책으로 출판하는 한편 문헌 데이터 뱅크를 만들어 풍부한 데이터를 자원화 시켰고, 지식관리 도구를 이용하여 정보를 연결시키고 지식을 발굴함으로써, 인터넷 조회와 다주제 검색(跨專題檢索)을 하는데 편리를 제공하고 있어 많은 독자들이 사용하는데 편리한 부가가치 서비스를 제공하고 있다.

중국인민대학의 『연구보고 시리즈』는 우리가 과학연구의 힘을 통합하고 성과를 전환시키는 방면에서 새롭게 탐색해낸 산물이다. 우리는 시대의 발전추세를 잘 따르고 사회경제 발전의 중점, 열점, 초점 문제를 명확히 포착하여 한 종류의 연구보고나 전 시리즈가 모두 정품이 되도록 노력함으로써, 독자의 수요에 부응하는 높은 품질의 학술 브랜드를 만들어내고 있어, 핵심적인 학술가치를 형성하여 학술로써 사회에 봉사하는 책임을 더욱 잘 수행해 나갈 것이다.

머리말

　21세기의 첫 20년은 중국이 평화적으로 발전할 수 있는 '전략적 기회의 시기'로 알려져 있다. 이 사이에 중국경제와 사회는 비교적 좋은 상황을 유지할 것으로 보인다. 안정, 충족, 경제의 에너지공급은 중국이 발전하는 데 있어서 중요한 기반이다. 아울러 더욱 큰 에너지 수요와 더욱 엄중한 대외 의존성 또한 이 과정의 필연적인 결과가 될 것이다. 따라서 중국의 국제 에너지협력에 대한 중요성, 필요성과 긴박성에 대한 인식을 한층 더 높여야 하고, 국제 에너지협력의 현실성, 가능성, 기회성을 정확하게 파악하여 금후 몇 년간의 중요한 전략적 발전의 기회를 확고하게 파악하고, 상호협력, 다원화적인 발전, 협동보장을 통한 새로운 에너지 안전관을 확고하게 수립하는 것을 실현해나가야 할 것이다. 나아가 국내 발전을 통일적으로 계획하는 것을 견지하고, 국제간 에너지협력을 적극적으로 강화하여 국제 에너지시장의 기회를 잘 파악하는 동시에 시장리스크에 대한 회피 능력을 높여 다원화한 안정적이고 믿음직한 에너지공급 보장시스템을 건설해야 한다. 그리하여 개방된 구도 속에서 국가 간 에너지안전을 수호하는 것은 중국이 현재부터 오랫동안 해야 할 중대한 전략적 선택인 것이다.

　새로운 세기에 들어서 중국의 에너지국제협력의 큰 배경, 즉 국제에너지 형세에 중대한 변화와 조정이 일어났는데, 여기에는 국제에너지발전과정의 핵심적인 문제도 전이되어 있다. 그것은 주로 세계적인 석유시장이 형성되고 개선됨으로써 석유, 천연가스가 세계적 범위에서 유통되고 거래되고 있는 것에서 표현되고 있다. 지역 차원의 에너지 관리메커니즘, 예를 들면 OPEC, IEA가 에너지정책을 조율하는 방면에서 계속 작용을 일으켰다. 에너지 안전의 중요한 구성부분인 환경안전은 더욱 역내 국가들의 협력을 필요로 하고 있다. 과학기술의 발전과 더불어 에너지 이용의 품종 및 방식에도 점차 변혁이 일어나고 있다. 그렇기 때문에 에너지 안전은 점점 더 에너지시장의 상호 의존과 국제협력에 의해서만 실현될 것이다.

아울러 국제협력의 내용은 에너지 안전개념의 점차적인 확대와 더불어 끊임없이 증가되고 있는데, 여기에는 에너지공급안전 문제가 포함되어 있을 뿐만 아니라, 에너지 사용안전 즉 환경에 대한 영향도 포함하고 있다. 석유의 광범위한 사용과 더불어 석유의 채굴, 수송, 소비과정에서 생기는 환경문제, 예를 들면 기후온난화, 오존층 파괴, 산성비, 유조선 누출 등이 사람들의 주의를 끌기 시작했다. 현대적 의미에서의 에너지안전은 지속가능한 발전과 긴밀히 연결돼 있는 문제로서 한 나라 또는 지역별 국민경제의 지속적인 발전과 사회의 진보를 실현하는데 반드시 필요한 에너지 보장의 일종이고, 또 에너지성, 경제성, 환경성과 안전성의 유기적인 통일이기도 하다.

본 연구는 국가 차원, 국가 간 상호작용 및 국가와 시장의 상호작용이라는 차원에서 펼쳐지게 되며, 추적 조사와 연구를 통해 국제에너지의 전반적인 형세의 변화가 중국의 에너지국제협력에 영향을 미치는 과정, 영향이 미치는 정도, 영향이 미치는 주요한 요소 및 방식 등을 이해하고자 시도한 것이다. 예를 들면, 중국은 이론과 실천 속에서 어떻게 상응하는 반응을 해야 할 것인가? 중국은 국제협력을 통해 자체적으로 에너지 안전문제를 해결해 낼 수 있을 것인가? 중국은 국제 에너지협력을 펼쳐나감에 있어 우선적으로 고려할 협력 방식을 가지고 있는 것인가? 다각적으로 에너지협력을 어떻게 펼쳐나가야 할 것인가? 양자 간 또는 다자간 에너지협력의 이로운 점과 폐단은 무엇인가? 에너지협력을 펼쳐나감에 있어서 중점은 무엇인가? 협력에 대한 중국의 전략적 선택에 어떤 제한적인 요소가 있는가? 하는 등등의 문제이다.

해마다 국제 에너지 형세에는 비교적 큰 변동이 일어나기 때문에 중국은 에너지의 국제협력에 대해 장기적으로 추적 연구를 실행해야 하고, 그에 대해 국제정치경제학을 분석할 필요가 있는데, 이는 비교적 큰 이론적 가치와 현실적 의의를 가지고 있다. 인문 사회과학의 영역에서 우위에 있는 중국인민대학이 상술한 문제점을 찾아내기 위해 큰 책임을 떠안게 된 것이다.

2009년의 보고는 세계의 각 중점 지역과 국가가 펼친 대외적 에너지협력에 대해 전반적으로 묘사하면서 2008년부터 2009년까지의 금융위기가 우리의 고찰 대상지역 및 국가의 에너지정책과 대외 에너지전략에 대해 어떤 영향을 미쳤는지에 대해 주목했으며, 특히 금융위기 속의 세계 에너지 국제협력의 변화와 새로운 동태에 대해서 주목했다. 2010/2011년 보고서는 세계의 중점적인 지역과 국가의 에너지발전에 의한 정치경제 변화, 에너지정책 및 전략의 변화, 그리고 대외 국제협력 실천의 변화에 대해 분석했으며, 에너지 국제협력에 영향을 주는 여러 가지 요소에 대해 관심을 돌렸고, 정치, 경제, 사회, 종교, 자연, 인재, 과학연구 등 요소가 중국의 에너지 국제협력에 주는 영향에 대해 분석을 시도했다. 2011/2012년 보고서는 전년도 보고서의 기본구조를 따르면서 "저탄소 시대를 지향하는 세계와 지역의 에너지 관리"라는 주제를 뚜렷하게 부각시켰으며, 주제편(主題篇)에서는 세계와 지역의 에너지관리 메커니즘에 대한 연구와 토론을 펼쳤다.

2012/2013 보고서는 아프리카와 구소련 지역의 2012년의 에너지발전, 그리고 그들과 중국의 에너지협력 현황 및 전망에 대해 서술했다. 전자는

이미 세계 에너지자원에 대한 투자문제가 열점이 됐고, 또 투자가 빠른 속도로 증가되고 있는데, 이것과 중국과의 협력, 특히 중-러 간의 가스오일 협력은 획기적인 진전을 가져오고 있다. 보고에서는 또 중국-미얀마의 에너지협력에 대해 상세히 분석함으로써 국내외에서 보는 중국-미얀마의 에너지협력 전망에 대한 갖가지 질의에 답을 했다. 이밖에 에너지가 날로 금융화 되어가면서, 중국의 '해외진출' 전략의 실시 또한 금융의 지지가 점점 더 필요해지게 되었으며, 에너지와 금융이 통합되는 현상이 나타났다. 모종의 정도에서 중국의 에너지국제협력도 또한 중국의 현대 국제에너지 금융화의 과정이기도 하다고 할 수 있다. 국제 에너지금융이 점차 체계를 갖추고 있고, 그의 금융 속성 및 속성 배후의 자원배치 효과와 정치적 담화기능이 날로 부각되고 있다. 현재 국제 에너지금융 구도가 아직 형성 중에 있고, 서방 대국이 아직 발언권을 독점하지 않은 기회를 타 금융의 여러 가지 리스크에 대해 회피할 수 있는 조치를 취해야 할 것이다. 예를 들면 정부 간 협력기금과 많은 에너지제품에 대한 계약을 만들어가면서 에너지금융의 '준정치적 속성'을 뚜렷하게 내세워 새로운 에너지구도를 건설해야 할 것이다. 2012/2013 보고서는 국제 에너지의 금융화, 석유가격에 대한 결정권, 전략적인 에너지 준비시스템, 신에너지 융자제도 및 러시아가 어떻게 금융을 이용하여 가스오일을 부흥시켰는지 등 이들 5가지 방면의 보고 주제인 "국제 에너지 금융발전과 중국"에 대해 비교적 깊이 있는 분석을 진행했다.

2014년은 중국이 APEC를 개최하는 해로 9월에 베이징에서 APEC 에너지 정상회의가 개최되었다. APEC에는 모두 21개의 경제체가 있으며 풍부하고 다채로운 에너지문화가 공생하는 광경을 보여줬다. 『중국 에너지 국제협력 보고서 2013/2014』는 중외 에너지문화에 대한 이해의 차이를 묘사하면서 "에너지문화의 국제적 시야 비교"를 보고의 주제로 삼아 중국 에너지발전의 핵심적 가치에 대한 재구성, 중국 가스 오일과 석탄 업체의 해외투자에 대한 다문화 관리, APEC지역의 서로 다른 경제체가 에너지문화의 차이점을 극복하고, 저탄소도시를 건설하며, 국제 에너지협력을 제안한 것 등에 대해 상세하게 논술함으로서, "에너지문화의 차이를 극복하고 에너지의 국제협력을 추진"한다는 취지를 실현시키고자 했다.

2014/2015년 보고는 지역연구를 성실하게 한 후, 2009년부터 지금까지 보고된 연구 성과를 받아들여 "에너지자원의 전략적 투자지역에 대한 투자환경 안전지수"라는 분석의 모델본을 제작하여, 에너지 업종의 해외진출이 초래하는 정치적인 위험을 평가하고자 했다. 평가결과는 책으로 출판할 예정이다.

CONTENTS

지역 편

'저유가' 뉴노멀시대 에너지의
국제협력에 대한 새로운 사유의 수립

'저유가' 뉴노멀시대 에너지의 국제협력에 대한 새로운 사유의 수립

- 쉬친화[1]

2014년 말부터 시작된 유가의 대폭 하락은 2015년이 '심상치 않은 해'라는 것을 예시하였는데 중국에게는 더욱 그러했다. 이른바 '심상치 않다'는 것은 인류에너지 문명사상 3차례의 거대한 전환기가 제3차 산업혁명을 통해 유가의 폭락이라는 형식으로 2015년에 모습을 드러낸 것을 말한다. 이번의 화석에너지로부터 비화석에너지로의 전환은 그 전에 있었던 목재로부터 석탄, 석탄으로부터 석유로의 두 차례의 전환에 비해 더욱 오래 진행될 것이다. 그러나 또한 앞의 두 번과 마찬가지로 세계 에너지질서를 근본적으로 다시 수립하게 될 것이다. 거의 모든 국가가 이 과정에서 정책적인 선택을 하여 에너지 전환의 기본 방향에 순응하는 에너지혁명을 진행하게 될 것이다. 아직 석탄을 주요 소비 품종으로 하고 있는 중국은 에너지혁명을 제기할 때 세계에너지 형세에 중대한 변화가 발생할 것이라는

---

1. 쉬친화(許勤華)는 중국인민대학 국제관계학원 교수,
   중국인민대학 국제에너지전략연구센터 주임이다.

전망을 기반으로 삼아야 할 것이다.

 에너지의 국제협력은 중국 에너지혁명의 에너지 생산, 에너지 소비, 에너지 기술과 에너지 체제 혁명을 위해 봉사하는 것이기 때문에 반드시 강화해야 한다. 그렇다면 중국이 에너지 국제협력을 어떻게 강화해야 할지 아래 4개 방면으로 진지하게 생각해볼 필요가 있다.

에너지협력의 새로운 사유를 구축해야 한다.

 이번의 유가하락은 1986년과 2008년에 있었던 두 번의 유가하락과는 달리 에너지 전환과정에서 일어난 하락으로 공급과 수요의 기본 면이 결정적인 작용을 하여 일어난 전통 또는 비전통 석유천연가스(셰일/타이트오일가스) 에너지의 시장점유율 쟁탈전이다. 전통 석유천연가스와 비전통 석유천연가스의 총생산량이 소비량보다 많고, 경기가 여전히 부진하고 특히 중국을 포함한 신흥경제체의 경기가 계속 약세일 것이라는 세계 경제전망 기대치 때문에 하행압력이 가 일층 커졌다. 북미 비전통 오일가스 혁명의 성공은 이번 유가하락에 선례를 만들어주었으며 '대(大)에너지시대'가 왔음을 보여주었다.

 '저유가'는 사실 유가거품이 터진 후 점차 이성적인 유가로 접근해가는 새로운 상태일 뿐이다. '저유가'의 뉴노멀(새로운 상태)에 적응하는 것은 국제 에너지시장의 경제법칙을 따르는 것이다. '저유가' 뉴노멀 속에 에너지 국제협력의 사유를 확립한다는 것은 바로 국제 에너지시장의 경제법칙에 부합되는 정신으로 에너지의 국제협력을 추진하자는 것이다.

세계 에너지질서 중의 중국의 지위와 역할을 명확히 알아야 한다.

'대 에너지시대'가 오면서 국제 에너지시장에서 중국의 영향력이 커졌다. '대 에너지시대'란 다음과 같은 것이다. 에너지의 품종 방면에서 석탄과 전통 오일가스 자원이 더 이상 '홀로 뽐내는 것'이 아니라 타이트 가스오일, 셰일 가스오일, 석탄층 가스 등 비전통 오일가스와 신에너지 개발이 활기차게 발전하고 핵에너지 및 각종의 재생가능에너지, 예를 들면 태양에너지, 풍력, 조력에너지 등 기술이 날로 성숙되고 있다.

에너지 개발지역 입장에서 보면 내륙에서의 오일가스 개발 붐이 식어가고 해양 오일가스의 탐사와 개발력이 커졌다. 에너지와 자연환경을 연계해서 보면 에너지의 발전은 점점 더 기후변화 등 요소의 제한을 받고 있다. '대 에너지시대' 중 에너지 권력이 다시 구성되고 더 이상 '석유의 권리(油權)'를 유일한 핵심으로 하지 않는데, 여기에는 '에너지공급권', '에너지수요권', '에너지기술권', '에너지금융권', '에너지탄소권' 등이 포함된다.

세계의 다른 지역 혹은 경제체는 서로 다른 에너지 권력을 가지고 있기 때문에 세계 에너지 권력구도 중 나름대로 각자 한 자리 씩을 점하고 있다. '에너지공급권'이란 에너지 자원국이 에너지 자원을 가지고 있기 때문에 지니게 된 세계 에너지시장에서의 에너지공급에 대한 절대적 우세를 말하는데, 예를 들면 사우디아라비아가 대표적이다. 자원국과 생산국은 에너지공급권의 우세성을 가지고 있기 때문에 세계 에너지 권력구도에서 꼭대기에 위치하고 있다. '에너지 수요권'이란 에너지 수요국이 거대한 소비량을 가지고 있기 때문에 에너지 자원의 수요를 제공할 수 있는 강대한 시장권력을 말하는데, 예를 들면 중국이 그렇다. '에너지 기술권'은 제3차 산업혁명에 들어선 후 선진기술을 가지고 있어 세계 미래의 발전 추세를 장악할 수 있는 영향력을 지닌 권력을 말하는데, 예들 들면 독일이 그런 경우이다. '에너지 금융권'이란 발달한 금융시스템 및 세계금융에 대한 영향력을 바탕으로 에너지가격에 대해 더욱 많은 발언권을 가진 것을 말하는데, 예를 들면 미국이 그렇다. '에너지 탄소권'이란 에너지제품의 탄소 함량에 대한 계산 방법을 통해 탄소정치에 대한 발언권을 가짐으로써 저탄소 경제 질서에서 상대적인 권력을 가지고 있는 것을 말하는데, 예를 들면 유럽연합이 그런 경우이다.

세계 에너지 수요의 중심이 점차 선진국에서 개발도상국 특히 신흥국가(emerging nations)로 이전되고 있는데, 구역 분포는 아시아·태평양지역과 중동지역에 집중 되어 있다. 중국은 세계 최대 에너지 소비국과 원유수입국이 되었으며, 거대한 소비력과 소비시장 때문에 에너지가격에 대한 영향력을 가지게 됐고, 또한 대외 에너지 관계를 다시 만들어가고 있다.

에너지 국제협력의 전략적 목표에 대한 요구를 높이다.

중국의 석유소비 증가와 감소, 중국 경제의 성장속도는 국제 석유가격의 변동을 어느 정도 좌지우지한다. 이번의 유가하락은 두 가지 문제를 설명하고 있다. 첫째, 세계 현대 석유산업은 백여 년의 운영을 거쳐 매우 성숙된 체제를 가졌으며, 국제석유시장을 조종하려는 그 어떤 나라나 정부든 오로지 금융자본 등의 도구를 이용하여 기회를 틈타(예를 들면 지연 충돌 등) 행동해야만 한다.

하지만 세계정치와 경제 질서의 다극화가 날로 뚜렷해지면서 조종한 결과는 반드시 양날의 검이 될 것이며 절대적인 승리를 거둘 수 있다는 절대적인 보장은 없다. 둘째, 중국은 거대한 소비량을 보유하고 있기 때문에 에너지 권력 중의 시장권을 점차 장악하고 있다. 역사적으로 최대 에너지 소비국은 모두 패권 국가였는데, 목재가 연료로 사용됐던 시기의 네덜란드와 스페인, 석탄을 연료로 사용했던 시기의 영국과 석유시기의 미국을 예로 들 수 있다. 중국의 에너지 국제협력이 국제정치에서 어떻게 시장권을 국가권력으로 전환하여 세계자원과 제도 분배과정에서 발언권을 높여갈지는 깊이 사고해 볼만한 문제이다.

그렇기 때문에 우리는 에너지 국제협력의 전략적 목표에 대한 요구를 높여야 한다. 국내 환경에 입각한 전제적 조건 하에서 에너지 생산과 소비 혁명이 언급된 각 방면에서 국제 에너지협력을 강화하고 국제자원을 효과적으로 이용해야 한다. 아울러 어떻게 시장권을 국제정치 속에서 국가권력으로 전환할지는 우리가 지금 직면한 최대의 목표와 임무이고, 또한 우리가 직면한 도전이기에 깊이 생각해보고 행동해야지, 그렇지 않으면 이번의 에너지 생산과 소비 및 기술 전환시기의 발전 기회를 놓쳐버리게 될 것이다.

에너지 국제협력 전략의 중점을 다시 배치해야 한다.

중국은 1993년에 석유제품 순수입국이 되면서부터 20여 년 동안 에너지 국제협력의 전략적 중점을 '해외진출'에다 두어왔다. 세계의 주요한 에너지자원 지대를 분석하여 탐사와 개발 방면에서 점차 세계 5대 구역을 형성케 했고, 육상 국제 가스오일 파이프라인을 건설했다. 그렇기 때문에 세계 에너지형세의 중대한 변화와 더불어 에너지 국제협력 전략의 중점을 다시 배치해야 한다. 우선 에너지 국제협력의 전략적 중점의 방향을 조절해야 한다. '해외진출'을 하는 동시에 '국내 도입'에도 관심을 돌려 기술, 자금, 인재를 도입해야 한다. 다음으로 에너지 국제협력의 전략적 중점구조를 다시 배치해야 한다. 기존의 석유, 천연가스, 석탄 등 원재료를 취득하던 데로부터 국제협력을 통해 신흥에너지, 청정에너지, 저탄소 에너지기술을 양도 받고, 관리경험을 육성하고, 에너지 금융시장을 건설하고 인재를 준비하는 등의 업무진행을 촉구해야 한다.

위의 서술을 종합해보면 '저유가 시대'가 다가온 것이 중국에 대해서는 에너지생산과 소비 혁명을 완성할 수 있는 전략적 기회의 시기라고 할 수 있다. 우리는 마땅히 이 '저유가'라는 항체 잠복기를 장악하여 에너지 국제협력을 통해 여러 가지 에너지를 잘 비축해야 하며, 동시에 공급과 수요의 모순이 뚜렷하지 않은 상황에서 세계 에너지형세의 변화에 순응하여 에너지 국제협력의 중점과 구조를 조정함으로써 에너지 생산과 소비혁명이 아우르는 각 방면에서의 협력이 강화될 수 있도록 국제자원을 더욱 효과적으로 이용해야만 한다. 그런 점에서 2015년은 조정을 하는 관건적인 한 해였다고 할 수 있다.

지역편
아시아 · 태평양지역

아시아 · 태평양지역

1. 2014년 아시아 · 태평양지역의 정치와 경제정세 총론

1) 아시아 · 태평양지역의 지정학적 상황

2014년 아시아 · 태평양지역의 지정학적 정세에 다소 변화가 생겼다. 한편으로는 미국이 '아시아 · 태평양 재 균형' 전략을 진일보적으로 추진하고 있고 중국과 필리핀, 일본 등은 해양 주권에 대한 충돌이 여전히 지속되고 있으며, 호주, 인도 등의 나라도 변함없이 '아시아 · 태평양지역의 재 균형' 전력과 연계되어 있어, 지역의 긴장된 정세가 다소 격화되어 있으며, 동시에 '아시아 · 태평양 재 균형' 전략 또한 많은 문제에 부딪히고 있다. 다른 한편으로 본 북한의 외교정책에 변화가 생겨 미국, 일본, 한국 등과 다각적인 외교적 시도를 했다. 유엔 총회에 복귀한 후 인권문제 갈등으로 조선은 다시 강경하게 나오면서 러시아와 급속히 가까워지고 있다. 러시아는 중요한 배역으로써 미래 한반도 핵문제의 발전방향에 영향을 미치게 될 것이다.

(1) 미국이 '아시아 · 태평양 재 균형' 전략을 펼쳐 아시아 · 태평양지역의
    긴장과 해양주권에 대한 분쟁을 격화시키고 있다.

2014년 미국은 '아시아 · 태평양 재 균형' 전략을 다그쳐 추진시켰다.
특히 복잡한 국내와 국제문제에 직면한 동시에 러시아와 우크라이나는
위기 게임을 했다. 아시아 · 태평양 국가 및 미국의 전통적인 동맹국들이
'아시아 · 태평양 재 균형' 전략의 실효성에 대해 의문을 표하자 미국은 '재
보증' 등의 방식으로 이 전략에 대한 자신들의 결심을 강조하였다.[2] 이러하
행동은 아태지역의 긴장된 국면을 돌려세우는데 도움이 안 되는 한편
아시아 · 태평양 해양주권 분쟁을 악화시키고 있다.

필리핀은 2014년 3월에 국제 중재법정에 중국과 필리핀의 남해분쟁
소송을 제출하였으며 일방적으로 국제적 중재를 추진했다. 중국정부는
이에 대해 강력한 불만과 반대를 표했다. 필리핀은 언론을 통해 런아
이자오(仁愛礁) 해역으로 가서 활동했고, 중국정부는 이에 엄정하게 교섭할
것을 제기했다.[3] 2013년 4월 초, 필리핀은 투바타하 국가해양공원에서
12명의 중국 어민을 억류했고, 2014년 8월 이들에게 중형을 선고했다.[4] 이런
행동은 미국의 '아시아 · 태평양 재 균형' 전략과 밀접하게 관련되어 있어
중국의 강력한 불만을 일으켰다.

---

2. 샤샤오양(夏曉陽),「미국 '아시아 · 태평양 재 균형' 전략이 도전에 직면」, 『문회보(文匯報)』
   2014-04-06.
3. 류전민(劉振民),「필리핀이 국제 중재를 억지로 추진시켜도 주권과 해양 권익을 수호하려는
   중국 정부의 결 심과 의지를 동요시키지 못한다」, 『인민일보』 2014-04-01.
4. 푸지강(付志剛),「필리핀, 중국 어민에게 무거운 판결 내려」, 『광명일보』 , 2014-08-07.

미국의 '아시아 · 태평양 재 균형' 전략이 일부 지역과 국가의 실제적인 지지를 받았다. 예를 들면, 2014년 8월 호주는 미국과 정식으로 군사력 배치 협의를 체결하여 양국의 방위협력을 진일보적으로 강화하고자 했다. 미국은 호주에 2,500명의 해병대를 배치했다. 이는 호주가 정책상, 법률상에서의 실제적인 행동으로 미국의 통합전략을 지지한 것이었다.[5]

인도 역시 '아시아 · 태평양 재균형' 전략의 새로운 근거지가 되었다. 2014년 9월 새로 당선된 인도의 모디 총리가 미국을 공식 방문했다. 인도와 미국은 이번 방문을 높이 평가했다. 미국의 싱크탱크는 인도가 미국의 '아시아 · 태평양 재 균형' 전략을 위해 힘을 보태게 될 것이라고 평가했다. 그러나 정치, 경제 안전 방면의 차이와 인도-중국 관계의 대국으로부터 보면 인도와 미국은 대 중국 문제에서 각자 필요한 것을 얻을 수 있으나 의견이 단번에 일치해질 수 없을 것이며 인도를 미국의 '아시아 · 태평양 재 균형' 전략에 끌어들인다 해도 그 역할을 단정할 수 없다.[6]

사실상 미국의 '아시아 · 태평양 재 균형' 전략은 더욱 큰 도전에 직면했다. 예를 들면 미국은 일본을 이용하여 중국의 발전을 견제하고 일본 국내 보수주의의 굴기를 방지할 생각인데 이는 전략의 실시에 매우 큰 번거로움을 가져다주었다. 한편으로 일본과 중국의 댜오위댜오 해양 주권 분쟁은 일상적인 순리, 역사자료 기재, 도서 명명[7] 등 방식으로 계속 진행 중이고

---

5 바오제(鮑捷), 천리단(陳麗丹), 「미국, 호주에서의 군사적 존재를 확대한다」, 『인민일보』, 2014-08-13.

6 수샤오훼이(蘇曉暉), 「인도가 미국의 '아시아 · 태평양 재 균형'의 꼭두각시가 될까?」, 『인민일보(해외판)』, 2014-09-27.

7 류쥔궈(劉軍國), 「일본이 댜오위댜오 부속 도서에 대해 명명한 것은 불법이고 무효한 것이다」, 『인민일 보』, 2014-8-20.

다른 한편으로 일본의 정치 우경화가 끊임없이 심화되고 있어 '방위 장비 이전 3원칙'으로 무기 수출을 금지하는 '무기 수출 3원칙'을 대체했을 뿐만 아니라 헌법 해석을 변경하여 집체 자위권 행사를 허용했다. 이와 관련해 아베 정부가 새로운 안전정책을 '강제적으로 통과'시킬 때마다 지지율이 하락한다는 분석이 나오고 있다.[8] 일본의 이런 경향은 미국의 큰 우려를 자아냈다. 미국의 '아시아·태평양 재 균형' 전략이 예기된 목표를 달성할 수 있을지는 아직 예측하기 어렵다.

(2) 북한 외교정책의 변화, 지정학적 정치변화가 북한 핵문제의 새로운 동향을 초래

2014년 김정은이 국방위원회 제1위원장으로 당선된 후 권력이 진일보적으로 공고해지고 북한의 외교정책에도 큰 변화가 일어났다. 김정은 정권은 점차 '적극적인 외교정책'을 펼쳐가기 시작했고 여러 방면의 시도를 했다. 북한은 외교장관을 파견하여 외국을 방문하고 회의에 참가시켰으며, 15년 만에 다시 유엔 총회에 복귀했다. 북한의 외교책략 또한 추측하기 어려웠다. 북한은 '인질 납치사건'을 이용해 일본과 화해를 했고,[9] 또 2014년 9월에 유럽국가, 몽골, 미국, 러시아에 대한 외교방문을 조밀하게 배치했다.

---

8 장훙(張紅), 「일본의 우익 붐이 돌아설까?」, 『인민일보(해외판)』, 2014-11-20.
9 왕샤오저(王小喆), 「조선의 '적극적인 외교'의 효과는 어떤가?」, 『동방석간(東方早報)』 2014-09-26.
10 장징(張晶), 「조한(朝韓)관계가 완화될 추세인가?」, 『인민일보(해외판)』, 2014-10-09.

주목할 만한 것은 2014년 10월 황병서(黃炳誓) 조선인민군 총정치국장, 최룡해(崔龍海) 노동당중앙 위원회 서기 등 고급관리가 갑자기 한국을 방문했고, 한국 측도 흔쾌히 접대를 했으며, 인천 아시안게임 '스포츠 외교'라는 방식으로 남북대화의 돌파구가 열릴 것으로 기대했다.[10] 같은 달 북측은 미국의 요구에 응하여 억류하고 있던 미국 공민 파울을 갑자기 석방했다. 미국은 이 사건에 대해 환영을 표시했으나 이번 사건을 처리한 어떠한 경위도 밝히기를 거절했다. 아울러 북한은 핵 개발을 카드로 삼고 미국에 인권문제에 대한 압력을 중단할 것을 촉구했다.[11]

그런데 일이 뜻대로 되지 않았다. 2014년 11월 유엔총회 제3위원회가 유럽연합과 일본이 제기한 북한 인권 결의안을 통과시켰으며, 북한의 인권상황을 국제형사법정에 제출해 처리하도록 하여 김정은 북한 최고지도자를 심판할 것을 요구했다. 이에 대해 북한은 연이어 강경하게 태도 표시를 하며 결의안 통과를 추진한 미국, 일본, 한국 등 나라들에 '전대미문의 초강경 대응 조치'를 취할 것이라고 밝혔다. 이밖에 북한은 노동당 중앙정치국 상무위원이며 중앙총서기인 최룡해를 파견하여 러시아를 방문케 했다. 북러 관계가 급속히 가까워졌으며 북러 지도자가 곧 회담을 갖는다는 소식이 확인됐다. 북핵문제에서 북한은 심지어 러시아에 "무조건 6자회담에 복귀하기를 원한다"[12] 고 밝히기까지 했다. 이로써 전통적인 북핵문제 해결 방식이 크게 변화될 것으로 기대되었다.

---

10 장징(張晶),「조한(朝韓)관계가 완화될 추세인가?」,『인민일보(해외판)』 2014-10-09.
11 정이원(鄭怡雯),「김정은이 오바마의 요구에 따라 갑자기 미국 공민을 석방하다」, 『동방석간(東方早報)』 2014-10-23.
12 저우징루(周晶璐),「조선, 미일한에'초강경 저항하겠다'고 위협」, 『동방석간(東方早報)』 2014-11-24.

종합적으로 보면 북한 외교정책의 변화는 한반도 지연정치 구조에 큰 변화를 일으켰다. 한 편으로는 미국, 일본, 한국에 대한 북한의 외교적 시도가 비록 예상했던 효과를 달성하지 못했지만, 이는 김정은 정권이 대화를 할 의향이 있다는 것을 설명하는 것이었다. 다른 한편으로는 원래 중국이 주도하고 있던 북핵문제 해결방식에 변화가 일어났고, 러시아가 앞으로 더욱 중요한 역할을 발휘할 가능성이 보였다. 그런데다 2014년에 북한이 핵실험을 하지 않아 북핵문제가 앞으로 새로운 해결 기회를 맞이하게 될지도 모른다고 기대했었다. 물론 북한의 핵실험 진행 위험, 미한 군사훈련 등 일반적인 충돌이 가끔씩 발생하기도 했으며, 앞으로 미국, 러시아 등 대국의 지정학적 경쟁 때문에 더욱 복잡하고 엄중한 형세가 나타날 수 있을 가능성도 충분히 예상되었다.

2) 아시아 · 태평양 국가의 2014년 정치정세

2014년에 아시아 · 태평양지역 대다수 국가의 정국이 안정되었지만, 일부 지역에서는 여전히 불안정한 요소가 존재했다. 인도, 인도네시아, 일본 등이 지도자 또는 입법기구를 선거했다. 태국은 정국이 계속 흔들렸고 필리핀은 국내로부터의 압력을 받았다. 지역 국가의 개혁이 진행되면서 반부패가 점점 더 아시아 · 태평양 각국의 중시를 받았고, 이는 아시아 · 태평양지역의 국내정치와 국제협력의 핫 이슈가 되었다.

(1) 대다수 국가의 국내정세는 안정됐지만 불안정 요소가 여전히
    존재했다.

2014년 인도, 인도네시아, 일본에서는 정권교체를 완성하였고, 선출된
지도자 및 그 정당들이 비교적 많은 표를 얻어 상대적으로 안정된 집정
단계에 들어섰다. 2014년 5월 인도가 대선을 치렀는데 모디가 지도하는
인민당이 국회 하원 543석 중 282석을 얻어 절대다수 의석을 차지했다.
이는 인도에서 1996년 이후 단일 정당이 거둔 가장 큰 승리로 모디가 인도의
신임 총리로 당선됐다.[13] 2014년 7월 인도네시아 대통령 선거가 끝나고
투쟁민주당 후보 조코 위도도가 53.15%의 득표로 경쟁상대보다 800여 만 표
더 많은 차로 인도네시아 제7대 대통령으로 당선되었다.[14] 2014년 12월 아베
신조가 중의원을 앞당겨 해산한 1개월 후 일본은 중의원 선거를 했다. 집정
중인 자민당과 공명당이 2/3를 넘는 절대다수의 의석을 차지하여 집정할 수
있는 지위를 유지했다. 더 나아가 중의원과 참의원의 총리 추천에서 아베
신조가 신임 총리로 당선되어 제3차 아베 내각을 조성했다.[15]
    그러나 여러 나라의 새로 당선된 정부는 여전히 경쟁상대, 민중, 외부
국가에서 오는 많은 도전에 직면해야 했다. 새로 당선된 모디 인도 총리와
조코 인도네시아 대통령이 이런 문제에 직면했을 뿐만 아니라, 아베 신조
일본 총리도 마찬가지였다. 일본의 12월 선거에서 아베가 성공은 했지만

---

13 허빈(賀斌), 「대선이 끝난 후 모디가 갈 방향」, 『광명일보』 2014-05-23.
14 푸즈강(付志剛), 「인도네시아 대통령 선거, 분쟁으로 정해진 국면을 뒤집기 어렵다」,
   『광명일보』 2014-07-24.
15 차이젠궈(蔡建國), 「아베 신 정권의 미래는 많은 도전에 직면했다」 『문회보』
   2014-12-15 를 참조할 것.

절반에 가까운 민중이 투표를 포기하였는데 이는 국내 민중의 불만과 실망을 보여주는 것이었다. 이밖에 아베는 점차 민심을 잃어가고 있는 '아베경제학'과 기타 보수적 의정을 더욱 적극적으로 추진해갈 것으로 보인다.[16] 일본의 정치가 한층 더 우경화로 나가는 것은 필연적인 것이고 이는 일본에 잠재적인 거대한 불안정 요소를 가져다주게 될 것이었다.

2014년 말에 선거 압력을 받지 않은 아시아·태평양지역의 일부 나라는 또 국내에서 오는 기타 압력에 직면해야 했다. 2014년에 태국은 전해의 혼란스러운 정국을 이어갔다. 년 초에 반정부 시위자가 '방콕 봉쇄'에 돌입했으며 대규모의 시위대가 잉락 정부의 퇴진을 촉구했다. 과도정부와 반정부 세력의 투쟁 끝에 2014년 5월 태국 법원은 잉락 총리를 위헌으로 판결하고 잉락라의 과도정부 총리 직무를 중지시켰으며, 이번 사건에 연루된 여러 명의 내각 성원도 사직할 수밖에 없었다. 태국 법률 고문, 정치 분석가인 위랍파(威拉帕)는 법원의 판결은 거의 '사법정변'에 가깝다고 했다.[17]

필리핀 대통령 아키노 3세도 똑같은 곤경에 빠졌다. '포크배럴' 스캔들이 터진지 거의 1년후인 2014년 6월 말과 7월 초에 아키노 정부가 대응조치를 취했지만, 민중은 측근을 비호하는 처리 결과에 극히 불만을 나타냈으며, 아키노 3세의 지지율은 25%밖에 되지 않아 2010년 이후 최저치에 도달했다.[18]

---

16 팡샤오(方曉),「아베 신조 집정연맹이 대선에서 성공」, 『동방석간(東方早報)』 2014-12-15.
17 양어우(楊謳),「태국 정국이 새로운 혼란에 직면」, 『인민일보』 2014-05-08.
18 푸즈강(付志剛),「인심 잃어버린 아키노 3세」, 『광명일보』 2014-07-15.

(2) 부정부패 방지가 아시아 · 태평양 정치의 핫이슈로 떠오르다

2014년 아시아 · 태평양지역의 여러 나라들은 개혁과 발전이 심화되는 단계에 들어섰다. 개혁이 실질적인 문제에 직면했으며 부정부패 방지의 중요성이 날로 부각되면서 아시아 · 태평양지역 국가의 정치적 이슈로 떠올랐다. 부정부패 방지를 강력하고 온당하게 추진하고 있는 중국, 부정부패 방지의 전통을 이어온 싱가포르, 부정사건에 대해 조치를 취하지 않을 수 없었던 필리핀, 그리고 기타 아시아 · 태평양 국가도 점점 이에 관심을 갖고 대응해 나갔다. 예를 들면 2014년 말레이시아 정부는 부정부패 타격에 전력을 다하여 효과를 거두었으며, 연말에 열린 남아시아지역 부패방지 연차 회의에서 지역 차원의 부패방지 방안을 내놓을 것을 제안했다.[19]

아시아 · 태평양 국가의 부정부패 방지는 에너지 분야에도 심각한 영향을 미쳤다. 중국의 '부정부패 집중 단속'이 석유시스템을 석권했으며, 조코위도도 인도네시아 대통령도 부정부패방지의 새로운 정치를 펼치고 에너지, 파산 등 관료사회의 부패가 집중된 영역을 정돈했다.[20] '에너지 부패방지'는 역내 및 국제 에너지 형세에 일정한 영향을 미쳤기 때문에 주목할 필요가 있다.

---

19 리량융(李良勇), 「말레이시아 부패방지가 '전환기'에 들어서다」, 『중국규율검사감찰보』 2015-01-19.
20 두쥐엔(杜鵑), 「인도네시아 대통령 부정부패와의 전쟁 시작」, 『중국규율검사감찰보』 2014-12-29.

한 걸음 나아가 보면 아시아 · 태평양지역의 부패방지는 이미 국가적 차원을 넘어섰으며 국가 간 협력이 날로 밀접해졌다. 예를 들면 2014년 10월 호주 경찰은 중국이 호주로 도망 간 부정부패 관리를 인도하고 그들의 재산을 차압하는 것을 협조해주는데 동의했다.[21] 이밖에 부패방지 다자간 협력 메커니즘도 점차 생겨났다. 2014년 중국에서 열린 APEC 부패방지 시리즈 회의에서 아시아 · 태평양 여러 나라의 부패방지 협력이 크게 강화되었다.[22] APEC 제26차 장관급회의에서 「부패방지에 관한 베이징 선언」이 채택되면서 아시아 · 태평양지역의 다국적 부패방지 메커니즘이 확정되었으니 아시아 · 태평양지역에 세계 부패방지의 새로운 질서가 세워졌다고 할 수 있다.[23]

3) 아시아 · 태평양 국가의 2014년 경제상황

2014년에 세계경제는 여전히 국제 금융위기 후의 회복단계에 있었지만 회복이 다소 약화되었다. 2015년 1월 세계은행이 발표한 「세계 경제전망」에 따르면 2014년 세계의 경제성장은 예상보다 낮았고, GDP 성장률은 2.6%로 2013년보다 겨우 0.1% 포인트 증가되었다.[24] 2015년

---

21 장웨이(張偉),「호주, 중국의 해외 부패 척결 및 장물 환수를 협조하는데 동의」,
  『신화매일전신(新華每日電 迅)』 2014-10-21.
22 양스치(楊詩琪),「부패방지에 관한 국제협력을 강화하고 탐관의 해외 도피 길을 차단」,
  『중국규율검사감찰 보』 2014-8-20.
23 양즈옌(楊子岩),「중국은 지금 세계 반부패의 천라지망을 조이는 중」,
  『인민일보(해외판)』 2014-11-27.
24 「Global Economic Prospects」, January 2015.

1월 13일 유엔 아시아 · 태평양 경제사회위원회가 「2014년 최종 신판 아시아 · 태평양 조사보고」를 발표했다. 이 보고는 세계 경제성장 둔화와 인프라 부족 등 내외 요인의 영향을 받아 2014년 아시아 · 태평양 개발도상국의 연평균 경제성장률은 5.6%였고, 2015년에는 5.8%로 예상된다고 밝혔다. 반면 2005년부터 2007년까지 경제위기가 시작되기 전에 이 지역의 평균성장률은 9.5%였고, 2010년부터 2011년까지 아시아 · 태평양지역의 경제성장률은 7%이상을 유지했다.[25] 그렇기 때문에 아시아 · 태평양지역의 개발도상 경제체는 신속히 조치를 취해 국내의 구조적 제약요소(예를 들면 인프라와 발전의 적자, 높은 청년실업률, 소득과 사회적 기회의 차이 확대 등)를 제거하고 재정 공간을 개척하여 성장을 자극하고 사회발전을 지지해야 했다.[26] 아시아 개발은행이 2015년 7월 16일 발표한 「아시아 발전 보고 2015(보충)」에 따르면 2014년 아시아의 GDP 성장률은 6.3%였다. 보충 보고는 2015년 2016년의 예상 수치를 「아시아 발전보고 2015」에 근거하여 각각 6.1%와 6.2% 로 조정했다.[27] 물론 아시아 · 태평양지역의 각 경제체는 서로 다른 발전추세를 보여주었다.

25 류칭(柳青), 「아시아 · 태평양 경제사회 보고, 2014년도 아시아 · 태평양지역의 경제는 여전히 저성장을 겪었 다」, http,//gb.cri.cn/42071/2014/08/07/607ls4644680.htm, 2014-08-07.
26 「유엔 보고, 아세아 태평양 개발도상 경제체에 구조적 발전 제약을 제거할 것을 촉구」, http,//news.xinhuanet.com/2014-08-06/c_1111967313.htm, 2014-08-06.
27 http,//www.adb.org/sites/default/files/publication/161734/ado-supplement-july-2015.pdf.

(1) 일본

일본의 아베 신조 정부가 경제 부양조치를 실행한지 2년이 지났지만 일본의 경제는 여전히 뚜렷한 호전을 보이지 않았다. 2015년 1월 12일 일본정부는 일본 GDP 예상 수치 보고를 발표했다. 보고에 따르면 2014 재정 년도(전년도 4월 1일부터 이듬해 3월 30일까지)의 일본의 실제 GDP는 2013년에 비해 0.5%의 마이너스 성장을 보였다. 이는 2009년 이후 일본의 실제 GDP가 5년 만에 다시 마이너스 성장을 한 것이다. 2014년 4월에 일본이 소비세 세율을 8% 인상했기 때문에 2분기와 3분기의 실질 GDP가 연속 하락했다. 아베 정부가 연속 재정 지출을 늘리면서 사상 최고의 재정 예산으로 국내경기가 침체에서 벗어나게 하려 했지만, 2014년의 GDP를 2013년보다 늘리는데 실패했다.[28] 이밖에 일본 중앙은행이 실시한 초저금리정책, 엔화에 대한 투자자들의 믿음 부족 때문에 달러화 대비 엔화 가치가 대폭 평가절하 되었으며 이 역시 일본의 GDP를 대폭 줄게 했다. 그러나 엔화의 평가절하가 일본제품의 수출을 진작시키는 역할을 별로 하지 못했다. 일본 재무성의 통계에 따르면 2014년 4월 9일 일본의 총 수출액은 동기 대비 1.7% 증가하는데 그쳤고, 수입은 동기 대비 2.5% 증가됐다.[29] 그러나 국제 원유가격이 끊임없이 하락하면서 2014년 11월 일본상품의 무역적자가 31.5% 감소되어 8,919억 엔(약 71.4억 달러)에 달했다.[30]

---

28 「일본정부, 2014년도 일본의 실질 GDP를 마이너스 성장으로 예측」, http.//world.people. com.cn/n/2015/0113/c1002-26377768.html,2015-01-13 .

29 러샤오옌(樂紹延), 쉬위안(許緣), 「엔화의 폭락이 형성된 원인과 그 영향」, 『아시아·태평양 데일리』 , 2014-11-16.

30 러샤오옌(樂紹延), 쉬위안(許緣), 「일본의 11월 무역 적자 동기 대비 대폭 감소」, http,news.xinhuanet.com/fortune/2014-12/17/c_113676651.htm. 2014-12-17.

(2) 한국

한국정부는 국내의 수요침체 때문에 2014년의 경제성장 예상을 3.9%에서 3.4%로 하향 조절했다. 소비자 물가 상승률의 예상은 2013년과 같은 1.3%였는데 이는 2013년 말에 예측했던 것보다 1% 포인트 줄어든 것이다. 그리고 국제통화기금이 발표한 『세계 경제전망 보고』에 따르면 2014년 한국의 일인당 GDP는 2만8,738 달러에 달해 세계 35개 주요국가중 25위를 차지했다.[31] 한국 산업통상자원부에 따르면 2014년 한국의 수출액은 5,731,100만 달러로 동기 대비 2.4% 증가되었고 수입액은 52,569,600만 달러로 동기 대비 2.0% 증가되었으며, 전년도 무역흑자는 4,740,500만 달러로 사상 최고치를 기록했다. 2014년 한국의 수출입 무역총액은 10,900억 달러에 달해 역시 사상 최고치를 기록했다.[32] 2012년 4월 2일 무디스는 보고를 발표해 한국 재정의 펜더멘털이 강세이고 개선되었으며, 외부 융자환경이 탄성을 가지고 있기 때문에 한국의 신용등급을 안정에서 적극으로 상향 조정한다고 밝혔다.[33]

---

31 「내년 한국의 일인당 GDP 3만 달러 초과할 듯」, http://jjckb.xinhuanet.com/2014-12-13/content_533081.htm , 2014-12-31.

32 「2014년 한국 무역흑자 사상 기록 창조, 무역액 다시 1조 달러 돌파」, http://korea.people.com.cn/n/2015/0101/c205166-8830487.html , 2015-01-01.

33 「무디스, 한국 신용등급 전망을 안정에서 적극으로 상향 조정」, http://finance.sina.com.cn/stock/usstock/c/20120402/112811738764.shtml, 2012-12-15 .

(3) 호주

경제 펀더멘털을 보면 대종상품 가격이 하락하면서, 특히 철광석 가격이 폭락하면서 호주 경제가 하락세를 보였다. 호주는 2014~2015년 재정년도 GDP 성장률을 2.5%(펀더멘털은 2013년과 같음)[34] 로, 재정년도 적자는 404억 호주달러로 예상하고 있다.[35] 호주 경제성장의 중요한 구동력의 하나인 수출도 만족할 수 없는 수준이었다. 호주 수출액은 2014년 1월에 2,976,000만 호주달러라는 최고치에 오른 후 연속 4개월간 하락했다. 6월부터 점차 다시 상승하기는 했지만 상승폭이 제한되었고 11월 수출액은 2,708,500만 호주달러밖에 안 되어 높을 때에 비해 약 9% 하락했다. 호주는 실업률도 높았는데 2014년 11월 호주의 실업률은 6.3%에 달해 12년간 최고 수준을 기록했다. 이런 배경 속에 호주달러의 달러 대 환율이 년 초 몇 달 동안은 가볍게 반등했으나 9월부터는 연이어 하락하는 추세를 보였고, 2014년 전년에 8.5% 하락했다.[36] 이밖에 그리스의 유로존 퇴출 가능성 등 국제 외환시장의 불안정 요소 역시 호주달러의 하락 추세를 악화시켰다.[37]

---

34 「호주, 2014/2015 재정연도 GDP 성장 2.5%로 예측, 5월의 예측과 일치」, http://www.cfi. net.cn/p20141215000863.html , 2014-12-15.

35 「호주, 연도 재정 적자 404억 호주달러까지 낼 계획」 http://v.ifeng.com/news/ world/201412/015c6109-7c42-4fb2-abb4-9ce4008908b9.shtml, 2014-12-15.

36 「BBH, 호주달러 2014년 8.5% 하락, 0.7500까지 하락할 것」, http://www.waihuigu.net/ a/2015-01-05/930441.html, 2014-01-05.

37 장샤오쥔(張小軍), 「호주 경기 부진, 호주달러 5년 반 만에 최저 기록」, 『경제참고보』 , 2015-01-08.

(4) 인도

인도의 새 정부는 2014년에 스태그플레이션, 낮은 개방 정도, 취약한 인프라시설, 과학기술 혁신 능력 부족 등 문제를 해결하기 위해 대규모로 구조적 개혁을 진행하였다. 이로써 인도의 경제가 호전될 기미를 보였으며 아시아개발은행은 2014년 인도의 GDP 성장률이 5.5%를 유지할 것이라고 예측했다.[38] 우선 인도는 2014년 5월부터 줄곧 인플레이션 통제를 첫 번 째 임무로 삼았으며, 2014년 11월 CPI 증가폭이 2013년의 11.2%에서 4.38%로 다시 떨어졌다. 그 다음 인도 정부는 대내적으로는 시장화 개혁을 진행하여 인프라건설에 대한 투자를 늘리고 대외적으로는 투자 유치 강도를 높였다. 2014년 10월 정부는 개인자본을 상대로 석탄산업을 개방하고 에너지가격을 풀어주겠다고 약속했다. 이는 40여년 이래 에너지분야에서 최대의 자유화 개혁조치였다. 아울러 정부는 250억 달러를 투자하여 발전소, 도로와 공항 등 인프라 시설을 건설하여 외자를 유치할 계획이었다. 마지막으로 인도정부는 2014년 9월에 제조업을 부흥시키기 위한 '메이드인 인도' 계획을 제기하여 세계의 상업투자와 제조업이 인도에 들어오도록 흡인했다.[39] 그러나 인도의 무역적자가 확대되고[40] 미국경제가 회복되고 아시아 국가 환율이 보편적으로 하락하면서 인도의 화폐인 루피가 2014년 5월부터 지속적으로 하락했다.[41]

---

38 쑨훙쥐엔(孫紅絹),「아시아개발은행, 2014년 중국 GDP 증속 7.5%로 예측」,
    『제일재정일보』, 2014-09-26.
39 위양(禹洋),「인도의 구조개혁 성과가 초보적으로 나타나」,『경제일보』, 2015-01-12.
40 2014년 11월 인도의 경제무역 적자가 19개월 동안 최고 수준인 169억 달러로 확대되었다.
41 류쉬잉(劉旭穎),「완강한 루피」,『국제상보(國際商報)』, 2015-01-12.

(5) 인도네시아

인도네시아 재정부는 2014년의 GDP 성장률을 5.1%로 예측했는데, 이는 2009년 이래 최저 수준을 기록한 것이다. 인도네시아 재무장관은 2014년 재정 적자와 GDP 간의 비례를 2.4%로 예측하고 적자가 줄어듦에 따라 국가 부채와 GDP 간의 비례를 25%로 통제할 것이라고 밝혔다.[1] 세계 경제의 하락 및 대종 상품 가격의 하락 등의 영향을 받아 2014년 1월부터 11월까지 인도네시아 무역액은 32,541,000만 달러로 동기 대비 4% 하락했다. 그중 수출은 16,167,000만 달러로 동기 대비 2.36% 하락했고, 수입은 16,37,억4,000만 달러로 동기 대비 4.34% 하락했다.[2] 그러나 인도네시아 정부가 2014년 11월 에너지가격을 인상해 12월의 인플레율이 2.46%까지 치솟으면서 6년래 최고치를 기록했다.[3] 이밖에 2014년 12월 말까지 인도네시아 외화보유액은 1,119억 달러로 6.5개월 동안의 수입과 외채 상환의 수요를 만족시킬 수 있었으나 외화보유액 대 수입비율은 본 지역에서 가장 낮은 수준이었는데, 이는 인도네시아가 미국 연방준비제도이사회의 금리인상 등 금융시장 간섭의 충격을 쉽게 받는다는 것을 설명한 것이다.[4]

그렇기 때문에 국내외 경제요소의 영향을 받아 인도네시아 루피아의 달러 대 환율은 2014년 11월 이래 약 9% 하락했고 12월에 급속히 떨어졌는데

1 자료출처는 로이터 통신.
2 「2014년 1-11월 인도네시아 대외무역 상황」, http.//id.mofcom.gov.cn/article/ziranziyuan/ huiyuan/201501/20150100863554.shtml, 2015-01-08.
3 「2014년 12월 인도네시아 인플레율 2.46%, 6년 이래 최고치 기록」, http.//id.mofcom.gov. cn/article/ziranziyuan/huiyuan/201501/20150100863548.shtml, 2015-01-05.
4 「지난해 12월까지 인도네시아 외화보유액 1119억 달러로 증가」, http.//id.mofcom.gov.cn/ article/ziranziyuan/huiyuan/201501/20150100863557.shtml, 2015-01-09.

12월 15일 하루 하락폭이 1.98%나 되면서 1998년 동남아 금융위기 이래 최저점으로 하락했다.[5]

(6) 말레이시아

2014년 1~3분기, 말레이시아 대외무역 총액이 10,800억 링깃으로 동기 대비 7.1% 증가했는데, 그중 수출은 56,966,000만 링깃으로 동기 대비 8.6% 성장했고, 수입은 50,80,,000만 링깃으로 동기 대비 5.5% 성장했고 무역흑자는 6,165,000만 링깃으로 동기 대비 43.3% 성장했다.[6] 수출이 회복되면서 경제성장을 강력하게 받쳐주었기 때문에 2015년 말레이시아의 경제성장률은 5.4%로 전망되었다.[7] 이밖에 말레이시아 중앙은행이 2014년 12월 31일까지 말레이시아의 국제 준비금이 4,055억 링깃(1,160억 달러)으로 동기 대비 8.24% 줄었다고 발표했다. 이는 2011년 6월 이후 최저치지만 8.4개월의 수입을 해결할 수 있었다.[8] 그러나 말레이시아 재정 수입의 3분의 1이 원유 소득에 의지하기 때문에 2014년에 브렌트유 가격이 49% 하락하면서 아시아에서 유일한 원유 순수출국인 말레이시아의 재정 수입이 대폭 줄었다. [9] 그리고 미국의 경제회복과 유가의 지속적인 하락

---

5 「최근 인도네시아 루피아 환율이 왜 급락했을까?」, http,//id.mofcom.gov.cn/article/ziranziyuan/huiyuan/201412/20141200839078.shtml, 2014-12-16.

6 「말레이시아 1~3분기 대외무역 7.1% 성장」, http,//my.mofcom.gov.cn/article/sqfb/201411/20141100792240.shtml, 2014-11-11.

7 「올해 말레이시아 경제성장 5.4%에 달할 것으로 전망』 , http,//my.mofcom.gov.cn/article/sqfb/201407/20140700647940.shtml,2014-07-02.

8 「말레이시아 2014년 연말 국제 준비금 4055억 링깃으로 감소」, http,//my.mofcom.gov.cn/article/sqfb/201501/20150100863651.shtml, 2015-01-12.

9 「말레이시아 링깃의 대대적인 투매로 아시아 금융위기 먹구름이 다시 나타나다」, http,//my.mofcom.gov.cn/article/sqfb/201501/20150100859750.shtml, 2015-01-07.

영향을 받아 말레이시아 링깃 대 달러 환율이 2014년 4분기에 6.2% 하락해 아시아 금융위기 이래 분기당 최대 하락폭을 맞이했으며, 전년 대비 6.65% 하락했다.[10] 링깃의 평가절하 폭이 아시아 신흥시장 화폐 평가절하의 선두에 서게 되었으며, 일본 엔화(전년 누계 12.1% 하락) 다음으로 아시아 제2위를 차지했다. [11]

2. 2014년 아태지역 에너지 정세 분석

1) 경제성장이 에너지 수요를 증가

(1) 아태지역 에너지 수요 정세 개황

경제성장은 에너지 수요를 이끌어 가는 주요한 엔진이다. 그렇기 때문에 아태지역의 에너지 수요상황을 알아보려면 우선 아태지역의 경제발전 상황을 알아야 한다. 아태지역은 현재 세계에서 경제 활력이 가장 뛰어난 지역의 하나이다. 2014년의 역내 경제성장은 전반적으로 비교적 낙관적이었다. 한국과 일본은 여전히 경제 회복기에 있고 경제성장이 부진한 상황이다. 중국은 경제구조 조정에 중심을 두었기 때문에 경제성장 속도가 늦춰지는 추세가 나타나고 있다.

---

10 「말레이시아 링깃의 대대적인 투매로 아시아 금융위기 먹구름이 다시 나타나다」, http://my.mofcom.gov.cn/article/sqfb/201501/20150100859750.shtml, 2015-01-07.
11 「말레이시아 링깃 하락폭 지난해 아시아 2위」, http://my.mofcom.gov.cn/article/sqfb/201501/20150100858769.shtml, 2015-01-06.

인도는 강력한 경제성장세를 유지하고 있다. 이런 경제적 배경 하에 아태지역의 에너지 수요는 종합적으로 증가됐지만 수요 증가폭이 이전에 비해 늦춰지는 추세를 보이고 있다.

(2) 각국 에너지 수요 상황 분석

중국과 인도는 경제가 빠른 속도로 성장하는 단계에 있으며 아태지역 내지 세계에서 에너지 소비 대국이다. 영국 석유회사(BP)의 예측에 따르면 2030년에 이르러 중국과 인도는 각각 세계에서 제1, 제3 경제체와 에너지 소비국이 될 것이며 양국의 인구, GDP와 에너지 총수요량이 세계 총량의 35%를 차지하였다. 빠른 경제발전은 공업화, 도시화와 기계화를 의미한다. 앞으로 20년간 세계 석탄 수요량 순성장이 전부 중국과 인도에서 발생하고 세계 94%의 석유 수요 순성장, 30%의 천연가스 수요 순성장, 48%의 비화석 연료의 수요 순성장이 모두 중국과 인도 두 나라에서 나타날 것이다.[12]

2014년 중국의 경제성장 속도가 늦춰졌지만 여전히 7.4%에 달해 계속 세계 주요 경제체의 선두에서 달렸으며 GDP 총량이 636,000억에 달해 처음으로 10조 달러를 돌파했다.[13] 경제성장률이 하락하고 국내 생산구조가 조절되면서 중국 경제발전의 에너지에 대한 의존도가 점차 약화되고 있다. 2014년 중국 에너지 총 소비량은 약 384,000만 톤 표준 석탄으로 겨우 2.3% 증가했고, 2013년에 비해 1.4% 포인트 하락해 에너지 소비성장률이 16년

---

12 『RP2030 세계 에너지 전망』http://www.bp.com/zh_cn/china/reports-and-publications/bp2030_O.html.

13 「중국경제 2014년 성적표, 계속 세계 주요 경제체의 선두에서 달리다」, http://finance.people.com.cn/n/2015/0226/c1004-26596402.html, 2015-02-26.

만에 최저치를 기록했다.[14) 오랜 동안 석탄은 에너지 소비에서 주요한 위치를 차지해왔지만 환경보호의 제한을 받아 석탄, 석유 등 화석 연료의 수요가 끊임없이 감소되었고, 앞으로 수력 발전, 풍력 발전 등 청정에너지가 중국이 우선적으로 이용할 자원이 될 것이다.

인도의 경제는 2014년에 빠른 속도로 발전했다. 인도는 경제성장 수치를 대폭 상향 조절했는데 수정한 후의 2014년 재정 연도 경제성장률은 6.9%[15) 에 달해 지난 2년의 인도 GDP 성장률 추정치를 대폭 높였다. 골드만삭스는 연구 보고에서 국외 직접투자의 대량 유입과 인도의 경제 회복과 더불어 2016년부터 2018년까지 인도의 GDP 증가 속도가 중국을 따라잡거나 초과하여 성장이 가장 빠른 경제체가 될 것이라고 내다보았다.[16) 경제의 고속성장은 대량의 에너지공급을 보장 하에 이루어진다.

현재 인도의 석탄 소비가 차지하는 비례는 55%로 에너지의 소비 구조와 강도가 변하지 않는 상황에서 2023년에 이르러 인도의 에너지 소비는 172,000만 석유 환산 톤에 달할 것이며, 그중 원탄 수요량은 약 22억 톤에 달하게 될 것이다.[17) 그러나 인도의 발전 경로는 중국과 달리 낮은 강도의 에너지발전 궤도를 유지했다. 2030년에 이르러 인도의 에너지 소비량은 중국의 현재 소비량의 절반쯤이 될 것이며, 1인당 소득은 중국의 현재

---

14 「2014년 우리나라 에너지 총 소비량 2.3%만 증가」, http://www.chinapower.com.cn/
　　newsarticle/1229/new1229507.asp, 2014-02-11.

15 「도가 경제성장 수치를 대폭 상향 조절, 2014년도 재정 년도 성장률 6.9%로」, http://www.
　　chinanews.com/gj/2015/02-02/7025086.shtml, 2015-02-02.

16 장전허(張枕河), 「인도의 GDP 성장 속도가 중국을 따라잡거나 초과할 듯」,
　　『중국증권보』 2014-12-07.

17 쿵워이워이(孔微微), 장순(張順), 「인도가 구자라트 기적을 복제하거나 또는 세계에너지
　　가격 상승을 부추길 것」, 『중국시보』 ,2014-07-12.

수준과 같아질 것이다. 때문에 인도의 경제성장은 종전의 중국처럼 많은 에너지 수요를 초래하지는 않을 것이다.

한국경제는 한창 완만한 회복기에 들어서고 있고 경제성장 속도가 비교적 느리다. 한국 개발연구원(KDI)이 11월 19일 발표한 「하반기 경제전망」에는 2014년 한국의 경제성장률은 3.7%라고 밝혀져 있는데 이 수치는 정부의 경제성장 예상 3.9%와 한국은행의 3.8%보다 조금 낮고 국제 통화기금의 추정치와 같다.[18] 경기부진과 더불어 한국의 석유 소비도 위축되었다. 2014년 한국 석유제품 소비는 동기 대비 0.38% 감소된 82,209 배럴로 2011년 이후 최저치를 기록했다. 이로써 한국 석유제품 소비가 연속 2년이나 하락했으며 동기 대비 하락폭이 2013년의 0.3%에서 0.38%로 확대되었다.

일본 경제는 여전히 성장 동력이 부족하고 개인 소비와 기업의 설비에 대한 투자가 강력하지 못하며, 2014년에 GDP가 5년 만에 또다시 마이너스 성장이 될 확률이 매우 높아졌다. 8개의 민간 싱크탱크가 예측한 올해 4분기 실제 GDP 성장률은 평균 3.4%로 3개 분기 만에 성장을 보였다. 그러나 성장추세는 여전히 상반기의 하락폭을 만회할 수 없었다. 2014년도 경제는 마이너스 성장을 하게 되었고 하락폭은 0.6%일 것으로 추정된다.[19] 이런 경제상황에서 일본의 에너지 수요도 상대적으로 부진한 상태이다.

---

18 「KDI, 내년 한국 경제성장률 3.7%로 예측」, http,//korea.people.com.
   cn/205155/205166/8461277.html, 2013-11-20.
19 「일본 언론, 일본 2014년 GDP가 마이너스 성장을 할 듯, 경제성장 무기력」,
   http,//www.chinanews.com/gj/2014/12-09/6857271.shtml, 2014-12-9.

2) 에너지공급이 안정된 가운데 상승하다

(1) 아태지역 에너지공급 개황

세계 에너지공급 구조에서 아태지역은 뚜렷한 지위를 차지하지 못하고 있다. BP의 보고에 따르면 비경제협력기구 회원국이 에너지 수요의 주요 동력이 될 것이며 이런 수요는 OPEC와 아메리카 국가 공급의 성장을 통해 만족을 얻게 된다. 그러나 아태지역의 일부분 자원대국이 에너지공급자의 역할을 하고 있는 것은 사실이며 역내와 역외 에너지 수요를 어느 정도 보장하고 있다. 2014년 중국이 수입한 액화 천연가스는 주로 호주, 인도네시아와 말레이시아 세 나라에서 온 것이다. 2014년 아태지역의 이런 자원대국의 에너지공급에는 큰 파동이 일어나지 않았고 안정된 가운데 상승하는 양호한 태세를 보였다.

(2) 각국 에너지공급 상황에 대한 분석

호주의 자원과 에너지 제품의 생산량이 지속적으로 증가되고 있고 수출량도 새로 상승해 '투자 붐'이 '수출 붐'으로 과도하는 추세가 점점 더 뚜렷해지고 있다. 국제에너지기구(IEA)의 한 보고서는 호주가 날로 늘어나는 에너지 수요를 만족시키는데 중요한 역할을 할 것이고 특히 석탄과 우라늄광 공급에서 중요한 역할을 하게 될 것이라고 전망했다.

수치에 따르면 호주의 자원에너지 수출이 지속적으로 증가하고 있었다. 호주의 자원에너지경제국(BREE)은 2014년 3분기 보고에서 2013~2014년부터 시작해 호주의 자원에너지 수출 소득이 7%의 속도로 해마다 증가하고 2018~2019년에 2740억 호주달러에 달할 것이라고 예측했다. BREE는 2014~2015년 철광석 수출은 13% 증가하고 액화 천연가스 수출은 13% 증가하고 야금(금속을 사용 목적에 따라 정제, 합금 등의 특수 처리를 통해 필요한 형태로 만듦) 석탄의 수출은 2% 증가하고 열에너지 석탄 수출은 1% 증가할 것이라고 예측했다. 호주 무역 투자부의 앤드류 롭 장관은 호주와 아세안 국가의 무역관계가 지속적으로 강화되고 있고 모든 아세안 국가에 대한 수출이 전면 증가되고 있다고 밝혔다.[1] 퀸즈랜드 주 자문위원회 CEO는 2014년 이 주의 석탄 수출량이 예상보다 약간 높았다고 밝혔다.[2]

인도네시아는 세계에서 네 번째로 큰 석탄 생산국이고 또한 최대의 석탄 수출국으로 2014년 석탄 생산량이 증가할 것으로 예상했다. 『자카르타 포스트』는 전국 석탄생산량이 증가해 더욱 높은 예상목표를 만족시킴에 따라 인도네시아의 석탄생산량이 지속적으로 증가될 것이라고 보도했다. 인도네시아 석탄광업협회(ICMA) 부주석은 2014년 생산량이 45,000만 톤에 달할 수도 있다고 밝혔다.[3] 그러나 인도네시아의 석유천연가스 생산량은 석탄보다 못하였고, 2014년 인도네시아 석유 생산량은 여전히 예상보다 낮았다. 인도네시아 상유 석유천연가스 관리기구(SKKMigas)의 수치에 따르면 2014년 인도네시아의 석유생산량은 79 4,000배럴/1일로 정부 예산 계획이 설정한 818,000배럴 원유의 목표보다 3% 감소했다. 원래 계획에 따르면 2014년에 206개의 유정을 개발할 계획이었으나 후에 132개로

---

1 「수치에 따르면 호주 자원 에너지 수출이 지속적으로 상승세」, http.//china.huanqiu.com/
　News/mofcom/2014-10/5158553.html, 2014-10-07.
2 「2014년 호주 퀸즐랜드 2억 1600억 톤의 석탄 수출」, http.//job.coal.com.cn/news/
　hangye/378966-news.html, 2015-01-15.
3 「2014년 인도네시아 석탄 생산량은 4억 5000만 톤에 이를 것」, http.//www.sxcoal.com/
　coal/3563379/articlenew.html, 2014-01-02.

조정했으며 2014년 12월 초까지 실제로 77개의 유정만 개발했다. 2015년의 석유 개발목표는 원래 90만 배럴/1일로 정했으나 2015년 예산 수정안에서 이 목표를 849,000 배럴/1일로 하향조정했다. 비록 인도네시아의 석유 생산량이 끊임없이 내려갔지만 천연가스 생산량은 상대적으로 안정돼 있었는데 가공유 당량으로 환산하면 전년 석유 천연가스 생산량은 약 121만 배럴/일에 달하게 된다. 전년 인도네시아 정부가 얻은 석유천연가스 수익은 2,833,000만 달러로 기정목표보다 4.5% 감소되었다.[4]

말레이시아는 원유와 천연가스 순수출국이고 세계적으로 세 번째로 큰 천연가스 수출국, 아태지역에서 천연가스 매장량이 네 번째로 많은 나라이다. 말레이시아의 천연가스 생산량 역시 해마다 증가되고 있다. 통계에 따르면 2011년 말레이시아의 천연가스 생산량은 618억 ㎥였고 소비량은 285억㎥였다. 2012년에 말레이시아는 펭거랑에 13억 달러를 투입해 액화 천연가스 터미널을 건설할 계획을 세웠는데 2020년까지 이를 아시아 액화 천연가스 거래센터로 만들기 위하는데 있다. 2013년 말레이시아는 이미 인도네시아를 능가해 동남아 상유 석유천연가스 산업의 선두 주자가 되었다.

---

4 「2014년 인도네시아 천연 가스 오일 채굴 목표에 미달」, http://www.cic.mofcom.gov.cn/ ciweb/cic/info/Article.jsp a_no=365015&_no=461, 2015-01-07.

3) 각국의 신에너지 개발과 이용을 확대

(1) 일본

2014년 4월 11일 일본정부는 내각회의에서 새로운 「에너지 기본계획」을 채택했다.[5] 새로운 에너지정책의 가장 큰 특점은 민주당 정부가 2012년 9월에 '혁신성 에너지환경 전략'에서 제기한 "2030년대까지 원자력을 제로화한다"는 방침을 뒤엎고 원자력발전을 "중요한 베이스 로드 에너지"라고 밝힌 것인데 이는 아베정부가 원자력 발전을 아베 경제성장 전략정책에 포함시켰다는 것을 명확하게 보여준다.

아베정부는 원자력 발전은 운영 원가가 상대적으로 낮을 뿐만 아니라 하루 종일 안정되게 지속적으로 발전할 수 있다며 원자력발전을 재개함에 있어 세계적으로 가장 엄격한 감독관리 표준을 실행할 것이라고 밝혔다.[6] 그리고 2014년 6월 17일 일본정부 내각회의에서 채택된 2013년 「에너지 백서」 역시 원자력발전은 "에너지공급과 수요구조를 안정시키는데 기여하는 중요한 베이스 로드 에너지"라고 했는데 이는 "관리 통제 기준에 부합된다고 인정받으면 재개를 추진할 것"이라는 아베정부의 방침을 보여주었다.[7] 2014년 연말까지 원자력 규제위원회가 14개 원자력 발전소의

5 「일본정부가 새로운 에너지정책 채택, 원자력 발전을 주요 에너지로」, http,//japan. xinhuanet.com/2014-04/12/c_133256549.htm, 2014-04-12.
6 「일본, 신 '에너지 기본 계획' 채택, 에너지정책이 퇴보했다는 인상 바꾸기 어려워」, http,// finance.people.com.cn/n/2014/0417/c348883-24908541.html, 2014-04-17
7 「일본정부 에너지 백서 발표, 원자력 발전 재개 입장 분명히 밝혀」,http,//www.chinanews. com/gj/2014/06-17/6288863.shtml, 2014-06-17.

21개의 원자로를 심사하고 있다.[8] 비록 원자력 발전 재개에 대해 일본 정계와 민중의 의견이 엇갈리고 질의 심지어 반대까지 받았으나 아베 집정연맹이 중의원 대선에서 승리하자 일본이 1년 동안 유지해온 '제로 원자력 발전' 상태가 결속되는 것은 이미 정해진 국면이 되었다. 뿐만 아니라 엔화 평가절하로 초래된 수입 에너지가격 상승, 지속적인 무역 적자[9] 및 온실가스 배출 통제 등의 요소 또한 원자력 발전 재개에 충분한 이유를 제공했다.

그러나 이 새로운 「에너지 기본계획」 은 또 '원자력발전 축소'라는 발전 방향을 제시함으로써 에너지 절약과 재생에너지 보급, 화력발전소 효율 제고 등을 통해 되도록 원자력 발전에 대한 의존성을 낮출 것이라고 밝혔다.[10] 재생에너지를 발전시키려는 결심을 보여주려고 자민당 정부는 재생에너지 도입 비례를 예전의 목표보다 훨씬 높일 것을 약속했다.

새 계획은 "2013년부터 시작해 약 3년의 시간을 들여 재생에너지 도입 속도를 최대한도로 끌어올리고 그 후에도 적극적으로 추진한다. 이를 위해 재생에너지 관련 각료회의를 설립하고 정부의 지휘 역할을 강화함과 아울러 관련 성(省)·청(廳) 간의 협력을 추진한다. 이런 조치를 통해 과거의 「에너지 기본계획」 보다 더욱 높은 목표를 설정하고 그것을 에너지구조를 연구할 때 참고로 삼을 것이다"라고 제기해 '정부의 힘으로

---

8 「일본의 원자력 발전 유닛 잇달아 허가 받고 재개」, 『중국에너지보』 , 2014-12-22.
9 일본이 절반의 원자력 발전 시설을 재개하면 해마다 약 200억 달러를 절약하여 무역 적자를 삭감할 수 있을 것으로 추정된다.
10 리호(李浩), 「일본 제로 원자력 발전 시대와 작별, 천연가스 시장 경쟁 날로 치열해질 듯」, 『금융시보(金融 時報)』 , 20147-04-18.

재생에너지의 발전을 다그치려는' 모습을 보여주었다. 뿐만 아니라 이 계획은 재생에너지 도입 목표-2020년까지 1,414억 KWH(키로와트시), 2030년까지 2,140억KWH(수력 포함)라는 예정 목표를 제시했다.[11] 일본의 재생에너지발전은 주로 태양에너지 제품에서 체현된다. 아울러 일본 태양광발전협회가 2014년 11월 20일에 발표한 통계수치에 따르면 일본 국내 태양전지 수요가 연속 9분기 성장세를 보였다. 2014년 7~9월 태양전지 총 출하량(내수+수출)은 전해 동기에 비해 21% 대폭 증가된 2,567 메가와트로 2014년 1~3월 분기인 2,786 메가와트 다음이었다.[12]

정책 추진과 수요의 지속적인 성장이라는 이중적인 작용 하에 일본의 태양광발전 산업은 2014년에 쾌속 발전의 추세를 보였는데, 많은 프로젝트가 확정되어 투자와 생산에 들어갔거나 투자와 신축을 발표했다. 2014년 9월 18일 일본 아시아 그룹 산하 JAG 국제 에너지가 일본 이바라키현 이나시키시에 있는 '카바야마 태양에너지의 길' 항목이 준공했다고 선포했다. 이 태양광발전소는 3만 제곱미터의 민간 유휴농지를 이용하였는데 출력 파워가 약 2메가와트, 발전전력은 600가구의 전기 소모량에 해당되며 도쿄 전력에 전기를 판매하게 된다.[13] 2014년 11월 25일 일본 야마가타 지역에 위치한 마루코 태양광에너지발전소가 완공되어 정식으로 가동되었는데 발전량은 연간 286,000KWH로 추정되며, 55가구의

11 리호(李浩), 「일본 제로 원자력 발전 시대와 작별, 천연가스 시장 경쟁 날로 치열해질 듯」, 『금융시보(金融 時報)』,20147-04-18.

12 「연속 9분기 성장, 일본 태양전지 Q3 출하량 21% 급증」, http,//guangfu.bjx.com.cn/ news/20141121/566429.shtml, 2014-11-21.

13 「JAG 국제 에너지 회사, 이바라키 현에 2MW 태양광발전소 건설」, http,/www./glass.com. cn/glassnews/newsin-fo_115797.html, 2014-09-24.

가정에 전기를 공급하고 동북전력에 전력을 판매할 것이다.[14] 2015년 4월 24일 일본 효고현 가토시에 위치한 두 채의 부유식 태양광발전소가 준공되었다. 두 채의 부유식 태양광발전소는 각각 두 채의 저수지에 건설되었으며 발전 용량은 각각 1.7메가와트와 1.2메가와트이다. 두 채의 발전소는 해마다 330만 KWH의 발전량을 제공하고 920가구의 가정이 사용할 수 있다. 이어 일본 사이타마현의 가와지마(川島) 정 역시 7.5메가와트의 수상 태양광발전소를 건설하고 약 2만 7 467개의 태양광 판넬을 장착할 것이라고 선포했다. 이 프로젝트는 2015년 10월에 완공되며 연간 발전량은 830만 KWH로 추정된다.[15] 2014년 11월 7일 일본 국내 최대 규모의 태양광발전소가 오카야마 현 세토우치시에서 착공했으며 2019년부터 상업 운영에 들어갈 것으로 예상된다. 이 발전소 프로젝트는 제너럴일렉트릭(GE) 아래 자회사-GE 에너지 금융 서비스회사, 일본 토요 엔지니어링과 국해투자관리회사(國海投資管理公司)가 공동으로 출자해 건설하게 되며 92만 개의 태양광 판넬을 설치하게 되는데 바닥 면적은 약 265헥타르, 건설된 후 출력 파워는 230메가와트에 달하게 된다.[16]

JX 닛코우 일본석유 에너지도 소식을 발표해 2015년까지 아키타현 오가시, 이바라키현, 사이타마현, 히로시마에 대형 태양광 에너지발전소를 건설해 발전할 것이며 출력 파워가 7000킬로와트에 달할 것이라고 밝혔다.

---

14 「일본 정식으로 환고태양광에너지발전소를 사용하기 시작」, http,//news.cableabc.com/world/20141128034786.html, 2014-11-28.

15 「세계 최대의 부유식 태양광발전소 '칭호 쟁탈전'」, http,//www.cpnn.com.cn/2014xny/tyn/201411/t20141126_767965.html, 2014-11-26.

16 「일본 최대의 태양광발전소 착공」, http,//news.xinhuanet.com/2014-11/07c_113165336.htm, 2014-11-7.

이밖에 JX가 유휴농지를 이용하여 개설한 태양광발전소는 총 14곳에 달하고 발전량은 합계 3만 5,000KWH에 달할 것으로 예상된다. 아울러 태양광 발전을 대량 도입하는 시대가 오는 것을 맞이하기 위해 일본 신에너지산업 기술종합개발기구인 NEDO는 태양광 발전 시스템 효율 제고, 태양광 발전 용도 다양화, 태양광 발전 재활용 및 개발 등 3개 대형 프로젝트와 21개의 과제에 대한 연구 계획을 가동할 것이라고 선포했다.[17] 블룸버그 통신은 2014년에 일본은 1,030만 내지 1,190만 킬로와트의 태양광 발전용량을 증가함으로써 중국을 추월해 태양광 발전 용량이 가장 많이 증가한 나라가 될 것이라고 예측 했다.[18] 그러나 태양에너지 산업의 발전이 과열되면서 일본 전력회사가 그 부담을 이겨낼 수 없게 되자 규슈전력, 동북전력 등 일부분 전력회사가 계약을 중단한다고 선포하고 더 이상 태양광 전력 구매 신청을 접수하지 않았다.

이런 배경 하에 일본정부는 태양에너지 산업의 열기를 낮추는 조치를 취하기 시작했다. 2014년 3월 일본정부는 재생에너지 불변가격 수매 제도(FIT)[19]의 보조금 비율을 하향 조절했다. 그럼에도 일본은 지금 여전히 세계적으로 보조금이 가장 많은 나라이다.[20]

---

17 「일본 NEDO, 태양광발전 시대 맞이하여 새로운 개발 프로젝트 가동」, http://www.china-nengyuan.com/news/63921.html, 2014-12-01.

18 「일본, 중국을 초과해 세계 최대의 태양광발전 시장이 될 듯」, http://energy.cngold.org/c/2014-12-01/c2905242.html, 2014-12-01.

19 일본은 2012년 7월부터 '재생에너지 특별조치 법안'을 실행해 일본 전력회사는 불변 가격으로 모든 태양 에너지, 풍력, 지열 등 재생에너지로 생산한 전력을 구매할 의무가 있다고 규정했다.

20 「일본 FIT 제도 도마에 올라, 태양광 발전 5대 도전에 직면」, http://www.solarpwr.cn/beneandy-61-20141.html, 2014-11-11.

2014년 12월 15일 일본 경제 산업성은 '자원에너지 총합 조사회/신에너지 소위원회' 회의에서 '재생에너지 특별조치 법안'을 수정하기로 결정했는데 주요 내용은 다음과 같다. 일본정부는 새로 건설할 대규모 태양광발전소 프로젝트를 비준하는 것을 잠시 중단하고 도입량이 과도하게 증가된 재생에너지 수매가격을 낮추며(주로 태양광발전소를 상대로 하는 것임) 태양광 발전에 치우치지 않는 재생에너지 도입 목표를 다시 설정한다.[1] 이밖에 이러한 곤경에서 벗어나기 위해 일본정부는 재생에너지발전업체의 축전지 도입을 지지하여 전력 수송망의 부담을 줄여주고 또 2014년 보충 예산에서 자금을 확보하여 재생에너지의 보급을 추진할 것이라고 표시했다.[2]

이밖에 일본은 수소에너지 개발과 이용에서도 진전을 가져왔으며, 수소에너지는 일본이 대대적으로 개발할 차세대 청정에너지가 될 것이다. 일본 토요다자동차는 2014년 12월 15일 일본 국내시장에서 액화수소를 동력으로 하는 연료전지 자동차(FCV) '미래 (mirai)'를 정식으로 판매하기 시작하면서 수소에너지 사회의 서막을 열었다. 연료전지 자동차가 소량의 물만 배출하고 오염물을 배출하지 않기 때문에 차세대 주류 청정 자동차가 될 희망이 가장 큰 것으로 알려졌다. '미래'가 시장에서 선호를 받았기 때문에 예매가 예상을 훨씬 초과했다.

---

1 「일본 태양광 발전 붐 곧 종말? 신설 프로젝트 허가 잠시 중단 설」,http,//www.solarpwr.cn/beneandy-61-19410.html, 2014-10-16.

2 「일본 전력회사 재생에너지 구매 중단, 정부 긴급 조치 내려」,http,//www.chinanews.com/gj/2014/12-23/6902793.shtml, 2014-12-23.

3 「일본 수소에너지 개발과 응용에 전력」, http,//news.xinhuanet.com/world/2014-12/23/c_1113750929.htm, 2014-12-23.

지속적으로 늘어나는 수요를 만족시키기 위해 토요타는 2015년 말까지 생산량을 3배 확대하기로 결정했다.[3] 연료전기 자동차의 보급에 맞추기 위해 일본 JX 닛코우 일본석유에너지회사는 2015년 말까지 일본 국내에 새로 40개의 '수소 충전소'를 건설하고 2020년 말까지 2,000개로 확대할 계획이다.[4] 뿐만 아니라 수소에너지는 앞으로 도시생활의 각 방면에 광범위하게 응용될 것이고 수요량이 대폭 증가할 것이다. 예를 들면 파나소닉을 포함한 전지 제조업체는 현재 체적이 작고 저렴한 가정용 전지제품을 연구개발하고 있다.[5] 현재 일본 도시바사, 카와사키 중공업, 치요타 화학공업은 다 자체로 수소를 추출, 저장하는 기술을 개발해냈다. 뿐만 아니라 치요타 화학공업은 가와사키시에 수소를 연료로 사용하는 발전공장을 세우기로 결정함으로써 수소 에너지로 발전하는 첫 걸음을 떼었다. 일본정부측 신에너지산업기술 종합개발기구 NEDO가 2014년 7월에 발표한 『수소에너지 백서』는 수소가 차세대 청정에너지의 버팀목이 될 가능성이 가장 크다며 수소발전을 일본의 제3대 주요에너지로 만들 것이며 일본을 수소에너지 사회로 건설하기 위해 노력할 것이라고 밝혔다.

　　수소에너지의 개발과 이용을 다그치기 위해 일본정부는 정책적으로 지지하기로 결정했다. 일본 경제산업성은 38억 엔의 예산을 들여 가와사키 중공업과 치요타 화학공업이 일층 연구하는 것을 지원하고 수소 충전소

---

4 「일본의 한 주유업체, 2000개 수소 충전소 건설할 계획」, http://cn.nikkei.com/industry/14-ienvironment/12393-20141222.html, 2014-12-22.

5 황옌(黃嬿), 「일본 '수소 사회' 건설에 전력 기울여, 가정용 수소연료 전지 일반화」, 『과학기술신보』 2014-12-09.

등 수소에너지 인프라건설을 구축하고 있으며 수소에너지 자동차 소비자들에게 202만 엔에 달하는 보조금을 제공했다.[6]

바이오에너지 방면에서 일본은 미세조류 바이오연료의 연구개발에서 중대한 성과를 거두었다. 일본은 미세조류를 이용해 생산한 바이오 액체연료를 2014년 7월부터 버스에 사용하기 시작했고 그 후 항공 연료로도 사용할 것으로 보인다. 츠쿠바 대학의 와타나베 신(渡邊信) 교수는 2020년쯤이면 이런 바이오 액체연료의 원가가 리터당 200엔 이하로 하락할 것이라고 내다봤다. 일본 컨설팅 업체인 후지게이자이가 발표한 조사 통계 수치에 따르면 일본의 바이오연료 시장이 신속히 성장하고 있고 2015년에 1,766억 엔에 달할 것으로 추정했다. 후지 게이자이는 바이오연료 기술의 진보, 생산 원가의 하락, 환경보호에 대한 관심 증가와 더불어 재생 가능한 바이오연료가 에너지 소비 가운데 차지하는 비례가 대폭 제고될 것이라고 주장했다.[7] 이밖에 일본 경제 산업성 자원에너지청은 2014년 12월 25일 동해의 세 곳에서 가연성 얼음 분포 상황을 조사했고 지질 샘플을 성공적으로 채집했다고 선포했는데 이 역시 일본정부가 처음으로 동해에서 가연성 얼음 샘플을 채집한 것이다.[8]

6 러샤오옌(樂紹延), 쉬위안(許緣),「일본, 차세대 청정에너지-수소 대대적으로 개발」, http,//japan.xinhuanet.com/2014-12/22/c_133870995.htm, 2014-12-22.

7 「총론, 일본 신에너지 산업 조정하는 과정에 발전」, http,//news.xinhuanet.com/world/2014-11/24/c_1113377482.htm, 2014-11-24.

8 「일본정부 동해에서 가연성 얼음 샘플 첫 채취」, http,//news.xinhuanet.com/world/2014-12/25/c_1113781218.htm, 2014-12-25.

(2) 인도

전력은 인도의 경제와 발전에 지극히 중요한 역할을 했다. 그러나 인도는 오히려 전력이 상당히 부족한 상황에 직면했으며 현재 아직도 약 1/4의 인구가 전력을 사용하지 못하고 있다. 그래서 인도는 석탄과 가스를 이용하는 외에도 재생에너지를 이용한 전기 생산을 대대적으로 발전시켜 저탄소 전력에 대한 수요를 만족시키고 있다.

2017년 3월의 12번째 '5개년 계획'까지 인도는 재생에너지발전량을 지금의 25기가와트(GW)에서 55 기가와트(GW)로 배로 증가시킬 계획이라고 했다. 뿐만 아니라 2050년에 이르러 인도의 재생에너지발전량은 총 발전량의 40%로 증가할 전망이다.[9] 전력 수요의 자극과 정부의 지도하에 인도는 2014년에 태양광, 원자력, 탄화수소 에너지 등 신에너지를 적극 발전시켰다.

인도의 대부분 지역이 태양 복사가 높은 지대에 있기 때문에 태양광 에너지가 사회와 정부의 보편적인 지지를 받았다. 새로 당선된 모디 인도 총리는 태양 에너지의 충실한 팬이다. 그는 "우리는 최선을 다해 재생에너지 전력을 생산해야 한다. 하느님이 우리에게 이렇게 많은 재생 에너지를 주셨으니 우리가 그것을 이용한다면 더 이상 석탄이 필요치 않을 것이고 높은 가격으로 석유제품을 수입하지 않아도 될 것이다"[10] 라고 말했다. 인도 에너지와 자원연구소(TERI)는 인도의 새 정부에 에너지정책 건의를 올려 다시 추진력을 높여 태양에너지를 배치해야 한다며

---

9 「국제에너지기구가 인도를 위해 제작한 에너지 저탄소 계획」, http://energy.southcn.com/
  e/2014-08/11/content_106305821.htm, 2014-08-11.
10 장치(張琪), 「인도 신임 총리는 태양 에너지의 팬」, 『중국에너지신문』, 2014-05-19.

"태양에너지는 인도에게 중요하지만 상대적으로 충분히 이용되지 못한 에너지 자원"이라고 했다.[11] 인도정부는 2022년에 20기가와트(GW)를 전력망에 연결시키고(인도 에너지부 장관은 이 목표를 200기가와트(GW)로 높였다)[12] 2기가와트(GW)를 전력망에서 차단하는 국가 태양에너지 목표를 제정했으며 인도 총리는 이미 신에너지와 재생에너지부(MNRE)에 방안을 제정할 것을 지시했다.[13] 2014~2015 재정 연도에 인도 정부는 이미 대형 태양광에너지 프로젝트와 단지 건설에 100억 루피(약 17,000만 달러)의 재정 경비를 내주었다. MNRE는 전국에 12개의 태양에너지 단지를 확정했으며 이 초안은 내각에 제출돼 입찰 절차에 들어가게 된다.[14] 이밖에 인도 중앙정부는 옥상 태양에너지를 발전시키는 것을 격려하고 있으며 아울러 각 주도 자체의 태양에너지발전 계획을 제정하고 있다. 인도는 이미 태양에너지 프로젝트 투자의 중요한 시장의 하나가 되었다.

인도는 지금 세계 최대의, 생산량이 750메가와트에 달하는 태양광 발전소를 건설할 계획이다. 이 초대형 태양광발전소는 발전기 설비용량이 25기가와트(GW)인 태양광 발전 프로젝트의 일부분으로 인도가 이 프로젝트를 완성하도록 추진 역할을 하게 될 것이다. 아울러 이 프로젝트는 처음으로 2014~2015 재정 연도 정부 자금의 지지를 받게 되었다.

---

11 「인도 새 정부, 새로운 재생에너지 추동력 내놓아야 한다는 요구에 직면」, http://www.ne21.com/news/show-54577.html, 2014-05-14.

12 「인도 태양광 발전 잠재력 750기가와트(GW)로 전망」, http://xny.cena.com.cn/2014-12/04/content_253082.htm, 2014-12-04.

13 「하이룬솔라(海潤光伏), 인도의 날로 증가되는 에너지 수요 포착하려고 특단의 조치」, http://www.hareonsolar.com/webro-ot/company/news_983.html, 2014-08-05.

14 「인도 정부, 미래 5년간 25개 태양에너지 단지 건설」, 『금융쾌보』, 2014-11-24.

이밖에 세계 태양에너지 개발업체인 Sun Edison은 최근 인도 라자스탄주 정부와 양해각서를 체결하고 5기가와트(GW)의 태양에너지를 건설하게 되었다. 미국의 퍼스트 솔라도 인도에 자회사를 설립해 현지 태양에너지 입찰 항목에 적극 참가하고 있다.[15] 인도 최대의 태양에너지 개발업체인 Welspunjd가 본국의 옥상태양에너지시장에 진출하고 있다. Welspunjd는 이미 하리아나 주와 북방의 우타르프라데시 주에 3개의 옥상 프로젝트를 가동했는데 총 792킬로와트이다.[16] 2014년 12월까지 인도는 734메가와트의 태양광발전소를 세웠으며 전년 모두 800메가와트에 달할 것으로 예상된다.

이밖에 인도는 기타 국가와 협력을 강화하는 방식으로 원자력을 대대적으로 발전시켜 장기적인 전력 부족을 해결하고 있다. 2014년 4월 러시아와 인도는 쿠단쿨람 원자력 발전소 2기 프로젝트를 시작하고 3호, 4호 유닛을 증가하기로 합의했다. 이 원자력발전소는 현재 유일하게 '포스트 후쿠시마 시대'의 안전표준에 도달하는 원자력발전소이다. 2014년 12월 10일 푸틴 러시아 대통령이 인도의 수도 뉴델리를 방문해 모디 인도 총리와 제15차 인도-러시아 정상회담을 가졌다. 양국은 회담에서 16개의 협정을 체결했는데 그중 핵에너지 영역의 협력이 가장 주목받았다. 양측은 러시아가 책임지고 건설하는 쿠단쿨람 원자력 발전소가 건설된 후 다시 부지를 선정해 러시아가 설계하는 원자력 발전소를 건설하는데 합의했다.[17]

---

15 「인도, 세계 최대의 태양광발전소 건설 계획」. http.//j.news.163.com/docs/4/2014122923/AEM3585T9001585u.html, 2014-12-29.

16 「Welspunjd, 인도의 급속으로 발전하는 옥상 태양에너지시장에 진출」. http.//solar.ofweek.com/2014-12/ART-260009-8460-28909221.html, 2014-12-03.

17 뤼펑페이(呂鵬飛), 「인도와 러시아, 에너지와 안전 협력 강화」. 『인민일보』 2014-12-12.

푸틴 러시아 대통령은 인도에서 열린 기자회견에서 "러시아와 인도 양국은 '매우 중요한' 협의를 체결했으며 러시아는 인도에 20여 개의 원자로를 만들어줄 것"이라고 밝혔다. 얼마 후 러시아 국영 원자력공사 Rosatom은 "러시아가 2035년 전까지 인도에 최소 12개의 원자로를 건설해줄 것이고 그 중 쿠단쿨람 원자력 발전소에 있는 두 개의 원자로는 2016년 전으로 완공된다"는 소식이 사실이라고 확인했다.[18] 이밖에 모디 총리는 2014년 8월 일본 방문 시에 아베 신조 일본 총리로부터 핵 협의에 관한 의논을 조속히 해나간다는 약속을 받았다.[19] 2014년 9월 5일 인도와 호주 정부는 인도 수도 뉴델리에서 민용 원자력기술 협력 MOU를 체결했으며, 호주는 인도에 핵원자로 발전에 필요한 우라늄 연료와 관련 기술을 수출하는데 원칙적으로 동의했고 인도에 대한 호주정부의 우라늄광 수출 금지령을 해제했다.[20] 이밖에 인도는 또 체코와 민용 원자력 기술협력을 강화할 전망이다.[21] 그러나 인도가 아직 「핵무기비확산조약」에 사인하지 않았기 때문에 다른 국가들은 인도에 핵원료와 핵기술을 제공하는 문제에서 여전히 경각심을 가지고 있다. 때문에 인도 정부는 국제원자력기구의 한 가지 협의에 사인을 하여 이 기구의 감독관이 인도의 민용 원자력 장소에 진입하도록

18 「러시아와 인도 에너지협력 강화, 2035년 전까지 인도에 12개의 원자로 건설」, http,// www. chinanews.com/mil/2014/12-16/6881978.shtml, 2014-12-16.

19 팡린린(房琳琳), 「에너지 위기, 인도를 원자력 개발로 방향을 바꾸도록 압박」, 『과학기술일보』 2014-10-24.

20 우치앙(吳强), 「인도와 호주, 민용 원자력 협력 협의 체결」, http,//news.xinhuanet.com/ world/2014-09/06/c_1112385037.htm, 2014-09-06.

21 「체코, 인도와 국방 분야의 큰 계약을 체결하고 철도, 에너지 분야에서 협력할 전망」, http,//www.mofcom.gov.cn/article/i/jyjl/m/201412/20141200826413.shtml, 2004-12-09.

허락함으로써 국제사회의 의심을 제거하고 더욱 많은 외국 투자자가 인도를 도와 핵원자로를 건설해주기를 바랐다.[22] 뿐만 아니라 원자력 공급업체의 안전 우려를 제거하여 더욱 많은 원자력 협력 프로젝트를 성사시키기 위해 모디 정부는 보험 계획을 세웠다. 이 계획에는 핵 사고가 생길 경우 세계 핵 공급업체가 경제적 책임을 지지 않도록 되어 있어 공급업체의 우려를 해소해 주었다.[23]

이밖에 인도는 또 개발이 가능한 대량의 풍력과 바이오매스 에너지를 가지고 있다. 현재 인도의 풍력에너지 총 발전용량은 약 18,000메가와트에 달해 세계 제5위를 차지한다. 인도는 '12차 5개년 계획'(2012-2017)에서 11기가와트(GW)의 풍력 에너지발전을 증가시킬 계획이다.[24] 인도 신에너지 재생에너지부 장관도 인도의 풍력에너지발전에 자신만만해 하면서 해마다 80억 와트의 전력을 증가시키는 것이 인도에게는 별로 어려운 임무가 아니라고 했다.[25] 그리고 바이오매스 에너지자원도 인도에 상대적으로 균일하게 분포되어 있어 보편적으로 개발하기에 적합하다. 하지만 인도는 토지정책을 조정하고 바이오매스 원료 생산 건설을 강화해야 할 것이다.[26]

---

22 'India's nuclear diplomacy-Late addition', http.//www.economist.com/news/asia.

23 Tommy Wilkes, Sanjeev Miglani, 'India Looks to Sway Americans with Nuclear Power Insurance Plan,' Daily Mail, 2014-12-22.

24 「인도의 청정기술 시장 투자기회 분석」, http.//ecep.ofweek.com/2014-10/ART-93010-8420-28889398.html, 2014-10-13.

25 「인도, 재생에너지 초강대국이 될 수도 있어」, http.//www.sinopecnews.com.cn/news/content/2014-10/08/content_1449022.shtml, 2014-10-09.

26 「재생에너지기구, 인도에게 에너지 저탄소 계획 만들어 줘」, http.//energy.southcn.com/e/2014-08/11/con-tent506305821.htm, 2014-08-11.

(3) 한국

한국정부는 신에너지의 개발과 이용을 선도하고 지지해왔다. 그중에서 태양광을 이용하는 태양에너지 산업은 한국의 신에너지정책 중 가장 중요한 것이며 2015년까지 세계에서 다섯 번째로 큰 태양에너지 산업강국으로 되는 것이 목표이다. 한국은 지역이 넓고 일조 조건이 좋아 태양에너지를 이용하기에 좋은 자연조건을 가지고 있다. 2030년까지 한국은 온실가스 배출을 30% 줄일 계획인데 태양에너지는 이 목표를 실현하는 관건이 될 것이다.

태양에너지산업을 발전시키기 위해 한국 정부는 194,000만 달러를 투자한다는 야심만만한 청정에너지 계획을 발표했다. 여기에는 6종의 재생에너지 관련 업무가 포함되는데 그중 한 가지는 국내에서 새로 흥기하는 태양광 임대 시장에 전념하는 것이다. 태양광 임대 서비스는 일반 가정, 상업기구에 고정된 가격으로 태양광 설비를 임대해주고 전력을 판매하여 이익을 얻는 것을 말한다. 한국 산업통상자원부는 2017년까지 이 계획에 의해 청정에너지와 관련된 일자리가 1만 개 새로 생길 것이라고 밝혔다.[27]

주목할 만한 것은 서울시가 태양광 도시의 선두에 서기 위해 단단히 벼르고 있다는 것이다. 서울시 '햇빛지도' 최신판이 완성되어 2013년 4월에 발표되었는데, 여기에는 태양광 산업을 발전시키기 적합한 지역과 옥상 태양광 시설이 에너지를 절약할 수 있는 비용을 제시했다.

---

27 「한국, 19억 4000만 달러 청정에너지 계획 발표」, http://www.escn.com.cn/news/show-160615.html, 2014-07-31.

2012년 서울시는 서울을 '햇빛도시'로 개조할 계획을 발표했다. 계획에 따르면 2014년 말까지 서울은 새로 320메가와트의 태양광 발전용량을 증가하게 되었다. 이 목표는 또 서울의 '원자력 발전소를 최대한 줄인다(ULNPP)'는 프로젝트 내용의 일부분이기도 하다. ULNPP 프로젝트는 일련의 조치를 취해 신에너지(태양광 포함)를 발전시킴으로써 서울을 에너지 독립이라는 탄탄대로에 들어서게 하는 것을 목적으로 한다.

한국은 태양광산업을 통해 에너지독립을 실현할 계획일 뿐만 아니라 해외시장을 적극 개척하여 태양광 산업을 글로벌화 하려 한다. 미국이 중국 태양광 제품에 대해 잠정 상계관세를 부과한다고 선포하자 한국의 태양광 제조업체는 절호의 기회를 맞이하게 됐으며 미국 시장에 자체로 제조한 태양광 모듈을 판매하려 시도했다. 2014년 4분기, 한국과 미국의 폴리실리콘 생산업체가 공동으로 설립한 SMP는 FBR 공법을 이용하여 폴리 실리콘을 양산하여 타이완시장에도 판매할 전망이다. [28]

(4) 호주

전통 에너지의 공급 대국인 호주는 국제사회로부터 온실가스 배출을 감소하라는 압력을 점점 더 크게 받게 되면서 최근에 신에너지 개발 강도를 높이기 시작했다.

호주는 그 중에서 태양에너지 개발과 이용을 중점으로 삼고 있다. 호주의 태양에너지 비례는 19%에 달하는데 이 19%의 태양에너지 사용자들 가운데

---

28 「역경에서 발전하는 한국 태양광 발전」, http://guangfu.bjx.com.cn/news/20141104/560568-3.shtml, 2014-11-04.

15%는 옥상 소유주가 태양광 에너지발전을 채택한 것이고 나머지 4%는 태양에너지 온수기를 장치했다. 호주 농촌 및 외지 지역에서는 이제부터 태양에너지 충전 업무를 발전시킬 것이다. 태양광 발전 어레이를 축전지와 배합해 에너지를 저축하는 시스템이 점차 호주의 광활한 지역의 '새로운 표준'이 될 것이다. 정부와 기업이 태양광 충전의 가격대 성능비가 높다는 것을 점차 인식하고 장치하는 양이 지속적으로 상승하고 있다. 호주 중서부 지역의 Meta Msya Regional Aboriginal 라는 회사는 포트헤들랜드 국제공항에 위치한 웨지필드의 본부에 100킬로와트의 '태양광+충전' 시스템을 안장할 계획이라고 선포했다. 이 시스템은 76KWH의 리튬이온 축전지 팩과 40킬로와트의 디젤유 발전기를 예비전원으로 배비할 계획이다. 웨스턴 오스트레일리아 주도 퍼스의 남부 및 농작물을 재배하는 내륙 지역에 40킬로와트의 태양광 충전 시스템이 건설되어 현지 향촌의 리조트에 전력을 공급하고 있다.[29] 호주는 태양에너지 이용에 관한 연구가 계속 추진되고 있다. 호주 뉴사우스웨일스 대학교의 태양광 연구팀이 태양에너지를 전기에너지로 전환하는 효율을 40% 이상으로 끌어올렸는데 이는 지금까지 최고 기록이다. 호주 재생에너지국의 이브 프리시크라이트 수석장관은 프로토 타입의 개발에 성공함으로써 호주의 연구개발 기구는 새로운 시대를 열었다고 밝혔다. 그는 '호주는 앞으로 계속해서 신에너지 혁신에 투자한 가치가 무엇인지 증명할 것'이라며 '이런 혁신이 프로토 타입으로부터 테스트 논증으로 한 걸음 나아가면서 최종적으로 더욱 많은 고효율 상업화

---

29 「호주 농촌 및 외지 지역, 태양광 에너지 축적 추진」, http,//www.china-nengyuan.com/
news/70639.html, 2014-12-11.

태양에너지발전소가 신에너지 생산의 원가를 낮춰주고 핵심적인 경쟁력을 높여주기를 바란다'고 말했다. [30]

　원자력 이용에서 호주정부는 일관적이던 입장을 바꾸었다. 호주는 카자흐스탄과 캐나다에 이어 세계적으로 세 번째로 큰 우라늄 생산국이지만 풍부하고 저렴한 석탄과 천연가스 자원을 가지고 있기 때문에 원자력을 사용하지 않았고 민간에서 보편적으로 핵을 반대했다. 그러나 세계 온실가스 배출에 대한 압력이 커짐에 따라 호주는 2020년 전까지 2000년에 비해 5%의 온실가스를 줄이기로 약속했기 때문에 원자력에 대한 태도를 늦추기 시작했으며 토니 애벗 호주 총리는 원자력 사용을 개방할 것이라는 입장을 밝혔다. [31] 비록 애벗 총리가 원자력을 반대하지도 않고 보조금도 주지 않을 것이라고 밝혔지만, 원자력은 호주에서 더욱 크게 발전할 것이라는 예상치가 높아지고 있다.

3. 2014년 중국과 아시아 · 태평양 각국의 에너지협력 개황과 분석

1) 2014년 중국과 아시아 · 태평양 각국의 에너지협력 개황

30　「호주, 태양에너지 전환율 40%로 높일 전망」, http.//www.wokeji.com/shouye/zbjqd/201412/t20141209_889185.shtml, 2014-12-09.

31　「호주, 핵에너지 받아들이지만 보조금은 없다고 선언」, http.//www.in-en.com/finance/html/energy-19061906732221656.html, 2014-12-02.

(1) 국가 고위층 상호 교류 빈번, 에너지협력 중시 받아

한 나라의 정부는 국민경제에서 지도적인 역할을 하고 업종의 방침과 정책을 제정한다. 때문에 양국 고위층이 에너지협력에 관한 교류를 빈번하게 할수록 에너지협력이 더욱 중시를 받는다는 것을 표시했다. 2014년 각국 고위층의 빈번한 상호 교류가 각층의 에너지협력에 양호한 기반을 닦아주었다.

그중 APEC, G20 등 다각 메커니즘은 국가 고위층이 공동으로 에너지협력을 도모하는 중요한 플랫폼이 되었다. 2014년 9월 2일 '손잡고 미래를 지향하는 아시아·태평양 지속가능 에너지발전의 길'을 주제로 하는 APEC 에너지 장관급 회의가 베이징에서 열렸다. 각자는 아시아·태평양지역의 에너지협력을 강화하고 에너지의 지속가능한 발전을 추진하고 진일보 에너지 안전을 수호할 것이라고 표시했다.[32] 2014년 11월 15~16일 제9차 G20 정상회의가 호주 브리즈번에서 열렸는데 '에너지'와 '기후'가 핵심 의제에 포함되었다. G20 지도자들은 에너지협력 강화를 재차 강조했으며 현재 국제 에너지시장에 중요한 변화가 일어나고 있어 강력하고 리스크 대응력이 있는 에너지시장이 경제성장에 매우 중요하다고 표시했다.[33]

이밖에 2014년 8월 7~8일 제18차 '베이식(BASIC)' 국가 기후변화 장관급 회의가 인도 뉴델리에서 열렸다. 세전화(解振華) 중국 국가발전 및 개혁위원회 부주임, 자바드칼 인도 환경 삼림 및 기후부 장관, 몰레와

---

32 「2014년 아시아·태평양 경제협력기구(APEC) 제11차 에너지 장관급회의 베이징에서 소집」, http://www.china-epc.org/zixun/2014-09-09/3562.html, 2014-09-09.
33 「세계의 에너지 기후 정책에 기여한 '중국의 로드 맵'」, http://news.xinhuanet.com/energy/2014-11/18/c_127223046.htm, 2014-11-18.

남아프리카 자원과 환경부 장관, 기타니 브라질 환경부 차관이 참가해 기후변화 문제에 관한 고위층 협상을 했다. [34]

다각 메커니즘 뿐만 아니라 국가 고위층 간의 양자 교류도 중요한 역할을 발휘하고 있다. 2014년 9월 7일 '중국 에너지 국제협력 포럼 2014'에서 한국 국회 한중에너지협력연구모임의 강기정 대표의원은 한중 양국 정부 간 에너지협력이 끊임없이 심화되고 있고, 과거에 양국의 협력 방식은 정부, 기업 또는 연구센터의 지지를 받아왔다며 한국 국회가 국회 주도의 새로운 협력 루트를 내놓을 수 있기를 바란다고 전했다. [35] 2014년 11월 17일 시진핑 중국 국가주석은 아보트 호주 총리와 함께 캔버라에서 회담을 가지고 중국-호주 자유무역협정 담판이 실질적으로 잘 끝났음을 확인했다. 중국은 호주산 석탄을 수입할 때 제로 관세를 실행하기로 했다.

(2) 각급 정부와 부문이 에너지협력에서 적극적인 태도를 보였다.

국가 고위층의 상호 교류는 에너지협력에서 적극적인 태도를 보여주고 있으나 구체적인 정책과 협력 프로젝트의 실행은 에너지 부문과 각급 정부가 관철 실행해야 했다. 2014년 각급 정부와 부문은 다국적 에너지협력을 적극 추진하는 역할을 맡았다.

윈난(雲南), 총칭(重慶), 쓰촨(四川) 등 내륙 성은 외국의 에너지 기업과의 협력을 적극 탐색해 갔다. 2014년 4월 22일 인도 동북지역

---

34 「제18차 베이식 국가 기후변화 장관급회의 뉴델리에서 개최」, http,//www.sdpc.gov.cn/gzdt/201408/t20140812_622071.html, 2014-08-12.

35 「중국 에너지국제협력 포럼 2014' 베이징에서 개최」, http,//www.bj.xinhuanet.com/jzzg/2014-09/07/c_1112391533.htm, 2014-09-07.

전력망 대표단 일행이 쿤밍(昆明)을 찾아 윈난성 에너지국, 윈난 전력망 회사, 화넝란창강수력발전공사(華能瀾滄江水電公司), 중국 화뎬그룹 윈난공사(中國華電集團雲南公司)와 회담과 교류를 함으로써 협력을 도모했다. 그 후 8월 22일 인도 대표단은 쿤밍에서 윈난성 국유자 산감독관리위원회(國有資産監督管理委員會)와 좌담회를 가지고 에너지, 화학비료, 인프라 건설 등 방면에 관한 협력과 투자에 대한 공통 인식을 달성했다.[36] 2014년 4월 28일 소경 라하르트 주중 인도네시아 대사는 광산 에너지 및 인프라 건설 에너지 기업 대표 100여 명을 인솔하여 충칭을 찾아 투자설명회를 소집했다.

인도네시아 광산에너지부 책임자는 인도네시아의 전력발전 방면의 투자 기회, 정부 지지 및 특혜정책을 소개하여 양질의 중국 에너지 기업을 인도네시아로 흡인해 투자하게 하려 했다.[37] 2014년 12월 11일 '한국과 쓰촨성 에너지 분야의 혁신과 투자 협력 탐색'을 주제로 하는 '2014 한국 - 쓰촨 에너지 포럼'이 청두(成都)에서 열렸으며 한국과 쓰촨 지역의 교류와 협력을 심화시키는데 취지를 두었다. 아울러 중국 에너지 부문도 적극적으로 외국을 방문하여 더욱 많은 협력 기회를 얻어내려 했다. 2014년 3월 13일 국가 태양광 발전 제품 품질감독검험센터의 우젠궈(吳建國) 주임 일행은 일본 토요알루미늄 주식회사를 방문해 이 회사의 책임자와 함께 업무 협력 및 산업발전 방면에서 교류를 했다.[38]

---

36 「인도 동북지역 전력망 대표단 윈난에서 협력 도모」, http.//finance.chinanews.com/ ny/2014/04-22/6093524.shtml, 2014-04-22.

37 「인도네시아, 충칭에서 광산 에너지 및 인프라 투자 기회 설명회」, http.//www.mofcom. gov.cn/article/difang/chongqing/201404/20140400567954.shtml, 2014-04-30.

38 「CPVT, 일본 토요알루미늄 교류 방문」, http.//cpvt.org.cn/newsdetail.aspx id=742, 2014, 2014-03-20.

(3) 국제회의가 에너지협력의 중요한 플랫폼이 되다

국제회의를 개최하는 것을 통해 에너지 영역의 관련 부문과 기업은 서로 교류하고 학습하는 기회와 플랫폼을 얻고 에너지협력을 펼치는 계기를 찾아낼 수 있었다.

적지 않은 국제회의는 양국이 서로의 에너지 기업을 소통시키기 위해 특별히 소집한 것이다. 그 중 호주와 중국의 협력이 매우 밀접했다. 2014년 4월 8일 '호주 주(周)·중국'의 첫 중요한 행사인 '호주자원산업 오찬회'가 베이징에서 열렸는데 중국과 호주 두 나라의 200여 명의 자원·광업계 고위층 대표들이 만났다.[39] 학술 영역에서 2014년 5월 13일~16일 2014년 '중국-호주 에너지 국제학술회의'가 타이위안이공대학(太原理工大學)에서 소집되었는데 주로 석탄의 깨끗한 전환, 바이오매스 에너지, 이산화탄소의 이용과 격리 및 연료전지 등 4개의 테마로 학술 교류를 했다.[40]

이밖에 중국은 한국, 인도와 지난 한 해 동안 유사한 국제회의를 열고 에너지 산업 연결과 협력에 관한 탐구를 했다. 2014년 7월 4일의 '중한경제협력포럼'에서 난징(南京)시 정부와 난징경제기술개발구는 한국 LG 화학주식회사와 신에너지 자동차 동력 배터리 프로젝트 체결 의식을 가졌으며 총 투자가 35억 달러인 동력 배터리 프로젝트가 정식으로 난징에 정착했다.[1] 2014년 9월 20일 중국 국가 반도체 조명 프로젝트 연구개발

---

39 「호주-중국 자원업종 오찬회 베이징에서 열려」, http.//www.chinamining.org.cn/index.php
　m=content&c=index&a=show&catid=21&id=8003, 2014-04-11.

40 「14년 중국-호주 에너지 국제학술회의 산시 타이위안에서 열려」, http.//news.eastday.com/
　eastday/13news/auto/news/china/u7ai1624032_k4.html, 2014-05-28.

및 산업 연맹, 인도 광원 및 부품제조상 협회와 국제 반도체 조명 연맹이 공동으로 '2014년 인도 국제 반도체 조명포럼 및 중-인 반도체 조명산업 연결회'를 주최하여 중국-인도 반도체 조명 산업이 연결되도록 도왔다.

뿐만 아니라 중국도 에너지 국제포럼과 박람회를 많이 개최해 광범위한 영향을 일으켰다. 2014년 3월 26일부터 28일까지 중국은 '2014년 중국 국제 청정에너지 박람회'를 개최했다. 인도 타밀나두 주의 에너지 개발국 구매부의 관리가 와서 참관하고 '2014년 중국 태양광발전소 건설과 투융자 정상회담'에서 발언을 했다.[2] 2014년 8월 28일 '동아시아 정상회의 청정에너지 포럼'이 청두(成都) 쌍류(雙流)에서 소집되었다.

세계 10여 개 국가와 지구에서 온 에너지 관리 부분의 지도자와 과학연구기구, 기업, 금융기구, 산업조직 대표 등 약 480명이 참가해 청정에너지의 발전과 이용 문제를 논의했다.[3] 2014년 10월 29일 중국, 호주 등 15개 국의 전력망 운영사 고위층이 광저우에서 열린 2014년 국제 특대전력망 운영업체 조직 연례회의에 참석해 전력망 기술 혁신 경험을 공유하고 글로벌 저탄소 에너지협력을 강구했다. 이밖에 2014년 5월 19일 쿤밍은 또 APEC 제47차 에너지 업무팀 회의를 개최했는데 21개의 경제체 회원 전문가가 저탄소도시, 저탄소 발전 등 영역에서 기술 교류를 했다.

---

1 「신에너지 자동차 배터리 프로젝트 난징에 정착, 총 투자 35억 달러」, http.//finance.sina. com.cn/chanjing/cyxw/20140707/135519628286.shtml, 2014-07-07.
2 「인도 정부 구매계 관리, 청정에너지박람회 참관하고 인도 재생에너지 산업의 인센티브 정책 소개」, http.//intl.cec.org.cn/dongtai/2014-04-03/119628.html, 2014-04-03.
3 「동아시아 정상회의 청정에너지 포럼 28일 쌍류에서 개막」, http.//www.sc.xinhuanet.com/ content/2014-08/28/c_1112263814.htm, 2014-08-28.

(4) 에너지 상유 산업 협력 계속 강화

에너지 상유 산업의 협력은 지금까지 중국의 에너지 글로벌 협력의 중요한 부분이었으며 2014년에 이르러 에너지 상유기업의 협력은 과거의 전통을 이어받아 더욱 강화되었다.

광산 채굴 분야에서 에너지 기업은 인수 합병과 주권 지배를 통해 협력을 했다. 2014년 1월 22일 중국 칭화에너지그룹(慶華能源集團)은 호주 퀸즐랜드 주의 석탄 채굴업체 카라벨라 자원회사의 절반 이상의 주권을 매입했다. 호주의 칭화에너지 완전 출자 자회사 부(Wealth) 광업회사가 추천한 3명의 이사가 곧 카라벨라에 입주하게 되었다.[4] 2014년 6월 17일 중국 상하이 전력에너지발전회사가 공개입찰로 11,900만 호주달러에 해당되는 갈탄 프로젝트를 얻었는데 빅토리아주와 연방정부로부터 2,500만 호주달러를 지원받게 되었다.[5] 2014년 11월 19일 중국 점결탄 수입회사-용훼이점결탄(永暉焦煤)은 합자 파트너인 일본 마루베니 주식회사와 함께 캐나다의 강점결탄 생산업체의 권익을 홍콩 유파이에너지회사(優派能源公司)에 매각하기로 했다. 2014년 12월 1일 중국 신화에너지주식유한회사(神華能源股份有限公司)는 몽골 광업회사, 일본 스미모토 상사와 함께 몽골 타반돌고이의 대형 석탄 프로젝트 개발 경쟁 입찰에 나섰다.

---

4 「중국 칭화에너지 호주에서 첫 인수 합병에 성공, CLR의 주인이 되다」, http,//info.glinfo.
   com/14/0122/17/690112B4E61B61C4.html, 2014-01-22.
5 「중국 상하이전력 호주 에너지개발회사, 호주에서 갈탄 개발 프로젝트 따내다」, http,//
   www.mofcom.gov.cn/article/i/jyjl/l/201406/20140600628017.shtml, 2014-06-17.

오일가스 분야도 이와 마찬가지이다. 2014년 11월 17일 푸싱국제회사(複星國際公司) 완전 출자 자회사인 차오웨에너지(超越能源)는 43,900만 호주달러로 호주 석유와 천연가스 상유 업체인 로크(Roc)석유를 인수하고 로크석유의 92.6%의 주권을 보유했다.[6] 2014년 8월 6일 중국 하나스그룹은(哈納斯集團)은 한국 최대의 에너지화학공업 업체인 SK그룹과 협력 협의를 체결하여 중국 천연가스 시장을 개척함으로써 앞으로의 천연가스 수입에 물질적인 기반을 제공했다.

(5) 석유천연가스 하유 산업의 협력 범위가 넓고 수량도 많다.

현재 중국의 에너지 구조를 보면 석유천연가스 자원이 에너지 소비에서 매우 큰 발전 공간을 가지고 있기 때문에 2015년부터 석유천연가스 하유 산업의 다국적 협력이 매우 중요한 것으로 드러났다.

이런 협력은 한편으로 중국이 역내 기타 국가의 석유천연가스 산업에 적극 가입한 데서 나타났다. 2014년 6월 27일 중국 석유천연 가스 관도국(中國石油天然氣管道局, CPP)이 인도 레라이스 그룹이 계획한 사흐도르시부터 푸르부르시까지의 천연가스 파이프라인 1-4 구간프로 젝트에 낙찰되어 총 길이가 200km인 파이프라인 건설 임무를 맡았다.[7] 2014년 8월 12일 중국 석유화학공업 정유공정(그룹)주식유한회사(中石化煉化

---

6 「푸싱국제, 4억3,900만 호주달러로 로크석유 인수」, http.//finance.sina.com.cn/stock/
   hkstock/ggscyd/20141118/100920848652.shtml, 2014-11-18.
7 「석유파이프국, 인도 천연가스 파이프라인 프로젝트 낙찰」, 『경제참고보』, 2014-07-07.

工程[集團]股份有限公司)가 말레이시아 국가석유회사 정유 프로젝트에 낙찰되었는데 계약 총액이 132,900만 달러에 달했다. 2014년 10월 18일 중국 란차오그룹(嵐橋集團)이 호주 상장회사- 서부에너지를 성공적으로 인수하고 서부에너지유한회사 이사회를 순조롭게 개편했다.[8]

다른 한편으로 에너지공급 안전을 보장하는 방면에서도 중국은 국제협력을 통해 적극적인 노력을 했다. 2014년 7월 1일 인도네시아 에너지광업부가 중국 푸젠성(福建省) 정부와 체결한 파푸아 탕구 천연가스 수출가격 상호 양해 호혜 협정이 정식으로 발효됐으며 매 백만 영국 열량단위(mmBtu)당 가격은 원래의 3.34달러에서 8달러로 시정됐다.[9] 2014년 12월 29일 영국 천연가스그룹(BG)은 호주 퀸즐랜드 주에 있는 204억 달러의 투자가 투입된 커디스 액화천연가스 프로젝트를 통해 중국에 처음으로 상업 액화 천연가스를 수출했다.

(6) 전력과 신에너지 분야의 협력이 진일보적으로 심화

전력과 신에너지 분야의 협력은 이미 중국이 펼쳐가고 있는 국제 에너지협력의 중점이 되었으며 이는 또한 에너지 구조 변혁의 장기적인 추세에 순응한 것이다.

전통적인 전력 분야에서 중국과 인도는 광범위하게 협력을 펼쳐갔는

---

8 「란치아오그룹, 국경 넘어 호주 서부에너지 인수 합병」http,//finance.eastmoney.com/ news/1354,20141020435896557,html, 2014-10-20.

9 「중국과 인도네시아, 탕구 천연가스 가격에 관한 상호 양해와 호혜 협정 새로 체결」, http,// www.chinairn.com/print/3751444.html, 2014-07-02.

데 주로 중국이 인도를 도와 전력망 건설을 개선해나간 것으로 표현된다. 2014년 6월 28일 인도 구자라트 주 바로다 시에서 중국의 대형에너지장비업체 특변전공(特變電工)이 투자하여 건설한 첨단 송전변전장비 산업단지-특변전공에너지(特變電工能源)(인도)유한회사의 교류 1,200 킬로볼트, 직류 플러스와 마이너스 1000 킬로볼트 고압변압기 연구제작 기지가 정식으로 낙성되었다. 이 산업단지가 연구제작한 1대의 765킬로볼트 변압기, 3대의 765 킬로볼트 리액터가 정식으로 출하되어 인도 국가 주요 전력망 건설에 사용되기 시작했다.[10] 2014년 8월 12일 중국에너지건설그룹유한회사 휘하의 안훼이전력건설(安徽電建) 1회사는 인도 사산에서 세계 최대 규모의 석탄발전소- 6x66만 킬로볼트 초대발전소 건설을 도급 맡아 건설했다. 5호 유닛을 단번에 전체 시스템에 편입시켰는데 이는 이 유닛의 설치와 실험가동 작업이 전부 끝나 상업 운행의 기반을 마련해주었음을 의미한다.[11] 2014년 8월 29일 이 회사가 청부 맡은 인도 할디아의 2x30만 킬로볼트 석탄발전소의 2호 유닛 보일러 청관 작업이 순조롭게 완성되었다. 중국 기업은 또 인도네시아의 발전소 프로젝트에도 참가했다. 2014년 5월 23일 중국 전력건설 휘하의 상하이전력건설유한회사는 판하이콩꾸(泛海控股) 휘하의 판하이 에너지주식유한회사와 전략적 협력 협의를 체결하고 함께 인도네시아 메단 산업단지의 발전 프로젝트에 참가했다.

---

10 「중국 에너지 장비 업체, 인도에 변압기 연구제작 기지 투자 건설」, http.//finance.chinanews.com/cj/2014/06-28/6329925.shtml, 2014-06-28.
11 「중국 에너지건설, 인도 사산 발전소 5호 유닛 터닝 기어에 성공」, http.//china.huanqiu.com/News/sasac/2014-08/5104782.html, 2014-08-13.

신에너지 분야에서 태양광 산업 협력이 열점이 되었으며 각국은 앞다투어 태양광 발전 기술 및 설비 연구개발 방면에 협력을 했다. 특히 중국은 호주, 일본, 한국, 말레이시아와 가장 밀접하게 협력했다. 호주와는 2014년 5월 충칭전파에너지그룹유한회사(重慶振發能源集團有限公司)가 호주 캔버라에서 태양광발전소를 인수합병하고 건설하였는데 매입가격은 3200만 달러였다.[12] 2014년 7월 24일 항저우 쌍니에너 지과학 기술유한회사(桑尼能源科技有限公司) 휘하의 자회사 저장아이 뤄전 원유한회사(浙江艾羅電源有限公司)는 PGK 회사와 호주지역의 태양광 인버터, 태양광 축전지 병용 인버터 제품 독점대리상 협의를 체결했다.

일본과는 2014년 6월 4일 한닝태양에너지그룹(漢能太陽能集團)의 완전출자 자회사-한능글로벌태양광응용그룹아태유한회사(漢能전구광볼응용집단아태유한회사)가 일본 소지츠주식회사(双日株式會社)의 완전출자 자회사-소지츠기계주식회사와 한닝지주그룹(한닝공고집단) 본부에서 전략적 기본협력 의향서를 체결하였는데 양 측은 태양광 박막 발전 응용 영역에서 장기적인 전략적 협력 파트너 관계를 맺게 되었다.[13] 2014년 6월 10일 산둥 성양전원주식유한회사(山東聖陽電源股份有限公司)는 일본 후루카와전지주식회사(古河電池株式會)와 산둥 취푸(曲阜)에서 협력 협의를 정식으로 체결했다. 후루카와전지주식회사는 국제적으로 선진적인 대용량, 심순환의 초장 수명을 가진 연탄(鉛炭)기술 에너지 저장 시리즈 전지 제품의

---

12 「중국-호주 자유무역협정 체결, 충칭 기업들 소문 듣고 포진」, http://www.cq.xinhuanet. com/2014-12/18/c_1113684764.htm, 2014-12-18.

13 「한닝그룹 자회사, 일본 기업과 박막 발전 협력 의향서 체결」, http://news.xinhuanet.com/ energy/2014-06/05/c_1110997761.htm, 2014-06-05.

권한을 성양전원회사(聖陽電源公司)에 부여함으로써 중국의 공장에서 현지화 생산, 홍보와 판매를 할 수 있도록 했다. 한국과는 2014년 8월 7일 헤이룽장 민영기업 진웨그룹(金躍集團)이 한국에 3억 위안을 투자하여 건설한 진산태양광발전소(金山太陽能光伏電站)가 정식으로 가동됐다.

2014년 12월 본부와 제조공장을 중국에 둔 한화솔라원(韓華新能源))은 한국에 230 메가와트의 태양광 부품조립공장을 건설하기로 결정하고 2015년 5월에 운영에 들어가기로 계획했는데 12,600만 달러의 매출과 630만 달러 이상의 영업 이윤을 창출할 것으로 예상되었다.[14] 말레이시아와는 2014년 6월 19일 본부가 중국 바오딩(寶定)에 있는 잉리솔라 휘하의 완전출자 자회사 잉리솔라(싱가포르)유한회사가 말레이시아 태양광 업체인 Gading Kencana Sdn Bhd에 12 메가와트의 단결정 및 다결정 부품을 공급하게 되었다.[15]

태양광 산업 이외에도 중국은 기타 신에너지 분야에서 협력을 적극 탐색해갔다. 예를 들면 신에너지 자동차 분야에서 2014년 7월 4일 난징시(南京市) 정부와 난징경제기술개발구는 한국 LG 화학주식회사와 신에너지 자동차 동력전지 프로젝트 체결 의식을 진행, 총 투자가 35억 달러인 동력전지 프로젝트가 정식으로 난징에 정착했다.[16] 2014년 11월 20일 베이징 푸텐자동차(福田汽車)는 인도네시아 공공교통 부문, 자카르타 버스운영사와

---

14 「신화솔라원, 한국에 230MW 태양광 부품조립공장 건설」, http://www.ne21.com/news/show-62008.html, 2014-12-09.

15 「잉리솔라 싱가포르 자회사, 말레이시아 사바 주 태양광발전소에 부품 공급」, http://hvdc.chinapower.com.cn/news/1036/10369379.asp, 2015-02-11.

16 「한국 LG화학, 난징에 신에너지 자동차 동력전지 프로젝트 건설 예정」, http://kfq.ce.cn/sy/nykf/201407/07/t20140707_1748854.shtml, 2014-07-07.

『자카르타 신에너지 버스 해결방안 협력협의』에 관한 3자간 계약 및 푸텐자동차 신에너지 제품 시리즈 차량 교부의식을 진행했다.[17]

2) 중국이 아시아·태평양 각국과 에너지협력을 하는 과정의 리스크

(1) 지정학적 리스크

에너지 수송 안전은 한 나라의 에너지 안전을 보장하는 중요한 구성 부분이다. 중국으로 놓고 말하면 동남 해상 수송 통로의 역할이 매우 중요한데 이 통로는 이 지역의 복잡한 지정학적 리스크에 직면하고 있다. 미국이 '아시아·태평양 재 균형' 전략으로 '동맹국'을 자기편으로 더 끌어들임으로써 일부분 동남아시아 국가가 미국의 '적극적인 지지'하에 끊임없이 중국의 해양 주권에 도전하고 있다. 이는 중국의 해상 에너지 수송 통로 안전에 지극히 큰 불확실성을 안겨주었다.

뿐만 아니라 중국과 주변국가의 해양 주권에 관한 분쟁은 난하이(南海)와 동중국해의 해상 에너지 개발에 위협을 주고 있다. 비록 중국은 분쟁 지역에서 해당 국가들과 석유천연가스 자원을 '공동 개발'할 것을 일관적으로 주장해왔지만 이런 국가들은 오히려 중국을 배제하려 시도하고 있다. 예를 들면 2014년 5월 초, 베트남은 여러 척의 해경 선박을 파견하여 중국의 '해양 석유 981호'의 해저 보링용 플랫폼 작업을 방해하였다. 베트남

---

17 「중국 푸텐 신에너지 자동차, 곧 인도네시아 수도 자카르타에 교부 사용」, http.//world. people.com.cn/n/2014/1120/c1002-26063808.html, 2014-11-20.

외교부는 이 지역은 "베트남의 배타적 경제수역 및 대륙붕 안에 위치해 있다"고 했다. 그러나 화춘잉 중국 외교부 대변인은 이 해저 보링용 플랫폼의 관련 작업은 완전히 중국 시사군도(西沙群島)의 구역 내에 속한다고 주장했다. 그 후 중국과 베트남의 선박이 난하이(南海) 해역에서 여러 차례 충돌했고 이로 인해 베트남 국내에서 중국 반대 시위가 일어났으며 최종적으로 폭란으로 변해버려 베트남에 있던 중국인, 화교와 중국 기업이 심각한 피해를 입었다.[18]

(2) 환율 변화 리스크

미국 경제가 날로 안정세를 보이고 이율이 높아지면서 투자자들이 잇달아 자금을 미국으로 돌려버렸기 때문에 아시아 국가의 화폐는 2014년에 약세를 보였다. 하락폭이 가장 높았던 것은 일본 엔화로 전년 누계 12.1% 하락했고 그 다음 말레이시아 링깃화가 6.65% 하락해 2위를 차지했다. 기타 하락폭이 비교적 큰 화폐로는 신 대만달러화가 5.75%, 싱가포르달러화가 4.36%, 한국의 원화가 3.23% 하락했다.[19] 환율이 자주 변하면서 중국과 아시아·태평양지역 기타 국가 간 에너지협력에 불확실성이 증가되었는데 특히 계약 체결 및 이윤 추산 문제에서 더욱 그러했다.

---

18 「'981' 해저 보링용 플랫폼, 베트남의 도발과 중국의 입장」, http://www.fmprc.gov.cn/mfa_chn/zyxw_602251/t1163255.shtml, 2014-06-08.
19 「링깃화 지난해 하락폭 아시아 제2위」, http://my.mofcom.gov.cn/article/sqfb/201501/20150100858769.sht-ml, 2015-01-06.

(3) 석유 투자 불확실성 리스크

2014년 12월 중국석유(中石油, 페트로차이나)가 인도네시아의 세 곳에 '가치가 없는' 투자 계약을 했다는 소문이 불거져 나왔다.

그중 하나는 2013년에 인도네시아 국영석유회사인 페르타미나 (Pertamina)와 체결한 계약인데 중국석유그룹 휘하의 다칭유전(大慶油田) 소속 인도네시아 자회사가 인도네시아 Limau 유전의 세 유전 블록에 생산을 늘리기 위한 작업을 한다고 8,500만 달러를 지불한 것이다. 그러나 현재 Limau 의 세 블록의 석유생산량은 20세기 60년대의 석유생산 절정기의 3%에 못 미친다.[20] 이밖에 중국석유는 또 인도네시아에 있는 다른 두 개의 석유 프로젝트를 조사하고 있는데 중국석유는 이 두 프로젝트에 모두 3억5,000만 달러를 지불했다. 이런 것들은 다 석유기업 내부의 부패와 밀접하게 연결되어 있다. 해외에서 진행되고 있는 작은 규모, 높은 리스크의 석유천연가스 탐사 투자는 통제하기 매우 어려운 부패의 구멍인데 프로젝트 매니저가 리베이트를 받는 대가로 이윤이 낮은 거래를 하고나서 판단 실수 또는 수치 착오 때문에 실패를 초래한 것으로 위장할 수 있기 때문이다.[21] 아울러 조코 위도도 인도네시아 신임 대통령은 당선된 후 인도네시아 에너지광물산업부에 석유와 천연가스 관리개혁팀을 세우고 인도네시아 에너지산업의 부패와 운행 불투명 등의 문제를 정리했다.[22] 2014년 4월

---

20 「〈특별보도〉 수상한 중국석유그룹 인도네시아 투자 프로젝트」, http,//finance.huanqiu. com/chanjing/2014-12/5269823.html. 2014-12-21.

21 「중국석유, 인도네시아에 대한 '가치가 없는' 투자 계약을 조사」, http,//www.chinairn.com/ news/20141219/150341691.shtml, 2014-12-19.

22 「인도네시아 석유부문의 부패 질책 받아, 정부 에너지 업체 철저히 조사」, http,//www. chinanews.com/gj/2014/12-05/6848448.shtml, 2014-12-05.

인도네시아의 전 석유가스 감독청의 루비 루디안디니 청장은 뇌물수수죄로 7년 형을 선고받았다. 2014년 9월 인도네시아 광물자원부의 제로 와칙(Jero Wacik) 장관은 부패 관련 조사를 받게 되어 사직했다. 인도네시아 정계에 부패와 독직 현상이 창궐하여 외국 투자자의 적극성에 어느 정도 영향을 주었으며 국제시장에서의 인도네시아의 경쟁력을 약화시켰다.[23]

　뿐만 아니라 부패척결 과정에 중국과 이 나라의 석유 프로젝트 협력에 불확실성이 커졌다. 그러나 중국이나 인도네시아나 석유산업의 부패척결은 장기적으로 보면 이 산업 및 관련 국제협력의 발전에 모두 유리한 것이었다.

　(4) 천연가스 가격 및 시장 조정의 리스크

　2014년 인도네시아의 천연가스 저장량이 1,044,000억 세제곱피트로 아시아 · 태평양지역에서 두 번째로 많다는 사실이 밝혀졌다. 수송 시설이 비교적 뒤떨어졌기 때문에 인도네시아의 천연가스는 대부분 외국으로 판매되었다. 2013년 인도네시아의 천연가스 생산량은 687,000만 표준 세제곱피트였는데 그중 52%는 외국으로 판매되었다.(그중의 16%는 중국으로 수출되었다.)[24] 국내 에너지공급을 보장하기 위해 인도네시아 정부는 천연가스의 내수 비중을 높일 것을 호소하고 또 국내 천연가스

23　양수이(楊舒怡),「인도네시아 에너지 광물자원 분야 고위 관리들 부패사건에 연루」,
　　『중국규율검사보』 2014-11-13.
24　「인도네시아 발전소 천연가스 사용 점차 늘린다」, http,//id.mofcom.gov.cn/article/
　　ziranziyuan/huiyuan/201410/20141000778447.shtml, 2014-10-28.

공급 시스템(DMO)을 특별히 내놓았다.[25] 이는 인도네시아와 중국의 천연가스 협력에 어느 정도 영향을 주게 되었다. 2014년 7월 1일 인도네시아 에너지광물산업부 장관은 "인도네시아 에너지광물산업부와 중국 푸젠성(福建省) 정부가 인도네시아의 가장 중요한 천연가스 전의 하나인 파푸아 탕구 천연가스 수출가격에 관한 새로운 협의를 달성해 백만 BTU당 가격을 원래의 3.34달러에서 8달러로 시정했다"고 밝혔다. 인도네시아는 이로써 94,000만 달러의 소득을 늘리게 되었다.[26] 비록 그 후 국제유가가 급격히 하락하면서 천연가스 가격이 하락하는 추세였지만 이전에 체결한 장기적인 계약이 여전히 유효했기 때문에 중국은 인도네시아와의 천연가스 협력에서 손실을 보게 됐다.

이밖에 중국 경제가 '뉴노멀' 시대에 들어서면서 국가발전개혁위원회는 중국 미래 천연가스의 수요를 예상한 중국의 2020년 천연가스 수요량을 매년 27,700만 톤을 하향 조정했다. 그러나 2020년 호주의 천연가스 수출 예상은 매년 2,300만 톤에서 매년 8,000만 톤으로 증가되어 세계 최대의 천연가스 수출국이 되었다.[27] 더욱이 2014년 5월과 11월 중국은 러시아와 2차례의 천연가스 협력 협의를 체결했다. 협의가 발효되면 러시아는 매년 중국에 680억㎥의 천연가스를 공급하게 되었는데 이는 아시아·태평양 천연가스 시장의 전반적인 형세를 개변시키게 되었다.[28]

25 리훼이(李慧),「인도네시아 LNG 수출, 더 이상 호황 누리지 못해」,『중국에너지보』
    2014-03-17.
26 「중국 인도네시아, 당구 천연가스 가격 관련 상호 양해협력 협의 달성」, http://intl.ce.cn/
    specials/zxgizh/201407/01/t20140701_3076131.shtml, 2014-07-01.
27 「천연가스 수출 환경 악화, 호주달러 퇴세 돌려세우기 어려워」,http://www.cet.com.cn/
    syed/yw/1393191.shtml, 2014-12-05.

이런 것들은 호주 천연가스의 중국 시장점유율 및 경쟁력에 매우 큰
충격을 주게 되었다.

(5) 에너지 무역분쟁의 리스크

최근 몇 년간 중국 및 아시아 · 태평양지역의 기타 국가들이 태양광산업을
대대적으로 발전시켰는데 정도는 다르지만 생산량이 과잉되고 이 산업의
수출도 늘어났다. 이는 태양에너지 산업이 수출입무역을 하는 과정에서
끊임없이 무역 분쟁을 일어나게 했다. 2014년 1월 20일 중국은 한국산
수입 태양전지용 다결정실리콘에 대해 반덤핑 조사를 한 후 수입 경영자가
조사 대상 제품을 수입할 때 중화인민공화국 세관에 2.4%~48.7%의
반덤핑 관세를 내야 한다는 최종 판결을 내렸다.[29] 그러나 중국이 한국산
다결정실리콘에 반덤핑 관세와 상계관세를 부과한 후 수입량은 오히려
해마다 최고치를 기록했다. 원인은 한국기업에 2.4%에 해당되는 낮은
반덤핑 관세율을 부과했기 때문에 한국 다결정실리콘 기업들이 계속
확장할 수 있도록 부추기는 격이 되었고, 그만큼 중국시장에 대한 충격이
커진 것이었다. 세관의 통계에 따르면 2014년 1월부터 11월까지 한국에서
수입한 다결정실리콘은 무려 32,152톤에 달해 총 수입량의 34.6%로 첫

---

28 「중국-러시아 천연가스 협의, 캐나다, 호주에 큰 압력 준다」, http,//www.thepaper.cn/
    newsDetai_forward_1277378, 2014-11-12.
29 「상무부 공고 2014년 제5호, 미국과 한국에서 생산한 수입 태양전지용 다결정실리
    콘에 대한 반덤핑조사 최 종 판정 공고」, http,//www.mofcom.gov.cn/article/b/
    e/201401/20140100466573.shtml, 2014-01-20.

자리를 차지했다. 그리하여 반덤핑 관세는 중국에 대한 한국의 덤핑을 억제시키지 못했다.[30] 물론 중국의 태양광산업도 수출에서 같은 문제에 부딪혔다. 2014년 5월 14일 호주 Tindo 회사의 신청을 받고 호주 반덤핑 위원회는 2014년 제38호 공고를 발표하고 중국이 호주에 수출하는 태양전지 모듈과 패널에 대해 반덤핑 조사를 시작했다. 호주는 중국의 여섯 번째로 큰 태양전지 제품 수출시장이라 연루된 액수가 78,000만 달러나 되었다.[31] 비록 호주의 시장이 크지는 않아 2013년 호주에 수출한 중국의 태양전지 제품이 700메가와트 미만이고 총 수출량의 약 5%밖에 되지 않지만 업계에서는 다른 나라들이 이 조치를 따라 하게 되면 태양전지 제품에 대한 무역장벽이 세계적으로 만연되면서 바닥에서 일어난 지 얼마 안 되는 중국의 태양전지 업체들이 큰 타격을 받을 까봐 걱정했다. 물론 인도도 중국의 태양전지 제품에 대해 반덤핑 조사를 시작했으나 태양광산업을 발전시키기 위한 수요로 인해 2014년 8월 27일 인도 재정부는 중국 등의 나라와 지구에서 수입한 태양전지 제품에 대해 반덤핑 관세를 징수한다고 인도 상공부가 내린 최종 판결을 집행하지 않기로 결정했다.[32] 태양광산업뿐 아니라 2014년 4월 16일 호주 반덤핑 위원회는 중국 타이성풍력(泰勝風能)에 15.0%의 반덤핑 관세를 부과하고 기타 중국의 수출업체에 15.6%의 반덤핑 관세를 부과한다는 판결을 내렸다.[33]

---

30 위난(于南), 「중국 다결정실리콘 사면초가, 미국은 틈새를 노리고 한국은 대대적으로 덤핑」, 『증권일보』 2014-12-30.
31 선쥐옌(沈娟), 「태양광 산업, 위기 속에서 살 길을 찾다」, 『베이징청년보』 2014-12-30.
32 루춴(陸純), 「인도, 중국 태양광 제품에 반덤핑 관세 부과하지 않기로 판결」, 『베이징청년보』 2014-08-27.
33 「중국 풍력탑에 대한 호주의 반덤핑조사 최종판결 결과에 관한 공고」, http,//www.cninfo.com.cn/fi-nalpage/2014-04-17/63858325.PDF, 2014-04-17.

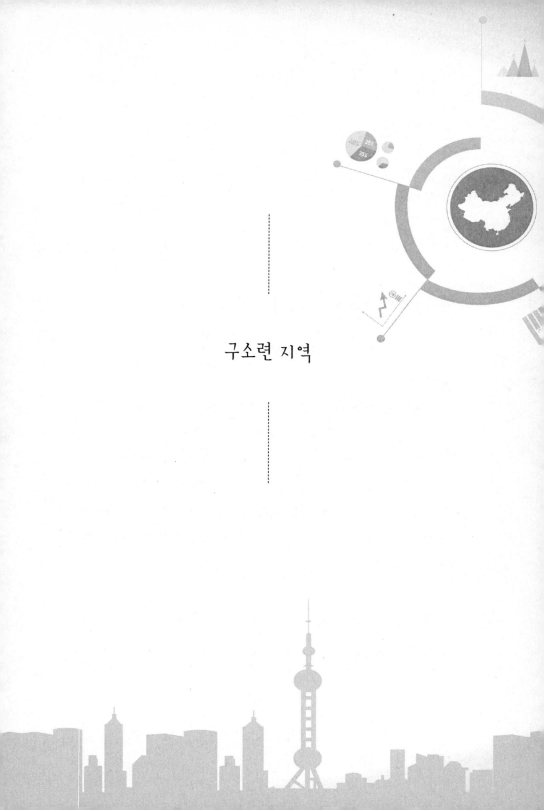

구소련 지역

구소련 지역

1. 2014년 구소련 지역의 정치 및 경제상황 개요

1) 구소련지역의 지정학적 상황

2014년 구소련지역의 지정학적 상황은 변화무쌍하여 사태를 예측하기 어려웠다. '심장 지대'[1]에 위치한 구소련 지역 국가는 복잡하고 변화 많은 지정학적 구도에 직면했고 권력 진공지대에 있는 대국의 지연 전략 투쟁은 이 지역을 더욱 산산조각 나게 했다. 역내와 역외의 경제, 안전, 문화 등 압력이 구소련 국가들에게 정도가 다르게 영향을 주었으며, 이는 구소련 지역 내부에 존재하는 '구심', '원심' 두 가지 추세를 더욱 뚜렷해지게 했다.

지역내부에서 보면 구소련 국가는 서로 다른 역사와 지리적 배경을

---

1 1919년 영국의 지정학자 해퍼드 매킨더는 『민주주의의 이상과 현실』을 발표했는데 이 저서에서 처음으로 '심장 지대'라는 개념을 제기했다. 즉 동쪽 시베리아 삼림지대에서 서쪽으로 흑해를 포함한 동유럽 지대까지, 북쪽 북극권 변두리에서 남쪽 중앙아시아 초원까지 지역을 가리키는데 이 지역은 "세계에서 가장 큰 육지 심장의 통치로써 세계 통치의 기반이 될 것"이라고 했다.

가졌기 때문에 서로 다른 국가안전과 경제전략을 선택했다. 러시아는 구소련의 절대 대부분의 경제, 안전 유산을 계승하였고 구소련 지역의 국가 중 종합실력이 가장 강대한 국가이자 구소련 지역의 핵심적인 역량이었다. 벨로루시는 러시아와 가장 비슷한 민족과 문화 전통을 공유하고 있고 경제와 안전 등 방면에서 러시아의 구소련 지역에서의 천연적인 동맹국이고 주요한 친 러시아 '구심' 역량 국가의 하나였다. 이밖에 카자흐스탄도 러시아 '구심' 경향의 지정학적 동반자였다. 2014년 5월 러시아, 벨로루시, 카자흐스탄 3국은 '유라시아 경제동맹 조약'을 체결했다. 이 동맹의 발전 목표는 2025년 전까지 내부의 상품, 서비스, 자본과 노동력의 자유로운 유동을 실현하고 일치한 경제정책을 실행하는 것이었다.

2014년 1월 1일 유라시아 경제동맹은 준엄한 정치경제 환경에 직면했고 우크라이나의 위기, 서방의 경제제재, 회원국의 경제 부진 등 상황을 겪었음에도 여전히 예정대로 탄생하였고, 유라시아 경제공동체를 대체하여 역할을 발휘했다. 유라시아 경제동맹이 설립된 이튿날, 아르메니아도 정식으로 회원국이 되었다. 키르키스탄도 2015년에 가입했다. 경제동맹 협의의 달성은 경제적인 수익만 가져다준 것이 아니라 정치방면에서도 스필오버(방송위성의 전파가 목적하지 않았던 지역에까지 도달하는 일) 효과를 달성해 지정학 및 안전 방면에서의 각 회원국의 연대를 더욱 강화시켰다.

그러나 구소련 지역에는 러시아를 배척하는 '원심력' 또한 만만치 않았다. 리투아니아, 에스토니아, 라트비아 등 발트 해 3국은 소련이 해체된 후 즉시 나토에 가입했는데 이는 러시아의 서북부에 비교적 큰 전략적인 지정학 압력을 조성했다. 우크라이나 위기가 폭발한 후 이 3국은 자국의 지정학 리스크가 커질 까봐 더욱 걱정했다. 러시아와 독립국가연합의 속박에서 벗어나 유럽과의 독립적인 교류를 강화하기 위해 설립된 '민주주의와 경제개발을 위한 기구' 국가는 더욱이 구소련 지역 '원심력'의 주요한 대표였다. '민주주의와 경제개발을 위한 기구'에는 그루지야, 우크라이나, 아제르바이잔, 몰도바(우즈베키스탄은 1999년에 가입했다가 2005년에 퇴출했음)가 포함된다. 지정학적으로 보면 이 그룹은 유라시아를 넘어 카스피 해와 흑해를 연결했으며 사실상 중앙아시아, 카프카스, 발칸 3대 지정학 지대를 연결하는 유대가 되었고, 또한 '서방과 가깝고 러시아와 소원한' 기본적인 정치 입장을 가졌다. 때문에 미국과 유럽 국가가 러시아의 굴기를 제약하는 중요한 수단이 되었다. '민주주의와 경제 개발을 위한 기구'는 미국의 지지와 격려를 받아 어느 정도 발전했지만 복잡한 지정학적 구도의 제약을 받았고, 그 발전 추세에도 거대한 변수가 생겼으며[2] 최근 몇 년간 협력 진척이 느려졌다.

'민주주의와 경제개발을 위한 기구' 중 구소련 지역의 지정학 경제구조에 가장 심각한 영향을 미친 것은 그루지야와 우크라이나이다. 그루지야는 '서방과 친하고 러시아에 반대하는' 가장 급진적인 국가였다. 2008년 러시아-그루지야 전쟁은 양국의 전략적인 지정학 충돌의 극치였다. 2013년 연말에 시작된 우크라이나 위기는 그루지야의 지정학 위기감을 더욱 높여주었다.[3] 위기 당사국의 하나인 우크라이나는 국내 정치가 지역과 규모상 엄중하게 분열되어 우크라이나 국내에 통일된 지정학적 사상이 형성되는데 직접적인

---

2 텅런(騰仁), 「민주주의와 경제 개발을 위한 구암 기구 발전추세에 대한 지정학 분석」. 『러시아 중앙아시아 동유럽 연구』 2010(2).
3 「그루지야, 러시아가 모든 구소련 가맹공화국을 넘볼 까봐 우려」, http,//news.xinhuanet. com/world/2014-03-14/c_119769101.htm, 2014-03-14.

영향을 미쳤다. 국가 정체성의 부족으로 서로 다른 지정학적 경향의 대외 정책이 생겨났으며 이는 우크라이나 국가 내부의 분열과 충돌을 악화시켰다.[4] 우크라이나는 러시아와 관계를 유지하는 중요성 특히 에너지 관계의 중요성을 부인하지는 않았다. 하지만 2013년 연말에 우크라이나 친러파 대통령 빅토르 야누코비치가 유럽연합과의 정치와 자유협의 체결을 중단하고 러시아와의 관계를 강화하려 함으로써 그만 우크라이나 위기가 폭발하는 도화선이 되어버렸다. 우크라이나 중서부 국민과 학자는 유럽연합에 가입하고 유럽에 융합되는데 지극히 큰 열정을 보였으나 우크라이나 동부 국민과 학자는 역사적으로 현실적으로 러시아와의 밀접한 관계를 매우 중시했다. 분열된 사상의 영향을 받아 우크라이나 내부의 모순과 충돌이 점차 국경선을 넘어섰으며 구소련 지역의 지정학적 불안정의 리스크를 악화시켰다. 이런 혼란과 불안은 에너지공급을 포함한 국제 형세에 많은 불리한 영향을 조성했다.

구소련 지역 국가가 안전, 경제 이익에서 서로 다른 경향과 요구가 존재하기 때문에 이 지역은 전 지역 구조를 통합하고 재편성하기 어렵게 됐다. 지역 내부에 존재하는 정치 알력이 각 나라 간의 인식 차이를 커지게 했고 서로 간의 국가적 신뢰를 떨어뜨렸다. 때문에 구소련 지역 내부의 지정학 상황은 낙관적이 되지 못했다.

지역 외부를 보면 구소련 지역에 대한 국제사회의 관심은 줄지 않았다. 러시아 이외에도 중국, 미국과 유럽 국가들의 구소련 지역에서의 정치적인 전략적 경쟁이 점점 더 심해졌다. 러시아는 구소련 지역을 통합하여 이

---

4 거한원(葛漢文), 「냉전 후 우크라이나의 지정학 사상」. 『러시아 연구』 2015(5).

지역의 지정학 완전성을 유지해가려 했다. 특히 중앙아시아 지역에서 러시아와 중앙아시아 각국은 서로 많이 의존하고 있었으며 러시아가 구소련 지역에 자신을 고착시키는 중요한 작용점과 지정학 기반이었다. 중국은 '일대일로' 제안을 제기하면서 구소련 지역 특히 중앙아시아 지대에 '실크로드 경제벨트'를 건설하고 중앙아시아 각국과 일괄 투자협의를 체결했는데 여기에는 석유천연가스 개발, 인프라 건설 등 여러 가지 프로젝트가 포함돼 있었다. 다시 말하면 러시아는 구소련 지역의 중앙아시아 국가들에 대해 정치적 이익의 수요에서 출발한 경향이 많지만 중국이 추구하는 것은 경제적 이익이었다. 러시아는 이 지역에서 군사적 힘과 전통적인 소프트 파워에 의존하는 반면 중국은 금융 수단을 활용하고 있었다.[5] 사실상 구소련 지대에서 대국 이익의 경쟁은 이 지역에서의 대국들의 구상에서 표현되었다. 러시아의 일부 학자와 엘리트들은 신중동 구상을 제기했고 시진핑 중국 국가주석은 '실크로드 경제벨트' 구상을 제기했다. 미국 학자 프레드릭 스타르는 대중앙아시아 구상을 내놓았다. 이런 구상은 외부 경쟁국의 이익을 반영했을 뿐 실질적으로 지역 내 각국의 이익을 통일시키거나 연계시키지 못했다.[6]

오랜 동안 나토의 동부로의 확장은 사실상 구소련지역의 긴장 국면을 악화시켰다. 2014년 우크라이나가 나토 가입을 추진하면서 러시아의 긴장을 불러일으켰다. 러시아 외교부는 우크라이나의 이런 행동은 유럽의

5 「카타르 언론, 중국과 러시아, 중아아시아에서 지정학적 겨룸」, 『환구시보(環球時報)』 2014-03-14.
6 「미·러·중 3대 구상 중앙아시아에서 경쟁」, 『참고소식』 2014-07-14.

안전에 위협을 주는 것이고 또한 러시아에 대한 직접적인 군사 위협이라고 했다. 그러나 서방국가는 우크라이나의 이런 요구를 이용해 러시아와 우크라이나의 모순을 격화시키고 있었다. 나토의 동부 확장은 러시아에 '적당'한 조치를 취하도록 압력을 가하게 되었다.[7]

이로부터 역외 대국의 참여와 간섭으로 구소련 지역은 대국 간 이익이 겨룸을 하는 '경기장'이 되었고, 이런 경기는 이전의 군사 등 하드 파워의 대결에서 점차 경제, 문화, 의식형태 등 소프트 파워의 대결로 탈바꿈해 추측과 가늠을 하기가 더욱 어려워졌다. 다중의 역량이 집중되어 합류하고 서로 대항하면서 구소련 지역 국가의 정치적 경향과 대외 정책이 점차 다원화로 발전했으며 이는 2014년의 구소련 지역의 정국 구도를 예측하기 어렵게 만들었다.

종합해서 말하면 장기적으로 쌓여진 지역의 역사적 모순에 우크라이나 사건이 도화선으로 작용하면서 2014년 구소련 지역의 지정학 형세는 복잡하고 변화무쌍했다. 본질적으로 보면 이런 불안정한 지정학 구도는 이 지역에서 내부 및 외부의 대국들이 경쟁을 하고 있다는 것을 설명한다.

2) 러시아의 정치와 경제상황에 대한 총론

종합해서 말하면 2014년 러시아는 정치와 경제 방면에서 비교적 준엄한 시련에 직면했다. 2013년 말에 일어난 우크라이나 위기가 점점 악화되어

---

7   우위안 (烏元春), 「러시아, 우크라이나의 나토 가입이 유럽 안전을 위협, 나토의 동부확장에 대응할 수밖에 없다」, http.//world.huanqiu.com/ex-clusive/2014-12/5299796.html, 2014-12-26.

지정학적, 대국간 정치의 긴장 국면을 심화시켰고 그 영향 범위는 또한 정치와 안전 영역에서 경제 영역으로 퍼졌다. 구미 국가들이 러시아에 대한 경제 제재를 점점 늘려갔다. 특히 2014년 하반기, 러시아는 엄중한 루블 위기를 겪었으며 이는 러시아 정치와 경제 구도의 불안정 요소를 심화시켰다. 그러나 러시아는 여전히 위기 속에서 완전한 대국의 이미지를 지켜나갔다.

(1) 러시아 정치상황에 대한 총론

① 국내 정치상황이 대체적으로 안정되었다.

비록 국내외로부터 겹겹이 압력을 받았지만 러시아는 여전히 대체적으로 국내정치의 안정을 유지했다. 이는 러시아가 상대적으로 안정된 통합 러시아당이 주도하는 다당 병존의 정당 구도를 가지고 있고, 또 푸틴 대통령의 개인 리더십에 의한 강력한 지도에 의한 것이었다.

일찍이 첫 임기 때 푸틴은 러시아 정당제를 개혁하여 정당 활동을 점차 법제화 궤도에 올려놓았다. 신 푸틴시대에 들어선 후 러시아 당국은 계속해서 온건하게 정치제도 개혁을 실행하여 국가두마(하원) 혼합 선거제도를 회복시켰다. 이런 정당제도의 구도는 통합 러시아당이 지배적이 되었다. 비록 반대파 정당들이 이전보다 더 활약했지만 통일된 지도와 조력이 부족했기 때문에 러시아의 정치 구도에 진정으로 영향을 미치는 힘을 형성하지는 못했다. [1]

2014년 러시아의 반대파들이 빈번하게 활동했는데 특히 우크라이나 정세가 끊임없이 악화되자 반대파들은 앞장서서 여러 차례 시위행진을 했다. 2014년 9월 21일 수천 명의 반대파 민중이 러시아의 모스크바 거리에 나가 행진, 시위와 전쟁반대 집회를 하면서 러시아와 우크라이나의 충돌에 항의했다. 시위자 내부도 두 개의 파별로 나뉘었는데 한 파는 우크라이나 동부가 평화를 유지할 것을 호소했고, 다른 한 파는 우크라이나 동부의 독립을 지지했다. 두 파의 시위자들 사이에 격렬한 논쟁이 일어났고, 서로 계란과 토마토를 던지기도 했다. 2014년 12월 30일 장기적으로 자신으 블로그를 이용해 푸틴 정부를 반대해온 러시아 반대파 수령 알렉세이 나발니가 법정에서 사기죄로 징역 3년 6개월 집행유예 3년을 선고받았으며, 그의 동생 올렉 나발니는 징역 3년 6개월의 실형을 선고받았다. 나발니의 지지자들은 이번 심판은 완전히 푸틴정부의 정치적 보복이라 여기고 시내 중심에서 시위와 반정부 집회를 열었으며 1,500여 명이 추운 실외에 모였다. 러시아 경찰은 신속하게 이 불법 집회를 '경계'하고 집회 장소에서 알렉세이 나발니를 체포했으며, 시위자들을 해산시키고 200여 명을 구속했으나 폭력 행위는 없었다.

세계 유가가 폭락하고 우크라이나 위기로 러시아가 서방의 제재를 받으면서 반대파들이 정치 격변을 획책하고 정치적 투쟁을 통해 정변을 일으킬 수 있을 가능성이 보이기도 했다. 경제가 혼란스럽고 세계 정치의 배척을 받은 상황에 많은 민중들이 정부와 푸틴에게 불만이 생겼기 때문 이었다. 그러나 서방세력의 지지를 받고 있는 러시아 반대파는 여전히 진정으로

---

1 장슈링(臧秀玲), 장궈량(張國良), 「러시아 정당 정치의 발전 상황 및 그 추세」, 『이론시야』, 2014(6).

민중의 지지를 얻어내기 어려웠다. 한편으로 러시아인들은 정치적 태도가 소극적이고 많은 사람들은 자기 가정에만 책임을 졌다. 여론 조사에 따르면 57%의 러시아인이 국가의 '안전에 책임질 필요가 없다'고 생각하고 있었고 국가에 대해 완전하게 책임져야 한다고 생각하는 사람은 2%밖에 되지 않았다. 다른 한편으로는 러시아의 정치적 스펙트럼은 보수주의를 지지하는 쪽으로 기울어져 있었다. 현재 집정하고 있는 통합 러시아당은 중간 당파이고 보수주의 우익 경향을 가지고 있었다. 서방국가가 숭상하는 자유주의 우익은 러시아에서 별로 이상적인 리얼 옵션이 아니었다.

이밖에 중대한 국제문제에서 러시아 민중의 입장은 집정하고 있는 푸틴 정부와 일치한 면이 많은데 이는 러시아 반대파가 세계 정치적 차이를 비러 민중의 입장을 분화시키고 광범위한 지지를 받으려는 목적을 달성하기 어렵다는 것을 의미했다. 여론 조사 결과도 이런 결론을 지지하고 있었다. 러시아에서 가장 독립적이고 심지어 때로는 반 푸틴 입장인 것으로 알려지기까지 한 비정부 독립 여론기관인 레바다 첸트르(Levada Center)가 2014년 12월 10일 11월의 여론 조사 결과를 발표했는데, 우크라이나 문제에서 52%의 러시아 응답자가 크림공화국의 국민투표는 크림공화국의 자주적인 행위로 러시아가 개입하지 않았다고 응답했다. 65%의 러시아 응답자가 크림공화국이 즉시 러시아에 편입되는 것을 지지한다고 밝혔다(이밖에 16%의 응답자가 크림공화국이 러시아에 편입되는 것을 지지했으나 우크라이나 정부와 담판을 해야 한다고 생각했다). 이 센터의 다른 한 차례 여론 조사에서 대다수 러시아 민중은 크림공화국을 우크라이나에 포함시키는 것을 반대했으며(51%는 강력하게 반대했고 28%는 상당히 반대했다.) 우크라이나에 대한 러시아의 정치적 목적은 '러시아의 군사 전략과 지정학적 이익을 보호하고 세바스토폴 해군기지를

지키고 나토의 확장을 방지하기 위한 것(46%)'이라고 생각했다. [2]

러시아 반대파는 광범위한 민중의 지지를 얻어내지 못했을 뿐만 아니라 국외의 지지도 계속 얻어내기 어려워졌다. 러시아 정부는 정당법을 수정하여 당면의 정치적 구도를 더욱 공고히 다졌다. 일찍이 2012년 7월 푸틴 대통령은 '비정부기구법 수정안'을 체결하여 외국의 후원을 받고 정치 활동에 종사하는 러시아 비정부 기구를 '외국 대리인'으로 판정했다. 2014년 3월 푸틴 대통령은 입법기구에 일임해 비정부 기구에 대한 법률과 법규를 최적화함으로써 외국 세력의 의도를 지닌 조직 기구에게 틈탈 기회를 주지 않았다. 2014년 연말, 러시아는 수정안을 채택해 2015년 1월 1일부터 정당이 사법 부문에 의해 '외국 대리인'으로 판정 받은 러시아 비정부기구의 기부를 접수하지 못하도록 금지했고 정당이 그들과 계약을 체결하는 것도 금지했다. [3] 이로써 러시아는 통합 러시아당이 주도하는 정당 정치 구도가 진일보 확고해졌으며 러시아 정국에 대한 국외 세력의 간섭도 줄어들었다.

이밖에 푸틴 대통령의 개인 매력도 러시아 대국을 안정시키는데 큰 역할을 했다. 2014년 3월 크림공화국이 러시아에 편입되자 러시아 국내에 애국 열정이 일어났는데 이런 열정은 푸틴의 지지율을 80% 이상으로 끌어올렸고 6월이 되니 푸틴 대통령의 지지율이 85%까지 올라갔다. 광범위한 민중의 지지가 있었기 때문에 푸틴 대통령은 러시아에서 더욱 순조롭게 정책을 추진할 수 있었고 러시아 민중의 적극성을 충분히 동원할 수 있었다.

---

2 「러시아인, 경제 위기 때문에 푸틴에게 회의 품을까?」, http,//www.ftchinese.com/story/001059803 full=y, 2014-12-24.

3 후샤오광(胡曉光), 「러시아, 정당이 '외국 대리인' 비정부 기구의 기부 접수 못하도록 금지」, http,//news.xinhuanet.com/world/2015-01/02/c_1113850777.htm, 2015-01-02.

2014년 말의 유가 하락, 경제 부진이 푸틴 대통령의 인기에 어느 정도 영향을 미쳤는데도 그러했다. 일부 전문가들은 푸틴이 2014년 소치 동계올림픽이 러시아에 가져다준 국가의 소프트 파워를 진작시킬 기회를 충분히 이용하지 못했다고 지적하기도 했다.[4] 그러나 레바다 첸스트가 2014년 말에 러시아 46개의 지역에서 진행한 한 차례 여론 조사에 따르면 절반 이상(54%)의 러시아인들이 현재 러시아에는 푸틴의 지위를 대체할 수 있는 사람이 없다고 대답했다. 2013년 12월에 이런 생각을 가진 응답자가 31%였고 2012년 연말에 이 수치는 27%밖에 안 되었다. 푸틴을 대체할 수 있는 사람을 찾을 수 있는가 하는 문제에서 2014년 연말 긍정적인 대답을 한 응답자는 24%밖에 안 되어 2012년의 47%와 2013년의 40%보다 다소 줄었다. 그러나 2018년 선거 후 누가 대통령 직무를 맡았으면 좋겠는가 하는 질문에서 55%의 러시아인들이 여전히 푸틴을 지지한다고 밝혔다. 이 수치는 2013년 4월 이후 계속 상승하는 추세였다.[5] 대다수 러시아 민중은 여전히 푸틴의 개인 집정 능력에 매우 강한 신뢰를 보여주었으며 이는 러시아의 국내 정치질서를 안정시키는데 튼실한 대중적 기반을 마련해주었다.

② 대외정책 전략이 날로 명확해졌다.

2014년은 러시아와 서방의 관계가 전환기를 맞이한 한 해로 러시아는 중대한 국제 사건을 겪으면서 국제 전략적인 환경과 자국이 처한 환경에

4　Nye, Joseph S., "Putin's Rules of Attraction", http.//www.project-syndicate.org/commentary/ putin-soft-power-declining-by-joseph-s-nye-2014-12, Project Syndicate.12, December, 2014.
5　「여론 조사, 대다수 러시아인, 푸틴 대체할만한 사람 없다 생각」, http.//sputniknews.cn/ russia/20150115/1013539077.html, 2015-01-05.

대한 견해가 어느 정도 바뀌었다. 우크라이나 위기의 영향을 받아 러시아와 서방국가 간의 관계가 전면적으로 악화되었다. 양측은 제재와 반 제재, 고립과 반 고립의 대결을 하면서 군사적 대치와 외교적 공격으로 냉전 후 점차 회복되던 우호적인 관계를 대체해버렸다. 이런 상황에서 러시아의 외교 중심이 옮겨져 아시아 · 태평양 등 지역의 국가와의 협력을 더욱 중시함으로써 서방국가에서 오는 압력을 나누고 완화시키려 했다. 종합적으로 말하면 2014년 러시아 외교 형세에 '완전히 다른 두 세상'이 나타났다. 즉 러시아와 서방국가의 관계가 계속 악화되고 아시아 · 태평양 국가와의 관계 특히 중 · 러 관계가 지속적으로 좋아진 것이었다.[6]

러시아와 서방국가의 관계가 교착상태에 빠져들어 돌이킬 여지가 거의 없게 됐다. 우크라이나 위기로 인해 서방국가와 러시아의 물밑싸움이 공개 석상에 드러났으며, 양자 간에는 우크라이나 쟁탈전이 점차 백열화되었다. 서방국가는 러시아가 우크라이나의 국가 사무를 간섭한다고 강력하게 비난하면서 이를 중단할 것을 요구했다. 러시아의 크림공화국 병탄에 압박을 가하기 위해 주요 8개국(G8)의 러시아 외 회원국(미국, 캐나다, 영국, 프랑스, 독일 이탈리아, 일본)이 러시아의 회원국 자격을 정지시켰다. 즉 러시아를 고립시키고 G8 밖으로 몰아낸 것이다.

미국과 유럽연합은 또 러시아에 일련의 제재 조치를 취하기 시작했는데 그중에는 목적이 매우 강한 경제적 제재 조치가 포함돼 있었다. 여기에는 러시아 관리들에 비자 금지령을 내리고 자산을 동결하고 러시아은행을

---

6 리즈궈(李自國), 「2014년 러시아 외교, 두 가지 다른 세상」,
   http,//www.ciis.org.cn/chinese/2014-12/19/con-tent_7454358.htm, 2014-12-19.

제재하는 것 등이 포함되었다. 더 나아가 제재의 창끝을 러시아의 핵심 산업으로 돌렸는데, 여기에는 에너지, 군수 산업, 금융 등이 포함됐으며 이로써 러시아의 신용등급을 하락시켰다. 뿐만 아니라 러시아에 대한 제재 강도를 높이겠다고 여러 차례 위협하기도 했다. 서방국가의 성토에 대해 러시아는 더욱 강경한 반 제재 조치를 취했는데 유럽국가의 농축산물 수입을 제한하고 내수 진작에 의한 경제성장 방식으로 자체의 지급결제제도를 건립했으며, 에너지 전략 중심을 동쪽으로 옮겨버렸다. 푸틴은 2014년 국정자문에서 러시아 주변에 끊임없이 손을 대고, 말썽을 일으키고, 러시아 사무에 간섭하는 서방국가 특히 미국의 일방주의 행위를 강력하게 비판했고 구미국가와의 관계를 중단하지 않으면서도 러시아의 미래 발전 중심을 남미, 아프리카, 중동 특히 아시아·태평양지역으로 돌릴 것이라고 밝혔다. 이로써 러시아는 점차 서방사회의 '타자'가 되어버렸으며 양자 간의 외교관계가 급격히 냉각되고 단기간에 '신 냉전' 이라는 난처한 경지에 빠져 버렸다.

반대로 러시아와 중국의 관계는 지속적으로 좋아졌으며 협력 성과가 자주 전해졌다. 중러는 전략적 협력 동반자관계의 틀 안에서 양국관계를 점진적으로 발전시켰다. 2014년 러시아 국정자문에서 푸틴 대통령은 "아시아·태평양지역이 세계 경제 발전과정에 견인차 역할을 하고 있다"고 특별히 지적하면서 "진정한 친구 및 전략적 동반자"와 협력을 강화해야 함을 암시했다. 2014년 5월 푸틴 대통령이 중국을 방문했다. 두 나라 수반은 함께 '중화인민공화국과 러시아연방의 전면 전략적 동반자 관계의 새로운 단계에 관한 공동성명'을 체결했으며 두 나라 정부 간 '중·러 동선 천연가스 협력 프로젝트 MOU', 중국 석유천연가스그룹회사와 러시아 천연가스공업주식회사의 '중·러 동선 가스공급 매매계약'이 체결되는 것을 지켜봤다. 연속 정부 간 서류를 체결한 것은 중·러 양국이 에너지협력에서 계속 연계를 강화했을 뿐만 아니라 전면적인 전략적 파트너 관계가 더욱 높은 차원으로 업그레이드 됐다는 것을 설명하고 있다.

양국은 또 2015년에 중·러 천연가스 서선의 정부 간 협의 및 가스공급 계약을 체결할 계획이다. 2014년 11월 푸틴 대통령은 요청을 받고 베이징에서 열리는 APEC회의에 참가해 회의에서 주최 측의 열정적인 접대를 받았다. 이는 푸틴 대통령이 호주에서 '냉대'를 받던 것과 선명한 대조를 이루었다. 서방국가의 제재와 봉쇄를 받은 후 러시아는 중국에서 개방된 외교 출구를 찾아 외교 압력을 어느 정도 해소했으며 양국 간의 관계도 지금의 특수한 국제 배경 속에 더욱 심층으로 새로운 돌파를 가져왔다.

구소련 지역국과의 외교관계를 처리함에 있어 러시아는 독립국가연합 통합에서 탁월한 성과를 거두었는데, 대표적인 것은 독립국가연합의 경제통합을 추진한 것이었다. 2011년 10월 러시아, 우크라이나, 벨로루시, 카자흐스탄, 키르기스탄, 타지키스탄, 몰도바, 아르메니아 등 8개의 독립국가연합 회원국이 러시아 상트페테르부르크에서 새로운 독립국가연합 자유무역지대 협의를 체결했다. 2013~2014년 이 협의가 잇달아 회원국에서 발효되었다. 자유무역지대 협의의 체결은 당연히 각국의 경제적 상호 의존 관계를 강화시켰다. 이밖에 러시아는 또 더욱 깊은 차원에서 계획하고 행동해 유라시아 경제연합을 만들었다.

2014년 5월 러시아, 벨로루시와 카자흐스탄은 카자흐스탄 수도 아스타에서 '유라시아 경제연합 조약'을 체결하고 2015년 1월 1일부터 정식으로 유라시아 경제연합을 가동하고 2025년 전까지 상품, 서비스, 자본과 노동력의 자유로운 유동을 실현하기로 했는데 최종 목표는 유럽연합과 비슷한 경제연합을 건설하는 것이었다. 2014년 10월 아르메니아 대통령도

'유라시아 경제연합 조약'에 사인했다. 2014년 12월 키르키스탄 정부회의가 자국이 '유라시아 경제연합 조약' 초안에 사인하도록 비준했으며, 키르키스탄은 2015년 정식으로 회원국이 됐다. 유라시아 경제연합이라는 이 범국가기구의 발전은 러시아가 독립국가연합 국가와의 관계를 돈독히 하고 그들을 응집시키는 방면에서 성과를 이루었음을 설명했다.

이밖에 러시아는 또 서방국가 이외 다른 나라들과의 우호관계를 강화하기 위해 노력함으로써 밖으로부터 서방국가의 외교적 포위를 돌파했다. 2014년 11월 러시아와 베트남 지도자는 양국 간 전면적인 전략적 파트너 관계를 점진적으로 추진하는데 관한 공동성명을 발표했다. 또한 러시아의 추진 하에 유라시아 경제연합은 현재 베트남과 자유무역지대 담판을 진행하면서 각자 협력을 추진 중이다. 같은 달 푸틴 대통령은 또 러시아를 방문한 북한 최고지도자 특사 최룡해를 만났다. 양자는 러ㆍ북 양자관계의 긴박한 문제들에 대해 의견을 교환하고 공통인식을 강화했으며 자원과 에너지협력 방면에서 심도 있게 의논했다. 푸틴 대통령은 또 브라질, 아르헨티나, 쿠바 등 개발도상국을 방문해 일련의 협력 협의를 체결했다. 양자 대화 뿐만 아니라 다자간 메커니즘에서 러시아는 개발도상국 특히 브릭스의 힘을 각별히 중시했다.

2014년 7월 러시아는 기타 브릭스 국가와 함께 브릭스 개발은행을 설립하고 브릭스 긴급외환지원기금을 내와 브릭스 메커니즘의 제도화 수준을 한층 더 높였다. 러시아는 또 브릭스 메커니즘 틀 안에서 '브릭스 에너지 연맹'을 설립하여 브릭스 국가의 에너지 안전을 보장할 것을 창의했다. 구미 등 서방국가의 제재가 러시아의 에너지 수출에 타격을 주었으며 러시아 에너지 수출의 다원화 수요를 가일층 확대하였다. 사실상 러시아는 에너지 뿐 아니라 기타 경제금융, 군수산업 등 협력 분야에서도 새로운 사유를 발굴하고 새로운 방향을 개발할 수요가 절박하게 생겨났으며, 이로써 러시아의 외교 중심이 서방국가 이외의 개발도상국으로 기울어지게 됐다.

종합적으로 말하면 러시아는 2014년에 서방국가와 관계가 점점 긴장 되어졌으나 그 때문에 외교적 곤경에 처하지는 않았다. 오히려 러시아는 비 서방 선진국을 상대로 더욱 많은 외교적 가능성을 열었다. 에너지협력 방면에서 러시아와 서방국가의 관계가 악화됨으로써 양측의 에너지 산업발전에도 피해를 주었고, 특히 국제유가 하락으로 러시아의 경제가 큰 타격을 받았다. 그러나 비 서방 선진국은 러시아의 이런 외교 특히 에너지협력의 중심 이동으로 에너지발전에서 새로운 기회를 얻게 됐다. 비록 러시아가 서방과의 협력은 시종일관 개방된 것이라고 분명하게 밝혔지만 러시아는 계속 서방사회의 '타자'로 취급받았고 완전하게 접수되지 못했다. 비록 서방국가가 최종적으로 제재를 취소할 가능성도 있지만 러시아를 억제하는 전략적인 정책은 절대 포기하지는 않을 것이다. 때문에 러시아와 서방국가의 관계는 발전 공간이 제한돼 있으며 오히려 비 서방 선진국과 에너지, 금융, 경제, 군사, 안전 등 방면에서 더욱 많은 협력을 하게 되었다.

(2) 러시아 경제상황에 대한 총론

2014년 러시아 경제에 위험한 상황이 연이어 발생했고 낙관적이지 못했다. 2014년 상반기, 러시아 경제의 계절변동조정 성장이 거의 제로에 가까웠다. 아직 해결되지 못한 구조 문제, 여전히 관망세를 유지하고 있는 가정과 기업이 소비자와 기업가의 소극적인 정서를 2013년에서 2014년까지

끌고 왔다. 지정학적 긴장 국면으로 시장이 취약하기 그지없었고 정책의 불확실성도 이런 신뢰 부족을 악화시켰다. 세계은행은 2014년 중기에 발표한 보고에서 러시아경제가 침체될 위기에 직면했다고 했다. 이런 위험은 주로 이런 몇 개 방면에서 온 것이다. 첫째는 정체되어 앞으로 나가지 못하는 구조개혁 정책, 둘째는 지정학 충돌 및 정치와 경제방향과 관련된 정책의 불확실성이다. 때문에 러시아의 경제가 회복되려면 예측 가능한 정책환경 및 새로운 다원화 발전 모델이 필요했다. 즉 확실한 개인 투자, 국내 소비의 확대, 더욱 균형적인 국가자산 조합(자연자원, 자금, 경제제도의 이익 등이 포함)에 더욱 의존하게 되었다.[7]

러시아 중앙은행이 2015년 1월 30일 발표한 통계수치에 따르면 2014년 러시아의 GDP 실제 성장률은 0.6%로 2013년에 비해 0.7% 포인트 하락했다. 수치에 따르면 러시아의 2014년 GDP 규모가 709,756억 루블(약 10,300억 달러에 해당)이었고 그중 1분기 GDP는 0.9% 성장, 2분기는 0.8% 성장, 3분기는 0.7% 성장했으며 1~3분기 GDP 성장률은 0.8%였다. 이밖에 러시아 중앙은행은 수입상품의 가격이 오르고 러시아 기업의 경제 수치가 저조하고 장기적으로 금융 자원이 부족한데다가 대출 조건이 점점 더 엄격해졌기 때문에 자본투자가 감소되었다고 밝혔다. 또 주민 실제 소득 수준이 하락하고 개인 대출 성장률이 둔화되고 소비가 하락했다고 밝혔다. 2014년 3월 우크라이나 위기가 악화된 이후 서방이 러시아에 경제제재를 실시함으로써 자본 도피, 루블의 지속적인 평가절하, 인플레이션의 급상승을

---

7 World Bank, "Russia Economic Report, Policy Uncertainty Clouds Medium-Term Prospects", Moscow, The World Bank, September 2014.

초래했다. 이 점을 고려해 러시아 중앙은행은 2015년 1분기 경제성장률이 3.2% 하락할 것이라고 예측했다.[8] 국제통화기금은 "러시아가 앞으로 2년간 GDP 마이너스 성장을 맞이할 것이고 2015년 성장률은 -3%, 2016년은 성장률은 -1%일 것"이라고 예측했다.[9]

이밖에 러시아의 기타 경제지표도 별로 만족스럽지 못했다. 공업생산 방면에서 러시아연방국가통계국의 수치에 따르면 연 이자율에 따라 계산하면 러시아의 공업 총생산액은 2014년 12월에 성장을 회복했는데 2014년 전년 공업생산이 1.7%밖에 증가하지 않았다.[10] 공업 생산자 물가지수가 같은 시기에 비해 5.9% 증가했는데 그중 12월에 0.8% 증가, 11월에 0.5% 하락했다.[11] 대외무역 방면에서 러시아 경제발전부의 초보적인 수치에 따르면 2014년 러시아 수출입 무역액은 79,397,000만 달러로 동기 대비 5.7% 하락했는데 그중 수출은 5,071억7,000만 달러로 동기 대비 3.8% 하락했고, 수입은 2,868억 달러로 동기 대비 8.9% 하락했다. 수출 상품구조를 보면 원료성 상품의 수출은 동기 대비 8.9% 하락했고 비원료성 상품 수출은 동기 대비 1.7% 하락했다. 수입상품의 구조를 보면 원료성 상품의 수입은

8 장지예(張繼業), 「러시아 중앙은행, 2014년 경제성장률 0.6%라고 밝혀」, http,//news. xinhuanet.com/world/2015-01/31/c_1114200407.htm, 2015-01-31.

9 International Monetary Foundation, "World Economic Outlook (WEO) Update, Cross Currents", http,//www.imf.org/external/ft/weo/2015/update/01/pdf, /0115. pdf, 20 January 2015.

10 「2014년 러시아 공업 생산 1.7% 성장」, http,//xinwen.eluosi.cn/eco/201502/98803.html, 2015-02-01.

11 「2014년 러시아 공업의 생산자 물가지수 동기 대비 5.9% 성장」, http,//xinwen.eluosi.cn/ eco/201502/.98842.html, 2015-02-03.

동기 대비 2.3% 하락했고 비원료성 상품수입은 동기 대비 9.1% 하락했다. 2014년 러시아가 유럽연합 국가로부터 수입한 수입액은 동기 대비 12.2% 하락했고, 유럽연합에 대한 수출액은 동기 대비 7.1% 하락했다.[12] 국제준비금 및 단기 국제 유동성 방면에서 러시아 중앙은행이 발표한 수치에 따르면 러시아 국제준비금은 2014년 1월 1일의 5,096억 달러에서 12월 30일의 3,854억 달러로 하락했으며 전년 24.4% 감소됐다. 주요한 원인은 루블이 여전히 시장에 의해 저평가되었고, 러시아 중앙은행이 국제준비금을 사용하여 외환시장을 간섭하여 루블 환율을 안정시켰기 때문이다.[13] 국제통화기금의 수치에 따르면 러시아의 2014년 기타 외화자산 액수 및 단기 순유출은 각각 300,740만 달러와 850,612만 달러에 달했다. 국제투자 방면에서 러시아 중앙은행의 수치에도 2014년 러시아 자본유출량이 1,515억 달러로 동기 대비 1.5배 증가된 것으로 나타났는데, 그중 4분기 자본유출량은 729억 달러로 전 분기에 비해 8.4배 증가되었다.[14] 러시아에 대한 외국의 비 금융류 직접 투자는 186억 달러밖에 안 돼 2013년에 비해 70% 감소되었다. 러시아의 경제상황 및 러시아가 처한 외교적 곤경 때문에 많은 국제 신용평가 기관이 러시아의 국가 신용등급을 낮추었다. 국제 신용평가 기관인 핏치 인베스터즈 서비스는 2014년 3월부터 러시아은행 및 기업의 외계 자본시장 진입을 제한하는 서방의 제재 조치가 지속적으로

---

12 「2014년 러시아 수출입 무역액 동기 대비 5.7% 하락」, http://xinwen.eluosi. cn/201502/98831.html, 2015-02-01.

13 「러시아 국제준비금 3794억 달러로 감소」, http://xinwen.eluosi.cn/eco/201501/98734. html, 2015-01-28.

14 「2014년 러시아 자본 유출량 1515억 달러」, http://xinwen.eluosi.cn/eco/201501/98605. html, 2015-01-21.

러시아의 경제를 억압했고, 또한 2014년 중기부터 시작해 국제유가와 루블이 대폭 하락하면서 러시아 중앙은행은 여러 차례 비상 금리인상을 단행했지만 아무런 소용도 없었다며 러시아 외화준비금의 감소 속도가 예상보다 빠르고 러시아의 경제 전망이 전면적으로 악화되었다고 평가하면서 2015년에 러시아의 GDP가 계속 하락할 것으로 내다봤다. 다른 한 신용평가 기관인 '스탠더드 앤드 푸어스'는 2014년 12월에 러시아의 등급과 전망을 부정적 관찰대상 리스트에 포함시키고 러시아의 통화 유동성 악화와 경제 부진으로 이 나라의 금융시스템이 충격을 받고 있다며 앞으로 계속 러시아의 신용등급을 쓰레기 급까지 낮출 가능성도 있다고 전했다. 이밖에 또 다른 신용평가 기관인 무디스는 2014년 10월에 러시아의 국가신용등급을 Baa1에서 Baa2로 하향조정했다. [15]

무디스는 구미 국가가 우크라이나 위기를 둘러싸고 러시아에 단행한 제재에는 에너지, 금융, 국방 등 영역이 포함되어 있고 러시아의 경제발전에 영향을 미쳤지만, 현재 러시아의 외화준비금은 여전히 외채를 상환할 수 있는 수준이라고 했다. 현재의 국면 및 국제 신용평가 기관이 잇달아 신용등급을 하향조정하자 러시아 국유자산서의 제르고노바 서장은 사유화할 계획인 국유자산의 평가치가 대폭 감소되었고, 이에 앞서 내온 2016년 전까지 국유자산을 사유화한다는 계획이 엄중하게 저해를 받고 있다고 밝혔다. [16]

---

15 천팅위(陳聽雨), 「스텐더드앤드푸어스, 러시아 등급 하향조정」, 『중국증권보』
    2015-01-12.
16 「러시아 자산 평가치 대폭 감소」, http,//xinwen.eluosi.cn/eco/201502/98809.html,
    2015-02-01.

경제가 지속적으로 저조한 상황에서 러시아의 경제 펀더멘털은 간신히 총체적인 안정을 유지했다. 물가지수 방면에서 2014년 러시아의 소비자 물가기수(CPI)는 11.4%, 생산자 물가지수(PPI)는 5.9%로 비교적 빠르게 증가되었다.[17] 이와 함께 비록 구미의 제재와 유가 폭락의 이중 타격을 받았지만 2014년 12월 러시아의 실업률은 여전히 5.2%의 수준을 유지했는데 이는 이에 앞서 국제노동기구가 예측한 러시아의 2014년 실업률 5.1%라는 수치와 거의 맞아떨어졌다.

그러나 국제노동기구는 또한 2015년에 러시아의 실업률이 소폭 상승할 것이라고 지적했다.[18] 이와 상응해서 인플레 수준과 실업 수준을 반영한 러시아 고통지수(misery index)가 39% 상승해 16.6이 됐다. 사실상 러시아인의 실제 처지는 수치에 드러난 것보다 더 나쁠 수도 있었다.[19] 러시아 국가통계국의 수치에 따르면 2014년 러시아 인플레율이 11.4%나 되어 2008년 이후 처음으로 두 자리 수로 늘어났다.

울류카예프 러시아 경제개발부 장관은 2015년 러시아의 인플레율을 10%로 예측했고 러시아 중앙은행은 8.2%~8.7%(국제유가 80달러/배럴로 추산) 또는 9.3%~9.8%(국제유가 60달러/배럴로 추산)로 예측했다.[20] 물류

---

17   Ministry of Finance of the Russian Federation, "Key Economic Indicators", http,//www.eeg. ru/pages/123.

18   International Labour Organization, "World Employment and Social Outlook, Trend 2015", Geneva, Inter-national Labour Organization. 20 January 2015.

19   판링페이(潘凌飛), 「2014년 러시아 고통지수 40% 가까이 폭증」, http,//wallstreetcn.com/node/213002, 2015-01-12.

20   「2014년 러시아 인플레율 11.4%」, http,//xinwen.eluosi.cn/eco/201501/98469.html, 2015-01-15.

산업 방면에서 러시아 철도회사의 통계 수치에 따르면 2014년 이 회사의 화물 운송량은 122,700만 톤으로 전해 같은 시기에 비해 0.8% 감소되었다. 화물 회전율은 22,900억 톤/킬로미터로 전해 같은 시기에 비해 4.6% 증가됐다.[1] 산매업 방면에서 2014년 러시아의 산매업은 몇 차례 파동을 겪었다. 8월부터 러시아가 식품 수입을 금지하기 시작하자 식품 가격이 오르고 각 소매업자들이 급히 대체 납품 업체를 찾았다. 이번 파동이 산매업 소득에는 큰 영향을 미치지 않았다. 전년을 보면 2014년 러시아 산매업 총액은 약 4,980억 달러였고 루블 수입은 소폭으로 1.9% 증가했다. 그러나 11월 루블이 대폭 평가절하 되자 경제개발부는 2015년에 러시아의 산매업이 최근 몇 년래 첫 하락세를 맞이할 것이고 동기 대비 3.8% 하락할 것이라고 예측했다.[2]

종합적으로 말하면 2014년 러시아 경제는 심상치 않은 한 해를 보냈다. 많은 부정적인 사건들이 러시아 경제에 충격을 주었으며 2008년부터 2009년의 세계 금융위기 이후 경제를 회복하려던 희망을 부숴버렸다. 우선 크림공화국이 러시아에 다시 편입된 후 서방국가들이 연합하여 러시아에 대한 경제 제재를 시작했는데 범위가 관리, 상인, 기업 등 개인으로부터 에너지, 금융, 군수산업 등 영역으로 확대되었다. 러시아는 2014년 8월부터 반 제재 대응조치를 취하여 제재를 가하는 서방국가들로부터의 식품 수입을 제한했다. 이로써 밀고 당기기의 교착상태가 점점 심해졌으며, 터키,

---

1 「러시아 철도, 2014년 화물 운송량 0.8% 감소」, http,//xinwen.eluosi.cn/eco/201501/98402.
   html, 2015-01-14
2 「러시아 언론, 2014년 러시아 산매업 점검」, http,//xinwen.eluosi.cn/eco/201412/97968.html,
   2014-12-30.

이스라엘, 라틴아메리카 등지에서 온 더욱 비싼 식품이 오히려 러시아의 물가수준을 높여주었고 제재적 인플레이션의 충격을 받게 됐다.

다음, 세계 석유 가격이 붕괴되면서 러시아의 경제 총량이 증발하고 줄어들었는데 러시아 예산수입의 주요 원천인 석유 가격은 여름부터 거의 절반 줄어 배럴당 60달러의 수준에 머물렀으며 이는 세계 석유생산의 공급이 수요를 초과한 것과 많이 관계되었다. 마지막으로 2014년 루블 대 국제 주요 본원통화-달러화 및 유로화의 환율이 1998년 채무불이행 이래 가장 심각하게 하락해 2008년 위기 때의 지수를 초과하고 신속히 평가절하의 궤도에 들어섰으며 2014년 하반기부터 평균 매달 10%씩 평가절하 됐다. 그 후 러시아 중앙은행이 대대적으로 환율시장을 간섭하면서 루블이 빠른 속도로 하락하던 추세가 비로소 늦춰졌다. 이로부터 러시아의 어두운 경제 전망, 유가의 대폭 하락과 지정학적 긴장 국면이 직접적인 통로와 확신 효과를 통해 경제적으로 영향을 일으켰다는 것을 알 수 있다. 러시아 경제가 급격히 미끄럼질 치고 루블이 평가절하 되면서 독립국가연합 기타 국가의 경제 전망을 심각하게 약화시켰다.

그러나 2014년 러시아 경제에는 많지 않지만 여전히 적극적인 요소가 존재했다. 그것은 주로 러시아가 공업과 농업 방면에서 본국 생산의 방침을 전면적으로 가동하여 수입을 대체한 것을 말한다. 그리고 서방과의 교착 상태 때문에 러시아는 자원(특히 석유 천연가스) 수출의 중심을 빠른 속도로 발전하고 있는 아시아 시장으로 옮기고 새로운 국제 동반자 구도를 개척했다. 즉 유럽과 여러 해 동안 교착 상태에 있던 '사우스 스트림(South Stream)' 가스관 프로젝트를 포기하고 터키와 손을 잡았으며 라틴아메리카, 이란으로부터 농산물 수입을 늘리고 베네수엘라, 이란과의 관계를 끊임없이 강화한 것이다. 현재 베네수엘라는 러시아 기업이 자국의 석유 개발에 참가하는 데 동의했고 러시아와 이란은 에너지협력을 포함한 경제무역 협력 비망록을 체결했으며 군사협력 협의를 회복했다. 이밖에 러시아에 대한 구미 국가의 제재도 일정한 정도로 엇갈려 객관적으로 러시아에 대한 압력을 줄여주었다. 유럽연합과 러시아의 무역 왕래가 밀접했기 때문에 러시아에 대한 경제 제재가 무형 중에 유럽연합에 역효과를 일으켰기 때문이다. 유럽연합위원회는 앞으로 2년간 러시아에 대한 제재로 유럽연합이 400억 유로와 500억 유로의 수입을 손실 보게 될 것으로 내다봤고 러시아와 업무 관계가 있는 유럽 기업들은 어쩔 수 없이 감원을 단행했다. 이는 앞으로 러시아의 경제적, 외교적 곤경이 완화될 가능성이 있다는 것을 의미한다. 마지막으로 서방국가의 제재는 오히려 러시아를 단결시키는 요소가 되었으며 러시아 민중의 애국 열정이 전례 없이 끓어오르고 많은 산업이 반 제재 대오에 가입했다. 러시아 갑부인 알리셰르 우스마노프는 자기가 가지고 있던 전신, 철광석 산업의 지분을 해외에서 러시아로 옮겨왔는데 이는 러시아가 어려움을 극복해나가는데 많은 도움이 되었다.

당면의 경제적 어려움에 대처하기 위해 푸틴 대통령은 2014년 12월 25일 정부 각료들과의 연말 대면에서 업무 우선 이행사항을 명확히 밝혔다. 즉 "사회적 책임을 이행하고 국가 화폐 환율을 지지하는 것이 가장 주요한 것"이라며 이는 러시아 중앙은행 및 기타 정부 금융-경제 부문의 협조가 필요하다고 했다. 2014년 12월 29일 러시아 재정부는 중앙은행을 통해 8,000만 달러의 외화를 매각했다. 그리고 이 에 앞서 12월 러시아 재정부는 이미 약속했던 대로 중앙은행에 15억 달러를 매각했다.[3]

---

3 「재정부, 12월 29일 중앙은행을 통해 8000만 달러 매각」,
  http://xinwen.eluosi.cn/eco/201501/98343.html, 2015-01-13.

러시아는 이미 여러 영역에 실질적인 조치를 취해 약 350억 달러 규모의 반위기 계획을 제정하고 실행했는데 중점은 재정 지출을 감소하고 구조 개혁을 진행하는 것이었다. 필요한 자금은 정부의 위기대응 준비금과 현행의 일부분 국가 계획에서 제공받아 경제의 퇴세를 돌려세우려 했다. 첫째는 구조 조정을 하여 공업, 농업, 관광업을 우선적으로 발전시켰다. 공업을 위한 '수입 대체' 계획을 세우고 우위 상품의 생산을 확대했다. 농업 방면에서 생산과 설비를 개선하는 것을 격려했는데 2014년 러시아의 식량 생산량은 11,000만 톤으로 동기 대비 거의 2,000만 톤 증가했다. 관광업 방면에서 국내 관광 코스를 적극 추진하고 전략적인 기업에 자금을 조달해 도왔으며 새로운 '반역외법'을 발포했다. 둘째는 '미국식 등급평가'를 폐기하고 부실 채권과 악성 부채를 청산하여 금융 시스템을 안정시켰다.

　　셋째는 소득 차이를 통제하고 민중의 복지를 높이고 매달 최저임금을 411 루블 높였는데 100여만 명이 혜택을 보았다. 퇴직금을 약 10% 올려주고 출산을 격려하는 '어머니 기금' 예산을 일인당 45,300 루블로 올렸으며 또한 원동지역 주민들에게 무료로 토지를 나눠주어 원동 국유 토지의 개발을 추진했다. 넷째는 전략을 조정하고 힘을 빌어 발전하는 것이었다. 즉 유라시아 경제연합 공동시장의 힘을 빌어 경제적 압력에서 벗어나고 최종적으로 곤경에서 벗어나는 것이었다.[4]

4　「러시아, '경제의 봄'을 확신」, 『인민일보』 2015-02-03.

3) 기타 구소련 지역 국가의 정치와 경제 형세에 대한 총론

2013년 이후 국제와 지역의 정치 및 경제 형세에 계속 심각한 변화가 일어났는데 기타 구소련 지역 국가도 이런 요소의 영향을 많이 받았다. 그러나 기타 구소련 지역 국가는 본국 정부의 지도하에 각종 불리한 요소의 영향에 비교적 잘 대처해나갔고 국내 정치의 기본적인 안정과 경제의 점진적인 발전을 유지했다. 종합적으로 말하면 2014년 기타 구소련 지역 국가는 혼란 속에서 변화와 다원화, 안정을 추구하는 상태에 있었다.

(1) 기타 구소련 지역 국가의 정치 형세에 대한 총론

기타 지역의 내부를 보면 각국은 국제 형세의 변화에 적극 적용해가면서 주동적인 변화로 국제 위기와 도전에 대처했다. 현재 세계 정치와 경제 구도가 복잡하게 뒤엉켜 있고 '아랍의 봄', '우크라이나 위기' 등 '색깔 혁명'이 여러 차례 중앙아시아 주변에서 일어났으나 '강자 정치'가 이 혼란스러운 주변 환경 위험에 효과적으로 대처해나갔다. 아울러 각국은 개혁과 변화를 도모하여 권력시스템이 가져다준 많은 폐단과 문제를 해결해갔다. 카자흐스탄 대통령은 정부 기구에 대부처제 개혁을 단행하고 국가 부패척결 계획을 제정하고 실현해나감으로써 국내 문제를 해결하고 사회 안정을 지키려 했다. 그는 2015년 4월 대통령 선거에서 재차 대통령으로 당선되었다. 2013년부터 지금까지 키르키스탄 정부는 60%의 관리를 교체했는데 많은 지방 관리도 조정 범위에 들었다. 구르반굴리 베르디무하메도프 투르크메니스탄 대통령은 집권 명망을 높이기 위해 국내 민주제도 구축에 힘썼으며 2013년 민주당 당적을 잠시 중단한다고 선포하고 나서 국내 다당화 진척을 끊임없이 추진했다.

　이슬람 아브두가니예비치 카리모프 우즈베키스탄 대통령은 2014년 의회 선거와 2015년 대통령 선거를 계기로 국내에 정당 정치문화를 육성했고 2015년에 헌법 수정안을 실행하여 권력 운행시스템을 빠른 속도로 개선해갈 계획이다.

　대외관계 방면에서 각국은 계속 다원외교 정책을 실행하여 러시아, 중국, 미국, 유럽연합 등 국가 및 국제기구와의 관계를 적극 발전시켰고 러시아와의 경제통합에 계속 참가하고 중국 지도자가 제기한 '실크로드 경제벨트'의 전략적 구상에 적극 호응했다. 앞에서 서술한 바와 같이 러시아는 구소련 지역에 대한 경영을 지속적으로 강화했다. 미국은 러시아를 전면 포위한 상태에서 기타 국가의 지지를 얻어내기 위해 애썼는데 중앙아시아에 대한 전략에 변화의 기미가 보였다. 2014년 상반기, 미국과 러시아가 우크라이나 문제로 치열하게 싸우면서 우크라이나에 대한 미국의 중시가 날로 커졌으며 객관적으로 중앙아시아 지역에 대한 관심이 줄어들었다.

　2014년 연말, 미군과 나토 부대가 아프가니스탄에서 거의 다 철거하면서 중앙아시아에 대한 미군의 군사적 존재가 잠시 공백을 이루었다. 아울러 중앙아시아 지역에 대한 미국과 유럽연합 국가의 지원도 점차 감소되는 추세였다. 2013년 키르키스탄에 대한 미국의 원조가 절반 이상을 차지했으나 2014년 상반기에는 10%도 안 되었다.[5] 중국도 '일대일로' 전략을

5　종야(鐘婭), 「당면 중앙아시아 형세에 대한 몇 가지 견해」, 『당대세계』 , 2015(01).

적극 추진해 2014년에 중앙아시아 지역과 적극적으로 협력을 펼쳐갔다. 이런 배경 속에 기타 구소련 지역 국가는 다원외교를 적극 모색했다. 예로 들면 카자흐스탄은 자체의 강국외교 전략을 의도적으로 추진하고 국제적인 이미지 건설에 치중했기 때문에 중국, 러시아, 미국과 다자 협력을 추진했다.

그러나 이와 동시에 기타 구소련지역은 여전히 긴장한 상태에 있었다. 우선 중앙아시아 지역 국가 간의 관계가 얼키설키 얽혀 매우 복잡했다. 카자흐스탄이 강하게 굴기하면서 기타 국가의 경각심을 불러일으켰다. 전통적으로 역내 대국이었던 우즈베키스탄은 카자흐스탄과 역내 주도권을 쟁탈하려 했다. 중앙아시아 각국 간의 국경선과 수자원을 둘러싼 쟁탈전이 점점 더 심해졌다. 이밖에 우크라이나 위기 등 '색깔 혁명'이 일어나고 그 때문에 각지에서 일어난 시위행진이 사회에 혼란을 조성하고 지역 안전을 위협했다. 다음, 러시아에 대한 미국과 유럽연합의 제재도 이 지역의 안정에 영향을 주었다. 마지막으로 테러리즘, 분리주의와 극단주의 세 갈래의 세력도 지역의 안정과 안전에 영향을 주었다.

때문에 기타 구소련 지역 국가는 현재 정치적으로 혼란 속에서 안정을 탐색하는 상황에 놓여 있다.

(2)기타 구소련지역 국가의 경제상황 총론

경제 방면에서 세계 경제상황의 영향과 역내 대국의 경제상황의 제약을 받아 기타 구소련지역 국가의 경제가 전반으로 늦춰졌지만 경제 전망은 낙관적이었다.

아제르바이잔은 '석유에 의한 부흥'과 '전면적인 균형' 전략의 지도하에 최근 몇 년간 경제가 빠른 속도로 발전했다. 아시아 개발은행의 수치에 따르면 2014년 이 나라의 경제성장률은 5%였다.[6] 국제신용평가기관인 스탠더드 앤드 푸어스는 2016~2018년 사이에 아제르바이잔의 경제성장률이 해마다 빨라질 것으로 예측했다.[7] 그러나 중앙아시아지역 국가의 2014년 경제성장률은 전 해의 6.5%에서 5.5%로 늦춰질 것으로 예측됐다.[8] 카자흐스탄은 세계에서 가장 큰 우라늄자원 공급국이고 또한 중앙아시아에서 가장 큰 경제체이고 러시아에 이어 두 번째로 큰 구소련 원유 생산국인데 2014년에 경제성장 속도가 늦춰지기 시작했다.

카자흐스탄의 마이로프 통계위원회의 주석은 초보적인 통계에 2014년 카자흐스탄의 GDP가 4.3% 성장한 것으로 드러났다고 밝혔다.[9] 한편으로 카자흐스탄에 있는 세계 최대의 유전 카샤간(Kashagan)의 생산이 중단되면서 이 나라 석유공업이 엄중한 타격을 받았고 다른 한편으로 카자흐스탄과 관계가 밀접하던 무역파트너 러시아가 연이어 미국과 유럽연합의 경제 제재를 받음으로써 카자흐스탄의 산업 무역 발전에 부정적인 영향을 끼쳤기 때문이다. 카자흐스탄의 도사예프 경제와 예산계획부 장관은 러시아에 대한 서방의 경제 제재로 2014년 1월부터 5월까지 카자흐스탄의 수출이 지난해 동기에 비해 21.7% 감소됐다고

6   리훼이(李慧), 「아제르바이잔, 석유와 천연가스가 아니라 원자력 발전을 사랑」, 『중국에너지보』, 2014-06-09.
7   「스탠더드 앤드 푸어스, 2016~2018년 아제르바이잔 경제 발전 속도 해마다 빨라질 것으로 예측」, http://az.mofoom.gov.cn/article/jmxw/201502/20150200887287.shtml, 2015-02-24.
8   「아시아은행, 올해 중앙시아의 경제성장 속도 늦춰질 것이라 예측」, http://news.xinhuanet.com/fortune/2014-11/06/c_1113150288.htm, 2015-02-24.
9   「2014년 카자흐스탄 GDP 4.3% 성장」, http://kz.mofcom.gov.cn/article/ddgk/zwminzu/201501/20150100870512.shtml, 2015-02-24.

밝혔다.[10] 경제의 하락 추세에 대처하기 위해 카자흐스탄 정부는 각종 조치를 취했다. 2014년 2월 카자흐스탄 중앙은행은 본국 화폐인 텡게를 19% 평가 절하하여 본국의 외환시장에 대규모의 투기모리가 일어나는 것을 방지했고 또 석유와 금속 수출 기업의 업무를 진작시킴으로써 경제성장을 유지하는 목적에 도달했다. 2014년 8월 카자흐스탄은 새로운 초대 규모의 에너지부를 내놓았는데 경제의 퇴세를 돌려세우는 것이 목적이었다. 타지키스탄 경제발전과 무역부는 2014년과 미래 3년의 타지키스탄 경제성장률을 7% 이상으로 예측했고 인플레율은 7%의 수준을 유지, 고정자산 투자는 2014년의 745,000만 소모니(약 149,000만 달러에 해당)에서 2017년에는 855,000만 소모니(약 171,000만 달러)로 증가될 것이고 2014년 대외무역 총액은 713,600만 달러로 증가될 것이라고 했다.[11] 동시에 투르크메니스탄의 경제도 상당히 활력을 가지고 있었다. 수치에 따르면 2014년 GDP는 2013년에 비해 10.3% 성장했다. 그중 공업은 11.1% 성장했고 대외무역 총액은 330억 달러에 달했다.[12]

때문에 종합적으로 각국은 러시아가 받는 제재의 영향으로 경제가 하락했지만 총체적인 성장 추세는 여전히 비교적 낙관적이었다.

---

10 왕린(王林), 「카자흐스탄, 초대 규모의 에너지부 건설」, 『중국에너지보』, 2014-08-11에 게재.
11 황징(黃婧), 「중국과 타지키스탄, 계속해서 실무적인 협력의 길 간다」, 『중국연합상보』 2014-09-15.
12 「투르크메니스탄의 2014년 최신 통계수치」, http,//tm.mofcom.gov.cn/article/ jmxw/201501/20150100863670.shtml, 2015-02-24.

2. 2014년 구소련 지역 에너지 형세에 대한 분석

1) 러시아의 에너지 형세

러시아의 에너지는 러시아 경제와 에너지 안전, 세계 석유천연가스 공급에서 극히 중요한 배역을 맡고 있다. 러시아의 천연가스, 석유, 석탄 보유량은 세계에서 앞자리를 차지하고 있고 에너지 생산량도 역대 최고치에 달했다. 그러나 이런 높은 수준을 장기적으로 유지하려면 러시아는 또 별도로 상유에 대한 투자와 기술 혁신을 해야 했다. 현재 러시아 경제는 여전히 저효율 상태에 있으며 단위당 GDP 생산에 소모되는 에너지가 IEA 회원국의 약 두 배 수준에 달한다.[13] 비록 러시아가 에너지 효율을 높이는 정책을 내오기 시작했지만 지금까지 별로 큰 효과를 보지 못했다. 아울러 러시아의 전력 및 지역의 급열 인프라 시설도 끊임없이 노화되어 설비 갱신을 하는데도 많은 자금이 필요한 상황이다. 그러나 국내외 기업들 중에서 투자를 유치하려면 러시아는 또 더욱 완벽한 법률과 법규, 재정계획을 출범시키고 실행하여 더욱 더 경쟁성을 띠고, 시장지향적인 에너지 개발환경을 조성해야 했다. 그러나 2014년 우크라이나 위기, 국제유가 하락, 루블 평가 절하 등 일련의 세계적으로 중대한 사건 때문에 러시아의 대량의 자본이 해외로 유출되었는데 이는 러시아 에너지의 지속가능한 개발과 발전에 어려움을 더해주었다. 그럼에도 불구하고

---

13 International EnergyAgency, 'Energy Policies Beyond IEA Countries-Russia 2014', http.//www.iea.org/countries/non-membercountries/russianfederation/.

러시아는 여전히 관련 정책과 조치를 내오면서 에너지부문을 감독하고 에너지 개발과 이용 효율을 높이기 위해 노력했다.

(1) 에너지 생산

2015년 1월 3일 러시아의 연료에너지종합체 중앙배차국이 발표한 2014년 러시아 에너지산업 통계수치에 따르면 2014년에 러시아의 석탄 채굴량이 동기 대비 1.5% 증가해 30,573억 톤에 달했고 국내시장에 대한 석탄 공급량은 12,700만 톤에 달해 동기 대비 4% 감소됐다.[1] 그러나 2014년 1월부터 10월까지 러시아의 석탄 채굴량은 누계 287,344,000 톤으로 2013년 동기에 비해 0.03% 감소되었다. 러시아의 국내시장에 대한 석탄 공급량은 5.4% 감소되어 135,558,000 톤에 달했으며 그중 발전소에 65,385,000 톤을 공급하였는데 동기 대비 8.9% 감소했고 31,813,000만 톤은 야금업에 사용되었다.[2] 발전 추세를 보면 러시아의 석탄 생산량은 2014년 초기부터 점차 상승하였다가 2014년 말기에 다소 반락하였다.[3]

석유 채굴 방면에서 러시아의 2014년 석유 채굴량은 0.6% 증가해 526,753,000 톤에 달했다. 1일당 채굴량은 1,443,000 톤으로 1,058만 배럴이나

1   장지예(張繼業), 「러시아, 2014년 에너지 통계 수치 발표」,
    http,//news.xinhuanet.com/world/2015-01/03/c_1113857673.htm, 2015-01-03.

2   「러시아 2014년 1~10월 석탄과 가스오일 생산량 하락」, http,//www.chinanews.com/
    gj/2014/11-03/6746291.shtml, 2014-11-03.

3   Ministry of Energy of the Russian Federation, 'Statistics Information',
    http,//minenergo.gov.ru/en/ac-tivity/statistic/21399.html.

되었는데 이는 2013년에 비해 0.7% 증가한 것으로 1일당 채굴량이 1987년 이후 소련시대 최고 수준을 기록했다. 비 국유 중소형 석유기업은 2014년 러시아의 석유생산량을 최고치로 끌어올린 주요한 요인이었다. 비 국유 중소형 석유기업의 석유 생산량은 동기 대비 11% 성장해 1일당 100만 배럴을 초과했다. 이밖에 석유와 천연가스 응축물 생산량은 12월에도 1일당 1,067만 배럴에 달했는데 역시 소련 해체 후의 최고 수준이었다.[4] 2014년 상반기 유가가 상대적으로 높은 상황에 러시아 원유 회사의 수익은 상당히 높았는데 당시 유가가 한때 배럴당 113달러 이상까지 올라간 적이 있었다. 그러나 하반기에 구미의 경제제재와 원유가격의 대폭 하락이라는 이중 타격을 받아 러시아의 에너지 경제도 매우 큰 영향을 받았으며 2014년 러시아 원유시장의 성장률은 2013년의 1.4%에 비해 어느 정도 늦춰졌다. 러시아 재정부 전문가인 사코비치는 2014년 러시아의 우랄원유의 평균가격이 배럴당 97.6달러로 2013년에 비해 9.53% 하락했다고 밝혔다. 2014년 12월 우랄원유의 평균 가격은 배럴당 61.07달러로 전 해 동기 대비 44.4% 하락했다. 알렉세이 울류카예프 러시아 경제발전부 장관은 원유가격이 배럴당 60달러 수준을 유지한다면 2015년의 러시아 경제는 3% 하락할 것이라고 밝혔다.[5] 하지만 현재 석유가격이 강력하게 반등하지는 않았음에도 알렉산더 노박 러시아 에너지부 장관은 "러시아의 석유업체들이 2015년 석유 채굴 규모를 2014년과 비슷한 수준으로 계획하고 있다."고

---

4 「러시아, 2014년 원유 생산량 후소련 시대 최고치 기록」,
  http://intl.ce.cn/sjjj/qy/201501/03/t20150103_4249961.shtml, 2015-01-03.

5 「2014년 러시아 우랄 원유 평균 가격 97.6달러/배럴」,
  http://xinwen.eluosi.cn/eco/201501/98390.html, 2015-01-13.

밝혔다.[6] 아르카디 드보르코비치 러시아 부총리도 국제유가가 배럴당 50~60달러일 경우 러시아는 지금(2014년)의 석유 채굴량을 유지할 것이라고 밝혔다.[7]

천연가스 생산 방면에서 러시아 에너지동력복합체 중앙배차국의 수치에 따르면 2014년 러시아의 천연가스 생산량이 4% 감소되어 64,023,700만㎥로 줄었다. 그중 최대의 국유 천연가스 생산업체인 러시아 천연가스공업공사의 2014년 천연가스 생산량은 9% 감소된 4,320억㎥로 사상 최저치를 기록했는데 주요한 원인은 이 회사와 우크라이나 사이에 가격 분쟁이 생겼기 때문이다. 우크라이나는 한때 독일에 이어 이 회사의 두 번째로 큰 거래처였다.[8] 러시아 최대의 독립적인 천연가스 생산업체 노바텍은 2014년에 천연가스 생산량이 5,355,600만㎥였다. 러시아의 기타 석유천연가스 회사의 천연가스 생산량은 4,534,700만㎥였다.[9]

전력 생산 방면에서 러시아 에너지동력복합체 중앙배차국은 2014년 러시아의 발전량은 1조570억 KWH로 2013년에 비해 0.5% 증가됐다고 밝혔다. 2014년 12월의 발전량은 1041억 KWH로 동기 대비 3.8% 증가됐는데 그중 화력발전량은 747억KWH, 수력발전량은 125억KWH, 원자력 발전량은 169억KWH였다. 이밖에 2014년 러시아의 열에너지 생산량은 53,060만

---

6 「러시아, 2015년 석유생산량 2014년 수준으로 유지할 계획」,
　　http.//www.in-en.com/article/html/energy_22172217202219756.html, 2014-11-26.

7 「러시아, 현 석유 채굴량 유지할 계획」,
　　http.//xinwen.eluosi.cn/eco/201501/98575.html, 2015-01-21.

8 「러시아 2014년 원유 생산량 구소련시대 최고치 기록」,
　　http.//intl.ce.cn/sjjj//qy/201501/03/t20150103_4249961.shtml, 2015-01-03.

9 「2014년 러시아 천연가스 생산량 4.2% 감소」,
　　http.//www.gasaq.com/index.phpc=main&a=show&id=46517, 2015-01-07.

메가칼로리로 동기 대비 3.7% 증가했다.[10]

러시아는 에너지 생산 방면에서 세계와 밀접히 협력하는 동시에 또 원동개발 전략을 실행했으며 동시베리아, 원동, 북극 및 연해 대륙붕의 석유천연가스 탐사와 개발을 중시했다. 2014년 3월 28일 러시아 석유회사는 원동지역으로 멀리 옮겨갈 계획을 내왔다. 이에 앞서 드미트리 메드베데프 러시아 총리는 이 계획의 가능성을 연구하도록 지시했는바 이 조치가 이 지역을 '선행 발전 지역'으로 만들 수 있다고 생각했다. 2014년 10월 10일 러시아 천연가스공업회사와 중국측 회사는 새로운 협력 방향을 논의했는데 여기에는 대륙붕 석유존 프로젝트의 가능성 등이 포함되었다.

2014년 12월 16일 러시아의 중국합자기업 C&S는 노보시비르스크에서 정식으로 영업을 시작했으며 에너지 분야의 프로젝트를 취급하게 되었다. 에너지 채굴과 생산에서 러시아는 환경에 대한 영향 및 에너지 개발의 효율을 중시했으며 이 방면에서 국제 경제금융기구와 적극 협력하면서 에너지 효율을 높여 환경과 경제 두 가지 이익을 얻으려 했다. 2014년 러시아는 세계은행과 협력하여 능력을 제고함으로써 날씨 예측과 기후 변화에 대한 모니터링 수준을 높여 에너지효율을 높이려 했다.[11]

---

10 장치(張琪), 「2014년 러시아 전력 수출 12.2% 하락」, 『중국에너지보』 2015-01-12 에 게재.

11 World Bank, 'World Bank Annual Report 2014', Washington, DC, World Bank. 2014.

(2) 에너지 수출

에너지 수출에서 2014년 러시아는 두 방면에 주목했는데 하나는 에너지 수출 구조의 다원화, 다른 하나는 시장 중심을 동으로 옮기는 것이었다.

러시아는 재정 수입의 구조를 조정하는데 진력했고 에너지 수출 수입의 비중을 낮추면서 에너지 구조를 더욱 다원화로 발전시키려 했다. 현재 러시아 국가 재정수입의 석유, 천연가스 수출에 대한 의존도가 매우 높다는 것은 누구나 다 알고 있는 사실이다. 알렉산더 노박 러시아 에너지부 장관은 "2000년부터 지금까지 러시아의 석유 채굴량은 2억 톤 증가됐고 석유와 석유 제품의 수출이 배로 증가되었으며 현재 석유천연가스 수입이 러시아 재정 수입의 50%~52%를 차지한다."고 밝힌 바 있다. 국제유가의 폭락은 서방의 제재를 받아 어려워진 러시아에 설상가상이었고 미국의 셰일가스 혁명도 세계 에너지시장을 크게 뒤흔들었다. 이런 중대한 국제 변화로 인해 러시아는 하루속히 석유천연가스 수입이 총수입에서 차지하는 비중을 낮추려 했다.

2014년 러시아는 2035년까지의 새 에너지 전략을 작성하고 발표했다. 이 전략 초안에 따르면 러시아는 2035년 전까지 국내에서 생산한 32%의 원유와 31%의 천연가스를 아시아 · 태평양지역으로 운송할 계획이다. 즉 2035년 전까지 전체 에너지 수출의 23%를 아시아 · 태평양지역으로 보내게 되는데 이는 러시아가 수출 투자의 구조를 진일보적으로 다원화하고 동으로 더욱 많은 원유와 천연가스를 운송한다는 목표와 일치한 것이다.[12] 러시아 정부는

---

12 「러시아, 2035 년 전 에너지 전략 작성」, http.//www.sinopecnews.com.cn/news/content/2014-01-26/content_1373733.shtml, 2014-01-26.

2035년 전까지 재정의 석유천연가스에 대한 의존도를 43%~45%로 낮추어 재정 수입을 더욱 안정시킬 것이라고 밝혔다.[13]

구체적으로 말하면 석탄 방면에서 2014년 러시아의 석탄 수출은 2013년에 비해 7.6% 증가한 15,169만 톤이었다. 석탄 수입은 2,530만 톤으로 전해에 비해 14.8% 감소되었다. 전력 방면에서 2014년 러시아의 전력 수출은 115억KWH로 2013년에 비해 12.2% 감소했다.[14] 석유 방면에서 2014년 러시아의 석유 수출량은 5.7% 감소해 221,598,000 톤에 달했다. 러시아 석유운송회사를 거쳐 가는 석유 수출량은 4.2% 감소돼 17,625.5 톤에 달했다. 국경을 넘은 석유 수출량은 11.3% 감소돼 19,287,000 톤에 달했다. 러시아 국내 석유 가공은 5.2% 증가해 288,957,000 톤에 달했다.[15]

그러나 이에 앞서 러시아연방 세관은 러시아의 2014년 1월~11월 석유 수출은 20,500만 톤, 총 수출액은 1,446억 달러로 수출 수입이 동기 대비 8.6% 감소됐다고 밝혔다. 그중 독립국가연합 국가에 대한 수출은 2,200만 톤으로 14.96% 감소했고 비 독립국가연합 국가에 대한 수출은 18,300만 톤으로 3.8% 감소됐다.[16] 이 점을 고려하여 러시아는 2015년부터 시작해 석유 세제를 조정하여 석유수출세를 대폭 낮추고 광산 자원 채굴세를 높여 석유 수출세에 대한 러시아 재정의 의존도를 낮추고 러시아 재정에 대한

---

13 「러시아 에너지부 장관, 국가 재정의 석유천연가스 수입에 대한 의존도 낮춘다」, http.//xinwen.eluosi.cn/eco/201501/98718.html, 2015-01-27.

14 장치(張琪), 「2014년 러시아 전력 수출 12.2% 감소」, 『중국에너지보』 2015-01-12.

15 장지예(張繼業), 「러시아, 2014년 에너지 통계 수치 발표」, http.//news.xinhuanet.com/world/2015-01/03/c_1113857673.htm, 2015-01-03.

16 「러시아 2014년 1월~11월 석유 수출 수입 8.6% 감소」, http.//xinwen.eluosi.cn/eco/201501/98535.html, 2015-01-16.

국제유가의 영향을 낮출 계획이다.[17] 이밖에 러시아는 국제 정세의 압박을 받아 시장 중심을 동쪽으로 옮겼다. 일찍 2014년 1월 BP는 「2035 세계 에너지 전망」에서 "아시아는 주요한 에너지 수입 지역이 되고 러시아는 여전히 세계에서 가장 큰 에너지 수출국일 것"[18]이라고 전망했고 "2035년 러시아는 736Mtoe(석유 환산 백만 톤)을 수출하게 된다"[19]고 예측했다. 사실상 세계 에너지시장도 BP가 예측한 것처럼 발전하고 있다.

이에 앞서 세계에서 두 번째로 큰 원유 수출국인 러시아가 수출하는 원유 중 84%는 유럽연합으로 수출됐고 러시아가 수출하는 천연가스 중 76%가 유럽연합으로 수출됐다. 약 4분의 1의 유럽연합 국가는 완전히 러시아의 원유와 천연가스 공급에 의존했고 러시아의 가스 공급량은 유럽연합 수요의 3분의 1을 차지했으며 그중 절반은 우크라이나를 통해 국경을 넘었다. 우크라이나가 수입하는 천연가스의 약 50%가 러시아에서 들어온 것이었으며 2013년 수입량은 277억 ㎥나 되었다.[20] 그러나 우크라이나 위기가 일어나고 신속히 악화되자 2014년 6월 러시아는 우크라이나가 천연가스 대금을 빚졌다는 이유로 우크라이나에 대한 천연가스 수출을 중단했다. 2014년 7월 우크라이나는 러시아에 대한 석탄 수출을 중단했다. 2014년 11월 러시아도 아무런 예고 없이 우크라이나에 대한 석탄 수출을

17 장지예(張繼業), 「러시아 석유 수출세 대폭 인하, 광산 자원 채굴세 인상」, http://news.xinhuanet.com/energy/2015-01/04/c_127355625.htm, 2015-01-04.

18 British Petroleum (BP), 'BP Energy Outlook 2035', http://www.bp.com/content/dam/bp/pdf/Energy-economics/Energy-Outlook/Energy_Outlook_2035_booklet.pdf.

19 British Petroleum (BP), 'BP Energy Outlook 2035-Russia', http://www.bp.com/content/dam/bp/pdf/Energy-economics/Energy-Outlook/Country_insights_Russia_2035.pdf.

20 장진저(江金澤), 「우크라이나 러시아에 대한 제재 법안 채택, 러시아 에너지의 국경 통과 금지할 듯」, http://wallstreetcn.com/node/104701, 2014-08-14.

중단했다. 우크라이나 천연가스 운송업체의 통계에 따르면 2014년 러시아에서 수입한 천연가스는 145억 m³로 동기 대비 44% 감소되었다. 러시아 천연가스의 우크라이나에서의 시장 점유율은 52.3%에서 36.2%로 하락했다.[21] 사실상 이런 제재와 반 제재 조치는 각자에게 좋은 점이 없었으며 오히려 지정학적 경제 리스크만 커지게 했다.

때문에 우크라이나 위기가 일어난 후 러시아 에너지 산업은 유럽시장의 수요가 감소하고 협력이 중단되고 리스크가 증가하는 상황에 직면했다. 러시아 에너지 업체들은 잇달아 유럽 이외의 거래처와 관계를 강화하는 조치를 취했다. 이런 위기로 인해 "러시아의 눈길이 동쪽으로 돌려졌으며" 수출 루트가 다원화로 변하게 되었다. 러시아 국가두마(하원) 에너지 위원회의 파빌 자바니 부위원장은 "유럽연합은 에너지공급을 다원화할 정치적 결정을 내리고 여러 가지 조치를 취해 러시아 천연가스 수송을 제한했다. 예를 들면 '노르드 스트림' 파이프라인의 실제 가스 수송량은 최대 수송량의 50%밖에 되지 않는다. 원인은 유럽연합위원회가 파이프라인이 만부하로 수송되는 것을 허용하지 않았기 때문이다. '사우스 스트림' 프로젝트도 정치적 원인으로 유럽연합의 갖은 방해를 받아왔으며 나중에 러시아는 이를 포기했다."고 밝혔다.[22]

장기적으로 보아 유럽이 러시아 에너지에 대한 의존에서 성공적으로 벗어나 에너지공급의 다원화를 이뤄낸다면 이는 러시아에 거대한 영향을 일으키게 된다. 때문에 러시아 에너지그룹은 에너지시장의 중심을

---

21 「우크라이나, 러시아의 천연가스 수입 44% 감소」,
   http://www.mofcom.gov.cn/article/i/jyjl/e/201501/20150100860001.shtml, 2015-01-07.

22 「러시아의 천연가스 전략 중심 아시아 · 태평양 시장으로 편향」,
   『경제참고보』 2014-12-16.

이동하는 진도를 다그쳤다. 점점 더 많은 러시아 석유회사가 아시아(주로 중국) 시장을 개척해나갔다. 루크 오일은 이라크의 웨스트꾸르나 유전에 상업운전을 투입하기 시작했다. 이 유전의 상당히 많은 부분의 생산품은 아시아에서 판매되었다. 노바텍과 중국석유천연가스그룹회사는 현재 액화 천연가스 부두를 건설하고 있는데 이 프로젝트는 천연가스 수출이 아시아로 이동하는데 도움이 될 것이다.

러시아 천연가스공업회사는 쿠웨이트와 이집트에서 액화 천연가스 공급을 확대하는 데 관한 회의를 열었다. 이고르 세친 러시아 석유회사 총재는 갑작스레 일본, 한국 베트남, 인도의 바이어와 거래 상대방을 만났다. 알렉세이 푸시코프 러시아 국가두마(하원) 국제위원회 위원장은 유럽의 다원화 전략 때문에 유럽의 러시아 에너지 수입이 감소되는 일은 "앞으로 몇 년간 발생하기 어려울 것"이라며 "또 그 때 가서 아시아의 강력한 천연가스 수요에 의해 러시아는 여전히 대체 천연가스 수출 시장을 찾을 수 있을 것"이라고 밝혔다.[23] 현재 우크라이나 위기가 국제사회의 간섭 하에 해결될 가능성이 있는 것으로 보인다. 서로 의존하는 국제 정치와 경제의 배경 속에 각자가 이리저리 흥정을 한 덕에 변통의 여지가 생겼다. 2014년 12월 8일 러시아는 우크라이나로부터 37,800만 달러의 천연가스 선불금을 받고나서 우크라이나에 천연가스 공급을 회복했다. 12월 27일 러시아정부는 우크라이나의 요청에 응해 우크라이나에 석탄과 전력 공급을 회복했음을 확인했다. 그러나 전반적으로 보면 유럽연합이 스스로 에너지연합을

23   Farchy, Jack, 'Russian Energy Groups look for new markets', Financial Times. 3April 2014, http,//www.ft.com/intl/cms/s/0/dacfda08-ba64-11e3-8b15-00144feabdc0.html siteedition=intl#slide0.

구축하는 새로운 추세와 불확실한 정치적 군사적 충돌의 위기에 직면한 러시아는 에너지 수출 구조를 진일보적으로 다원화하고 에너지시장의 중심 이동을 해야 할 절박성을 느꼈다.

　2) 기타 구소련지역 국가의 에너지 생산과 수출 상황

　기타 구소련지역 국가 중 아제르바이잔과 중앙아시아 5개국의 에너지 상황이 비교적 좋아 풍부한 에너지를 비축했고 양호한 경제적 수익을 얻고 있었다. 유럽과 아시아가 인접한 곳에 위치한 아제르바이잔은 유라시아 대륙의 중요한 교통 중추이며 또한 카스피 해와 중앙아시아의 석유천연가스가 풍부한 지역으로 들어가는 통로를 통제하고 있었다. 오랜 동안 아제르바이잔은 주로 석유와 천연가스에 의해 에너지를 공급받았다. 아제르바이잔은 카스피 해의 해안에 자리 잡고 있으며 세계적으로 가장 오래된 석유생산지의 하나이다. 수치에 따르면 아제르바이잔의 탐사 확인된 석유 매장량은 20억 톤, 천연가스 매장량은 26,500억㎥이다. 아제르바이잔은 여러 국가의 가스오일 회사와 협의를 체결하고 본국의 가스오일 자원을 개발하고 있다. 석유천연가스 생산과 수출은 아제르바이잔 경제의 버팀목으로 되어 있다. 2014년 아제르바이잔의 대외 수출은 여전히 석유와 석유제품을 위주로 하고 있었으며 총 수출액 중 차지하는 비중이 91.97%에 달했다. 그중 석유 수출은 총액에서 84.32%를 차지했고 석유제품은 6.25%, 천연가스는 1.4% 차지했다.[24] 국제통화기금의 수치에

---

24 「2014년 아제르바이잔의 석유 및 석유제품 수출은 총 수출액의 90%이상 차지」, http,//az.mofcom.gov.cn/arti-cle/jmxw/201501/20150100874228.shtml, 2015-02-24.

따르면 석유와 천연가스 수출이 아제르바이잔의 총 수출액에서 90% 이상의 비중을 차지했다.[25] 아제르바이잔 국가통계위원회가 발표한 수치에 따르면 2014년 아제르바이잔은 4190만 톤의 석유를 채굴했는데 이는 같은 시기에 비해 2.9% 감소된 것이었다.[26] 그러나 천연가스 수출은 866,500만㎥로 동기 대비 17.4% 증가되었다.[27]

카자흐스탄 육지에서 탐사 확인된 석유 매장량은 48억~59억 톤에 달했고 천연가스 매장량은 35,000억㎥에 달했다. 이밖에 카자흐스탄 소속 카스피 해의 석유, 천연가스 총 매장량은 카스피 해 지역 매장량의 2분의 1과 3분의 1에 해당된다. 카자흐스탄의 석탄 매장량은 1,767억 톤으로 세계적으로 제8위이다. 2014년 카자흐스탄은 67,927,000톤의 원유(동기 대비 2.2% 감소)와 12,918,000 톤의 콘덴세이트가스(동기 대비 5% 증가)를 채굴했다.[28] 경제의 안정적인 운행과 성장을 보장하기 위해 카자흐스탄도 에너지 수출의 다원화를 적극 추진했다. 카자흐스탄 에너지부의 블라디미르 슈콜리크 장관은 반드시 석탄의 수출을 보장하고 확대해야 한다며 2015년 석탄 채굴량을 10,860만 톤으로 전망했다. 카자흐스탄 국가경제부 통계위원회 수치에 따르면 2014년 카자흐스탄은 113,844,000 톤의 석탄을 채굴했는데

25 「아제르바이잔, 석유천연가스가 아니라 원자력을 좋아해」, 『중국에너지보』 2014-06-09.

26 「2014년 아제르바이잔의 석유천연가스 채굴량 2.9% 감소」, http://az.mofcom.gov.cn/article/jmxw/201502/20150200890020.shtml, 2015-02-24.

27 「2014년 아제르바이잔 천연가스 수출 동기 대비 17.4% 증가」, http://az.mofcom.gov.cn/article/jmxw/201502/20150200885579.shtml, 2015-02-24.

28 「2014년 카자흐스탄 석유 수출 9% 하락」, http://kz.mofcom.gov.cn/article/jmxw/201502/20150200900642.shtml, 2015-02-24.

이는 동기 대비 4.8% 증가한 것이다.[29] 카자흐스탄의 주요 석탄생산지에는 파블로다르 주(북부), 카라간디 주(중부), 동카자흐스탄주가 포함된다. 이와 동시에 카자흐스탄의 경제는 에너지 수출에 대한 의존도가 비교적 높고 석유는 주로 러시아 경내의 송유관을 통해 유럽으로 수출되었다. 러시아에 대한 서방의 제재 범위가 끊임없이 확대되자 카자흐스탄의 석유 수출도 영향을 받았다. 2014년 카자흐스탄은 6,200만 톤의 콘덴세이트가스를 수출했는데 이는 동기 대비 9% 감소된 것이다.[30] 전형적인 내륙 국가인 카자흐스탄이 세계 시장과 밀접한 연계를 가지려면 다른 나라의 도움이 꼭 필요하다.

현재 원유 수출은 거의 다 러시아를 거쳐야 하고 목표 시장은 유럽 뿐이었다. 단일한 수출 패턴을 개변시키기 위해 카자흐스탄 정부는 더욱 많은 송유관을 건설하여 석유 수송 시스템을 개선하고 석유 파이프라인에 의한 수출을 다원화하려 했다. 중국-카자흐스탄 파이프라인, 바쿠-트빌리시-제이한 파이프라인, 카자흐스탄-투르크메니스탄-이란 파이프라인을 예로 들 수 있다. 지적해야 할 것은 현재 카자흐스탄-투르크메니스탄-이란 파이프라인은 아직도 실행가능성 연구 등 전기 준비단계에 있다는 것이다. 이 파이프라인은 경제 효과가 가장 좋은 수출 통로로 건설된 후 카자흐스탄산 원유가 페르시아 만으로 운송됐다가 다시 아시아·태평양으로 운송된다. 하지만 이 파이프라인이 이란을 경유한다고 미국이 강력하게 반대하고 있기 때문에 아직 전망을 알 수 없다.

---

29 「카자흐스탄, 2015년 석탄 1억860만 톤 채굴할 계획」, http://kz.mofcom.gov.cn/article/jmxw/201502/20150200900641.shtml, 2015-02-24.

30 「2014년 카자흐스탄 석유 수출 6% 하락」, http://kz.mofcom.gov.cn/article/jmxw/201502/20150200900642.shtml, 2015-02-24.

카스피 해에 위치한 중앙아시아 국가인 투르크메니스탄은 면적이 50만 제곱킬로미터도 안 되지만 80% 이상의 국토 아래에 석유와 천연가스 자원이 매장되어 있다. 이 나라의 천연가스 매장량은 246,000억m³로 세계 제4위이고 석유의 매장량은 208억 톤에 달한다. 풍부한 자원 매장량에 힘입어 투르크메니스탄은 최근 몇 년간 세계 에너지공급 영역에서 신속히 굴기했다. 2014년 투르크메니스탄의 천연가스 채굴량은 760여 억m³, 수출은 450여 억m³였으며 2015년에는 800여 억m³를 채굴할 계획이다.[31] 거대한 석유천연가스 매장량을 가지고 있는 투르크메니스탄은 최근 몇 년간 지리적 위치의 우세를 빌어 파이프라인을 통해 석유와 천연가스를 수송함으로써 수출 노선을 다원화하려 했다.

투르크메니스탄은 현재 총 8000km 이상의 천연가스 파이프라인을 가지고 있으며 현재 사용 중인 파이프라인과 건설 중, 계획 중인 천연가스 파이프라인이 모두 다섯 갈래 있다.[32] 투르크메니스탄 석유천연가스와 광업자원부의 수치에 따르면 현재 이 나라의 천연가스 수출 계획에는 주로 다음과 같은 것이 있다. 투르크메니스탄(중앙아시아)-중국 파이프라인은 매년 생산량을 650억m³로 계획하고 있다. 러시아에 대한 수출은 매년 생산량을 100억m³로 계획하고 있는데 사실 천연가스 파이프라인의 수송능력은 공급량을 훨씬 능가한다. 이란에 대한 수출은 매년 생산량을 200억 m³로 계획하고 있다. 투르크메니스탄-아프가니스탄-파키스탄-인도(타비) 파이프라인은 매년 생산량을 330억 m³로 계획하고 있다. 트란스

---

31 「투르크메니스탄, 천연가스 수출 로드 맵 제정」, http,//tm.mofcom.gov.cn/article/
    jmxw/201502/20150200892562.shtml, 2015-02-24.

32 리훼이(李慧), 「투르크메니스탄, 파이프라인으로 에너지 꿈 이룬다」, 『중국에너지보』
    2014-11-24.

카스피안 가스 파이프라인은 매년 생산량을 300억 ㎥로 계획하고 있다. 매년 100억 ㎥의 천연가스를 더 많이 생산한다면 투르크메니스탄의 총 수출은 매년 1,600억~1,700억 ㎥에 달하게 된다. 앞에서 말한 이미 계약이 된 수출고는 30년 내에 54,000억 ㎥에 달하게 되고 갈키니스와 야슬라르의 천연가스 매장량만 262,000억 ㎥에 달한다. 그런데다 여기에서 진행되고 있는 탐사 작업에 따르면 매장량이 더 많을 것으로 예상된다. [33]

중앙아시아 중심에 위치한 우즈베키스탄은 광산 자원이 매우 풍부하고 석유와 천연가스 매장량이 중앙아시아에서 두 번째로 많다. 석유 천연가스 자원이 풍부하기로 총 매장량은 구소련의 15개 가맹공화국 중 세 번째로 많다. 석유의 예측 공업 매장량은 53억 톤 이상이고 이미 탐사 확인된 매장량은 58,400만 톤이며 연간 채굴량은 720여 만 톤으로 세계 총 채굴량의 0.1%를 차지한다. 천연가스 예측 매장량은 54,300억 ㎥ 이상이고 이미 탐사 확인된 매장량은 20,550억 ㎥로 세계에서 14번째로 많으며 연간 채굴량은 580억 ㎥로 세계 총 채굴량의 2.2%이고 세계 제8위를 차지했다. 석탄 예측 매장량은 70억 톤이고 공업 저장량은 19억~20억 톤에 달하는데 그중 갈탄은 185,300만 톤이고 연간 채굴량은 270여 만 톤이다.[34] 러시아 경제의 영향을 받아 최근 몇 년 우즈베키스탄의 에너지 경제가 영향을 받고 있다.

보도에 따르면 러시아 천연가스 공업주식회사는 2015년에 우즈베키스탄과 투르크메니스탄으로부터 100억 ㎥의 천연가스 수입을 줄일 계획인데 그중 우즈베키스탄에서 수입하는 천연가스 양은 10억 ㎥로

---

33 「투르크메니스탄, 천연가스 수출 로드 맵 제정」, http.//tm.mofcom.gov.cn/article/jmxw/201502/20150200892562.shtml, 2015-02-24.

34 「우즈베키스탄 개황」, http.//uz.mofcom.gov.cn/article/ddgk/zwjingji/200612/20061203925243. shtml, 2014-02-24.

줄게 되며 감소된 천연가스는 러시아 국내 천연가스로 대체하게 된다.[35] 아울러 우즈베키스탄도 기타 국가와 다원화한 에너지협력을 펼치려 적극 노력하고 있다. 2014년 우즈베키스탄은 2015년에 한국과 130KW의 태양광 실험 발전소를 건설할 계획을 세웠다.[36] 이 또한 우즈베키스탄에 태양광 자원이 풍부한 덕이다. 우즈베키스탄은 연간 일조 시간이 300일 이상이라 태양에너지 개발에서 거대한 잠재력을 가지고 있다.

위에 소개한 나라들과 달리 키르키스탄은 석유천연가스 자원이 적은 편이다. 전국적으로 석유천연가스를 개발할 수 있는 국토면적은 약 22,300㎢이고 그중 약 5,000㎢는 페르가나 분지에 있는데 이미 탐사되어 개발 중이고 나머지 약 1,7000㎢는 대부분 산간 분지에 있어 매우 적게 개발되었거나 미개발 상태이다. 천연가스는 거의 전부가 페르가나 분지에 집중되어 있다.[37] 2014년 4월부터 우즈베키스탄이 키르키스탄 남부 지역에 대한 천연가스 공급을 중단(현재 이미 80% 회복했음)함으로써 키르키스탄의 대외무역 수출입이 영향을 받았다.

이밖에 석탄 역시 키르키스탄의 중견 산업이 아니다. 추산에 따르면 키르키스탄의 석탄 매장량은 약 466,500만 톤에 달한다.[38] 2014년 1~11월 키르키스탄 국내 석탄 채굴량은 1,496,000 톤으로 동기 대비 22% 성장했다.

---

35 「러시아 천연가스 공업회사, 2015년에 우즈베키스탄의 천연가스 수입 감소」, http.// uz.mofcom.gov.cn/article/jmxw/201502/20150200891616.shtml, 2014-02-24.

36 「우즈베키스탄과 한국 협력해 나망간 주에 태양광 실험발전소 건설」, http.// www.uz.mofcom.gov.cn/article/jmxw/201502/20150200891612.shtml, 2014-02-06.

37 「키르키스탄의 에너지에 대한 간단한 소개」, http.//www.mlr.gov.cn/zljc/201008/ t20100828__754253.htm, 2014-02-06.

38 「키르키스탄의 에너지에 대한 간단한 소개」, http.//www.mlr.gov.cn/zljc/201008/ t20100828__754253.htm, 2014-02-06.

그중 중국, 우즈베키스탄과 타지키스탄에 대한 수출은 66,000 톤이었다.[39] 그러나 키르키스탄은 발전용 수자원이 매우 풍부한데 수력 발전 잠재력은 1421억 KWH, 현재 약 10%만 개발되었다. 때문에 전력 산업은 키르키스탄의 중요한 산업이고 전력 또한 키르키스탄의 중요한 수출상품의 하나이다. 보도에 따르면 아시아개발은행은 키르키스탄에 1억1000만 달러의 자금(그중 6,550만 달러는 대출금, 4,450만 달러는 지원금)을 제공하여 톡토굴 수력발전소를 복원하고 개조할 계획이다. 이렇게 되면 유닛당 발전 능력이 지금의 300MW(메가와트)에서 360MW로 높아질 것이고 발전장치의 효율도 2.5% 높아지게 되며 발전 이용률은 80%에서 95%로 높아지게 된다. 개조를 통해 키르키스탄 국내 전기 공급능력은 지금의 90억 도에서 2025년이면 114억 도로 증가되고 전력 수출 잠재력도 더한층 높아지게 된다.

타지키스탄은 뚜렷한 지리적 우세를 가지고 있는바 중앙아시아와 이란, 아프가니스탄, 파키스탄 등 국가를 잇는 남북 통로이다. 타지키스탄은 석탄 매장량이 풍부하고 개발 잠재력이 매우 크다. 2014년 타지키스탄의 석탄 생산량은 87만 톤으로 사상 최고치를 기록했다.[40] 타지키스탄의 수력발전 개발가능량은 2,635억KWH로 세계 8위를 차지했다.[41] 보도에 따르면 2014년 1~10월 타지키스탄은 이웃나라인 아프가니스탄에 전력 수출을 전해 같은 시기에 비해 40% 늘렸다. 10월은 타지키스탄 국내의 전력 공급이 긴장한

---

39 「2014년 키르키스탄의 석탄 채굴량은 약 170만 톤, 동기 대비 20% 성장」 http://kg.mofcom.gov.cn/article/jmxw/201412/20141200845074.shtml, 2014-12-24.

40 「타지키스탄, 2014년 석탄 생산량 87만 톤, 사상 최고치 기록」 http://tj.mofcom.gov.cn/article/jmxw/201501/20150100865616.shtml, 2015-01-06.

41 장동(張棟), 「중앙아시아와 우리나라 전력 협력 전망」, 『중국에너지보』 2014-07-28.

달이었지만 역시 아프가니스탄에 5,000만 도의 전기에너지를 수출했다.[42] 이로부터 타지키스탄 전력 자원의 개발과 수출 상황을 알 수 있다.

상술한 바를 종합하면 2014년 기타 구소련 지역 국가의 에너지 생산과 수출이 다 점진적으로 성장했으며 많은 나라들이 에너지 구조와 협력 국가를 다원화로 발전시키려 했다.

3. 2014년 중국과 구소련 지역 에너지협력 개황

중국은 에너지 소비국으로 석유 수입, 원유 소비, 천연가스 소비, 석탄 소비가 세계 앞자리를 차지하고 있다. 구소련 지역은 에너지가 밀집된 지역으로 석탄, 석유천연가스 매장량이 풍부하다. 특히 러시아는 세계에서 두 번째로 큰 석유 수출국과 세계에서 가장 큰 천연가스 수출국으로 마침 중국과 공급과 수요가 맞물리는 관계를 형성했다. 때문에 중국은 구소련 지역과 에너지 방면에서 밀접하게 협력하고 있는바 2014년 석탄, 석유천연가스, 전력 등 영역에서 더욱 현저한 협력 성과를 거두었으며 비교 적 강한 보완성과 상호 이익 관계를 형성했다.

---

42 「2014년 1~10월 타지키스탄 아프가니스탄에 대한 전력 공급 40% 증가」, http://tj.mofcom.gov.cn/article/jmxw/201412/20141200821826.shtml, 2014-12-24.

1) 석탄 영역

중국의 산업 구조조정이 심화되고 에너지 절약 및 온실가스 감축, 환경보호의 압력이 커지고 국가가 청정에너지발전을 지지하는 특혜 정책을 잇달아 출범함으로써 풍력 에너지, 수력 에너지, 태양 에너지 등 청정에너지의 발전 전망이 좋아지고 석탄에 대한 화력발전의 수요가 더한층 감소되었다. 때문에 2014년 중국의 석탄소비가 저조하고 석탄 가격이 낮은 수준에서 변동했다. 중국 세관의 수치에 따르면 2014년 중국의 석탄 수입은 29,000만 톤으로 동기 대비 10.9% 하락했고 수출은 574만 톤으로 23.5% 하락했다.[43] 그중에서 2014년 10월 중국의 일반탄 수입은 9월에 비해 11.8% 감소된 12,468,000 톤이었지만 러시아에서 수입한 일반탄은 1,302,000 톤으로 전월 대비 73% 증가했다. 2014년 1~10월 중국은 러시아의 일반탄을 연 12,671,000 톤 수입함으로써 인도네시아와 호주에 이어 세 번째로 많이 수입한 나라가 되었다. [44]

중국은 에너지 구조를 전환하면서 석탄 수입 관세를 조정했고 석탄 수입의 수량과 품질을 엄격히 통제했다. 중국은 2009년부터 석탄 순수입국이 되었고 그 후 석탄 순수입이 끊임없이 증가해 2013년에 석탄 순수입이 3억 톤 이상이나 되면서 그 해 전국 총 생산량의 약 8%를 차지했다. 그러나 석탄 수입의 성장 속도는 2012년 이후 계속 하락하는 추세였는데 특히

---

43 「2014년 전국 석탄 수출입 개황」, http://www.sdpc.gov.cn/jjxsfx/201501/t20150128_661855.html, 2015-01-28.

44 「중국, 10월 러시아의 무연탄 130만2000 톤 수입」, http://coal.in-en.com/html/coal-11101110692220201.html, 2014-11-28.

2014년 5월 이후 중국의 석탄 수입은 마이너스 성장을 했다. 2014년 10월 15일부터 중국은 무연탄, 점결탄, 점결탄 이외의 기타 석탄, 기타 석탄과 알탄 등 5가지 연료에 잠시 실행했던 제로 관세를 각각 3%, 3%, 6%, 5%, 5%의 최혜국 세율로 회복했으며 국내 석탄시장의 공급을 줄이고 석탄 수입을 제한했다. 관세가 조정된 후 중국 석탄 산업의 생산량이 구매량을 훨씬 초과해 석탄 자원이 충족해진 한편 수요가 부진하면서 석탄 수입이 진일보적으로 위축되었다. 2014년에 중국의 석탄 수입 원천지국이 상대적으로 집중되었으며 35개 국가와 지역에서 수입했다. 10위 권 안에 든 국가와 지역으로는 인도네시아, 호주, 러시아, 몽골, 북한, 캐나다, 베트남, 남아프리카, 필리핀과 미국이고 러시아는 세 번째였다.[45]

에너지 구조 전환과 석탄의 청정 이용을 위해 중국은 석탄 표준 선택에서 더 많은 고려를 하게 됐다. 2014년 9월 3일 중국 국가발전개혁위원회, 국가질량감독검험검역총국(國家質量監督檢驗檢疫總局) 등 6개의 부와 위원회가 공동으로 『상품석탄 품질관리 잠행 방법(商品 煤質量管理暫行方法)』[46] 을 발표하여 상품석탄의 회분, 유황 함량 및 기타 기준에 대해 명확한 요구를 했다. 그러나 이런 정책성 변화는 중국에 대한 러시아의 석탄 수출에 별로 큰 영향을 미치지 않았다. 러시아 과학원 원동연구소 전문가 야코브 벨고르는 "러시아 석탄은 중국의 유황 함유 석탄, 갈탄보다 품질이 좋고 또 세척, 가공을 거친 후에야 판매되었다.

러시아 석탄은 품종이 다양하고 러시아산 점결탄은 세계에서 가장 좋은

---

45 「2014년 우리나라 석탄수입의 주요 특점 분석」, http://www.chinabgao.com/
　　freereport/64919.html, 2015-02-02.

46 「상품석탄 품질관리 잠행 방법」, http://www.sdpc.gov.cn/gzdt/201409/
　　W020140915620478165053.pdf.

석탄에 속하며 야금업과 기타 공업 분야에 사용된다." [47]고 밝혔다. 때문에 러시아에서 수입한 석탄은 중국의 청정 석탄 수요를 만족시킬 수 있었다.

2014년 10월 29일 중러 석탄산업 협력 업무팀이 모스크바에서 제3차 회의를 소집했다. 스위버(史玉波) 중국 국가에너지국 부국장은 아나톨리 야눕스키 러시아 에너지부 차관과 업그레이드 된 '중러 석탄산업 협력 로드맵'을 체결하여 2015년 중러 석탄산업 협력의 중점 임무와 중점 항목을 확정했는데 여기에는 석탄 무역, 석탄 일체화 프로젝트 협력 개발, 기술과 장비 협력, 프로젝트 대출제도 개선과 철도 운수 보장 등이 포함되었고 중국 대기업이 러시아 경내의 프로젝트에 참가할 수 있도록 합의했다. 그중 중국 신화(神華)에너지주식유한회사(약칭 신화에너지)와 '머첼' 회사가 엘긴스코예 탄광을 공동 개발하기로 합의했는데 이 탄광의 탐사 확인된 매장량은 22억 톤으로 2017년에 첫 채굴을 시작하게 되고 연간 약 1,200만 톤을 채굴하게 되었다.

신화에너지는 또 옴수크찬스키 석탄 개발과 동시에 동부광산기업이 추진하고 있는 마가단 주 지역 교통 인프라 건설에도 참여할 의사를 내비쳤다. 이밖에 신화에너지는 또 '러시아로스테크' 기업과 협력해 원동지역의 오고드진스코예 석탄매장지를 개발하고 동해안 '베라 항'에 해양 석탄 터미널을 건설하기로 했는데 총 투자액은 100억 달러에 달했다. 이밖에 중국 차이나콜 회사도 러시아 야쿠티야 남부지역의 대형 석탄매장지 개발에 들어가게 되는데 이 곳의 점결탄과 연료석탄의 매장량은 4,000만 톤 이상이었다. 러시아연방 스베르뱅크과 중국 국가개발은행은 이 합동

---

47 「중국, 러시아산 석탄으로 국내 저질 석탄 대체한다」, http://sputniknews.cn/radiovr.com. cn/2014_08_12/275802341/, 2014-08-12.

프로젝트에 투자금을 대출해주기로 합의했다. 한 전문가는 러시아 석탄산업의 발전은 주로 동방 아태지역 국가에 대한 수출에 의존하게 된다고 밝혔다. 자료에 따르면 2014년 상반기 러시아의 동방에 대한 석탄 수출이 15% 증가했다. 2030년까지 아태지역의 석탄시장은 1.5배로 증가할 것이고 러시아의 점유율도 지금의 6%에서 15%로 증가할 것으로 예상된다.[48] 이로부터 중국과 러시아의 석탄산업 협력은 안정적이고 넓은 전망을 가지고 있다는 것을 알 수 있다.

2) 석유 천연가스 영역

중국 국가 해관총서(海關總署)가 발표한 수치에 따르면 2014년 중국은 원유를 31,000만 톤 수입했는데 동기 대비 9.5% 증가했다. 2014년 전년의 석유 생산량 21,000만 톤으로 계산하면 중국 원유의 대외 의존도는 59.6%로 2013년의 57% 비해 2.6% 상승했다.[49] 2014년 중국은 48개 국가로부터 원유를 수입했는데 그중 러시아에서 수입한 원유가 33,108,000 톤으로 36%나 대폭 증가해 제3위를 차지함으로써[50] 사우디아라비아와 앙골라 버금가게 많았다. 그 전까지 중국에 석유를 세 번째로 많이 수출하는 나라는 오만이었다. 특히 2014년 12월 중국의 러시아산 원유 수입은 동기

48 쉬원치(胥文琦), 「러시아 언론, 러시아는 중국 석탄업의 가장 적합한 파트너」, http://oversea.huanqiu.com/article/2014-11/5188282.html, 2014-11-03.

49 「우리나라 2014년 수입 석유 3억 톤」, http://news.cnpc.com.cn/system/2015/01/14/001524822.shtml, 2015-01-14.

50 둥러(董樂), 허징타오(賀驚濤), 「2014년 중국 원유 수입 31,000만 톤, 총가치 1조 위안 초과」, http://finance.chinanews.com/cj/2015/02-05/7038099.shtml, 2015-02-05.

대비 86%나 급증하여 372만 톤에 달했다.[51] 이밖에 중국이 사우디아라비아 등 석유 주요 생산국에서 수입한 석유가 여전히 중국 석유수입의 절반을 차지했으나 점차 감소되는 추세였다. 사우디아라비아에서의 중국의 석유 수입은 8% 감소되었고 베네수엘라에서의 석유 수입도 11% 감소되었다.[52] 국제 원유 가격이 끊임없이 하락했고 중국이 전략적인 석유비축을 증가하면서 대량의 원유가 필요해진 것이 원인 중의 하나였다. 중러 에너지 전략적 협력도 끊임없이 심화되고 있는데다가 우크라이나 위기가 악화 되면서 러시아가 세계에 대한 원유 공급을 재분배하는 과정에 자연스럽게 중국에 석유 수출을 증가하게 된 것이었다.

천연가스 방면에서 중국 석유와 화학공업 연합회가 발표한 「중국 천연가스 발전이 직면한 불확정 요소」 보고에 따르면 2014년 중국 천연가스의 표관 소비량은 1,800억 ㎥로 동기 대비 7.4% 증가했다. 그중 수입한 천연가스가 580억 ㎥로 2013년에 비해 12.6% 증가했으며 대외 의존도가 32.2%에 달했다.[53] 천연가스의 대외 의존도가 비교적 높다는 것은 중국이 천연가스 수입 방면에서 수요가 비교적 크다는 것을 설명한다. 2014년 중국은 이웃 나라인 러시아로부터 129,670 톤(약 17,630만 ㎥에 해당)의 천연가스를 수입했다.[54] 비록 현재 그 비중이 많지는 않지만 2014년

51 「2014년 러시아 중국에 석유 3,310만 톤 수출」, http.//xinwen.eluosi.cn/
    eco/201501/98731.html, 2015-01-28.

52 「러시아, 2014년 중국에 대한 석유 수출 36% 급증」, http.//www.mofcom.gov.cn/article/
    i/jyjl/e/201501/20150100884177.shtml, 2015-01-30.

53 리신민(李新民), 「우리나라 천연가스 대외의존도 32.2%로 상승」, 『경제참고보』
    2015-01-19.

54 「2014년 중국 천연가스 수입 전면 점검」, http.//www.chinagas.org.cn/hangye/
    news/2015-01-28/24885.html, 2015-01-28.

에 중국과 러시아는 천연가스 협력에서 돌파적인 진전을 가져왔다.

구체적으로 말하면 중러 양국은 석유천연가스 산업에서 더욱 실제적인 협력을 펼쳐나갔다. 2014년 5월 19~20일 상하이 아시아 교류 및 신뢰구축 회의 제4차 정상회의 기간에 중국 석유천연가스집단은 러시아 노바텍과 '야말 LNG 프로젝트 매매계약'을, 러시아 석유회사와 '톈진(天津)정유공장 생산투입 및 이 공장에 대한 원유공급 업무 진도표'를 각각 체결했다. 2014년 5월 21일 중국과 러시아 양국 정부는 '중러 동선 천연가스 협력 프로젝트 비망록'을 체결했다. 중국 석유천연가스 집단은 러시아 가스프롬과 '중러 동선 천연가스 공급 매매계약'을 체결했는데 가스 공급 기한은 30년으로 정했고 총 가치는 4,000억 달러에 달했다.

계약은 2018년부터 러시아가 중러 천연가스 파이프라인 동선을 통해 중국에 가스를 공급하기로 했는데 최종적으로 연간 380억㎥를 공급하기로 합의했다. 2014년 11월 9일 중국과 러시아는 또 17개의 쌍무협력 협의를 체결했는데 여기에는 중러 제2차 천연가스 공급 기본협의가 포함돼 있다. 중국 석유천연가스 집단은 각각 러시아 가스프롬과 러시아 국가석유회사와 '러시아가 서선 파이프라인을 따라 중국에 천연가스를 공급하는 데에 관한 기본협의'와 '반코르 유전 프로젝트 협력에 관한 기본협의'를 체결했고 중국 해양석유총공사는 러시아 천연가스 공업주식회사와 북경에서 협력 양해각서를 체결했다. 앞으로 동서 두 선의 가스 수송량은 680억 ㎥에 달할 것으로 예상되며 그렇게 되면 중국은 독일을 능가해 러시아에서 천여가스를 가장 많이 수입하는 나라가 될 것이다.

근본적으로 보면 중국과 러시아의 에너지협력은 일시적인 방편이 아니라 장기적인 조치이다. 우선, 중국과 러시아는 천연가스 산업 협력에서 튼실한 역사적 기반을 가지고 있으며 양국이 다년간 협상해온 최종적인 성과이다.

1996년의 '공동으로 에너지협력을 전개하는 데에 관한 중러 정부간 협정'으로부터 2013년에 양국이 체결한 '러시아가 동선 파이프라인을 통해 중국에 천연가스를 공급하는 데에 관한 기본협의'까지 중러 양국은 천연가스 등 에너지협력 방면에서 끊임없이 담판과 협상을 한 결과 최종적으로 공통 인식을 달성하고 협의를 체결한 것이었다. 다음, 중러 양국의 천연가스 산업 협력은 상호 보완하고 서로 이득을 보는 것이다.

러시아는 에너지 생산 대국으로써 중국이라는 이 에너지 소비 대국과 강한 보완성을 가지고 있었다. 중국으로 놓고 말하면 중러 천연가스 파이프라인 담판이 최종적으로 달성된 것은 중국의 거대한 소비 수요를 만족할 수 있고 동시에 에너지경제 효과를 형성해 주변 산업의 연동적인 발전을 선도하는 한편 청정에너지인 천연가스 이용으로 심각한 환경문제를 개선할 수 있게 됐다.

러시아로 놓고 말하면 에너지 수출 구조를 다원화한다는 예상 목표를 달성하게 됐고 또 천연가스 파이프라인 프로젝트가 러시아 관련 지역의 도로, 변전소, 발전소 등 인프라 건설을 이끌게 되어 상대적으로 후진 동서 시베리아와 원동 지역을 개조하고 발전시키는데 중요한 의의가 있었다. 또한 나라를 진흥시킨다는 러시아의 발전 방향에도 부합되었다.[55] 마지막으로 중 · 러 양국의 이번 협력은 심원한 전략적 의의를 가진다. 중국은 천연가스 수입 다원화라는 전략적 구도를 완성했고[56] 러시아는

---

55 쑤샤오후이(蘇曉暉), 「중러 에너지협력 자연스럽게 업그레이드」,
    『인민일보(해외판)』 2014-09-4.

56 안베이(安蓓), 자오위(趙宇), 왕시(王希), 「중러 동선 천연가스 협력 비망록 체결, 중국 천연가스 수입 전략적 구도 완성」, http,//news.xinhuanet.com/fortune/2014-05/21/ c_1110799579.htm, 2014-05-21.

천연가스를 유럽과 아시아 · 태평양 시장에 동시에 공급함으로써 유라시아 대륙의 천연가스 시장이 더욱 균형을 이루게 되었으며 중러 양국 간의 전략적 파트너 관계가 진일보 강화되었다. 때문에 중국과 러시아의 이번 석유천연가스 협력은 실무적이고 전면적이고 안정적이고 지속적인 것이었다.

기타 구소련지역 국가와의 협력에서 석유천연가스가 주요 부분인 것은 의심할 바 없는데 특히 송유관 건설에서 많은 나라들이 관련되었다. 21세기 들어 중국과 기타 구소련 지역 국가 특히 중앙아시아 국가들과의 에너지협력은 주로 3개의 차원으로 나뉘었는데 첫째는 국가 간의 에너지 대화, 둘째는 국가 간의 에너지협력, 셋째는 에너지 기업 간의 구체적인 협력이었다.

우선, 국가 간의 에너지 대화는 에너지 외교의 한 가지 가장 중요한 실천 형식이고 또한 에너지협력을 펼쳐가면서 반드시 거쳐야 할 길이다. 이른바 에너지 외교란 에너지의 취득과 이용과 관계되는 외교 활동이다. 에너지 외교는 국가의 주도로 에너지 기업 및 기타 행위체가 참가해 외교 자원을 이용하여 국가의 에너지 안전을 보장하거나 또는 에너지 관계를 이용하여 국가의 기타 이익을 도모하기 위해 진행하는 외교 활동으로 국가 경제 외교의 중요한 구성 부분이다.[57] 국가 간의 에너지 대화는 형식도 다양하다.

2014년 중국과 기타 구소련지역 국가의 에너지 대화는 주로 양국 정부 간 대화로 표현되었다. 2014년 5월 중국과 투르크메니스탄은 '전략적 파트너 관계를 발전시키고 심화시키는 데에 관한 공동선언'을 발표해

---

57 왕하이윈(王海運), 쉬친화(許勤華), 『에너지외교 개론』 46~47쪽,
   사회과학문헌출판사. 2012.

석유천연가스의 가공과 정제 및 풍력에너지, 태양에너지 등 청정에너지 분야의 협력을 펼쳐갈 것이며 전면적인 에너지협력 구도를 형성할 것이라고 밝혔다. 최근 몇 년간 중국과 투르크메니스탄의 대화가 날로 밀접해졌고 투르크메니스탄이 중국 에너지 외교에서 차지하는 지위가 끊임없이 향상되었으며 현재 중국의 가장 중요한 천연가스 협력 동반자가 되었다. 중국-중앙아시아 천연가스 파이프라인 C선, D선이 건설되고 관통되면서 중국과 투르크메니스탄의 에너지 대화와 협력은 반드시 새로운 단계로 오르게 될 것이다.

2014년 9월 시진핑 국가주석은 두샨베에서 에모말리 라흐몬 타지키스탄 대통령과 회담을 가졌다. 양측은 일련의 쌍무 협의를 체결했는데 그중에는 중국-중앙아시아 천연가스 파이프라인 D선 타지키스탄 국내 구간을 건설하는 데에 관한 내용이 포함되었다. 이는 중국이 중앙아시아에 건설하는 4번 째 다국적 천연가스 파이프라인이다. 이미 운영 중인 세 갈래의 파이프라인은 모두 투르크메니스탄과 우즈베키스탄 국경지대에서 시작되어 우즈베키스탄, 타지키스탄, 키르키스탄을 경유하여 중국 신장(新疆) 북부에 진입하였다. D선이 전에 건설한 세 갈래의 파이프라인과 다른 점은 더 이상 신장 북부에서 들어오는 것이 아니라 키르키스탄과 경계를 접한 텐산(天山) 남쪽 기슭과 쿤룬산(崑崙山) 두 산계의 접합지대인 신장 남부 우차(烏恰)에서 들어온다는 것이었다. 이는 국가 에너지 안전 전략에 특수한 의의가 있으며 또한 신장의 인프라 건설을 추진하게 되었다. 2014년 12월 리커창 중국 국무원 총리가 카자흐스탄을 방문해 상하이협력기구 회원국 정상(총리) 이사회 제13차 회의에 참석했다.

이 기간에 중국은 상하이협력기구 예산안과 중국-카자흐스탄 140억 달러에 달하는 협력사항을 체결했고 중국-러시아 고속철도 협력을 진일보적으로 추진했다. 이번 리커창 총리의 중앙아시아 방문은 일련의 핵심적인 외교 정책이 출범된 후 중국 고위층의 첫 외국방문이었다.

다음, 국가 차원의 에너지협력에서 중국은 기타 구소련지역 국가와 여러모로 밀접히 협력했는데 특히 가스관 건설과 운영 개시가 2014년의 하이라이트가 되었고 또 '일대일로'를 실현하는 중요한 구성 부분이 되었다. 2014년 11월 블라디미르 슈콜니크 카자흐스탄 에너지부 장관은 러시아를 에돌아 아시아 특히 중국에 원유를 수출하는 대체 노선을 건설하는 중이라고 밝혔다.[58] 2014년 6월 중국, 투르크메니스탄, 우즈베키스탄, 카자흐스탄 4국 에너지협력을 위한 중국-중앙아시아 천연가스관 C선이 운영에 들어갔다.

중국-중앙아시아 천연가스관 C선은 투르크메니스탄과 우즈베키스탄 국경에서 출발해 우즈베키스탄, 카자흐스탄, 신장 호르고스(霍爾果斯)에서 입국해 서기동수(西氣東輸) 3선과 이어졌다. 현재 중국-중앙아시아 천연가스관 C선이 수송하는 천연가스는 승압 상태이며 승압이 안정된 후 대량으로 국내(중국)에 가스를 공급하게 되었다. 이렇게 되면 가스관이 우루무치(烏魯木齊)를 통과하게 되고 우루무치 주민들은 새로운 가스를 공급받게 되었다.

중국-중앙아시아 천연가스관 건설 계획에 따르면 조업 개시 초기의 연간 가스 수송 능력은 70억㎥이고 2015년에 전면적으로 건설된 후 연간 수송 능력이 250억㎥에 달하게 되었다. 그중 투르크메니스탄이 100억㎥, 우즈베키스탄이 100억㎥, 카자흐스탄이 50억㎥를 공급하게 되었다.[59]

---

58   허잉(何英), 「원유 수출 미국-카자흐스탄 회동의 요점으로-미
     국무차관 카자흐스탄 방문」, 『중국에너지보』 2014-11-10.

59   진워이(金燁), 「중국-중앙아시아 천연가스관 C선 조업 가동,
     우루무치 또 새 가스 공급받아」, 『중화공상시보(中華工商時報)』 2014-06-23.

마지막으로 기업 간 구체적인 협력 차원에서 중국은 구소련 지역 기타 국가와 매우 밀접하게 협력했다. 카자흐스탄 기업과는 공개매수청약, 합자기업 설립 두 가지 형식으로 협력했다. 2014년 5월의 상하이 아시아 교류 및 신뢰구축회의 제4차 회의 기간에 중국석유천연가스집단은 카자흐스탄 국가석유천연가스공사와 '중국-카자흐스탄 파이프라인 원유 수출의 통일적인 비용 계산방법 및 각 구간 소유자의 수송비용 수입 분배방법 협의'와 '카자흐스탄에 대구경 파이프라인 공장을 건설하는 프로젝트 기본협의'를 체결했다.

투르크메니스탄 기업과의 협력에는 중국석유천연가스집단이 투르크메니스탄에서 에너지 개발 프로젝트를 집행하고 투르크메니스탄에 기술 서비스를 제공하는 것이 포함되었다. 가장 널리 알려진 것으로는 중국석유천연가스 집단이 맡은 투르크메니스탄 갈키니쉬의 '부흥' 가스전 프로젝트이다. 카라쿰 사막 중심에 위치한 부흥가스전은 세계에서 두 번째로 큰 단량체 가스전이고 또한 중국과 투르크메니스탄 에너지협력에 중요한 가스 원천지이다. 중국석유천연가스 공사가 건설한 부흥가스전 제1 천연가스처리 공장은 현재 아시아에서 가장 큰 천연가스 처리공장으로 중국-투르크메니스탄 에너지협력이 취득한 새로운 중요한 성과이다. 2014년 9월 투르크메니스탄 부흥가스전 1기 공사가 준공되어 생산을 시작했다. 시진핑 중국 국가주석과 베르디무하메도프 투르크메니스탄 대통령이 조업가동 의식에 참석했다.

이로부터 2014년은 중국이 기타 구소련 지역 국가와 석유천연가스 산업 협력에서 큰 성과를 따낸 한 해라는 것을 알 수 있다.

3) 전력 영역

전력에너지협력은 중국이 대외로 에너지협력을 펼쳐가는 중요한 구성부분으로 매우 특색이 있고 시장 전망이 밝은 전략적인 협력 프로젝트이다. 중국의 러시아 전력 구매 프로젝트는 중러 양국 정부의 에너지협력 프로젝트의 하나이다. 중러 양국 정부의 지지를 받아 1992년부터 러시아는 중국에 전력을 수송하기 시작했다. 2014년 중국은 러시아에서 36억KWH의 전력을 구입할 계획이었는데 이는 2013년에 비해 1억KWH 증가된 것이다.[60] 2014년 10월까지 중러가 전력 협력을 해온 22년간 중국은 러시아에서 136억KWH 이상의 전력을 구입함으로써 국내 석탄 소비량 463만 톤을 절약했고 이산화탄소 배출을 1295만 톤 줄였다.[61] 2013년 이후 중러 양국 지도자 및 정부 간 에너지협력 분과위원회의 지도하에 양국의 전력협력 메커니즘이 더욱 개선되었고 전력 무역이 안정되고 화력발전, 수력발전 및 전력수송 협력 프로젝트가 적극적인 진전을 보였으며 기업 간 교류도 더욱 밀접해지고 협력 범위가 더욱 확대되었다. 종합적으로 말하면 양국의 전력협력이 풍성한 성과를 거두었다.

2014년 11월 9일 중국화뎬그룹공사(中國華電集團公司)는 베이징에서 러시아 제2지역발전회사와 아르한겔스크 프로젝트 인수 합병 기본 협의를 체결했다.

---

60 쌍쉐용(桑學勇), dnp이라이(魏來), 「헤이룽장, 러시아 전력 누계 115억 KWH 이상 구매」, http://finance.chinanews.com/ny/2014/03-05/5914849.shtml, 2014-03-05.

61 「중러 전력 협력 22년 러시아 전력 수입 누계 136억 키로와트시」, http://gb.cri.cn/42071 /2014/10/24/5931s4739826.htm, 2014-10-24.

중국 창장산샤그룹공사(長江三峽集團公司), 중국전력건설그룹유한공사는 러시아의 수력발전그룹과 각각 수력발전소 건설에 관한 협력 협의를 달성했다. 시진핑 중국 국가주석, 푸틴 러시아 대통령이 체결의식에 참가했다. 이는 2014년에 중러 양국이 전력 협력에서 취득한 또 하나의 이정표이다. 이밖에 중국과 러시아는 2014년 11월 13일부터 17일까지 500KV(킬로볼트) 헤이허(黑河) 변환소의 러시아 안전성 제어장치 명령 전송시간 테스트를 성공적으로 완성했다. 이 500KV 헤이허 변환소는 양국의 직류 연결 프로젝트의 중요한 구성부분이다. 2014년 11월 13일까지 헤이허 변환소는 연속 2127 일 안전하게 운행되었으며 러시아에서 누계로 50억 KWH의 전력을 구매하여 중러 양국의 지역 경제 발전에 대체할 수 없는 기여를 했다. [62] 그러나 2014년 9월 하순, 러시아 기술인원이 러시아의 안전성 제어장치가 출력 롤백 명령을 발송해서부터 집행을 끝낼 때까지 지연 시간이 너무 길다고 의심했으며 후에 양측이 협력해 단계 별로 테스트를 한 결과 러시아 측이 의심하는 문제가 존재하지 않고 중러 다국적 전력이 고성능 상태에서 운행될 수 있다는 결론을 얻었다. 이는 양국이 에너지협력이 안전하게 운행되도록 함께 노력한 한 차례 사례이다.

전력 방면에서 중국은 기타 구소련지역 국가와 협력 전망이 넓은바 중앙아시아 지역이 더욱 그러하다. 중앙아시아 지역은 수력, 석탄 등 발전 에너지 자원이 풍부하고 지역의 전력 수요가 적고 개발 비율이 낮아 대형 전원기지 건설과 대외수송 잠재력이 매우 크다. 현재 키르키스탄, 타지키스탄, 카자흐스탄의 수력발전설비가 각각 전체의 80%, 94%, 12%를

---

62   웨이라이(魏來), 「중러, 500 킬로볼트 헤이허 변환소 테스트 완성」,
      http://finance.chinanews.com/ny/2014/11-18/6787607.shtml, 2014-11-18.

차지한다.[63] 투르크메니스탄은 전부 가스발전설비이다. 중국 서북의 전력망은 석탄발전설비를 위주로 중앙아시아 전력망과 연결되었는데 특히 타지키스탄과 키르키스탄의 전력망과 연결되어 겨울과 여름철의 수력, 화력 발전을 상호 보완시키고 청정에너지 이용 수준을 높이게 된다.

동시에 중국 서북 지역에는 풍력과 태양에너지 자원이 풍부하기 때문에 중앙아시아와 중국 서북지역의 전력망을 연결시키면 전력망의 자원 배치를 최적화할 수 있고 중앙아시아 지역의 수력발전과 가스발전 장비의 조정 기능을 이용하여 중국 서북 지역의 풍력과 태양광 에너지를 개발하고 수납할 수 있다. 이밖에 중앙아시아와 중국 전력망을 연결시키면 또한 중앙아시아 각국의 전력 인프라 건설을 선도하고 중국 전력 장비 수출을 이끌면서 상호 윈윈할 수 있다.

2014년 9월 초, 왕양(汪洋) 중국 국무원 부총리는 "신장 지역은 유라시아대륙 내지에 위치해 있어 '실크로드 경제벨트' 건설에서 뚜렷한 위치 우위와 인문 우위를 가지고 있다"고 지적했다. 중국 정부는 신장이 역사적 기회를 틀어쥐고 대내외로 개방을 확대하도록 지지하고 동련서출(東聯西出)의 국제 상업무역 대통로를 개통하고 '실크로드 경제벨트' 핵심 지역을 건설하도록 지지하고 있다.[64] 2014년 11월 초, 중국국가전력망공사(中國國家電网公司)는 신장 전력의 발전과 안정을 지지하는 20가지 의견을 발표했는데 그중 중점은 '일대일로' 전략적 배치를 실현하고 '실크로드 경제벨트' 전력 수송회랑을 먼저 구축하고

63　장동(張棟), 「중앙아시아와 우리나라의 전력 협력 전망」, 『중국에너지보』 2014-11-19.

64　위난(于南), 「'일대일로' 동련서출 대통로 개통, 태양에너지 기업 앞 다투어 포석」, 『증권일보(證券日報)』 2014-11-19.

신장으로부터 중앙아시아 5 국의 전력수송 통로를 건설하고 중국-파키스탄 경제회랑을 빠른 속도로 연결시키는 것이다. 2014년 12월 중국국가전력망은 카자흐스탄의 국부펀드인 삼룩-카지나와 전략적 협력 협의를 체결하여 중국-카자흐스탄 전력망을 상호 연결하기로 했으며 카자흐스탄에 대형 석탄발전소와 재생가능 에너지기지 건설 가능성을 적극 연구함으로써 카자흐스탄으로부터 중국과 기타 국가에 대한 전력에너지 수송 목표를 실현한다고 합의했다. 중국과 구소련지역 국가의 전력 협력은 청정에너지의 이용 수준과 효과를 높이고 에너지협력의 다원화를 실현하게 된다.

4. 중국과 구소련지역의 미래 에너지협력의 기회와 도전

1) 협력을 심화시키는 기회

(1) '일대일로(一帶一路)'의 거시 전략의 계기
'일대일로' 전략적 구상이란 '실크로드 경제벨트'와 '21세기 해상 실크로드' 두 가지를 통틀어 이르는 말로 시진핑 중국 국가주석이 2013년 9~10월에 제기한 것이다. '일대일로'는 한 개의 실체나 메커니즘이 아니라 중국이 새로운 시기에 내놓은 협력 발전의 창의와 이념이다. 이 전략적 구상은 제기된 후 인기 화제가 되었다. 이는 중국과 유라시아대륙 국가의 관계를 진일보적으로 심화시키고 업그레이드 시키는 계기가 되었으며 구소련지역 국가는 '일대일로'의 전략적 계획에서 중요한 지위에 놓여 있다. 중국과 이 지역의 에너지협력 역시 경제, 안전, 전략 등 여러 층면에서 중요한 거시적 전략적 계기를 맞이했다.

우선, '일대일로' 전략은 중국과 구소련지역 국가 간의 에너지 투자를 추진하는데 도움이 되었다. 2014년 11월의 APEC 회의에서 중국은 400억 달러를 출자하여 실크로드 펀드를 설립하고 '일대일로' 연선 국가의 인프라 건설, 자원 개발, 산업 협력 등 프로젝트에 투융자를 할 것이라고 밝혔다. 중국 국가발전개혁위원회도 7대 프로젝트를 가동하여 사회 자본의 투자를 유치할 것이라고 밝혔는데 그중 다수가 에너지 프로젝트이다.

에너지 프로젝트를 대대적으로 지지함으로써 에너지 산업이 새로운 투자 성장점으로 부상했고 정부 및 민간의 자금 자본을 충분히 이용하여 산업간 추진 효과를 형성했으며 에너지 프로젝트에서 얻는 경제 이익이 확대되었다. 이는 자본수출국인 중국의 자본 수출이나 자본수입국인 구소련지역 국가의 국가건설 모두 혜택을 보고 서로 이익이 되는 것이다.

다음, '일대일로' 전략은 중국이 구소련지역 국가와 에너지안전 협력을 펼쳐나가는데 도움이 되었다. 중국사회과학원이 2014년 6월 16일 발표한 『세계에너지 청서, 세계 에너지발전 보고(2014)』는 "중국은 현재와 미래에 다 에너지 안전 방면에서 심각한 도전에 직면하게 되고 에너지 안전 문제는 주로 우리나라 에너지공급과 경제 발전 방식, 환경보호 간에 뚜렷한 모순이 존재하는 것으로 나타난다."며 중국은 대외로 계속 주변외교를 추진하고 '일대일로' 전략 구도를 빌어 중국의 에너지 중점을 구축하고 환카스피해 국가 및 러시아와의 전략적 협력 관계를 진일보적으로 심화시켜야 한다고 지적했다. [65]

---

65 천위(陳雨), 「〈세계에너지청서〉 베이징에서 발표」,
    http,//gb.cri.cn/42071/2014/06/7551s4579125.htm, 2014-06-16.

현재 중국은 이미 세계에서 가장 큰 에너지 소비국이 되었으나 국내 에너지는 여전히 여러 방면으로 제한을 받고 있다. 화석에너지의 국내 공급이 제한돼 있고 석유천연가스 자원은 대외 의존도가 높다. 국내 석유 천연가스 자원의 품질이 높지 않고 또한 높은 강도의 에너지 개발이 중국 국내 생태환경을 파괴했다.

국내 에너지의 수급이 균형을 이루지 못했다. 비전통 에너지, 재생가능 에너지의 생산과 소비가 아직 완전하게 보급되지 못했다.[66] 때문에 현재 중국은 세계 에너지 네트워크를 구축하여 에너지 수입을 다원화하고 에너지 소비에서 국내 생산과 국외 수입 간의 균형을 이루도록 함으로써 에너지 안전망을 건설할 필요가 있었다. 국가 에너지비축 안전을 보호하는 과정에 구소련지역 국가와의 협력은 지극히 중요하고 매우 필요한 것이다. 이런 국가들은 풍부한 에너지 자원을 가지고 있어 중국 전략적 비축 수요를 만족시킬 수 있는 한편 이런 국가들이 대부분 중국과 가까이 있어 이런 나라들과의 우호적인 에너지협력은 지정학적 안전에도 의미를 가진다. 이밖에 에너지 안전에는 또한 에너지시장의 안전도 포함된다. '일대일로'의 전략적 배경 속에 중국은 구소련지역 국가 등 에너지가 풍부한 국가와의 거래와 협력을 심화시키는 과정에 에너지 소비 대국이라는 중요한 지위를 이용해 중요한 에너지 자원에 대한 가격 결정권을 점차 모색하면서 국제 에너지시장에서 자체의 지위를 높여갈 것이다.

마지막으로 '일대일로' 전략은 중국이 구소련지역 국가와 더욱 확고한 전략적 동반자 관계를 형성하는데 도움이 되었다. 2014년 11월의 APEC 회의

---

66 샤오스제(肖世杰), 「에너지 네트워킹은 국가와 국민에게 이롭고 세계적으로 서로 혜택을 본다」, 『중국에너지보』 2014-11-03.

기간에 열린 호연호통(互聯互通) 동반자 관계 강화 대화회의에서 시진핑 주석은 '연결하여 발전을 이끌어가고 동반자를 모아 협력한다'는 제목으로 중요한 연설을 하였는데 아시아 국가를 중점 방향으로 삼고 경제회랑을 바탕으로 하고 교통인프라시설을 돌파구로 삼고 융자 플랫폼 건설을 틀어쥐고 인적 교류를 유대로 하면서 '일대일로' 실무적인 협력을 강화하고 아시아 국가의 호연호통 파트너 관계를 심화시키면서 협력하여 발전과 운명의 공동체를 건설해야 한다고 강조했다. 중국과 러시아의 전략적 파트너 관계는 맺어진지 오래 되었다.

서로 인접된 이 두 대국은 외계의 압력과 내재적인 수요의 이중 추진 하에 에너지협력을 점점 강화하는 한편 금융, 정치, 안전, 외교 등 많은 중요한 영역에서 진일보적으로 상호 신뢰를 강화했다. 기타 구소련지역 국가도 대부분 중국의 고대 실크로드의 전통적인 파트너였다. 지금까지 중국의 가장 큰 다국적 에너지협력 프로젝트 역시 중앙아시아에 있는데 특히 석유, 천연가스의 개발과 무역은 호연호통의 주요 구성부분이다. 다국적 석유천연가스 파이프라인을 건설하고 관리하는 것은 자원국, 통과국, 소비국에 다 이익을 가져다주는 것이며 또한 일종의 이익 캐리어로 되어 중국과 구소련지역 국가 사이에 더욱 확고한 공통이익의 기반을 형성해주고 국제 사무에서 입장이 더욱 일치해질 수 있는 토대를 마련해주었다. 이는 에너지 분야에서 경제, 외교 등 기타 영역으로 이익이 확대되는 것이다.

사실상 최근 몇 년간 유라시아 에너지 구도에 중대한 조정이 일어났으며 이 또한 중국이 '일대일로' 틀 안에서 각 주요 에너지 생산국과 무역 규모를 확대하고 큰 프로젝트 건설을 추진하는 계기가 되었다. 북아메리카는 비전통 석유천연가스 개발에 힘입어 최근 몇 년간 석유천연가스 생산량이 끊임없이 증가했고 2009년 이후 점차 서아시아와 아프리카 북부에서 석유천연가스 수입을 줄였다. 유럽연합은 석유천연가스 수입 및 에너지 소비 구조 다원화 전략을 다그쳐 실행하면서 석유천연가스 자원의 수입과 소비 비중을 줄였으며 더욱이 우크라이나 위기가 일어난 후 러시아에 대한 석유천연가스의 의존도를 줄이려고 결심했다.

중국 등 아시아·태평양지역 국가는 여전히 대량의 석유천연가스 에너지 소비 잠재력을 가지고 있고 시장 전망이 넓다. 때문에 러시아 등 구소련 지역의 중요한 에너지 생산국은 에너지 수출 다원화를 추진하는 과정에 점차 아시아·태평양 시장 특히 중국 시장에 대한 수출 규모를 확대했다.

이는 중국이 '일대일로' 틀 안에서 국제에너지협력을 추진하고 더욱 많은 에너지 선물 및 현물 계약을 달성하고 상대적으로 느슨한 에너지 무역조건 환경을 유지해나가고 더욱 많은 대형 프로젝트를 얻는데 매우 유리한 조건으로 작용했다.[67] 구체적으로 말하면 첫째, 석유산업 상류 투자는 '일대일로' 에너지협력의 중요한 내용이고 유라시아 에너지 구도 변화는 중국이 석유천연가스 생산과 상류 블록 개발에 참가할 수 있는 기회를 증가시켰다. 둘째, '일대일로' 전략은 관련 국가들이 기존의 실행 가능한 지역협력 플랫폼을 이용하여 상호 이익이 되는 협력을 심화시킬 것을 요구했다. 러시아, 중앙아시아 국가 등 구소련지역 국가는 중국의 전략에서 우선발전 지역에 해당된다. 지금의 세계 에너지 구도의 변화로 인해 구소련지역 국가들도 중국이라는 방대한 시장으로 더욱 접근할 의향을 가지게 됐는데 이는 객관적으로 중국의 '일대일로' 전략이 양방향으로 상호 작용하는 것이라는 의미를 더욱 가지게 되었다.

---

67   양천시(楊晨曦), 「유라시아 에너지 구도 조정 '일대일로' 협력 추진」,
   『중국석유보』 2014-10-28.

이로부터 '일대일로' 전략 구상을 실시하는 것과 중국-구소련 지역의 에너지협력은 상부상조하고 함께 발전하는 관계라는 것을 알 수 있다.

(2) 브릭스의 신형 협력 플랫폼

브릭스는 신흥 대국의 집합으로 브라질, 러시아, 인도, 중국, 남아프리카공화국 5국이 포함된다. 이 5개 국가 중 중국은 '세계의 공장', 인도는 '세계의 사무실', 브라질은 '세계 원료기지', 러시아는 '세계의 주유소'이고 남아프리카공화국은 대량의 에너지 광산 자원을 제공했다. [68] 이런 기본적인 경제무역 구도가 브릭스 국가 간에 상대적으로 안정된 경제협력 메커니즘이 형성되도록 했고 산업 우위가 상호 보완함으로써 경제 금융 분야에서 공동으로 굴기하는 광범한 기반을 가지게 했다. 구체적으로 국가 실력을 보면 중국은 경제 실력이 세계에서 두 번째로 미국 버금가고 브릭스메커니즘의 주도국이 되었다. 러시아는 최근 몇 년에 경제상황이 좋지 않은데다가 경제 제재, 유가 하락, 루블 환율 평가 절하 등 요소의 영향을 받아 경제성장이 호전되는 기미가 보이지 않지만 거대한 에너지 우위와 군사적 우위로 여전히 세계에서 내로라 할 정도였다.[69] 뿐만 아니라 중국과 러시아는 유엔 안전보장이사회의 상임이사국이다. 세계은행 등 국제 금융기구의 고급 지도층 선거에서 중국과 러시아는 일정한 투표권이 있고 상무이사를 직접 선거할 수 있지만 기타 세 브릭스 국가는 지역 분조에서만

---

68 리워이(李巍), 「브릭스 메커니즘과 국제 금융관리 개혁」, 『국제관찰』 2013 (1).

69 러시아 현황 및 미래 발전에 대한 기술은 푸틴 러시아 대통령의 「2014년 러시아 국정 자문」, http,//www.guancha.cn/Vladimir-Putin/2014_12_06_302598_s,.shtml, 2014-12-06.

선거에 참가할 수 있다. 때문에 '브릭스'라는 신형 협력 플랫폼에서 서로 인접한 중러 두 대국의 협력이 당연히 가장 주목을 받게 되었다. 이 또한 브릭스 틀 안에서 중국과 구소련 지역 간에 에너지협력을 펼쳐가는 데서 가장 주요한 내용이다.

2014년 브릭스 메커니즘이 돌파적인 진전을 가져왔다. 2014년 7월 15일 푸틴 러시아 대통령은 제6차 브릭스 정상회의에서 브릭스 에너지 연맹을 건설하고 이 기구의 틀 안에서 브릭스 에너지정책연구소와 연료비축 창고를 설립할 것을 제안했다. 사실 일찍 2010년에 러시아가 브릭스 에너지협력 메커니즘을 설립할 것을 제안했으나 당시에 브릭스 국가의 지도자들은 이에 대한 의논을 정식으로 시작하지 않았다.

이번 브릭스 정상회의에서 러시아는 '에너지연맹'의 내용을 세분화하고 광산 자원의 채굴과 가공 등 방면에서의 상호 협력을 강화할 것을 제안했으며 에너지 분야의 전문가양성 센터를 조직할 것 등 구제적인 건의를 내놓았다.

가능성으로 판단하면 브릭스 국가들이 에너지연맹을 맺는 것은 실행 가능한 것이었다. 우선, 브릭스 내부에 에너지 생산대국과 에너지 소비대국이 동시에 존재했다. 러시아는 세계 에너지시장에서 극히 중요한 '패자'의 지위를 차지하고 있는바 전통 에너지의 생산과 수출이 국가 수입의 주요한 부분을 구성하고 있었다. 브릭스에는 세계에서 잠재력이 가장 큰 두 에너지 소비시장인 중국과 인도가 있다. 「BP 2030 세계에너지 전망」에 따르면 중국과 인도는 세계 석유소비 순성장의 대부분을 차지하게 되었다. 액화 천연가스 방면에서 중국의 수요량은 2029년에 미국을 초과하게 되며 인도 역시 수요가 더욱 강력하게 성장하게 되었다. 중국은 이미 2015년

4월에 미국을 능가해 세계 최대의 석유수입국이 되었다.[70]

다음, 일반 에너지와 비전통 에너지 및 재생가능 에너지 개발에서 브릭스는 강력한 상호 보완성을 가지고 있었다. 브라질은 남미 에너지 소비대국이고 또한 깊은 수심에서의 석유천연가스와 바이오매스 에너지 분야에서 세계의 선두에 있다. 남아프리카공화국은 아프리카의 에너지 소비대국이고 청정석탄 기술이 세계적으로 앞장 서 있다. 중국은 에너지 수요대국인 동시에 생산대국이기도 하며 최근 몇 년간 일반 에너지와 비전통 석유천연가스 개발에서 뚜렷한 성과를 거두었다. 때문에 미국의 '셰일가스 혁명'에 직면해 브릭스의 비전통 에너지 개발과 협력은 에너지 무역과 세계 경제성장에 새로운 동력을 가져다주게 되었다.

그 다음, 브릭스는 2014년 7월에 브릭스 개발은행과 브릭스 긴급준비협정을 설립했는데 이는 앞으로 브릭스의 '에너지+금융' 협력 방식이 점점 더 성숙된다는 것을 의미한다. 오랜 동안 브릭스 에너지산업의 융자, 결산, 환어음 등 금융 업무가 달러화에 크게 의존해왔으나 달러화 패권이 쇠락하면서 브릭스의 에너지협력에 매우 큰 불확실성 위험을 가져다주었다. 때문에 브릭스는 점차 에너지 수출입에서 '달러라이제이션에서 벗어나기' 진도를 다그쳤다. 예를 들면 러시아 Cazprom 회사는 북극의 Novoportovskoye 유전의 8만 톤 원유를 수출할 때 루블로 지불하는데 동의했다. 이밖에 또 동서 시베리아 - 태평양 파이프라인으로 원유를 수송할 때 인민폐 지불을 접수할 계획이었다.

마지막으로 브릭스의 국제적 지위가 높아지면서 환경보호 책임을

---

70 [영국]Javier Blas의 「중국, 미국 능가해 세계 최대의 석유 순수출국 되다」,
    http,//www.ftchinese.com/story/001049248, 2015-05-11.

더욱 많이 떠안게 됐다. 그래서 청정에너지와 재생가능 에너지 개발 역시 브릭스의 에너지 다각협력에서 새로운 기점이 되었다. 일찍 2012년의 제4차 브릭스 정상회의에서 브릭스 국가들은 '델리선언문'을 발표하여 청정에너지와 재생가능 에너지 방면에서 협력해야 한다고 명확히 제기했다. 이는 브릭스 국가 특히 에너지 구조 전환 의도를 가지고 있는 중국과 러시아에게 매우 중요한 의의가 있으며 대국의 책임과 도량을 보여주고 있다.

그러나 '브릭스 에너지 연맹'이 최종적으로 순조롭게 실현될지는 여전히 실천의 검증이 필요했다. 그것은 브릭스 5국의 에너지협력이 아직 '연맹'이라는 제도화 고도에 이르지 못했고 5개국 간의 에너지 수송 원가도 지리위치 우위를 많이 구비하지 못했기 때문이다. 그럼에도 중국은 여전히 '브릭스 에너지 연맹'의 구상에서 이런 계발을 받았다. 첫째는 '브릭스 에너지 연맹' 구상과 상하이협력기구 에너지 클럽 간의 접합점을 찾아 이 두 가지가 상부상조하여 중국 에너지의 대외 협력과 심도 있는 발전을 추진하게 하는 것이다. 둘째는 새로 설립된 브릭스 개발은행을 잘 이용하여 자금을 충분히 모아 에너지 영역의 생산, 수송, 판매 등을 어우르는 산업 사슬의 순조로운 협력 및 에너지 인프라 건설 등 방면의 총괄적인 배정에 전면적으로 투입하는 것이다. [71] 셋째는 대국의 역할과 영향력을 발휘하여 브릭스 틀안에서 중국과 러시아가 먼저 심도 있게 에너지협력을 시작함으로써 중국과 구소련지역 기타 국가 간의 에너지협력에 가격 협상, 협력 운영, 운송 관리, 자금 결제, 분쟁 해결 등에 관한 시범을 보여주어 앞으로 에너지협력을

---

71   장수야(張舒雅), 「브릭스 에너지 연맹'에 세 번 묻는다- 전문가들 브릭스 5국
       에너지협력 논하다」, 『중국석유보』 2014-07-29.

심화시켜 가는데 장애를 제거하는 것이다.

2) 협력을 저해하는 도전

비록 미래 중국과 구소련 지역의 협력에 넓은 협력 잠재력이 있지만 동시에 많은 도전도 존재하는데 주로 정치와 경제 두 측면에서 표현되었다.

(1) 정치 리스크가 주는 방해

우선, 중앙아시아 지역은 자원이 풍부하고 위치가 뚜렷하고 시장 잠재력이 거대하기 때문에 미국과 러시아는 지정학 전략에서 출발해 이 지역에서 주도권 쟁탈을 벌이고 있는데 이는 중국이 서쪽으로 개방하고 발전하는데 걸림돌이 되고 있었다. 문화와 역사가 남긴 문제와 정치적 현실에 의해 러시아에 대한 중앙아시아의 중요성은 말하지 않아도 알 수 있었다. 러시아는 중앙아시아에 대한 통제를 포기해본 적이 없고 시종일관 중앙아시아를 전통적인 세력 범위, 전략 자원의 공급지와 남부 국방의 완충지대로 여기고 있었다. 러시아는 경제 방면에서 중앙아시아를 농락하여 자체가 주도하는 경제무역연맹에 가입시켰고 정치적으로 외교 공세를 다그쳐 중앙아시아 국가와의 관계를 개선함으로써 중앙아시아 국가들이 러시아를 이탈하려는 경향을 저지했다. 군사적으로 협력을 강화하여 '공동으로 진퇴'하는 집단 안전 시스템을 구축하기 위해 노력했다.
현재 미국과 러시아는 중앙아시아 지역에서 외교적 영향력과 시간 전략적 배치를 확대하고 있는 중요한 국가이다. 냉전이 결속된 후 구소련이 해체되면서 중앙아시아 지역은 통제력 공백 상태에 들어갔으며 미국은 이

지역의 정치, 경제, 외교에 적극 개입해 이 지역에서 영향력을 강화함으로써 러시아의 전통적인 지정학 공간을 축소시키고 중국을 위협, 봉쇄하고 중동과 연계하여 석유천연가스 자원을 널리 통제함과 아울러 서방을 반대하는 종교 극단주의를 타격하려 했다. 중앙아시아에서의 러시아와 미국의 대치는 우크라이나 위기와 비슷한 지역 혼란을 조성했을 뿐만 아니라 중국의 지정학 안전과 서쪽으로의 개방에 거대한 압력을 가져다주었다. [72]

다음, 구소련 지역은 민족 성분이 복잡하고 국경선, 수자원 등 모순이 시종 해결되지 않아 일정한 '원심력'이 존재했으며 지역의 내부와 외부 사이에 모순이 있어 지역 안정과 안전에 폐해가 되었다. 이밖에 중국, 러시아와 중앙아시아 간에 완벽한 소통 메커니즘이 부족했다. 상하이 협력기구는 현재 중러 양국과 중앙아시아가 공통 관심사를 협상하는 중요한 플랫폼이다. 그러나 상하이 협력기구가 설립되기 전의 주요한 목적은 지역 안전을 수호하고 '세 갈래 세력'을 타격하는 것이었기 때문에 비록 각자가 다국적 무역에 관련된 많은 협의를 체결했지만 각자의 거대한 이익과 관계되는 에너지협력이라는 새로운 분야에서는 여전히 필요한 관심과 공통 인식이 부족했고 관련 협력과 규제 메커니즘이 신속히 구축되지 못했다. [73]

마지막으로 이 지역은 테러리즘, 분열주의와 극단주의 '세 갈래 세력'이 활약하는 지역으로 정치 위기와 군사 충돌이 일어나기 쉬워 지역의 안정과 협력이 영향을 받을 수 있었다. 중앙아시아 지역은 내우외환의 준엄한 안전 정세에 직면했다. 내우란 테러리즘, 분열주의와 극단주의 및 밀수,

---

72   허마오춘(何茂春), 장지빙(張冀兵), 「신 실크로드 경제벨트의 국가 전략 분석- 중국의 역사적 기회, 숨은 도전과 대응책」, 『학술 최전방』 2013(12).

73   양차오위(楊超越), 「중국과 러시아의 중앙아시아에서의 에너지 관계 및 전망」, 『신장사회과학(한문판)』 2014(3).

마약밀매가 이 지역에 범람하여 중앙아시아가 큰 피해를 받는 것이었다. 아울러 '세 갈래 세력'은 또 에너지 생산지를 파괴하고 중국과 중앙아시아 간의 에너지 파이프라인을 파괴하고 노동자의 인신 안전과 재산 안전을 위협하여 운송과 생산 보험 비용을 증가시킬 수 있었다. 외환이란 국제 테러리즘이 이 지역에서 창궐하여 국가 모순과 지역 충돌을 조성하고 심지어 국부적인 충돌과 전쟁을 일으키게 되는 것을 말한다.

(2) 투자 환경의 불안정

첫째, 역사적 문화적 원인으로 이 지역의 국가들에 일정한 '원심력'이 존재하는데다가 발전 수준에 차이가 있고 러시아 경제의 영향과 제약을 많이 받기 때문에 서방과 러시아의 대치와 경쟁이 기타 국가와 지역에 파급될 수 있다. 우선 에너지의 수요와 공급 방면에서 미국의 셰일가스 산업은 몇 년간 도약적인 발전을 거쳐 안정된 발전 단계에 이르렀고 이 산업이 크게 발전하면서 세계의 천연가스 공급과 수요 구조에 큰 영향을 미쳤는데 특히 러시아처럼 장기적으로 천연가스 수출을 정치 게임의 카드로 삼던 국가가 그 영향을 더욱 많이 받게 되었다. 조사 연구에 따르면 미국 셰일가스의 생산량 증가가 서유럽 천연가스 시장에서 러시아가 차지하던 시장 점유율을 약화시켰는데 2009년의 27%에서 2014년의 13%로 하락하게 되었다.[74] 이는 러시아의 정치, 경제 환경에 혼란을 조성하게 되었고 심지어 악화시킬 수 있으며 또 러시아가 아시아 시장을 개발하고 점유하려는 강력한 의욕을 가지게 하였다.

---

74   뤄줘셴(羅佐縣), 「중국 에너지의 대외 협력 기회와 도전」, 『에너지』 2014(3).

다음, 러시아에 대한 서방국가의 경제제재와 세계 원유가격 하락의 영향으로 중앙아시아의 일부분 국가의 경제도 영향을 받으면서 성장이 늦춰지는 추세로 나타났다. 그리고 일부 국가의 반러시아 정서가 친러시아 국가의 경제 환경과 사회 환경을 불안하게 만들었다.

2014년 4월부터 우즈베키스탄은 키르키스탄 남부지역에 대한 천연가스 공급을 잠시 중단했다. 그 원인에 대해 키르키스탄 정부는 러시아 천연가스공업주식회사가 키르키스탄의 석유천연가스회사를 인수하는 것을 허락했기 때문에 우즈베키스탄은 키르키스탄의 천연가스 공급업체 교체에 불만을 품고 가스를 중단해 압력을 가하는 것이라고 밝혔다.

둘째, 이 지역은 에너지 차원이 풍부하고 대다수 국가의 경제 구조가 단일하며 국가 경제의 민감성과 취약성이 비교적 강했다.

어떤 국가는 심지어 대외 의존도가 너무 높아 경제가 받는 제한이 너무 많으며 투자 환경이 불안정하다. 러시아와 유럽연합을 예로 들면 러시아와 유럽연합은 에너지 경제 관계에서 서로 깊이 의존하는 한편 지속적으로 지정학 게임을 하면서 서로 다른 방식으로 공통의 이웃나라에 영향을 주고 투자환경에 혼란을 조성했다. 러시아의 지정학적 영향력은 방대한 석유천연가스 저장량 및 생산과 수출 능력을 기반으로 했다.

에너지는 러시아가 포스트 소련의 공간에 영향력을 가하는 관건적인 요소이기 때문에 러시아는 이 지역의 에너지 체계 변화에 극히 민감했다. 2009년 5월 13일에 출범한 '2020년 전 러시아연방 국가안전 전략'에서 러시아는 중앙아시아 카스피 해를 포함한 에너지 생산지의 자원 이익 문제를

해결하는데 심지어 무력사용을 배제하지 않을 것이라고 밝혔다. [75]

러시아가 유럽연합에 수출하는 천연가스의 80%가 우크라이나를 경유했다. 그러나 2006년 2009년에 러시아는 우크라이나를 통해 유럽연합으로 수출하는 천연가스관을 두 번이나 폐쇄했으며 2014년에 우크라이나 국가석유천연가스회사에 대한 천연가스 공급을 또 한 차례 중단했는데 이 역시 최근 10년 사이에 가스공급 중단 시간이 가장 긴 한 차례였다. 양국 간 정치 게임은 구소련 지역의 투자에 큰 리스크를 조성했다. 중앙아시아 각국은 구조 전환 단계에 있어 경제적으로 비교적 취약했고 정치적으로 불안정했기 때문에 쉽게 정국이 동요되고 투자환경이 악화될 수 있었다.

---

75   추이홍워이(崔宏偉), 「중국 · 러시아 · 유럽의 중앙아시아에서의 에너지 경합관계- 지연정치와 상호 의존의 제약」, 『국제관계연구』 2014(2).

아메리카 지역

아메리카 지역

1. 아메리카 지역의 정치 경제상황에 대한 총론

1) 정치상황 총론

(1) 미국의 정치상황 총론, 외교적으로 저해를 많이 받고 하이라이트가 적다.

2014년 미국의 대외정책에는 하이라이트가 많지 않았다. 국내외 사무의 제약을 받아 정부가 외부 사무에 개입할 능력과 의욕이 다소 하락했기 때문이다. "비록 오바마 대통령이 육군사관학교에서 '미국의 백년 지도적 지위를 확보해야 한다.'고 호언장담을 했지만 미국의 세계를 주도하는 능력이 하락했다는 것은 논쟁할 여지도 없는 사실이다." [76]

동유럽지역을 놓고 말하면 우크라이나 위기는 2014년 오바마 정부가 직면한 새로운 도전이었다. 미국이 우크라이나 문제에 깊이 개입하고

---

76   위안정(袁征), 「올해 미국은 사처에 손을 뻗었다가 이것저것 다 돌볼 겨를이 없었다」,
http://news.xinhuanet.com/world/2014/12/25/c_127332647.htm, 2014-12-25.

우크라이나 비상 국면을 끊임없이 추진했기 때문에 미국이라는 요소는 러시아와 우크라이나, 러시아와 유럽 간의 모순을 악화시키는 촉매제가 되었다. 이 과정에 유럽연합은 미국을 따라 함께 러시아에 대해 제재를 함으로써 대서양 양안 관계를 가까이 끌어당겼고 나토의 협력과 활동이 또 새로운 단계로 올랐다. 이와 함께 푸틴의 강경한 태도는 오바마 정부에 어려움을 가져다주었고 관건적인 시각에 동맹국에 대한 안전 약속을 이행하는 미국의 능력이 의심을 받도록 됐다. 우크라이나 문제가 지금까지 잦아들지 않고 미국과 러시아의 게임이 계속 진행되고 있다.

중동지역에 대해 말하면, 중동의 정세도 미국의 뜻대로 발전되지 않았다. 오랫동안 오바마 정부는 이스라엘과 팔레스타인의 평화담판을 성사시키려고 노력해왔다. 2014년 평화담판은 또 이스라엘의 강경한 입장 때문에 교착 상태에 빠졌다. 이란 핵문제에 관한 6자회담도 규정된 시간 내에 합의를 끌어내지 못했다. 중동 테러 조직이 진일보적으로 발전하고 장대해졌으며 테러 활동이 또 창궐해지면서 정부 외교에 도전을 가져다주었다.

아시아지역에 대해 말하면, 비록 미국이 우크라이나 위기와 중동정세의 견제를 받았지만 미국이 주로 관심을 두는 초점은 아시아·태평양지역에 있었다. 2014년 미국의 아시아·태평양 전략의 핵심인 '재 균형 전략'이 추진되는 과정에 많은 저해를 받았다. 이 전략은 정부가 동맹국과의 관계를 진일보적으로 강화하는 한편, 다른 한편으로는 이 지역 동맹국과 중국 간의 전략적 균형을 잘 맞추어 미국이 대립 속으로 끌려가는 것을 방지하는 것이 필요했다. 이밖에 미국이 대대적으로 추진하고 있는 환태평양동반자관계협정(TPP) 담판도 미일 정부 간에 협의를 달성하지 못해 교착상태에 빠졌다.

중미 관계에 대해 말하면, 2014년 중미 관계는 여전히 안정되지 못한 상태에 있었고 협력과 갈등이 동시에 존재했다. 2014년 상반기, 중국이 설립한 동중국해 식별구역이 미국의 비난과 방해를 받았다. 동중국해와 난하이(南海) 문제에서 오바마 대통령의 태도 역시 개입하지 않는다고 미국이 거듭 성명했던 것과 달랐다. 게다가 미국이 일방적으로 중국의 5명 군관을 제소함으로써 중미 네트워크 안전 대화 메커니즘이 협상을 중단하게 되었는데 이런 상황은 중미관계가 정상적인 궤도를 이탈하지 않을까 우려를 자아내지 않을 수 없었다.[77]

분쟁 이외에 중미 간에 여전히 협력이 주류이며 중미 양국은 전략과 경제 대화 메커니즘을 통해 쌍무관계를 끊임없이 개선해갔다. 2014년 11월 베이징에서 APEC회의가 개최되는 것을 계기로 중미 양국 지도자는 대화와 협력을 펼치면서 세인이 주목하는 성과를 달성했다. 앞으로 한편으로는 미국이 계속해서 중국 주변지역을 포석하게 되고 서태평양지역에서 양국의 게임이 계속 진행될 것이고, 다른 한편으로는 오바마 정부가 계속해서 글로벌 및 지역 사무에서 중국과의 협력 메커니즘을 모색하는 한편 갈등을 잘 관리하고 통제해갈 것이다. 앞으로 중미 간의 경쟁은 더욱 치열해질 것이고 양국의 협력도 더욱 강화될 것이다. [78]

아메리카지역에서는 2014년 12월 미국은 쿠바와 관계 정상화 협상을 시작할 것이라고 밝혔다. 미국과 쿠바 관계가 여러 해 동안의 교착 상태에서 벗어날 수 있을지는 2015년 미국 외교 중 세인의 주목을 받는 대목이다.

---

77 위안정(袁征), 「올해 미국은 사처에 손을 뻗었다가 이것저것 다 돌볼 겨를이 없었다」, http.//news.xinhuanet.com/world/2014-12/25/c_127332647.htm, 2014-12-25.

78 위안정(袁征), 「올해 미국은 사처에 손을 뻗었다가 이것저것 다 돌볼 겨를이 없었다」, http.//news.xinhuanet.com/world/2014-12/25/c_127332647.htm, 2014-12-25.

(2) 라틴아메리카지역의 정치상황과 총론

1970년대 이후 라틴아메리카 국가들은 보편적으로 정치 민주화를 거쳤는데 바로 새뮤얼 헌팅턴이 말한 '제3의 물결'이다. 각 나라의 구체적인 상황이 다르기 때문에 민주화 진척의 내용과 방식에도 구별이 있었다. 비민주적인 정체는 일종의 정치 현상으로 라틴아메리카에서 완전하게 퇴장하지 않았고 새로운 민주 정체도 여전히 취약한 상태였다.[79] 이 역시 라틴아메리카 지역의 국내 정치가 지금까지 흔들리고 있는 중요한 근원의 하나이다.

① 폭동사태가 빈번하게 발생하여 사회안정에 영향을 주었다.
2014년 국내 경제 부진 등 요소의 영향을 받아 라틴아메리카에서는 정부에 대한 민중의 불만이 늘어나고 여러 차례 시위행진이 일어났다. 예를 들면 2014년 3월 26일 아르헨티나 교직자 통일노조가 수도 부에노스아이레스에서 공립학교 교사 시위행진을 일으켰다.[80] 2014년 4월 10일 아르헨티나에 전국적인 대파업이 일어났는데 사람들이 여러 도시의 거리에 나가 시위를 벌였고 수도의 상점 절반이 문을 닫고 휴업했다. 지하철, 도시 버스와 철도 화물운송 시스템이 마비되고 공항 항공편이 다 취소되었으며 기차역에는 외지에서 온 승객들로 붐볐고 도시에 쓰레기가 쌓여도 처리하는 사람이

---

79   류워이광(류유광), 「라틴아메리카의 정치 민주화에 대한 간단한 분석」, 중국 라틴아메리카주역사 연구회 지난(濟南) 연례총회 논문, 2007.

80   「아르헨티나 공립학교 교사 동맹휴교, 350만 명 학생 수업 중단」, http://world.people.com.cn/n/2014/0327/c1002-24748893.html, 2014-03-27.

없었다.[81] 동란이 국내 경제와 민중의 생활에 거대한 영향을 끼쳤다.

또 베네수엘라에서는 2014년 2월부터 경제 위기, 정부의 권력 독점, 범죄율 급증을 이유로 민중들이 지속적으로 항의 활동을 일으켰다. 마두로 대통령이 취임한 후 1년 사이에 베네수엘라 국내 상황이 급격히 악화되었는데 화폐가 엄중하게 평가 절하되고 연간 인플레율이 50% 솟아올랐다. 여러 가지 원인으로 기업이 파산하고 국내 실업률이 증가되고 범죄율이 대폭 상승했으며 식품 및 생활필수품 공급이 중단되어 정부에 대한 민중의 불만이 날로 증가되었다.[82] 2014년 9월 8일 칠레 수도 산티아고의 한 지하철에서 폭탄이 폭발해 최소 14명이 부상을 입었다.[83]

② 국가관계에 많은 변수가 존재해 이 지역의 전반 국면의 안정에 불리했다.

비록 몇 년간 라티아메리카가 경제, 정치, 통합 과정에 협력을 강화했지만 많은 방면에서 여전히 비교적 큰 갈등과 모순이 존재하고 국가 관계의 불확실성 요소가 여전히 많고 내정과 경제 문제, 국경 충돌 등으로 끊임없이 분쟁이 발생했다. 2014년 3월 5일 마두로 베네수엘라 대통령은 차베스 서거 1주년 기념식에서 파나마와 정치, 경제, 외교관계를 단절하기로 결정했다고 선포했다. 이유는 파나마가 지금까지 미주 기구 등 국제기구가

---

81 「아르헨티나 백만 명 대파업, 사람들 여러 도시의 거리로 나가 시위」,
   『환구시보(環球時報)』 2014-04-12.

82 「베네수엘라 심각한 시위 충돌, 50 명이 사망했다고 대통령이 밝혀」,
   『환구시보(環球時報)』 2014-02-27.

83 「칠레 지하철 폭발로 14명 부상, 수도 최근 몇 년간 수차례 습격당해」,
   http,//www.chinanews.com/gj/2014/09-10/6576253.shtml, 2014-09-10.

베네수엘라 내정에 개입하도록 적극 도왔다는 것이다.[84] 2014년 7월 1일 마두로 대통령은 또 지금부터 파나마와 정치, 경제, 외교관계를 회복한다고 선언했다. 베네수엘라 정부가 이렇게 경솔하게 다른 나라와 외교관계를 단절한 것은 국가의 대외정책이 성숙되지 않았다는 표현이며 또 이 나라가 쌍무관계와 다자 관계를 펼쳐 가는데도 불리하게 되었다.

③ 일부분 국가의 대외관계가 중대한 돌파를 가져왔다.

쿠바를 예로 들면 2014년 쿠바와 서방국가의 왕래에 중대한 돌파가 생겼다. 2014년 1월 7일 프란스 팀머만스(Frans Timmermans) 네덜란드 외교대신은 쿠바 아바나에서 쿠바 외교장관과 정치협상을 하고 협의를 체결했다. 이로써 유럽연합이 쿠바 고위층과의 상호 방문을 제한하던 관례가 타파되었다.[85] 2014년 2월 10일 유럽연합의 28개 회원국 외교장관이 유럽연합이 쿠바와 특별협력협의 담판을 가동하는 것을 허락했다. 2014년 3월 6일 로드리게스 쿠바 외교장관은 유럽연합과 국교정상화 담판을 할 것이라고 선언했다.[86] 이는 쿠바의 대외관계에서 중대한 진전이며 쿠바와 서방국가들 사이에 장기적으로 존재해왔던 교착 상태를 타파한 것이었다. 이밖에 기타 라틴아메리카 국가 예를 들면 칠레도 아시아 · 태평양 국가와의 관계를 진일보적으로 강화했다. 아시아 · 태평양지역의 날로 증가되는 국제 영향력에 대응하기 위해 2014년 칠레는 아시아 · 태평양 특명전권대사를

---

84 「베네수엘라, 파나마와 국교 단절 선언」, 『베이징석간』 2014-03-07.

85 「네덜란드 외교장관의 쿠바에 대한 역사적인 방문, 유럽연합의 관례 타파」, 『베이징석간』 2014-03-07.

86 「쿠바, 유럽연합과 국교정상화 담판 가동 선언」 http://news.xinhuanet.com/2014-03/07/ c_119659173.htm, 2014-03-07.

설립하고 칠레 정부를 대표해 아시아 · 태평양지역과 관계되는 모든 사무를 처리하게 했다. 칠레 정부는 아시아 · 태평양 국가와의 관계 특히 경제 관계를 잘 처리하는 것은 칠레에게 매우 중요한 것이라고 여기고 있었다. 칠레는 아시아 · 태평양 경제협력기구의 행사에 점점 더 적극적으로 참가하면서 환태평양국가와의 연계를 강화하고 있었다.[87]

④ 대형 경기를 많이 개최하여 국제 영향력을 높이다.

2014년 6월 12일부터 7월 13일까지 제20회 월드컵이 브라질에서 열렸다. 이는 브라질의 경제성장을 추진하고 관광, 숙박, 요식, 관광 등 산업을 발전시키는데 적극적인 역할을 했다. 브라질 관광부 장관은 월드컵이 브라질에 거의 30억 달러에 해당되는 관광수입을 가져다줄 것이라고 내다봤다. 리우데자네이루에서 결승전을 포함해 이번 월드컵의 경기 대다수가 치러지기 때문에 이 도시는 더욱 많은 관광 수입을 얻게 될 것이다. 통계에 따르면 월드컵으로 12개의 개최 도시에 370만 명의 관광객이 찾아오게 되며 그중에는 60만 명의 외국인 관광객이 포함된다.[88] 2014년 7월 중순, 브릭스 비즈니스 포럼이 브라질 포르탈레자의 세아라 주 컨벤션센터에서 열렸다.

포럼에 참가한 브릭스 비즈니스 이사회 회원국 대표들이 경제무역 통합, 회원국의 경제교류 장애 제거, 기업의 투자협력 추진 등 문제를 둘러싸고

---

87 「칠레, 특별히 아시아 · 태평양 특명전권대사 설립」, http://world.people.com.cn/ n/2014/0425/c1002-24941788.html, 2014-04-25.

88 「브라질 관광부 장관, 월드컵에 의한 관광수입 29억7000만 달러로 예상」 http:// www.chinanews.com/gj/2014/06-18/6294288.shtml, 2014-06-18.

교류했다.[89] 2014년 12월 1일부터 12일까지 유엔기후변화대회가 페루 수도 리마에서 열렸는데 190여 개 국가의 대표들이 참가해 12일 동안 상세하게 논의하면서 다음해에 열리는 파리대회에서 새로운 광범하고 유효한 기후협의를 달성하기 위해 기반을 닦았다.[90] 국제적으로 중대한 경기 및 회의가 여러 차례 라틴아메리카에서 열린 것은 브라질을 대표로 하는 라틴아메리카 국가의 지위가 국제사회에서 날로 상승하고 있다는 것을 충분히 보여주고 있고 아울러 이 나라들이 진일보적으로 세계화 프로세스에 참가하는데 소중한 기회와 플랫폼으로 작용했다.

2) 경제상황 총론

(1) 미국의 경제상황 총론

2014년 미국 경제는 희비가 엇갈렸다. 종합적으로 미국이 점차 금융위기의 그늘에서 벗어나고 있지만 경제가 진정으로 정상 수준까지 돌아오려면 일정한 시간이 필요하다. "미국 경제가 연초 극단적인 날씨의 불리한 영향에서 벗어났으며 2분기와 3분기 국내 총생산액(GDP)이 연율로 계산하면 각각 4.6%와 5% 성장했다. 2014년 10월 29일 미국 연방준비제도이사회가 제3라운드 양적완화(QE3) 정책을 종료한다고 선포하고

89 「브릭스 비즈니스 포럼, 브라질 포르탈레자에서 열려」, http,//news.xinhuanet.com/2014-07/15/c_1111622337.htm, 2014-07-15.

90 「유엔기후변화대회 페루에서 개막」, http,//www.chinanews.com/gj/2014/12-02/6833600.sht-ml, 2014-12-01.

나서 다음 단계의 정책 중점이 금리인상으로 바뀐다고 명확하게 밝혔다."[91] 구체적으로 2014년 미국 경제는 주로 아래와 같았다.

경제가 금융위기의 충격에서 점차 벗어나 반등했다. IMF는 미국의 GDP가 2014년에 2% 성장하고 2015년에 3% 성장할 것이라 예측했다.[92]

더욱 많은 취업 기회를 창조했지만 여전히 노동력 시장이 침체되고 빈곤율 하락이 더디었다. 경제가 다시 상승하면서 국가가 더욱 많은 취업 기회를 창조하여 실업률이 감소되었다. 그러나 종합적으로 실업률 하락이 비교적 더디고 빈곤율이 여전히 높았다. IMF의 수치에 따르면 미국에는 거의 5000만 명의 빈곤 인구가 살고 있고 공식적인 빈곤 비율이 지금까지 계속 15% 이상이었다.[93]

미국의 통화정책 전망에는 불확실성이 매우 컸다. 노동력 시장 침체와 남아도는 노동력이 미래 임금, 통화팽창에 영향을 줄 것이고 정부의 금리인상이 실물경제에 주는 영향 등 중대한 요소가 미국 통화정책의 전망에 불확실성을 증가시켰다.[94] 미국은 명확하고 계통적인 소통을 통해 투명도를 높여 예상을 조정할 것이 더욱 필요했다. 미국이 장기적으로 실행해온 저금리 정책이 금융 안정에 대한 시장의 우려를 불러일으켰다. 미국은 장기적으로 낮은 금리를 실행해 금융 안전에 대한 사람들의 우려를 끊임없이 자아냈다. 특히 이른바 '그림자 금융' 및 기타 비은행 금융기관의 활동과 관련된 우려, 이런 끊임없이 진전되는 취약성이 시장의 혼란을 유발하게

---

91 「2014 경제일보 10대 국제 경제뉴스」, 『경제일보』 2014-12-31.

92 둥양(董楊), 옌샤오춘(燕曉春), 천치엔(陳茜), 앞의 논문

93 위의 논문

94 위의 논문.

되었다.[95] 미국은 경제가 호전된 상황에 진일보적으로 발전하는 과정에 담보대출 융자 한계의 제한을 받았다. 미국의 대출기준은 많은 원인으로 인해 보수적으로 변했는데 잠재적인 '반려' 리스크에 대해 지속적으로 우려했고 대출인은 소송과 명예의 위험에 직면했다. 환경 감독 관리와 감독 심사가 더욱 엄격해졌으며 미래 담보대출 업종의 구조가 불확실해졌다.[96] 이런 것들은 경제가 진일보적으로 발전하는데 장애가 되었다.

(2) 캐나다 경제상황 총론

경제성장 방면에서 캐나다 통계국이 발표한 수치에 따르면 캐나다의 2014년 3분기 경제성장률은 2.8%로 전에 경제학자들이 내놓은 2.1%의 예측보다 높았다. 그러나 경제학자들은 유가 하락이 캐나다의 미래 경제 성장률에 부정적인 영향을 미치게 될 것이라고 지적했다. 캐나다 통계국은 주로 수출과 가정 지출이 3분기의 성장을 추진했고 산매업 지출이 예상보다 뚜렷한 강세를 보였으며 캐나다 달러 약세가 국민들의 소비를 증가시켰고 도매와 산매 무역, 금융과 보험업이 다소 증가되었다고 밝혔다.[97]

수출입 방면에서 2014년 11월 캐나다의 수출액은 433억 캐나다 달러로 전월 대비 3.5% 하락해 4월 이래 최저 수준이었다. 그중 에너지 제품 수출이 95억 캐나다 달러로 7.8% 하락했다. 미국에 대한 수출은 329억

---

95 둥양(董楊), 옌샤오춘(燕曉春), 천치엔(陳茜), 앞의 논문

96 위의 논문

97 「캐나다 통계국, 3분기 경제성장률 발표」, http://toronto.mofcom.gov.cn/article/
   jmxw/201412/20141200818062.shtml, 2014-12-03.

캐나다 달러로 2.6% 하락했다. 미국 이외의 국가와 지역에 대한 수출은 104억 캐나다 달러로 6.2% 하락했다. 수입 방면에서 2014년 11월 캐나다의 수입액은 439억 캐나다 달러로 전월 대비 2.7% 하락해 7월 이래 최저 수준이었다. 미국으로부터 수입액은 299억 캐나다 달러로 2.1% 하락했으며 미국 이외의 시장에서의 수입은 140억 캐나다 달러에 달해 4.2% 하락했다. 2014년 캐나다의 무역 적자는 10월의 3억2700만 캐나다 달러에서 11월에 약 6억 캐나다 달러로 증가되었다. 그중 미국에 대한 무역 흑자가 10월의 32억 캐나다 달러에서 11월에 약 30억 캐나다 달러로 감소되었고 미국 이외의 시장에 대한 무역 적자는 10월의 35억 캐나다 달러에서 11월에 36억 캐나다 달러로 증가되었다.[98]

제조업 방면에서 2014년 11월까지 캐나다는 제조업 매출이 계속 하락하는 추세였는데 자동차 및 식품류 산매업의 매출이 하락하면서 11월의 하락폭이 3개월 이래 최고치를 기록했다. 미국의 경제가 반등하면서 캐나다 제조업체의 이익 창출이 더욱 어려워졌으며 캐나다 달러의 약세도 불리한 영향을 조성했다.[99]

98 「2014년 11월 캐나다 수출입 하락」, http://vancouver.mofcom.gov.cn/article/jmxw/201501/20150100861408.shtml, 2015-01-09.

99 「2014년 11월 제조업 매출 부진」, http://world.xinhua08.com/a/20150121/1442870.sht-ml, 2015-01-21.

(3) 라틴아메리카 지역의 경제상황 총론

종합적으로 라틴아메리카 지역의 경제 발전에는 진보한 면도 있었다. 우선, 통합 과정이 한 걸음 발전했다. 라틴아메리카 지역은 하나의 통합체로 최근 몇 년간 지역사무에서 협력을 다그쳐왔으며 통합 과정이 많은 진전을 가져왔다. 예를 들면 2014년 6월 말에 폐막한 라틴아메리카 태평양동맹 제9차 정상회의에서 회의 참가국들이 '푼타 미타 공동선언'을 체결했다. 선언에서 회의 참가국은 유엔 각국과의 화물, 자본, 인원, 서비스의 자유로운 유동을 진일보적으로 추진하고 통합 진도를 빨리 한다고 밝혔다. 아울러 선언은 동맹 이외의 남미공동시장 간의 대화를 강화할 것이라고 밝혔다. 라틴아메리카 태평양동맹이 설립된 후 통합 과정이 짧은 시간에 많은 진전을 이루었다. 동맹은 92% 상품의 관세를 면제했고 회원국 간의 협력 범위도 끊임없이 확대되었으며 현재 옵서버 국가가 32개로 증가되었고 앞으로도 흡인력이 계속 상승할 것으로 예상되었다.[100] 다음, 빈곤퇴치 방면에서 라틴아메리카 지역은 최근 몇 년간 많은 성과를 거두었다.

유엔개발계획이 2014년 8월에 발표한 한 차례 보고에 따르면 라틴아메리카와 캐리비안 국가의 빈곤퇴치 업무가 비교적 큰 성과를 이루었다. 최근 몇 년간 라틴아메리카와 캐리비안 국가의 5600만 명의 인구가 빈곤에서 벗어났으며 지난 10년간 라틴아메리카와 캐리비안 국가의 빈곤인구가 거의 절반이나 줄었다. 이 보고에 따르면 2000~2012년 이 지역의 빈곤인구 비례는 41.7%에서 25.3%로 감소했는데 그중 볼리비아와 페루의 빈곤인구

---

100   장버(姜波), 이창(李强), 「태평양동맹 정상회의 폐막, '두 라틴아메리카' 대화 탐색」, http.//world.people.com.cn/n/2014/0625/c1002-25198871.html, 2014-06-25.

감소 속도가 가장 빨라 현재 빈곤율이 각각 32.2%와 26.3%로 내려갔다.[101] 구체적으로 말하면 2014년 라틴아메리카 지역의 경제 발전 형세는 아래와 같다.

① 경제가 종합적으로 아직 침체되었고 성장 전망이 많은 어려움에 직면했다.

베네수엘라 제조업을 예로 들면 2014년 1월부터 5월까지 베네수엘라의 자동차 판매량이 7147대에 그쳐 전 해 같은 시기의 4만9548 대에 비해 대폭 감소되었다. 이와 동시에 2014년 1월부터 5월까지 베네수엘라의 자동차 생산량은 겨우 4635대 밖에 안 돼 동기 대비 85.12% 하락했다. 2013년 이래 정부가 외화에 대한 관리와 통제를 강화함으로써 많은 자동차 제조업체가 외화와 생산력 부족을 겪게 됐다. 이외에 국내 사회의 긴장된 정세도 자동차 생산 기업의 과소생산을 초래했다.[102]

브라질의 경제상황도 낙관적이지 못했다. 미국 보스턴컨설팅그룹이 발표한 보고에 따르면 2014년 브라질 공업의 생산원가가 미국보다 23% 높았다. '지난 10년간 브라질 공업은 노동자 평균임금이 한 배 이상 높아졌으나 공업 생산력의 연간 평균 성장률은 겨우 1%였다. 때 이른 '탈산업화'가 공업 경쟁력을 떨어뜨리고 경제 발전에 걸림돌이 되었다.[103] 2014년 브라질은 경제성장이 늦춰지면서 투자자의 신뢰가 떨어졌으며

---

101 「라틴아메리카 빈곤인구 10년 동안 절반 감소」, 『인민일보』 2014-09-02..

102 「베네수엘라 자동차 생산량과 판매량 대폭 하락」, http,//world.people.com.cn/ n/2014/0606/c1002-25112993.html, 2014-06-06.

103 「때 이른 '탈공업화' 브라질 경제 발전에 걸림돌」, 『인민일보』 2014-09-04.

이는 정부의 채무를 악화시켰다. 2014년 9월 국제신용평가기관인 무디스는 브라질 국채 등급을 '안정'에서 '부정적'으로 조정했다. 이는 무디스가 다음 단계의 평가에서 브라질의 국채 등급을 하향조정할 수 있음을 시사했다. [104]

② 자연재해가 빈발하여 경제발전에 영향을 주었다.

라틴아메리카는 서쪽으로 태평양과 인접하고 동쪽으로 대서양과 인접해 있으며 또 태평양판과 아메리카 판의 접경지대에 있어 지질학적으로 복잡하고 허리케인과 지진이 쉽게 일어나 경제 사회에 매우 큰 손실을 가져다주곤 했다.

2014년 9월 17일 멕시코 북부 지역이 강한 허리케인 '오딜'의 습격을 받았는데 바하칼리포르니아 반도의 많은 가옥이 파괴되었고 수천 명의 주민이 피란을 갔다. 이번 허리케인은 현지 주민의 생활과 멕시코의 경제에 거대한 영향을 미쳤다. 브라질은 2014년에 50년래 가장 엄중한 가뭄이 들어 주요 하류의 수원이 메마르고 강 주변의 생태 시스템이 영향을 받았다. 많은 도시가 물 공급을 제한받았고 민중의 생활이 매우 큰 불편을 겪었다. [105] 2014년 칠레에 여러 차례의 지진이 일어나 많은 사람이 죽거나 다쳤으며 경제에 불리한 영향을 끼쳤다. 이밖에 여름에 도미니카에서 뎅기열과 치쿤구니야열이 널리 전염되었다.

이런 재해는 직접적인 피해 이외에도 투자의 불확실성을 확대하고 경제의

---

104 「무디스, 브라질 국채 등급 '부정적'으로 하향 조정」, http.//news.xinhuanet.com/world/2014-09/10/c_1112423724.htm, 2014-09-10.

105 「브라질 50년래 가장 엄중한 가뭄 들어, 국내 가장 긴 강의 수원 바싹 말라」, http.//www.chinanews.com/gj/2014/09-24/6623421.shtml, 2014-09-24.

직속적인 발전에 불리한 영향을 가져다주었다.

③ 일부 국가의 대외 경제협력이 비교적 크게 발전했다.

2014년 2월 6일 베네수엘라와 콜롬비아가 정부 간 양해각서를 체결하여 국경지역의 밀수 범죄 단속에 협력하기로 합의했다. 양국의 경제 정책과 경제상황에 차이가 있기 때문에 국경지역에서 밀수 범죄가 끊임없이 증가되었다. 일부 불법분자들은 베네수엘라의 저가 석유천연가스를 콜롬비아에 가져다 팔아 폭리를 챙겼다. 베네수엘라가 식품에 보조금 정책을 실시해 베네수엘라의 식품 가격이 저렴하기 때문에 밀수 집단은 베네수엘라의 식품을 몰래 이웃 나라에 가져다가 밀매했다. 이밖에 많은 투기상이 콜롬비아로 가서 은행 신용카드를 이용해 외화를 취득한 후 베네수엘라 시장에 가져가 달러를 암거래를 함으로써 금융 질서를 어지럽혔다.[106] 2014년 3월 말, 쿠바는 새로운 외국투자법을 채택하였는데 이는 쿠바의 경제 발전에 중대한 추진 역할을 했다. 새로운 외국투자법은 외자에 더욱 많은 정책 특혜와 법률 보장을 제공했으며 외상의 투자를 격려하고 쿠바 경제의 지속적인 발전에 중요한 역할을 했다.[107] 제7회 유럽연합-브라질 정상회의에서 브라질과 유럽은 인터넷 안전 협력을 강화하기로 합의했다. 헤르만 판 롬파위 유럽연합 의장은 회의에서 브라질과 유럽을 이어주는 광케이블 건설은 두 대륙 간의 교류와 협력을

---

106   「베네수엘라와 콜롬비아 함께 국경지대 밀수업 단속」, http,//world.people.com.cn/
       n/2014/0207/c1002-24288288.htm, 2014-02-07.

107   「쿠바, 새로운 외국투자법 채택」, http,//news.xinhuanet.com/world/2014-03-30/
       c_126332066.htm, 2014-03-30.

추진할 것이라며 양자는 인터넷의 자유와 개방을 실현하기 위해 함께 노력할 것이라고 밝혔다.[108] 이런 유리한 조치는 라틴아메리카 국가의 대외 관계를 대폭 개선했고 국내 사회에 더욱 좋은 발전 공간을 마련해주었다.

2. 2014년 아메리카주 에너지 형세에 대한 분석

 1) 에너지 중심의 굴기, 석유천연가스 생산량 신속히 증가

아메리카 주 지역은 석유천연가스가 풍부한데 이미 탐사 확인된 석유 저장량이 중동 다음으로 세계에서 두 번째로 많다. 최근 몇 년간 아메리카 주의 에너지 특히 비전통 에너지의 개발과 더불어 아메리카 지역은 이미 세계적으로 석유천연가스 개발과 공급의 인기 지역이 되었으며 세계 에너지 분야에서 지위가 신속히 상승했다. 이 곳의 석유천연가스 생산량이 뚜렷한 성장세를 보였다. BP 「세계 에너지 통계 연감 2014」에 따르면 2013년 말까지 북미 석유생산량이 일평균 1682만6000 배럴에 달해 동기 대비 8.7% 성장했다. 천연가스 생산 방면에서 북미 천연가스 생산량은 8991억 ㎥로 동기 대비 0.9% 성장했고 세계의 26.9%를 차지했다. 중남미 천연가스 생산량은 1764억 ㎥로 성장률이 1.5%에 달했다.

미국의 셰일가스 개발이 불러일으킨 '에너지 혁명'은 아메리카 주의 석유천연가스 생산량이 총체적으로 빠른 성장세를 유지하게 했다. 아메리카 주는 에너지 생산의 중심지로 굴기하여 세계 에너지 구도를 개변시켰으며 세계의 에너지 생산 중심을 서쪽으로 이동하게 했다. 2014년

---

108   「유럽연합과 브라질, 인터넷 안전 협력 강화」, 『인민일보』 2014-03-26.

석유수출국기구(OPEC)의 몇몇 전통적인 석유천연가스 공급국은 지역 정세 불안 등 원인으로 석유 생산량이 감소했다. 미국 에너지정보사(EIA)의 단기 에너지 전망 보고는 2014년에 OPEC의 원유 생산량이 마이너스 성장을 했고 2014년에 생산량 감소가 더욱 뚜렷해질 것으로 전망했다. 이와 반대로 아메리카 주 특히 북미는 세계 에너지시장에서 증가된 생산량의 대부분을 공급했다. 아메리카 주는 더욱 중요한 석유천연가스 생산자와 공급자가 되었는데 이는 또 세계 에너지공급이 더욱 다극화로 발전하도록 추진하게 되었다. OPEC는 혼자의 힘으로써는 세계 에너지시장의 공급과 수요, 가격의 균형을 잡을 수 없었다. 그래서 아메리카 주의 지위가 더욱 중요해질 것이다. (그림 1 참조)

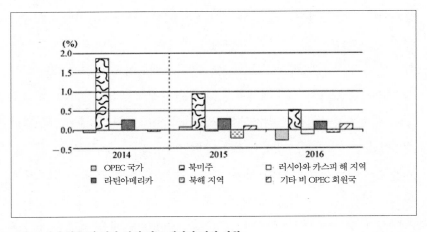

그림1. 세계 원유 및 기타 액체 연료 생산량 변화 상황
  (자료출처, EIA,'Short-Term Energy Outlook 2015'.)

(1) 미국의 석유천연가스 생산량 대폭 증가

미국은 '에너지 혁명'의 중심이고 또 아메리카 주가 에너지 중심으로 굴기하도록 돕는 핵심적인 역량이기도 하다. 미국은 석유천연가스 매장량이 풍부한데다가 최근 몇 년간 비전통 에너지 개발을 통해 '에너지 혁명'을 완성했다. 미국의 '셰일가스 혁명'은 동시에 셰일오일의 개발을 추진했다. 이로써 미국은 석유의 대외 의존도를 대폭 낮추었고 중요한 석유천연가스 생산국과 수출국이 되었다. 2014년 미국의 주요한 에너지 품종 공급 상황은 도표 1을 참조할 것.

도표1. 2014년 미국 주요 에너지공급

종류	분기				2014년 (평균치)
	1	2	3	4	
원유 생산량 (백만 배럴/일)	8.11	8.59	8.79	9.11	8.65
건성천연가스 생산량 (10억 입방피드/일)	67.84	69.33	71.30	73.18	70.41
석탄 생산량 (백만 미톤)	245	246	255	250	249

(자료출처, EIA, 'Short-Term Energy Outlook 2015'.)

석유 생산으로 말하면 2014년 미국의 원유 생산량이 빠른 속도로 증가했다. "2012년 초부터 지금까지 미국의 원유 생산량이 1일당 350만 배럴씩 증가해 거의 세계 석유공급 성장의 전부를 차지했다."[109] 도표 1에서 보다시피 2014년 미국 원유 일평균 생산량은 865만 배럴로 2013년의 740만 배럴에 비해 빠른 속도로 증가되었다. 2010년부터 2014년까지 미국의 연간 석유 생산량은 59% 증가되었다.[110] ELA는 미국의 원유 총생산량이 2015년 2016년에 계속 상승할 것이라고 예측했다. 그러나 세계의 석유 공급과 수요의 불균형을 개선하고 석유가격이 끊임없이 하락하는 것을 막기 위해 원유 생산량 증가 속도를 줄일 가능성이 있다. (그림 2 참조)

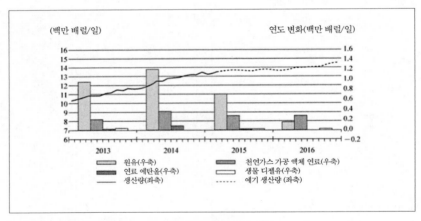

그림 2. 미국 원유 및 기타 액체 연료의 생산량 변화 상황
(자료출처, EIA, 'Short-Term Energy Outlook 2015'.)

109   우청량(吳成良), 「미국 에너지 생산량 사우디를 추월 석유천연가스 증산 국제 에너지 구도에 영향」, http,//energy.people.com.cn/n/2014/1008/c71661-25787065.html, 2014-10-08.

110   http,//www.eia.qov/dnav/pet/pet_crd_crpdn_adc_mbbl_a.htm .

천연가스 생산에 대해 말하면, 2013년 미국의 천연가스 생산이 세계 두 번째를 차지했다. 천연가스가 2013년에 평온하게 성장하다가 2014년에 대폭 상승하는 추세를 보였다. 최근 몇 년간 수평우물과 수압파쇄 기술이 발전하면서 미국에서 셰일가스가 대량 개발되었는데 천연가스 생산량이 증가한 원인 중 본토에서 셰일가스가 개발된 것이 중요한 부분을 차지했다. 셰일가스가 미국 국내 천연가스 총생산량에서 차지하는 비중이 2000년의 1%에서 2013년에는 40%로 상승했다.[111] 그림3에 표시된 바와 같이 2014년 천연가스 1일 평균 생산량이 451,000만 세제곱피트 상승했다. 천연가스의 일평균 생산량이 2015~2016년에 계속 상승할 것으로 예측된다. 미국 싱크탱크의 고급연구원인 앤드류 홀란드는 미국 국내의 석유생산량이 여전히 국내 수요를 만족시키지 못하고 있지만 천연가스는 자급자족을 하고도 남음이 있다고 전했다. 미국이 천연가스 방면에서 에너지 독립을 실현한 것이다.[112] 그림3에서 보다시피 천연가스 생산량 증가에 힘입어 미국은 천연가스 수출국이 되었다. ELA는 2015~2016년 미국의 천연가스 수출 규모가 가 일층 확대될 것으로 예측하고 있다.

111 'Growth in U. S. hydrocarbon production from shale resources driven by drilling efficiency, http,//www.eia.gov/todayinenergy/detail.cfm id=15351&src=Natural-b2, March 11, 2014.

112 우청량(吳成良), 「미국 에너지 생산량 사우디를 추월 석유천연가스 증산 국제 에너지 구도에 영향」, http,//energy.people.com.cn/n/2014/1008/c71661-25787065.html, 2014-10-08.

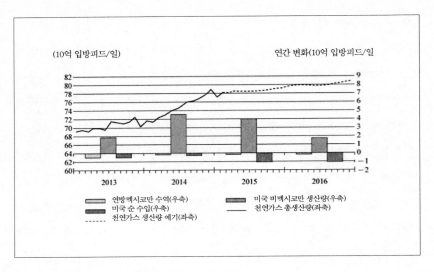

(10억 입방피드/일)　　　　　　　　　　　연간 변화(10억 입방피드/일)

그림 3.　미국 천연가스 생산량과 수입 변화 상황
　　　　(자료출처 :　EIA,'Short-Term Energy Outlook 2015'.)

(2) 캐나다 석유 생산량은 안정적으로 상승

캐나다는 에너지자원 매장량이 매우 풍부하다. 앨버타주에 대량의
오일샌드 자원이 매장되어 있을 뿐만 아니라 기타 지역에서도 끊임없이
새로운 에너지 매장지가 발견되고 있다. 로이터 통신에 따르면 2014년
캐나다 국가에너지국은 북극의 섬과 인접된 보퍼트 해를 포함한 캐나다 서북
지역에도 원유와 천연가스가 대량 매장되어 있다고 밝혔다.[113]

113　　「캐나다 서북지역에 석유와 천연가스 대량 매장」, http://www.sinopecnews.com.cn/
　　　　news/content/2014-11/27/content_1463685.shtml, 2014-11-27.

석유생산 방면에서 유가 하락, 미국의 수입 감소 등 불리한 요소가 있었지만 2014년 캐나다의 석유생산량은 여전히 상승하는 추세였다. 물론 앞으로 캐나다 석유산업이 많은 도전에 직면해 조정이 필요해질 수 있다. 캐나다 원유 생산량은 주로 오일샌드를 원천으로 한다. 기술이 발전하면서 오일샌드 채굴이 받던 제한이 감소되고 있다. 2009년 이래 캐나다의 원유 생산량은 종합적으로 완만하게 상승하는 추세(그림 4를 참조)를 나타냈다. 2014년 캐나다 원유 및 기타 액체연료의 일평균 생산량은 439만 배럴에 달해 2013년에 비해 약 32만 배럴 증가됐다. [114]

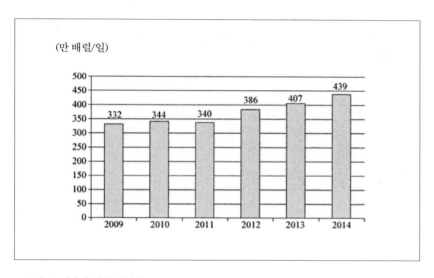

그림 4 . 캐나다 석유 생산량
    (자료출처, EIA, International Energy Statistics.)

---

114   'Short-Term Energy Outlook', http.//www.eia.gov/forecasts/steo/data.cfm.

천연가스 생산 방면에서 캐나다는 천연가스 매장량이 상대적으로 적은 편이지만 여전히 세계에서 다섯 번째로 큰 천연가스 생산국이다. 2013년 캐나다 천연가스 생산량은 51,000억 세제곱피트였고 2020년에 71,000억 세제곱피트에 달할 것으로 예상된다.[115] 2013년과 2014년 캐나다의 천연가스 매달 일평균 생산 상황은 도표 2를 참조하면 된다. 도표를 보면 2014년의 매달 일평균 생산량 모두 2013년보다 높다는 것을 알 수 있다. 캐나다는 또 중요한 천연가스 수출국이며 주로 미국에 수출했다. 현재 캐나다의 천연가스 수출은 세계에서 4위를 차지한다.

도표2. 캐나다의 상품 천연가스 생산량

	1월	2월	3월	4월	5월	6월	7월	8월	9월	10월	11월	12월
2013년	40.1	40.4	39.5	40.0	39.1	38.2	39.2	40.0	39.4	40.5	40.3	40.5
2014년	41.2	40.8	41.0	42.1	41.1	39.8	41.4	41.8	40.3	42.6	42.7	43.9

(자료출처, 캐나다 국가 에너지국.)

---

115 'Canada's Natural Gas', http,//www.canadasnaturalgas.ca/supply-demand/.

(3) 라틴아메리카 석유천연가스 생산량 성장 둔화, 많은 국가가
   발전과정에 슬럼프에 직면.

   2014년 세계 에너지공급과 수요의 불균형이 유가 하락을 초래한데다가
신흥 경제체 경제성장이 늦춰지면서 라틴아메리카의 주요 석유생산국의
석유천연가스 산업이 타격을 받았으며 석유천연가스 드릴링 플랫폼의
수량이 급속히 감소되었다. 그러나 라틴아메리카 석유천연가스 생산국의
석유천연가스 생산량은 여전히 완만한 성장세를 유지했다. 2013년과 2014년
라틴아메리카의 주요한 석유천연가스 생산국의 석유 및 기타 액화연료
공급은 도표 3을 참조한다. 멕시코 석유생산량이 하락한 이외에 기타 몇 개
주요 생산국의 생산량은 소폭 상승했거나 원 상태를 유지했다.

도표3. 라틴아메리카 주요생산국 석유 및 기타 액체연료 공급 (백만 배럴/일)

	멕시코	아르헨티나	브라질	콜롬비아	베네수엘라	에콰도르
2013년	2.91	0.71	2.69	1.03	2.4	0.53
2014년	2.81	0.71	2.95	1.02	2.40	0.56

자료출처, EIA, 'Short-TermEnergy Outlook 2015'.

   멕시코의 석유 생산량은 2005년부터 끊임없이 하락했으며 최근 몇
년에야 비로소 조금 호전되었다. 국내 석유천연가스 생산량이 하락하는
추세를 막고 석유천연가스 생산에 다시 활력을 주입하기 위해 2013년

12월부터 멕시코 정부는 개혁을 추진해 멕시코 석유회사의 독점을 타파하려 했다. 그러나 세계 유가 하락 등 요인의 영향을 받아 2014년 멕시코의 석유생산량은 여전히 미끄럼질 쳤다. 멕시코의 '경제학자신문'은 "멕시코 국가 석유천연가스 위원회(CNH)의 통계에 따르면 2014년 멕시코의 석유 1일당 생산량은 244만 배럴로 동기 대비 3.1% 하락해 2009년 이래 최대의 하락폭을 맞이했다"고 보도했다.[116] 유가 하락, 생산량 하락으로 2014년 멕시코 석유 수입이 7.5% 감소되었고 3분기에 멕시코 석유 수입이 국내 총생산액에서 차지하는 비중이 겨우 5.9%를 차지해 1993년 이래 최저 수치를 기록했다. [117] 천연가스 생산 방면에서 KU-MALOOB-ZAAP 유전의 천연가스 생산량이 증가되면서 2014년 멕시코 천연가스의 1일당 생산량은 65억1700만 ㎥로 동기 대비 2.3% 상승했다.[118]

브라질의 석유 생산량은 완만하게 성장했다. 브라질의 주요한 석유와 천연가스 생산지는 다 국유업체인 브라질 국가석유회사의 통제를 받았다. 새로운 플랫폼이 운영되면서 2014년 브라질 국가석유회사(Petrobras)의 국내 석유천연가스 생산량이 전해에 비해 5.3% 상승했다. 석유천연가스 총생산량은 1일당 2,461,000 석유환산 배럴로 전해의 1일당 2,321,000 석유환산 배럴에 비해 6% 증가됐다. 그중 원유와 LNG 생산량은 1일당 2,034,000 석유환산 배럴로 5.3% 상승했고 천연가스 생산량은 1일당

116 「멕시코 석유생산량, 5년 이래 가장 큰 하락폭 기록」, http,//mx.mofcom.gov.cn/article/
    jmxw/201501/20150100861777.shtml, 2015-01-09.

117 「2014년 멕시코 석유 수입 7.5% 감소」, http,//www.mofcom.gov.cn/article/i/jyjl/
    l/201502/20150200887414.shtml, 2015-01-09.

118 「멕시코 석유생산량 5년 이래 최대 하락폭 맞이」, http,//mx.mofcom.gov.cn/article/
    jmxw/201501/20150100861777.shtml, 2015-01-09.

6,783만㎥였다.[119] 브라질은 풍부한 석유 매장량을 보유하고 있어 에너지 대국으로 될 잠재력을 가지고 있다. 국내 석유생산량을 높이는 것은 브라질 정부가 장기적으로 가져온 목표였지만 깊은 바다의 소금층 아래에서 석유를 채취하는 기술이 제한돼 있고 석유제련 기술이 부족하고 자금 제한을 받아 브라질의 '에너지대국' 꿈이 계속 제약을 받고 있었다. 브라질도 풍부한 셰일가스 자원을 가지고 있으나 완전히 미개발 상태에 있다. 컨설팅 업체인 CMU Energy Trading의 최고 경영자 프리스(Froes)는 만약 브라질이 미국의 셰일가스 개발 경험을 성공적으로 빌릴 수 있다면 앞으로 브라질에서도 똑같이 기세 드높은 '셰일가스 혁명'이 일어날 것이라고 예언했다.[120] 앞으로 어떻게 체제 개혁, 기술 개발, 자본 유치, 시장 개척을 통해 '에너지 대국'의 잠재력을 개발하는가 하는 것은 브라질이 반드시 고려할 문제라는 것을 알 수 있다. 베네수엘라의 석유 매장량이 세계적으로 1위라는 것이 밝혀졌다. 베네수엘라의 경제는 석유산업에 고도로 의존하고 있는데 석유 수입이 국가 수출 수입의 95%를 차지하고 석유와 천연가스 수입이 GDP의 25%를 차지했다.[121] ELA가 발표한 수치에 따르면 최근 몇 년간 베네수엘라의 원유 생산량(콘덴세이트 제외)은 일평균 약 240만 배럴을 유지하고 있다.

2014년에도 이 생산량은 변함이 없었다. 2014년 세계 유가가 하락하고 국제 석유시장이 위축되어 베네수엘라의 경제가 큰 타격을 받았으며 재정 수입이 감소되고 정치 혼란이 자주 일어났다. 때문에 베네수엘라는 자체의

---

119 「브라질 석유회사 2014년 생산량 5.3% 증가」, http://www.geoglobal.mlr.gov.cn/zx/
      kygs/kygsyj/201501/t20150116_4688834.htm, 2015-01-16.

120 「브라질 셰일가스 혁명과 얼마나 멀까?」, 『중국에너지보』 2014-12-22.

121 위자하오(余家豪), 「후차베스시대 베네수엘라의 에너지 전망」,
      『제1재정일보』 2014-10-27.

풍부한 자원을 이용하는 새로운 길을 찾아 경제 발전 구조를 개변시켜야 했다.

에콰도르는 석유수출국기구 중 생산량이 가장 적은 회원국으로 에너지 생산과 소비 구조가 다 석유를 위주로 하고 있다. 2007년 이래 에콰도르의 석유 생산은 지속적으로 침체되었다. 2011년 이후 에콰도르의 석유 생산량이 해마다 증가되는 추세였으나 증가폭이 매우 작았다. ELA의 수치에 따르면 2014년 에콰도르의 원유 생산량은 일평균 56만 배럴로 2013년에 비해 5.7% 상승했다. 베네수엘라의 상황과 마찬가지로 에콰도르도 2014년 유가 하락으로 '전몰'의 행렬에 있었다. 어떻게 경제발전 방식을 전환하고 에너지 생산과 소비 구조를 조정하고 에너지시장의 활력을 불러일으키고 더욱 많은 자본과 기술을 확보하는가 하는 것은 국가의 장기적인 발전에 관련되는 일이었다.

2) 에너지 혁명과 유가 하락, 희비가 엇갈린 아메리카 주

2014년 국제 원유 가격이 폭락했다. 2014년 12월 26일까지 국제 원유 가격은 6월의 배럴당 110달러 이상으로부터 거의 50% 하락했다. 뉴욕 상품거래소의 2015년 2월에 납품하는 경질 원유의 선물 가격이 배럴당 54.73달러로 떨어졌으며 런던 브렌트 원유의 선물 가격은 배럴당 59.45달러로 떨어졌다. [122] 많은 분석가들은 유가가 대폭 하락한 원인이 세계 원유 공급의 불균형에 있다고 분석했다. 이런 불균형의 원인은 경기 침체로

---

122 「2014년 국제 석유천연가스 대사 점검」, http://news.cnpc.com.cn/system/2014/12/30/00
1522760.shtml, 2014-12-30.

원유 소비시장이 축소된 것도 있지만 더욱 중요한 원인은 공급 측 문제였다. 현재 세계 원유 공급이 과거의 공급이 수요를 따라가지 못하던 상황에서 점차 공급이 수요를 초과하는 상황으로 변해버렸다. 국제 원유 시장의 공급이 수요를 초과하고 유가가 바닥을 치는 이런 상황은 주로 미국의 원유 재고가 증가되고 OPEC 회원국이 생산량을 줄이지 않은데서 초래된 것이었다. [123] 이로부터 미국의 '에너지 혁명'이 유가 하락과 밀접한 관계가 있다는 것을 알 수 있었다. '에너지 혁명'과 유가 하락은 2014년 아메리카 주 각국의 에너지산업에 정도부동하게 영향을 미쳤는데 여기에는 주로 아래와 같은 몇 가지가 포함된다.

첫째, 미국의 에너지 독립성이 강화되고 석유천연가스의 생산량과 대외수출이 증가되고 수입이 감소되어 전략적으로 더욱 유리한 입지에 놓였다.

둘째, 캐나다, 라틴아메리카의 시장이 축소되어 수출이 제한을 받았기 때문에 에너지 수출 경로의 다원화가 시급해졌다.

셋째, 유가 하락의 배후에는 미국과 전통적인 석유천연가스 생산자인 OPEC 회원국 간의 경쟁, 비전통 에너지와 전통 에너지 간의 치열한 경쟁이 존재한다. 이는 미국에게나 OPEC 회원국에게나 또는 이번 경쟁의 틈새에 끼여 있는 아메리카 주의 기타 석유천연가스 생산국에게나 다 시련이 아닐 수 없다. 아래에 우리는 이 3가지 점에 대해 진일보적으로 논술할 것이다.

---

123 「2014년 국제 석유천연가스 대사 점검」, http://news.cnpc.com.cn/system/2014/12/30/00 1522760.shtml, 2014-12-30.

(1) 에너지 독립으로 가는 미국

① 석유천연가스의 대외 의존도가 낮아지면서 석유천연가스
   수입국으로부터 점차 중요한 석유천연가스 수출국으로 변해
   버렸다.

대외 의존도가 낮아졌다. 미국의 에너지 독립이란 주로 천연가스 분야를
가리키는 것이지만 사실상 원유의 대외 의존도도 하락하고 있었다. 미국에
'셰일가스 혁명'이 일어난 동시에 셰일오일 생산량도 급속히 상승했으며
셰일오일이 미국의 원유 공급의 중요한 역량이 되었다. 2014년 미국의 원유
생산량이 대폭 증가되었다. 석유 생산량의 증가는 미국 국내 시장의 외국
석유에 대한 의존도를 뚜렷하게 낮추었다. 2016~2020년 미국 원유의 대외
의존도가 약 38%로 내려갈 것으로 예상된다.

석유와 천연가스 수입이 신속히 감소되었다. 미국의 석유와 기타
액체연료의 순수입이 뚜렷하게 하락하는 추세를 보였다. 2014년 석유
순수입이 일평균 504만 배럴로 2013년의 일평균 624만 배럴에 비해 19%
하락했다. 2011년 3월 석유 수입이 무역적자의 66.2%를 차지했으나
2014년에 이 비례가 38.4%로 내려갔고 휘발유도 수출이 증가하면서
무역적자에서 차지하는 비례가 내려갔다.[124] 수입 원천지 방면에서 아메리카
주는 여전히 미국의 주요한 석유수입 원천지였고 구소련과 아프리카
지역 석유에 대한 의존도가 가장 뚜렷하게 내려갔다. 천연가스 방면에서

---

124 「2014년 상반기 미국 에너지 구조에 3대 변화가 일어나」, http://www.chinairn.com/
   news/20140911/143839310.shtml, 2014-09-11.

2007년부터 2014년까지 미국의 천연가스 수입이 신속히 하락하는 추세를 보였다. 2014년 천연가스 수입은 26,954억 세제곱피트로 2013년에 비해 1,880억 세제곱피트 감소했다.[125]

석유 수출이 대폭 상승하고 천연가스 수출이 소폭 하락했다. 미국은 석유를 점차 자급자족한 동시에 기타 국가와 지역으로 수출할 수 있는 능력을 갖추었다. 최근 몇 년간 미국의 원유 수출이 폭발적으로 상승하여 원유 수출 금지령을 늦추어야 한다는 목소리가 점점 높아졌다.[126] 해외 언론 보도에 따르면 미국 정부는 2014년 6월 말에 40년간 지속되어온 원유수출 금지령을 늦추어 파이어니어 내추럴 리소스(Pioneer Natural Resources)와 Enterprise Products Partner 회사가 초경질 원유를 가공한 후 수출하는 것을 허락했다. 그들은 최종적으로 동아시아 지역을 첫 원유 수출지로 선택하고 8월 말 전으로 결재를 끝낼 것으로 보인다.[127] 이는 40년 이래 미국이 처음으로 동아시아에 원유를 수출하는 것이 된다.

② 세계 에너지 구도에서 입지가 굳어지고 전략적 공간 커지다.

이번의 원유가격 하락을 보면 미국은 이미 세계 에너지시장에서 영향력을 행사하는 중요한 힘이 되었다. 그림 5를 보면 미국은 원유가격 상승을

---

125 'U. S. Natural Gas Imports by Country', http.//www.eia.gov/dnav/ng/
      ng_move_impc_sl_a.htm.

126 장전허(張枕河), 「일본 처음으로 미국에서 원유 수입」, 『중국증권보』
      2014-10-09에 게재.

127 「수요 급증하자 미국, 40년 이래 처음으로 동아시아에 원유 수출」, 『중국증권보』
      2014-07-28에 게재.

초래한 주요한 비 OPEC 회원국이라는 것을 알 수 있다. 2014년 미국의 '뉴욕타임스' 사이트는 「누가 석유시장을 통치하게 될까?」라는 제목의 문장을 게재했다. 문장은 사우디아라비아 등 국가는 석유가격을 시장에 맡기고 기동산유국의 책임을 미국에 넘겨주었는데 이는 미국의 석유생산량 변화 역시 세계 유가에 중대한 영향을 일으키게 된다는 것을 의미한다고 했다.[128] 2015년 미국 블룸버그 통신은 사우디아라비아의 국가석유회사 책임자가 사우디 혼자의 힘으로는 원유 시장의 균형을 유지할 수 없다고 말했다고 보도했다.[129] 골드만 삭스(Goldman Sachs)는 보고서를 발표해 미국의 셰일오일이 OPEC를 대신해 선발적인 '생산량 조정자'로 되었고 OPEC는 현재 국제유가에 대한 가격 결정권을 잃어가고 있다고 밝혔다. 셰일오일이 대량 생산되면서 새로운 석유 질서가 창조되었고 그 영향력이 OPEC을 초과할 것이다.[130]

미국은 국제 에너지시장에서 가격에 영향을 미칠 수 있는 권력을 더욱 많이 얻었을 뿐만 아니라 에너지 독립을 실현함으로써 더욱 큰 전략적 공간을 얻었다. 원유 자급률이 제고되면서 중동에서의 원유 수입이 감소되었다. 2014년에 미국은 페르시아 만에서 석유 68,000만 배럴을 수입하였는데 이는 2013년보다 5,000만 배럴 감소된 것이었다.[131]

---

128   「미국 기동산유국으로 되어 국제유가에 심각한 영향 일으킨다」,
      http,//news.cnpc.com.cn/system/2015/02/13/001528945.shtml, 2015-02-13.

129   「사우디아라비아 국가 석유기업, 사우디는 혼자의 힘으로 석유시장을 균형시킬
      수 없다」, http,//news.cnpc.com.cn/system/2015/01/30/001526911.shtml, 2015-01-30.

130   궈항(郭航), 「셰일오일의 끊임없는 충격으로 오펙의 시장 주도권 상실될 듯」,
      『인민일보』 2014-10-08.

131   'U. S. Imports by Country of Origin', http,//www.eiagov/dnav/pet/pet_move_impcus_a2
      _nus_ep00_im0_mbbl_a.htm.

미국이 석유수입 감소를 이유로 중동을 포기한 것은 아니지만 국내에서는 이미 이 지역에서의 군사적 존재를 줄여야 한다는 목소리가 나오고 있다.[132] 이는 미국이 더욱 많은 힘을 내어 전략을 동쪽으로 옮기는 목표를 실현하는데 유리하다. 물론 석유시장은 세계 시장이고 석유 가격은 여전히 중동에 많이 의존하고 있기 때문에 중동의 안정을 유지하는 것은 여전히 미국의 이익과 관계된다고 주장하는 사람도 있다.

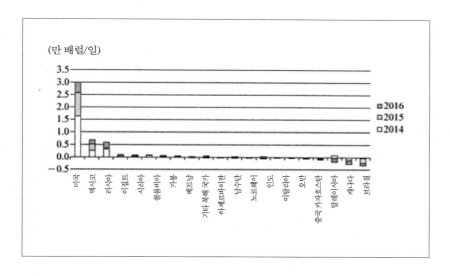

그림5. 비 OPEC 회원국 원유 및 기타 액체연료 생산량 변화 상황
(자료출처, EIA,'Short-Term Energy Outlook 2015'.)

---

132   우청량(吳成良), 「미국 에너지 생산량 사우디 추월 가스오일 생산량 증가로 국제 에너지 구조에 영향」, 『인민일보』 2014-10-08.

(2) 수출 경로 다원화를 모색하는 캐나다와 라틴아메리카

미국의 에너지 독립이 가져다준 다른 한 가지 큰 영향은 미국을 제외한 기타 아메리카 주의 주요한 석유천연가스 생산국이 도전에 직면하도록 한 것이다. 이 국가들의 수출 시장은 주로 미국이었으나 미국이 수입을 줄이자 다른 시장을 개척하고 에너지 수출을 다원화해야 할 필요가 생겼다. 캐나다는 미국 시장에 높이 의존해왔다. 2013년 캐나다의 97%의 석유가 직접 미국에 수출되었다.[133] 도표 4를 보면 2014년에 미국은 캐나다에서 많은 석유를 수입했지만 수출도 증가돼 캐나다에 대한 순수입은 감소된 셈이다. 2014년 '캐나다-중국 경제포럼'에서 캐나다 몬트리얼은행(Bank of Montreal) 금융그룹 총재이며 전 캐나다 추밀원 대신, 내각 비서인 케빈 린치는 현재 캐나다 무역의 89%가 경제협력개발기구 회원국과 진행되고 있다며 앞으로 신흥 경제체와 무역을 확대하면서 무역 동반자를 다원화하고 아시아에 대한 에너지 수출을 증가해야 한다고 지적했다.[134] 미국은 멕시코, 베네수엘라, 콜롬비아, 에콰도르 등 라틴아메리카의 주요 에너지 생산국으로부터 수입을 많이 줄였다. 브라질, 아르헨티나의 미국에 대한 석유 수출이 어느 정도 증가했으나 순수출은 여전히 마이너스였고 계속 마이너스 성장세를 보였다. 아울러 이런 국가의 경제 발전의 에너지 수출에 대한 의존도이 내려가지 않았기 때문에 석유 수출이 감소되면서 경제가 타격을 받았다.

---

133   Statistics Canada, CANSIM, table 134-0001, accessed August 2014, http,//
       www5.statcan.gc.ca/cansim/a33 RT=TABLE&themeID=2026&spMode=tables&lang=eng.

134   「전 캐나다 관리, 아시아에 대한 에너지 수출 늘려야」, http,//news.xinhuanet.com/
       energy/2014-05/22/c_1110808972.htm, 2014-05-22.

2014년 베네수엘라, 에콰도르 등 라틴아메리카 국가의 경제가 지속적으로 침체되었다. 시장이 위축되고 유가가 하락하면서 경제상황을 악화시켰다. 라틴아메리카는 에너지 수출의 다원화가 시급해졌다. 앞으로 수출이 아시아 시장으로 방향을 바꾸면서 더욱 큰 석유수출 시장을 찾게 될 것이다. '미주경제' 잡지는 미국이 석유 수입을 줄임으로써 라틴아메리카의 몇몇 에너지 대국이 수출 무역에서 큰 영향을 받았으며 조속히 새로운 협력 동반자를 찾을 필요가 생겼다고 했다. 장원하게 보면 중국, 일본, 인도, 한국을 대표로 하는 아시아 시장은 라틴아메리카 국가가 중점적으로 개발할 석유 소비시장이다. 2013년 중국은 미국을 초월해 브라질의 최대 원유 수입국이 되었고 멕시코와 베네수엘라도 중국, 인도에 대한 원유 수출을 늘릴 계획이다.[135]

도표4. 2013-2014년 미국의 아메리카 주요 국가들로부터의 석유 수입 (만 배럴/일)

국가	2013년			2014년		
	수입	수출	순수입	수입	수출	순수입
캐나다	314.2	54.9	259.3	338.8	80.2	258.6
멕시코	91.9	53.2	38.7	84.2	55.5	28.7
베네수엘라	80.6	8.1	72.5	78.9	7.9	71.0
콜롬비아	38.9	11.6	27.3	31.7	14.3	17.4
에콰도르	23.6	8.4	15.2	21.2	10.1	11.1
브라질	15.1	17.9	-2.8	16.0	21.5	-5.5
아르헨티나	2.5	4.9	2.4	3.6	6.2	-2.6

(자료출처, ELA.)

---

135 「리틴아메리카, 원유 수출 다원화 모색」, 『인민일보』 2014-06-04.

(3) 유가 하락이 가져다준 시련

지금의 세계는 상호 의존하는 세계이며 이런 상호 의존은 에너지 시장에서도 나타났다. 한 나라의 국내 에너지시장은 국제 형세의 영향을 받지 않을 수 없었다. 2014년 세계의 원유 가격이 폭락하면서 아메리카 주의 주요 에너지 생산국에 심각한 영향을 끼쳤다. 아메리카 주 특히 라틴아메리카의 중요한 에너지 생산국의 경제발전은 에너지 수출에 많이 의존했다. ELA의 수치에 따르면 2013년 멕시코의 석유 부문이 총 수출 수입의 13%를 창출하여 멕시코 정부의 총 재정 수입의 32%를 차지했다. 베네수엘라의 석유 수입은 국가의 수출 수입의 95%를 차지했고 석유와 천연가스 수입은 GDP의 25%를 차지했다.[136] 에콰도르 석유부문은 정부의 재정 및 조세 소득의 3분의 1을 차지했다.

캐나다를 놓고 말하면 OPEC 회원국과 미국이 유가를 놓고 대치상태에 있으면서 그 영향이 캐나다에까지 파급되었다. 2014년 캐나다 석유산업이 심한 타격을 받았으며 캐나다 재정 수입이 43억 달러 감소하고 각 주 정부의 수입은 거의 100억 달러 감소할 것으로 예측된다. 캐나다 중앙은행은 보고서를 발표해 저유가 때문에 캐나다의 경제성장이 0.3% 포인트 하락하게 되었다고 밝혔다. 저유가의 영향은 어느 나라나 피하기 어려운 것이다. 전통적인 원유 수출국인 캐나다는 특히 정유 산업이 그 영향을 피해가지 못했다. 블룸버그 통신에 따르면 유가 하락으로 앨버타 주의 경질 원유 가격이 정제하기 전의 중유에 비해 배럴당 겨우 10.75달러 높았는데

136　위자하오(余家豪), 「후차베스시대 베네수엘라의 에너지 전망」,
　　『제일재정일보』 2014-10-27.

2013년에만 해도 양 자의 가격차가 배럴당 25달러였다. 이는 정유산업에 대한 투자에 영향을 주었다.[137]

라틴아메리카 국가로 말하면 2014년 2월 로이터 통신은 문장을 발표해 셰일오일의 산출이 결국에는 둔화되겠지만 최대의 패배자는 북아메리카와 중동 걸프 만 지역이 아닐 수 있다고 지적했다. 석유수출국기구와 북미 셰일오일의 경쟁으로 라틴아메리카의 산유국은 자다가 벼락 맞은 격이 되었다. 유전 서비스회사 Baker Hughes가 발표한 수치에 따르면 2015년 1월 라틴아메리카 주 육상 석유천연가스 드릴링 플랫폼의 수량이 2014년 7월의 339개에서 272개로 감소되었다. 에콰도르와 베네수엘라의 육상 드릴링 플랫폼은 각각 46%와 21% 격감했고 비 OPEC 회원국인 볼리비아, 콜롬비아, 멕시코는 각각 60%, 18%와 45% 격감했다.[138]

유가 하락은 이미 일부분 라틴아메리카 국가의 경제에 그늘을 드리워주었으며 이로써 경제와 사회가 많은 영향을 받았다. 오일 머니에 엄중하게 의존하고 있던 베네수엘라와 에콰도르 등 국가들은 유가 폭락으로 좌익정부가 재정난을 겪게 되어 방대한 사회 지출을 유지하기 더욱 어려워졌으며 사회 모순이 점차 쌓이고 경제 구조의 취약성이 날로 드러났다.[139]

---

137 왕샤오쑤(王曉蘇), 「캐나다 석유 산업 또 심한 타격 받아」,
『중국에너지보』 2015-01-26.

138 「KEMP 칼럼' 치열한 석유 가격전, 라틴아메리카 산유국에는 불의의 재난」. http,//
cn.reuters.com/article/2015/02/10/kemp-oil-idCNKBS0LE0CO20150210 sp=true, 2015-02-12.

139 장웨이중(張衛中), 「저유가, 라틴아메리카 산유국의 내구력 도전」,
『인민일보』 2015-02-04.

2014년 3분기, 베네수엘라의 경제가 2.3% 쇠퇴했고 1분기와 2분기에는 각각 4.8%와 4.9% 쇠퇴했다. 인플레이션도 베네수엘라가 직면한 문제였는바 국제기구의 수치에 따르면 2014년 11월까지 베네수엘라의 인플레율은 동기 대비 63.6% 상승해 세계적으로 인플레율이 가장 높은 국가의 하나가 되었다. [140] 마두로 베네수엘라 대통령은 연설을 발표해 이는 한 차례 석유 전쟁으로 이 전쟁이 파멸시키려는 목표는 러시아와 베네수엘라이고 이 전쟁은 우리의 혁명을 파멸시키고 경제를 붕괴시키려 시도한다고 밝혔다. [141] 유가는 베네수엘라 경제에 영향을 미쳤을 뿐만 아니라 사회적 문제도 불러일으켰다. 베네수엘라 국내에 개혁의 목소리가 높아졌는데 이는 2015년 전국 의회 선거를 앞두고 베네수엘라의 대통령이자 차베스의 후임자인 마두로에게 정치 리스크로 작용했다. [142] 베네수엘라뿐만 아니라 에콰도르도 '전몰' 명단에 들어 있었다. 2014년 3분기 에콰도르의 경제는 3.4% 성장해 2013년 동기의 5.6%에 비해 2.2% 포인트 하락했다. 2014년 11월 말 에콰도르는 원유 가격 하락으로 8억 달러 이상의 손실을 보았다. [143] 구조 전환 중인 라틴아메리카 국가들은 흔들리는 세계 에너지시장 때문에 정치적 혼란이 악화되었다.

140   무리제(慕麗潔), 「유가 폭락으로 베네수엘라 큰 타격 받아, 마두로 중국 방문해
       쌍무협력 추진」. 『21세기 경제보도』 2015-01-07.

141   「석유전쟁 전몰 명단에 베네수엘라, 이란 등 포함」, 『국제금융보』 2015-01-19.

142   「베네수엘라의 '하드 타임스', 저유가 시대에 어떻게 대처할 것인가」,
       『21세기경제보도』 2014-12-01.

143   「석유전쟁 전몰 명단에 베네수엘라, 이란 등 포함」, 『국제금융보』 2015-01-19.

3) 에너지 구조 조정, 신에너지 개발과 이용

오랫동안 전통 에너지가 가져다준 안전 문제와 환경 문제는 세계 각국의 지속가능한 발전에 엄중한 도전이었다. 에너지 생산과 소비구조 전환을 추진하고 경제발전 방식을 전환하고 신에너지의 개발과 이용을 증가하는 것은 각국이 대내로 지속가능한 발전을 실현하고 대외로 환경 기후 등 분야에서의 주도권을 늘리기 위해 반드시 고려해야 할 요소였다. 신에너지는 지난 20년간 신속히 발전했다. 21세기 글로벌 재생에너지정책 네트워크(REN21)가 발표한 2014년도 보고서에 따르면 2014년 세계의 재생에너지 프로젝트에 대한 총 투자액은 25,000만 달러였다. 2014년 초까지 최소 144개 국가가 관련 목표를 제정했고 138개 국가가 관련 정책을 발표했는데 전해에 비해 대폭 증가했다.[144] 전통 석유천연가스 자원이 집중된 아메리카 지역의 주요 국가들도 에너지 생산을 다그치고 소비 구조를 끊임없이 개선하고 있다. 아메리카 주는 재생에너지에 대한 투자를 끊임없이 늘렸다. REN21의 통계에 따르면 2013년 재생에너지발전이 세계 5위권에 든 나라 중 아메리카에 3개 있었는데 각각 미국, 캐나다와 브라질이었다. 아울러 아메리카 주의 신에너지 분야에 대한 투자도 증가되고 있다.(그림 6을 참조할 것.) 종합적으로 말하면 2004년부터 지금까지 아메리카 주는 재생에너지에 대한 투자를 끊임없이 늘리고 있었다.

---

144 옌환(顏歡), 「신에너지가 라틴아메리카를 '에너지 곤경'에서 풀어줄 듯」, 『인민일보』 2014-12-03.

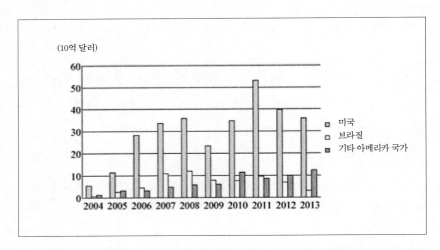

(10억 달러)

□ 미국
□ 브라질
■ 기타 아메리카 국가

그림6 .아메리카 주요국가의 재생가능에너지 전력과 연료에 새로 증가된 투자(2004~2013년)
    주, 그림의 수치에는 정부 투자와 기업 투자가 포함되었음.
    (자료출처, REN21, UNEPFS/BNEFG lobal Trendsin Renewable Investment 2014.)

(1) 미국

오바마 정부는 집권 초기부터 환경과 기후 문제를 매우 중시하고 에너지 구조를 적극 개선해나갔다. 2014년 5월 미국 백악관은 '전면 에너지 전략' 보고서를 발표해 '에너지 혁명'의 내용과 영향을 소개했으며 미래의 저탄소 개발에 관한 주요 조치들을 제기했다. 최근 몇 년간 미국의 에너지발전이 중대한 전환기에 들어섰으며 에너지 효율의 부단한 제고, 셰일가스 생산량 급증, 재생가능 에너지 규모의 끊임없는 확대를 대표로 하는 '에너지 혁명'이 일어났다.[145] 에너지 소비 구조로 말하면 (2014년 미국 에너지 소비 구조는

---

145   「미국 〈전면 에너지 전략〉 분석」, http.//news.cnpc.com.cn/system/2014/09/29/0015
       09575.shtml, 2014-09-29.

도표5를 참조할 것) 한편으로 석탄, 석유 등 엄중한 오염을 일으키는 에너지 소비가 줄어들고 있다. ELA 수치에 따르면 2014년 미국의 석탄소비량은 91,690만 미국톤으로 2013년에 비해 730만 미국톤 감소되었다. 석탄 소비량은 2015년과 2016년에 계속 줄어들 것으로 예상된다. 2005년에 비해 2013년 석유 소비량이 13% 하락했다. 사실상 미국의 석유 소비가 2007년에 절정에 달한 후 지금까지 5.5% 하락했거나 또는 매일 50만 배럴씩 감소되었다.[146] 석탄, 석유 소비의 대체품으로써 천연가스와 재생에너지의 소비량이 대폭 증가되었고 소비 구조 중에서 날로 중요한 위치를 차지했다. 2014년 미국 천연가스 총 소비량은 268,183만 세제곱피트로 2013년에 비해 6,877억 세제곱피트 증가되었으며 증가된 상당한 부분은 비전통 가스였다.

도표5. 2014년 미국 에너지 소비 구조

액체연료 (백만 배럴/일)	천연가스 10억 세제곱피트/일	석탄 (백만 미국톤)	전력 (10억 KWH/일)	재생가능에너지 (천조 영국 열량 단위)	에너지 총 소비량 (천조 영국 열량단위)
19.03	73.48	917	10.58	9.59	97.91

자료출처, EIA, 'Short-Term Energy Outlook 2015'.

비록 원유가격이 하락하고 있지만, 저탄소 발전은 여전히 미국의 주요한 방향이다. 그러나 재생에너지 특히 풍력에너지와 태양에너지가 빠른 속도로

---

146   「미국이 추진한 전면 에너지 전략 성과가 나오다」, 『중국과학보』 2014-06-24.

성장했다. 미국 정부는 신에너지 생산과 소비를 매우 중시하고 지원했다. 미국연방 정부는 생산과세 공제를 포함한 일련의 재정과 세무 지원 정책을 출범했으며 각 주 정부는 배부할당제를 위주로 하는 재생에너지 지원 정책을 실행하여 시장 메커니즘과 경쟁을 충분히 이용하여 재생에너지발전과 기술이 진보하도록 추진시켰다. 원자력 기술 방면에서 소형 원자로와 대형 원자로를 똑같이 중시했다. 2014년 2월 미국 정부는 65억 달러의 대출 담보를 제공하여 선진적인 가압수형 원자로 건설을 지원했다.[147]

블룸버그 뉴에너지 파이낸스와 지속가능에너지 상업위원회가 공동으로 발표한 2015년 미국 지속가능 에너지발전 보고에 따르면 2014년 미국의 청정에너지 투자가 동기 대비 7% 증가해 2013년의 480억 달러에서 520억 달러로 상승하여 세계적으로 2위를 차지했다.[148] 2001~2013년 미국 신에너지 연평균 성장률은 11%였고 2007~2013년 미국 신에너지 연평균 성장률은 15.5%나 되었다.[149] 2014년 미국의 재생에너지 생산 상황은 그림7을 참조로 한다. 이밖에 재생에너지가 전기 생산에 이용되는 비중이 날로 커지고 있다. 원자력 발전 비중은 2013년의 19.4%로부터 2014년에는 19.5%로 상승했다(그림8을 참조할 것).

여기에서 특별히 지적할 것은 미국의 풍력과 태양광 에너지의 발전이다. 시티(Citi)는 미국이 '재생가능 에너지시대'에 들어섰다며 석탄과 원자력은

---

147 「미국 '전면 에너지 전략'분석」. http,//news.cnpc.com.cn/system/2014/09/29/001509575. shtml, 2014-09-29.

148 「2014년 미국의 청정에너지 투자 3252억 이상으로 세계 2위」,http,//www.chinairn.com/ news/20150205/155745286.shtml, 2015-02-05.

149 린버창(林伯强), 「셰일가스와 신에너지 상호 보완하는 (미국의 시각)」, 『인민일보』 2014-08-05.

가격 경쟁력이 없고 그 시장은 반드시 태양에너지와 풍력발전 시장에 점용당할 것이라고 했다.[150] 태양에너지와 풍력 발전의 가격은 최근 5년래 끊임없이 하락했다.[151] 아울러 미국의 각종 에너지가 발전 응용에서 차지하는 비중을 보면 연료석탄 발전이 차지하는 비중이 점차 감소되고 있다는 것을 알 수 있다. 이로부터 미국의 전력 산업은 연료석탄 위주에서 청정에너지 위주로 발전 패턴을 바꾸었다는 것을 알 수 있다.

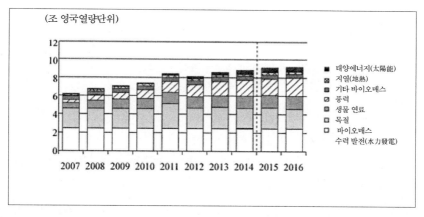

주, 수력발전에는 펌프 스토리지가 포함되지 않는다. 생물연료에는 에탄올과 바이오 디젤이 포함된다. 기타 바이오매스에는 도시 쓰레기와 매립물 및 기타 비목재 폐기물이 산생하는 생물 에너지가 포함된다.

그림7. 2014년 미국 재생가능 에너지공급
       (자료출처, EIA, 'Short-Term Energy Outlook 2015'.)

150 「시티, 미국 '재생가능 에너지시대'에 들어섰다」,
     http://www.sxcoal.com/energy/3690369/articlenew.html, 2014-04-08.

151 「미국 재생가능 에너지지 가격 하락, 전통 전력에 견줄 수 있다」,
     http://env.people.com.cn/n/2014/1128/c1010-26113187-html, 2014-11-28.

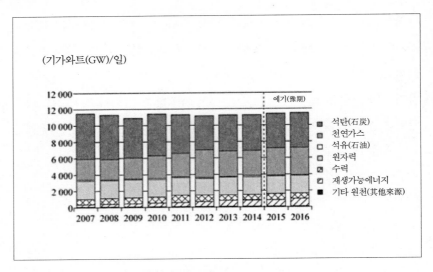

(기가와트(GW)/일)

예기(豫期)

석탄(石炭)
천연가스
석유(石油)
원자력
수력
재생가능에너지
기타 원천(其他來源)

그림8. 미국의 각종 에너지가 발전에 사용되는 비중
(자료출처, EIA,'Short-Term Energy Outlook 2015'.)

　　신에너지 개발 및 이용과 더불어 그리고 천연가스, 재생에너지가 에너지 소비 구조에서 차지하는 비중이 증가하면서 미국은 소비구조를 개선하고 '에너지 독립'을 실현했을 뿐만 아니라 에너지 개발과 이용이 초래하는 환경오염을 줄일 수 있었다. 이에 따라 미국은 세계 기후관리에서 더욱 많은 주도권을 가지게 됐다. 2014년 베이징 APEC 정상회의 이후 중국과 미국은 '중미 기후변화 공동성명'을 발표하였으며 미국은 2005년을 기반으로 2025년까지 26%~28%의 온실가스를 적게 배출한다는 전 경제 범위 온실가스 배출 목표를 실현하고 28%까지 감소시키기 위해 노력하기로 약속했다.[152]

---

152 「중미 기후변화 공동성명(전문)」, http,//news.xinhuanet.com/energy/2014-11/13/ c_127204771.htm, 2014-11-13.

이는 미국의 에너지 구조 변화가 온실가스 배출을 감소시킨 것과 갈라놓을 수 없다. 2014년 미국은 각종 에너지와 관련된 이산화탄소 배출량 상승 속도가 뚜렷하게 낮아졌고 특히 석탄, 석유의 상승 속도가 더욱 뚜렷하게 내려갔다. (그림9 참조)

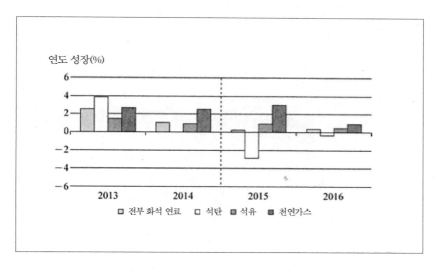

그림9. 2014년 미국의 각종 에너지와 관련된 이산화탄소 배출
(자료출처, EIA, 'Short-Term Energy Outlook 2015'.)

(2) 캐나다

종합적으로 보면 캐나다의 에너지 소비 구조가 상대적으로 합리하고 장기적으로 비교적 안정된 상태에 있었다. 1950년대부터 지금까지 거슬러 본다면 석유, 석탄이 소비 구조에서 차지하는 비중이 하락하는 추세였다는 것을 알 수 있다. 특히 석탄은 1950년대에 소비구조의 거의 50%의 비중을 차지했지만 지금은 1%도 안 된다. 그러나 천연가스와 수력발전, 원자력 발전의 응용은 상승하는 추세였다. 캐나다 석유생산업체협회(CAPP)의 수치에 따르면 2013년 캐나다의 에너지 소비구조는 그림 10에 표시된 바와 같다. 종합적으로 캐나다의 에너지 소비 구조는 상대적으로 안정되어 있고 석탄이 차지하는 비중이 매우 작고 오염이 상대적으로 적은 천연가스와 수력발전, 원자력 발전이 상당한 비중을 차지한다.

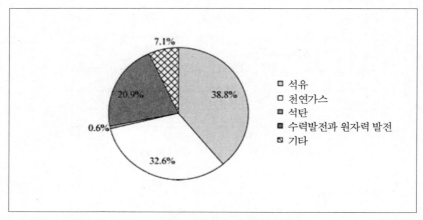

그림10. 2013년 캐나다 에너지소비 구조
 (자료출처, 캐나다 석유생산업체협회.)

캐나다는 송유관과 석유 천연가스 산업을 크게 중시했다. 에너지 구조 전환과 청정에너지발전이 날로 중시를 받고 있는 캐나다는 신에너지 개발과 이용에도 매우 큰 중요성을 두었다.

캐나다는 2006년부터 '슈퍼 에너지대국' 건설 전략을 제기했다. 하퍼 총리는 호주를 방문하는 동안 캐나다의 진정한 도전과 진정한 책임은 청정에너지 슈퍼대국이 되는 것이라고 명확하게 제기했다.[153] 이를 위해 캐나다 정부는 적극적으로 정책을 세워 청정에너지 산업을 부축했다. 캐나다 청정에너지 연구원이 발표한 보고에 따르면 2013년 캐나다는 청정에너지에 65억 캐나다 달러를 투입했는데 이는 2012년보다 45% 상승한 것이다. 투자를 늘림으로써 캐나다의 청정에너지 개발 순위가 20개 공업화 국가 중 2012년의 제12위에서 2013년에 제7위로 껑충 뛰어올랐다. 이런 투자는 풍력 발전과 태양에너지발전에 집중돼 있다. 지난 5년간 캐나다는 청정에너지 산업에 240억 캐나다 달러의 자금을 투자했다. [154] 캐나다는 전력 순수출국이고 수력자원도 매우 풍부한데 캐나다의 많은 에너지 수요가 수력발전에 의해 해결되었다.

2012년 캐나다의 발전량은 6440억 KWH였는데 그중 58%는 수력발전이었고 수력발전량이 중국과 브라질 버금으로 갔다. 2014년 캐나다 수력발전 산업이 계속 발전했으며 서북 스테이브강(Northwest Stave) 프로젝트도 상업 운영에 투입되기 시작했고 이어 코익 크리크(Kwoiek Creek) 수력발전 프로젝트가 운영에 들어가게 되었다. 2014년 3월 BBE 회사는 대형 수력발전소인 키야스크(Kee-yask) 발전소가 2014년 하반기에 착공하게 된다고 밝혔다. 이밖에 일부 소형 수력발전 프로젝트도 건설 중이다. [155] 수력발전이 빼어날 뿐만 아니라 풍력 이용에서도 돌파를

---

153 「캐나다 '슈퍼 에너지대국' 전략 추진 중에 겹겹이 어려움에 직면」, 『제일재정일보』 2014-05-09에 게재.

154 「캐나다 청정에너지 투자 증가폭 45%」, http://toronto.mofcom.gov.cn/article/jmxw/201412/20141200835663.shtml, 2014-12-17.

155 「캐나다 새로운 수력발전 프로젝트 개발 계획」, 『수리수력발전쾌보』 2014(12).

가져왔고 신속하게 발전하는 중이다. 캐나다 풍력에너지협회(Canadian Wind Energy Association)는 2014년은 기록을 창조한 한 해라며 1871 메가와트의 설비를 새로 증가해 2014년의 총 발전용량은 약 9700 메가와트이고 새로 증가한 발전용량이 세계 6위를 차지한다고 밝혔다. 이는 캐나다 전력 수요의 약 4%를 차지했다.[156]

(3) 라틴아메리카

신에너지 개발은 2014년 라틴아메리카의 에너지발전의 관심사가 되었다. 개발도상국은 선진국에 비해 신에너지, 재생에너지 분야에서 늦게 시작을 했지만 발전 추세는 얕볼 수 없었다. 라틴아메리카는 재생에너지 개발 방면에 우월한 자연 조건을 가지고 있었다. 카리브 해 지역에는 풍부한 태양광 에너지 자원이 있고 지열 에너지의 잠재력도 거의 세계의 4분의 1을 차지했다. 이밖에 아르헨티나, 브라질과 멕시코의 풍력에너지는 세계 최고의 수준을 갖추고 있다. 통계에 따르면 재생에너지(수력발전 포함하지 않음)는 상당한 기술 잠재력이 있어 앞으로 최소 지역 전력 수요의 50배를 만족시킬 수 있다.[157]

2014년 아메리카개발은행이 발표한 보고에 따르면 재생에너지가 대규모로 개발된다면 발전 잠재력이 전 라틴아메리카의 2050년 전력 수요량의 22배 이상에 달하게 될 것이다.[158]

156　'Installed Capacity', http,//canwea.ca/wind-energy/installed-capacity/.

157　'Renewables Global Status Report 2014', http,//www.ren21.net/Portals/0/documents/ Resources/GSR/2014/GSR2014CN.pdf.

158　왕하이린(王海林), 「신에너지 개발, 라틴아메리카 '유망주'에 투자」, http,// world.people.com.cn/n/2014/0514/c1002-25013933.html, 2014-05-14.

라틴아메리카와 카리브해 지역은 재생에너지의 개발을 높이 중시하고
있다. 전통적인 수력발전 분야를 포함하지 않고 2014년까지 최소 19개의
국가가 재생에너지에 관련 지방 정책을 가지고 있었으며 적어도 14개의
국가가 재생에너지발전 목표를 설정했다. 예를 들면 우루과이는 2015년에
90%의 전력을 재생가능 에너지를 통해 생산할 계획이다.[159] 그레나다의
발전 목표는 2020년에 1차 에너지의 20%를 재생가능 에너지에서 제공받는
것이었다.[160] 라틴아메리카 재생에너지 산업의 발전은 정책, 전략 목표
이외에 또 투자를 떠날 수 없었다. REN21이 제작한 2013년도 투자 판도를
보면 중국과 라틴아메리카가 투자를 가장 많이 한 국가와 지역이고
그중 라틴아메리카의 바이오에너지, 풍력과 태양에너지 개발은 세계의
인정을 받았다.[161] 재생에너지발전 원가가 내려가고 화석에너지가격이
전체적으로 상승하면서 정부 자금 이외에 많은 기업들이 라틴아메리카
재생에너지시장을 적극 개척했다. 2014년 블룸버그 신에너지 재정이
발표한 보고서에 따르면 2008년부터 2013년까지 라틴아메리카 및 카리브 해
지역에서는 민영부문의 재생에너지에 대한 투자가 920억 달러에 달했으며
그중 2013년에만 93억 달러나 되었다. 앞으로 이 지역의 유사한 투자가
빠른 속도로 상승할 추세이다.[162] 현재 자금 문제가 여전히 라틴아메리카

---

159 'Renewables Global Status Report 2014', http://www.ren21.net/Portals/0/documents/
Resources/GSR/2014/GSR2014CN.pdf.

160 'Renewables Global Status Report 2014', http://www.ren21.net/Portals/0/documents/
Resources/GSR/2014/GSR2014CN.pdf.

161 「신에너지, 라틴아메리카의 '에너지 곤경' 해결할 수 있을 듯」, 『인민일보』 2014-12-03.

162 왕하이린(王海林), 「신에너지 개발, 라틴아메리카
'유망주'에 투자」, 『인민일보』 2014-05-14.

에너지 개발을 제한하고 있다. 통계에 따르면 2013년~2030년 라틴아메리카 지역은 신에너지 분야에서 최소 3500억 달러를 투자해서야 이 지역에 부족한 에너지를 보충할 수 있었다.[163]

2014년 라틴아메리카 각국은 수력, 풍력, 태양 에너지, 지열 에너지, 바이오에너지 등 재생에너지 개발에서 많은 진보를 가져왔다. 아래에 국가를 예로 들면서 라틴아메리카의 활발한 재생에너지시장을 점검해본다.

브라질의 수력과 바이오에너지 개발. 현재 라틴아메리카의 수력발전 산업은 상대적으로 성숙됐고 풍력발전이 가장 신속하게 발전하고 있으며 그중 브라질과 멕시코의 표현이 가장 뛰어나다. 브라질은 또 바이오에너지를 끊임없이 발전시키는 한편 디젤유 연료 중 바이오연료의 비례를 높이고 있다.[164] 멕시코는 전 라틴아메리카의 첫 태양에너지 농장을 건설하여 이전의 낡은 석유발전공장을 대체했다. 페루 남부 나스카 지역의 고산과 평원에는 거대한 재생에너지 개발 잠재력이 있다. 2014년 페루 코브라에너지회사(Cobra Energía)는 6700여 만 달러를 투입해 두 개의 풍력발전단지를 건설한다고 선포했다. 페루는 3년 내에 재생에너지 소비 비례를 5%로 끌어올리게 되고 2040년까지 40%의 전력을 풍력, 지열과 태양에너지로 제공받게 된다.[165] 아르헨티나는 개인 태양에너지 프로젝트 보조금 정책을 내놓아 정부의 부축과 인도 강도를 높였다. 이는 2016년에

---

163 왕하이린(王海林)의 『라틴아메리카 지역의 재생가능에너지시장 지속적으로 성장』을 참조할 것. http,//www.sinopecweekly.com/content/2014-06/10/content_1416717.htm, 2014-06-10.

164 왕하이린(王海林), 「신에너지 개발, 라틴아메리카 '유망주'에 투자」, 『인민일보』 2014-05-14.

165 「신에너지, 라틴아메리카의 '에너지 곤경' 해결할 수 있을 듯」, 『인민일보』 2014-12-03.

재생에너지가 전력 공급에서 차지하는 비율을 지금의 2%에서 8%로 높이는 목표를 실현하는데 도움이 된다. 쿠바는 장관급회의를 소집하여 에너지 효율을 높이고 재생에너지의 이용을 증가하는 것은 한 시각도 늦출 수 없는 일이라며 국가 에너지 구조를 점차 개변하고 수입 화석연료에 대한 의존을 줄여야 한다고 지적했다. 현재 쿠바는 재생에너지 이용 수준이 매우 낮은바 국가 발전 총량의 4.3%만 차지한다. [166] 바첼렛 칠레 대통령은 칠레는 재생에너지의 지도자가 될 것이라고 밝혔다. 2013년 칠레 정부는 16개의 태양에너지 프로젝트를 비준하여 2025년에 이 나라 에너지의 20%가 비전통 재생에너지가 차지하게 할 계획이다. [167] 2014년 3월 신정부가 집정한 이래 칠레는 76개의 태양에너지와 풍력 발전 프로젝트에 허가를 내렸다.

3. 2014년 중국과 아메리카 에너지협력 개황과 분석

1) 상호 보완성이 강해지고 협력 전망이 양호하다.

아메리카 주 특히 미국이 세계 에너지 생산과 수출의 중심으로 굴기한 반면 아시아 특히 중국은 점차 중요한 세계 에너지소비 중심이 되고 있다. 석유로 말하면 미국은 '석유의 저주'에서 벗어나고 있지만 중국은

---

166 「쿠바, 재생가능 에너지 개발 강화할 계획」, http,//cu.mofcom.gov.cn/article/jmxw/201406/20140600639436.shtml, 2014-06-25.

167 「칠레, 재생가능 에너지 분야에서 라틴아메리카 지도할 듯」, 『중국전자신문』 2014-10-21.

오히려 '저주' 속으로 빠져들고 있다. 중국은 경제 발전과 더불어 에너지에 대한 수요가 증가하면서 원유의 대외 의존도가 끊임없이 상승하고 있다. 중국석유천연가스집단 경제기술연구원이 베이징에서 발표한 「2014년 국내외 석유천연가스 산업 발전보고」에 따르면 2014년 중국의 석유 소비가 저속 성장세를 유지했으며 석유의 대외 의존도가 59.5%에 달했다.[168] OPEC, EIA 등은 2014년에 중국이 미국을 초과하여 최대의 원유수입국이 될 것이라고 예측했다. 천연가스로 말하면 2015년 중국 석유와 화학공업연합회가 발표한 「우리나라 천연가스 발전이 직면한 불확실 요소」 보고에 따르면 2014년 중국 천연가스 표관 소비량은 1,800억㎥로 동기 대비 7.4% 상승했고 그중 수입한 천연가스는 580억㎥로 대외 의존도가 32.2%에 달했다.[169]

현재 중국은 주로 중동, 서아프리카, 구소련 지역에서 석유를 수입한다. 아메리카 주가 차지한 비중이 상대적으로 작다. 그러나 중국은 에너지 분야에서 아메리카 주와 상호 보완성이 크고 협력 전망도 양호하다. 아메리카의 주요 에너지 생산국은 중국의 광활한 에너지 소비 시장을 더욱 중시하고 있다. TD 은행그룹의 부회장이며 전 캐나다 주미대사였던 프랭크 맥케나(Frank McKenna)는 캐나다가 에너지 자원이 풍부하지만 거래처는 미국 하나뿐이라고 했다. 현재 캐나다는 국제 수준보다 퍽 낮은 가격으로 미국에 대량의 원유를 공급하고 있으며 미국 자체도 원유 생산량을 늘리고 있다. 국제 원유 가격 하락이 캐나다에 매우 큰 압력을 주었다. 캐나다는

---

168   우리(吳莉), 「우리나라 석유의 대외 의존도 60%에 임박」, 『중국에너지보』 2015-02-02.

169   「2014년 국내 천연가스 대외 의존도 32.2%」, http://www.chinairn.com/ news/20150120/171104501.shtml, 2015-01-20.

미국에 대한 의존에서 벗어나 중국을 대표로 하는 아시아 시장에 진입하기를 바라고 있다.[170] 라틴아메리카도 중국 시장을 적극 개척하고 있다.

석유 수출과 소비에서 상호 보완성을 가지고 있는 한편 아메리카 주의 일부분 국가 특히 라틴아메리카 국가는 중국의 투자를 필요로 한다. 2001년 중국-라틴아메리카의 무역액은 149억 달러밖에 안 되었으나 2010년에는 18,306,700만 달러에 달했고 2013년에 다시 새 기록을 돌파하여 2,616억 달러에 달해 중국은 라틴아메리카의 두 번째로 큰 무역 동반자가 되었다.[171] 이밖에 라틴아메리카에 대한 중국의 투자가 신속히 증가했다.(그림11을 참조할 것) 2013년 라틴아메리카 지역에 대한 직접 투자액은 1,436,000만 달러로 중국의 대외 직접투자 유량 총액의 13.3%를 차지했으며 아시아 지역(70.1%를 차지)을 제외하고 점유율이 가장 높은 지역이자 성장 속도가 가장 빠른 지역이기도 했다.[172] 이런 투자 중 절대 대부분은 라틴아메리카의 에너지와 인프라 건설에 사용되었다. 유엔의 라틴아메리카 카리브 경제위원회의 통계에 따르면 이 지역에 대한 중국 투자의 92%가 석유와 천연가스 산업에 집중되었다. 미국 의회조사국이 발표한 보고에 따르면 중국이 발기한 금융 프로젝트 중 3분의 2 이상은 자연자원 분야이고 28%는 인프라 건설과 공공 서비스 분야였다.[173] 중국의 투자는 불경기에 있는

---

170 장징싱(張晶星), 「캐나다, 중국에 에너지 '러브콜」,
    『중국화공보(中國化工報)』 2014-11-06.

171 가오장훙(高江虹), 「중국의 라틴아메리카에 대한 수출 10년에 7배 증가,
    에너지와 인프라 건설에 대한 투자 90%」, 『21세기 경제보도』 2014-06-14.

172 리후이(李輝), 우디(吳笛), 「우리나라의 대 라틴아메리카 직접투자 발전의 새로운 추세
    및 대책 건의」, 『해외 투자와 수출금융』 2015(1).

173 「중국의 라틴아메리카에 대한 수출 10년에 7배 증가, 에너지와 인프라 건설에 대한 투자
    90%」, 『21세기 경제보도』 2014-06-14.

라틴아메리카의 발전에 매우 중요한 것이다.

2014년 영국 BBC 사이트는 "중국-라틴아메리카 금융 데이터베이스는 2014년 중국 국유은행이 라틴아메리카에 제공한 차관이 71% 증가한 220억 달러에 달할 것으로 예측했다."고 보도했다. 보도는 2007년 이래 중국 국유은행은 베네수엘라에 500억 달러 이상의 대부금을 제공했으며 베네수엘라는 이 차관으로 광업, 에너지, 인프라와 주택 프로젝트에 투입했다고 밝혔다. 그러나 유가가 폭락하여 경제가 악화되자 베네수엘라는 중국이 더욱 많은 차관을 제공할 것을 요구했다.[174] 이로부터 중국의 투자와 차관이 라틴아메리카 국가의 에너지 산업과 경제발전에 중대한 의의가 있다는 것을 알 수 있다.

---

174   「외국 언론, 중국 지난해 라틴아메리카에 220억 달러 대출, 부가 조건 적어」, http,//fina
      nce.cankaoxiaoxi.com/2015/0227/681233.shtml, 2015-02-27.

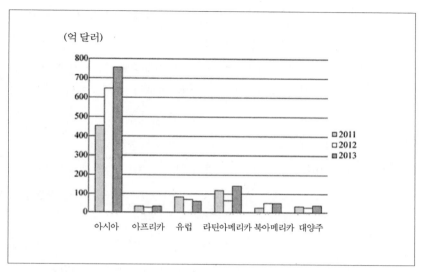

그림 11. 중국 대외 직접투자의 지역 분포
  (자료출처, 중국 국가 통계국)

 2) 국제 에너지협력 플랫폼 점차 활성화

 2014년 중국은 아메리카 주의 국가와 여러 에너지협력 플랫폼을
적극적으로 이용하여 대화와 교류를 펼쳐갔으며 에너지협력을 새로운
단계로 끌어올렸다. 2014년 7월 제6라운드 중-미 전략과 경제대화 기간에
양국이 달성한 116개의 성과 중 에너지와 기후협력과 관련된 의제가
거의 절반이나 차지했으며 셰일가스, 원자력, 청정에너지, 재생 에너지,
전동 자동차와 공업효율성, 스마트 그리드 등 영역의 협력을 강화하기로
했다. 양국은 또 '중국 국가 에너지국과 미국 에너지부의 전략적 석유비축
협력에 관한 양해각서'를 체결했다. 이는 중미 양국이 에너지협력을 높이

중시한다는 것을 분명하게 설명한다. 기후 영역에서 중미 양국은 APEC 정상회의의 틈을 타서 광범한 공통인식을 달성했다. 2014년 11월 12일 중미 양국은 '중미 기후변화 공동성명'을 발표했는바 양국 정상은 각자 2020년 이후 기후변화 대응 행동을 밝혔고 또 기존의 루트를 통해 특히 중미 기후변화 실무진, 중미 청정에너지 연구센터와 중미 전략과 경제대화를 통해 양국 협력을 강화하고 확대하기 위한 진일보의 조치를 밝혔다.[175]

2015년 4월 13일 중국 상무부의 요청에 의해 프리츠커 미국 상무부 장관, 셔우드 랜달 미국 에너지부 상무 차관이 인솔한 대통령 무역 대표단이 중국을 방문했다. 이 무역단은 청정에너지 무역단으로 불렸으며 무역단 성원으로는 건축 에너지 절약과 개조, 청정 공기와 물 기술, 스마트 그리드와 녹색 교통 등 분야의 24개의 기업이 포함되었다. 이로써 중미는 청정 에너지협력을 강화하고 함께 양국 정상이 달성한 기후변화 대응 목표를 실현해나가게 되었다.[176]

2014년 6월 캐나다는 중국과 자유무역지대에 관한 담판을 시작했다고 밝혔으며 중국 시장을 중시했다. 2014년 11월 리커창 중국 국무원 총리와 하퍼 캐나다 총리가 지켜보는 가운데 우신송(吳新雄) 중국 국가발 전개혁위원회 부주임 및 국가에너지국 국장과 에드 패스트 캐나다 통상장관은 '중국 국가에너지국과 캐나다 자연자원부의 원자력 협력에 관한 양해각서'를 체결했다. 이밖에 캐나다는 또 적극적으로 공식 회의, 포럼 등을 통해 양국의 교류를 추진하고 협력을 심화시켰다. 2014년 10월 제10회 캐나다-중국

175   「중미 기후변화 공동성명(전문)」, http,//news.xinhuanet.com/energy/2014-11/13/
      c_127204771.htm, 2014-11-13.

176   양궈위(楊國玉), 「미국 대통령 무역대표단 중국 방문, 양국 청정에너지협력 추진」,
      http,//politics.people.com.cn/n/2015/0414/c70731-26838637.html, 2015-04-13.

에너지와 환경 포럼이 베이징에서 열렸다. 자원이 있고 시장이 부족하고 투자가 적은 캐나다가 시장이 있고 자원이 부족한 중국 기업에 에너지협력을 진일보적으로 추진하려고 러브콜을 했다. 2014년 11월 하퍼 캐나다 총리가 중국을 방문했으며 중국과 캐나다는 '중국-캐나다 공동성과 리스트'를 발표했다. 양국은 투 트랙 대화 메커니즘을 건설하고 양자 간 에너지 무역을 추진하기 위한 새로운 조치를 연구하기로 합의했는데 여기에는 앞으로 친환경 해상 에너지회랑을 건설할 데 관한 연구가 포함된다.

2014년 시진핑 중국 국가주석은 뉴 라운드의 '라틴아메리카 에너지 순방'을 시작했다. 시 주석은 2013년에 트리니다드, 토바고, 코스타리카, 멕시코를 방문한 뒤를 이어 2014년 7월부터 브라질, 아르헨티나, 베네수엘라, 쿠바를 방문하기 시작했다. 에너지협력은 이번 방문의 중점이었다. 2014년 7월 16일 시 주석은 브라질리아에서 코레아 에콰도르 대통령을 만났다. 시 주석은 에콰도르를 중국의 라틴아메리카에서의 중요한 에너지 동반자와 주요한 투자 상대국이라고 지적했다.

코레아 대통령은 중국 기업의 투자를 환영한다며 양국 관계의 미래에 큰 기대를 걸었다. 2014년 7월 17일 중국은 브라질과 함께 '진일보적으로 중국-브라질 전면 전략적 동반자 관계를 심화시킬데 관한 공동성명'을 발표했고 에너지 광산 영역에서 양국의 협력 잠재력이 거대하다며 중국은 자국 기업이 브라질의 석유, 에너지, 강철 등 전략형 분야에 투자를 늘리도록 격려할 것이라고 밝혔다. 양국 지도자가 지켜보는 가운데 류전야(劉振亞) 국가전력망회사 이사장 겸 당조서기와 코스타 브라질 국가전력회사 총재가 브라질 대통령부에서 '브라질 벨로몬테 특고압 전력 수송 프로젝트 협력 협의'를 체결했다. 2014년 7월 18일 중국은 아르헨티나와 일련의 협력 서류를 체결했는데 그중에는 양국이 협력하여 아르헨티나에 원자력 발전소를 건설하고 아르헨티나 파타고니아 지역의 산타크루스 주 남부에 두 개의 수력발전소를 건설한다는 것이 포함돼 있었다. 양국 지도자가 지켜보는 가운데 우신시웅(吳新雄) 중국 국가발전개혁위원회 부주임 겸 국가에너지국 국장이 훌리오 디비도 아르헨티나 계획 및 공공투자와 서비스 장관과 함께 아르헨티나 수도 부에노스아이레스에서 '중국-아르헨티나 협력으로 아르헨티나에 중수로 원자력 발전소를 건설할데 관한 정부간 협의'를 공식 체결했다. 2014년 7월 21일 중국해양석유총공사(中國海洋石油總公司)는 베네수일라와 40억 달러의 석유로 차관 갚기 협의를 체결했으며 양국 정상이 지켜보는 가운데 왕둥진(汪東進)과 아스드루발 차베스가 함께 '중국-베네수엘라 공동융자 펀드 1기 2차 롤링 석유무역계약 (中委聯合融資基金一期二次滾動油貿合同)'을 체결했다.

계약에 따르면 중국연합석유유한책임회사가 계약 체결일부터 3년 내 매일 베네수엘라에서 10만 배럴의 연료유를 구입했다. 2014년 7월 22일 중국과 쿠바 양국 정상이 지켜보는 가운데 왕둥진이 중국석유천연가스집단을 대표하여 후안 토레스 나란조 쿠바 국가석유공사 총재와 함께 쿠바 수도 아바나에서 '사이보루크 유전 원유 증산 배당 협력 기본협의'와 '9000미터 시추기 드릴링 서비스 프로젝트 협력 협의'를 체결했다. 이밖에 2014년 11월 페루 대통령이 중국을 방문했다.

왕둥진(汪東進) 중국 석유천연가스집단 부총경리 겸 중국 석유주식회사 총재가 구티에레스 페루 외교부 장관과 함께 '중국 석유와 페루 에너지광업부의 석유천연가스 산업 협력 양해각서'를 체결했다. 양측은 탐사와 개발, 천연가스 가공과 화학공업 등 영역에서 진일보적으로 협력을 확대하기로 했다. 시진핑 중국 국가주석과 엔리케 페냐 니에토 대통령이 함께 지켜보는 가운데 중국해양석유총공사와 멕시코 국가석유공사가 베이징에서 협력 양해각서를 체결했다.

위에서 보다시피 중국은 아메리카 주와의 에너지협력에서 다종 대화 메커니즘을 구축했으며 양자 간 대화를 위주로 했다. 다자간 대화 플랫폼을 말하면 2015년 1월 9일 중국-라틴아메리카 · 카리브 국가공동체 포럼 제1차 장관급회의가 베이지에서 순조롭게 폐막했고 중국-라틴아메리카의 통합 협력 구상이 현실로 변했다. 양측은 여러 항목의 공통인식을 달성했으며 '중국-라틴아메리카 공동체 포럼 제1차 장관급회의 베이징선언', '중국과 라틴아메리카 · 카리브 국가의 협력 계획(2015~2019)', '중국-라틴아메리카 포럼 메커니즘 설치와 운행 규칙'등 세 개의 중요한 성과 파일을 채택했다. 협력 계획은 미래 5년간 중국-라틴아메리카 협력의 행동 로드맵을 명확하게 제정했으며 에너지 자원 등 중요한 분야가 포함됐다.[177] 중국과 아메리카 국가의 에너지협력의 제도성이 강화되었다.

3) 중국과 아메리카의 에너지협력에는 아직 도전이 존재한다.

(1) 경제 리스크와 정치 리스크

경제 리스크와 정치 리스크는 중국 기업이 해외의 대형 자원프로젝트 투자에서 직면하게 되는 주요한 리스크이다. 이는 주로 라틴아메리카 국가를 상대로 하는 말이다. 세계 경제 포럼이 발표한 '2015 세계 리스크 보고'는 최근 라틴아메리카의 지정학적 리스크가 뚜렷하게 증가되고

---

177   「중국-라틴아메리카 포럼, 새로운 플랫폼, 새로운 시작점, 새로운 기회, 새로운 도전」.
       http://news.china.com.cn/txt/2015-01-15/content_34565354.htm, 2015-01-15.

있다며 우선은 사회 소득분배 불균형과 상업 환경 불안정으로 유발된 사회 불안정이라고 지적했다.[178] 2014년 국제 원유 시장의 유가가 폭락하면서 라틴아메리카 국가에 장기적으로 존재해오던 사회 문제를 악화시켰다. 경기 침체와 정치 혼란이 병존하면서 경제 문제, 사회 문제, 정치 문제가 악순환을 형성했다.

2014년 베네수엘라 국내 총생산액의 하락폭이 4%를 넘었고 외화비축도 213억 달러로 감소되었고 외채 규모가 1,100억 달러를 넘었다. 여기에 엄중한 인플레이션까지 동반되고 있다.[179] 이는 우선 투자보수율에 영향을 주어 경기 둔화를 포함한 경제 리스크를 조성했다. 재정 적자가 확대되고 정부의 채무 리스크가 심해졌고 인플레이션 압력이 투자보수율을 감소시켰다. 이런 것들은 라틴아메리카에 대한 중국 기업의 투자 열정을 떨어뜨렸고 투자자의 신뢰에 영향을 주었다.[180]

경제 리스크가 라틴아메리카의 정치와 사회 리스크를 악화시켰다. 마두로 베네수엘라 대통령은 연설을 발표하여 이는 한 차례 석유 전쟁으로 전쟁이 훼멸시키려는 하나의 목표는 러시아이고 또 하나는 베네수엘라이며 이 전쟁은 우리의 혁명을 훼멸시켜 경제 붕괴를 초래하려 한다고 했다. "베네수엘라의 경제가 붕괴되기만 하면 지역 내에서 연쇄적인 반응이 일어날 것이다. 쿠바부터 도미니카, 걸프 만 등 일련의 라틴아메리카 국가가

178   「라틴아메리카 지역, 발전 정체기에서 시급히 벗어나야(국제시점)」,
       『인민일보』 2015-01-29.

179   「석유전쟁 전몰 명단, 베네수엘라, 이란 등이 다 명단에 포함」,
       http,//news.cnpc.com.cn/system/2015/01/19/001525542.shtml, 2015-01-19.

180   쉬후이페이(徐惠菲), 「중국과 라틴아메리카 에너지협력의 기회와 도전」,
       『국제경제』 2013(11).

베네수엘라의 저가 대부금 또는 무료 석유를 접수해야 한다. 쿠바의 GDP 중 10%는 베네수엘라가 준 것이다. 베네수엘라의 번영 거품이 사라질 경우 이런 국가의 경제는 차마 눈뜨고 볼 수 없게 될 것이다." [181] 에콰도르는 재정 수입이 감소되었고 많은 사회보장 정책이 자금을 보장받지 못했다. 브라질의 상파울루 등 대도시에서 여러 차례 항의 활동이 일어났다.

이런 혼란스러운 상황으로 라틴아메리카 정국은 더욱 알 수 없게 됐고 정치 리스크가 더욱 커졌다. 에콰도르 외교관계학원 학자인 노베르토는 기자에게 "장원하게 보면 국제 석유 가격이 하락함으로써 라틴아메리카 좌익 정권의 힘이 약화되었다. 라틴아메리카 좌익 정당은 지난 10년간 석유에 의해 거대한 이익을 얻었으며 교육, 의료, 주택 등 사회 분야에 중대한 투자를 하여 민생을 개선하고 정치적 지지를 얻어냈다.

국제유가가 하락한 후 라틴아메리카 좌익 정권은 방대한 사회 지출을 유지해나갈 재력을 잃어 사회 모순이 점차 두드러졌다."라고 말했다.[182] 이런 문제는 중국이 라틴아메리카 국가와 에너지협력을 할 때 반드시 고려해야 할 문제이다.

---

181 「저유가 라틴아메리카를 끔찍하게 만들다」, 『남방도시보』 2015-03-15.

182 「저유가, 라틴아메리카 산유국 내구력에 대한 시련」, 『인민일보』 2015-02-04.

(2) 정책과 시장 리스크

아메리카와의 에너지협력에서 또 한 가지 고려해야 할 요소는 라틴
아메리카의 정책 환경이다. 라틴아메리카의 많은 국가는 법률, 정책이 완벽
하지 못하고 시장화 수준이 낮다.

멕시코는 일찍 1938년에 석유 부문을 국가 소유로 회수했고 멕시코
국가석유공사가 국가의 유일한 석유작업자로 되었다. 석유 생산량이
끊임없이 감소되자 멕시코는 2013년 12월 헌법을 개혁하여 석유 분야에서의
멕시코석유공사의 독점을 타파하려 했다. 개혁은 순조롭지 않았다. 저항은
석유천연가스 산업 내부의 이익 재분배에 대한 정치적 겨룸, 의회 정당과
서로 다른 이익 집단의 이익 요구에서 비롯되었다. 개혁에 질의를 표시하는
국민의 목소리도 컸다. 여기에는 개혁의 수익 분배의 공정성, 효율 및
부패문제 등과 관련된 것이었다. "투자자는 멕시코 에너지개혁에 대해 점점
더 불안해하고 있다.

현재 개혁에는 여전히 불확실성이 많고 에너지산업 내부의 이익
재분배에 관한 싸움 및 서로 다른 정치 집단의 싸움이 뒤섞여 있다. 비록
개혁은 멕시코의 감독관리 기구에 독립적으로 감독업무를 수행할 권력을
보장해주었지만 국가 탄화수소위원회와 에너지감독관리위원회를 포함한
두 개의 감독관리기구는 아직도 자금, 인원, 법규 등 각 방면을 강화해
감독관리의 투명성을 보장할 필요가 있다."[183] 브라질 국가석유공사는
석유산업의 상 · 중 · 하유의 관건적인 영역을 통제했다. 브라질은 1997년이

---

183   「멕시코 에너지 개혁 정치적 곤경에 직면」, http://news.xinhuanet.com/yzyd/
        energy/20140731/c_1111881508.htm, 2014-07-31.

되어서야 경쟁을 도입해 개혁을 했다. 그러나 브라질국가석유공사는 여전히 독점 지위에 있었다. 브라질의 석유감독관리 정책에 대해서도 논란이 많고 의견이 엇갈렸다. 2014년 브라질 석유협회는 이전에 제정한 감독관리정책이 석유산업의 발전에 엄중하게 영향을 준다는 판단을 내렸다. "브라질이 2010년에 출범한 석유 법규는 모든 새로 개발하는 심해 소금층 이하 구역에서 브라질 국가석유공사를 유일한 작업자로 지정했으며 최소 30%의 권익을 보유한다고 규정했다.

이밖에 브라질 법률은 또 한 개의 매장지를 공유하는 인접 탐사구역은 한 개의 '단원'으로써 한 개의 운영업체만이 작업할 수 있다고 규정했다. 이는 소금층 아래에서 운영하는 외래 석유회사들로 하여금 브라질석유공사를 개발 프로젝트에 참가시킬 수밖에 없게 했다."[184] 베네수엘라 석유부문은 1970년대에 국유화를 실현했으며 GDP의 상당한 부분은 베네수엘라 국가석유공사(PDVSA)가 창조한 것이다. 에콰도르도 에너지시장의 독점 상태가 매우 심각했다.

라틴아메리카 에너지 산업은 발전 과정에 여러 차례 국유화 붐을 일으켰다. 2005~2007년 베네수엘라 정부는 합자기업 중 국유기업의 지분 비율이 60%보다 낮아서는 안 된다고 규정했다. 2006년 볼리비아 정부는 외국 고용회사에 석유생산 경영권과 82%의 생산량을 국가 소유로 돌릴 것을 요구했다. 2007년 10월 코레아 정부는 석유 초과가격 수입의 이익배당 비율을 99%로 높여 외국 자본은 1%밖에 얻지 못했다. [185]

184　쉬훼이페이(徐惠菲), 「중국과 라틴아메리카 에너지협력의
　　　기회와 도전」, 『국제경제』 2013(11).

185　위의 논문

중국 에너지 국제협력 보고서　225

2008년 4월 베네수엘라 정부는 국내 최대의 철강회사 시도르(SIDOR)의 통제권을 회수한다고 밝혔다. 2012년 5월 모랄레스 볼리비아 대통령은 스페인 전력망그룹 소속의 국가전력망회사에 대해 국유화를 실시한다고 선포했다. 3개의 석유회사, 1개의 석유 수송기업도 그 뒤를 이어 국가 소유로 되었다. 아르헨티나 대통령도 아르헨티나에서 가장 큰 석유회사 YPF를 국가 소유로 한다고 선포했다.[186] 이런 리스크는 중국이 아메리카와 에너지협력을 하는 것을 제한했다.

(3) 보호주의와 에너지 무역의 분쟁

석유천연가스 분야에서 중국과 주요한 아메리카 석유천연가스 생산국은 상호 보완성이 강하다. 그러나 신에너지 개발 방면에서 중국은 아메리카 국가와 일부 영역에서 많은 갈등을 겪고 있었다. 최근 몇 년래 신에너지가 각국에서 더욱 큰 중시를 받으면서 신에너지 특히 태양에너지 산업이 신속하게 발전했다. 일부 국가가 과잉 생산으로 수출을 하면서 태양에너지 산업에는 무역 분쟁이 끊임없이 일어났다.

미국 상무부는 2014년 1월부터 중국 내륙과 타이완 지역에서 수입하는 결정질 실리콘 태양전지에 대해 '반덤핑, 반보조금' 조사를 시작했다. 그리고 2014년 6월 중국 내륙과 타이완 지역에서 수입하는 결정질 실리콘 태양전지 제품에 덤핑 행위가 있다는 선결적 판결을 내리고 미국 세관에 통지해 중국

---

186 「중국 에너지 구도 중의 라틴아메리카」, http://www.ftchinese.com/story/001057554, 2014-08-04.

내륙과 타이완 지역의 관련 업체들에게서 보증금을 징수하도록 했다. [187]
2014년 12월 16일 미국 상무부는 최종판결 결과를 발표해 중국 내륙에서
수입한 결정질 실리콘 태양전지 제품에 덤핑과 보조금 행위가 존재하고 중국
타이완 지역에서 수입한 같은 종류의 제품에 덤핑 행위가 존재한다고 했다.

이는 미국이 2012년에 중국에서 수입하는 태양전지 제품에 고액의
반덤핑, 반보조금 관세를 징수한 뒤를 이어 재차 중국 태양전지 제품에
'반덤핑, 반보조금' 조사를 시작한 것으로 중국 태양전지 산업에 큰 타격을
주었다. 중국 태양전지 제품의 약 90%는 수출용인데 그중 75%~80%는
유럽으로 수출되고 나머지 10%는 미국으로 수출되었다. 업계는 이로써 중국
태양전지 산업이 30억 달러의 손해를 볼 수 있다고 예측했다. [188] 중국 상무부
무역구제조사국 책임자는 이와 관련해 담화를 발표해 미국의 결정은 양국 간
태양전지 무역 분쟁을 더 한층 부추기고 양국 산업의 무역과 협력에 엄중히
손해를 끼쳤다고 지적했다.

미국이 중국의 태양전지 제품에 '반덤핑, 반보조금' 조사를 진행한 같은
시기인 2014년 10월 캐나다 태양전지 국내생산기업인 Eclipsall Energy
Corporation 등 캐나다 태양전지 부품과 패널 제조업체가 캐나다 국경
서비스국(CBSA)에 신청을 올려 중국에서 수입하는 이 두 가지 제품에
대해 '반덤핑, 반보조금' 조사를 할 것을 요청했다. 2014년 12월 캐나다
국경서비스국은 중국 결정질 실리콘 태양전지 부품과 패널에 대한 반덤핑,

---

187 「미국, 중국 태양전지에 '덤핑' 선결적 판결」, http.//news.xinhuanet.com/energy/2014-
07/28/c_126803072.htm, 2014-07-28.

188 「미국, 중국 태양전지 제품에 '보조금' 판결, 중국 태양전지 개념주 줄줄이 하락」, http.//
news.xinhuanet.com/2014-06/05/c_126582129.htm, 2014-06-06.

반보조금 조사를 가동했다. [189] 태양광 발전 산업의 무역 분쟁은 중국과 아메리카의 에너지협력에 어두운 그늘을 드리워 주었다.

(4) 전략적 상호 신뢰 문제

전략적 상호 신뢰 부족은 중국과 미국의 협력이 장기적으로 직면하게 될 장애물이었다. 국제 정치무대에서 중미 사이에 많은 분규가 존재했다. 비록 냉전이 결속된 지 오래 되지만 양국의 의식형태 차이가 여전히 사라지지 않았다. 미국은 여전히 중국의 빠른 굴기에 많은 걱정을 하고 있었다. '중국 위협론', '중국 에너지 위협론' 때문에 미국은 에너지협력을 하면서도 다소 보류하는 것이 있다. 이는 중미 에너지협력의 기반을 파괴했고 많은 연쇄반응을 일으켰다.

우선, 전략적 상호 신뢰 부족으로 미국은 중국과의 협력에서 첨단기술을 엄격하게 통제하고 있었다. '미국의 첨단기술 수출 관리 조례는 중미 에너지, 특히 청정에너지의 기술협력을 제한했고 중미 기업 간의 협력에 매우 큰 장애물을 만들어주었다.' [190] 에너지협력에서 미국은 핵심 기술의 양도가 아니라 자원의 직접적인 수출에 더욱 치우치게 되었다.

다음, 중국은 캐나다, 라틴아메리카와의 에너지협력에서 미국의 영향을 피해갈 수 없었다. 라틴아메리카는 미국의 '뒤뜰'이라고 불릴 만큼 미국에게 전략적 의미가 매우 컸다. 미국은 라틴아메리카에 대한 중국의 에너지

---

189 「캐나다 중국 태양전지에 대해 반덤핑, 반보조금 조사」, http://news.xinhuanet.com/power/yw/2014-12/09/c_1113575806.htm, 2014-12-09.

190 장쓰천(張司晨), 「중미 에너지협력, 성과, 도전과 기회」, 『상업경제』 2014(12).

투자를 크게 관심하고 있었다.

2005년 이래 미국 국회와 미 중 경제안보검토위원회는 중국-라틴아메리카 관계에 대해 여러 차례 청문회를 가지고 중국-라틴아메리카 에너지협력이 미국에 주는 영향을 중점적으로 평가했다. 미국은 중국-라틴아메리카 협력이 미국의 안전을 위협하고 미국에 대한 라틴아메리카의 의존성이 낮아질 가봐 걱정했다. 중국-라틴아메리카 에너지협력 수준을 높이려면 중미 간에 호흡이 맞아야 했다. [191]

---

191   황샤오융(黃曉勇), 「인민재평, 중국 라틴아메리카 에너지협력 높이려면 아직
      얼마나 많은 고비 넘겨야 하나」, http.//finance.people.com.cn/n/2015/0112/c1004-
      26364039.html, 2015-01-12.

아프리카 지역

아프리카 지역

1. 2014년 아프리카 정치 경제상황 총론

2014년 아프리카의 정치와 경제는 전반적으로 발전이 양호했다. 정치상황을 보면 2014년 아프리카는 안전 방면에서 전체적으로 안정을 유지했고 상당히 많은 국가의 정부가 본국의 정치, 경제, 사회 사무를 효과적으로 관리할 수 있었다. 이는 아프리카 국가의 정치 사회 현대화가 점차 성숙되고 있고 또 안정된 정치가 아프리카 경제를 강력하게 상승하도록 했다는 것을 보여주었다. 2014년 아프리카 전체의 경제성장률이 4.8%~5.1% 사이에 있었으며 세계적으로 중국을 제외한 기타 지역보다 좋았다. [192] 세계 경제가 비교적 큰 하행 압력을 받고 있는 상황에 아프리카 경제가 지속적인 성장을 이룬 것은 아프리카 자체의 발전뿐 아니라 세계 경제의 회복에도 중요한 의의를 가진다. 구체적으로 말하면 2014년 아프리카의 정치 경제상황은 대체로 아래와 같은 특징을 보여준다.

---

192 「2014년 아프리카 경제 지속적인 성장세 유지」, http,//cm.mofcom.gov.cn/article/jmxw/201501/20150100873858.shtml, 2015-01-21.

1) 안전 방면에서 전체적으로 안정을 유지했고 정치 관리가 날로 성숙
   돼가고 지역 충돌이 어느 정도 발생했다.

2014년 알제리, 남아프리카, 이집트, 말라위, 보츠와나, 모잠비크,
나미비아, 모리셔스를 포함한 아프리카 국가는 국회 또는 대통령 선거를
끝냈다. 비록 그중에 반대파와 종교 세력의 배척과 반항이 있었지만 절대
다수는 정치적 권력의 평화로운 교체를 완성했다. 2014년 4월 알제리가
대통령 선거를 했는데 부테플리카가 81.53%의 득표율로 6명의 후보 중
승리를 거두었다.[193] 알제리 헌법위원회는 23일 이 결과를 인정했다.
부테플리카는 28일에 취임 선서를 하고 그의 4번째 대통령 임기를
시작했는데 임기가 5년이었다.[194] 반기문도 대변인 성명을 발표하여
알제리가 평화적으로 대통령 선거를 마친 것을 축하했다.[195] 2014년 5월
남아프리카공화국은 국민의회 선거를 하고 나서 첫 총회에서 새 대통령을
선거했다. 남아프리카 독립선거위원회는 5월 10일 저녁에 제5차 국민의회
선거 최종결과를 발표했다. 집정당 아프리카인국민대회가 국민의회 400개
의석 중 249석을 차지했고 최대 반대당 민주연맹이 89석을 차지했으며 제3대
당 경제자유투사당이 25석을 차지했다.[196]

2014년 5월 21일 남아프리카 제5회 국민의회가 입법수도 케이프타운에서

---

193 'Bouteflika wins 4th term as Algerian president', Al Arabiya News, 2014-04-18.

194 황링(黃靈), 「새로 당선된 알제리 대통령 부테플리카 취직 선서」,
     http,//news.xinhuanet.com/2014-04-28/c_1110452675.htm prolongation=1, 2014-04-28.

195 'Lauding peaceful polls, Ban encourages Algerians to work together to strengthen
     democracy', UN News Centre, 2014-04-24.

196 'Final Results of the 2014 South African Elections', SAPEOPLE, 2014-05-10.

첫 총회를 열고 400명 의원이 남아프리카 신임 대통령을 선거했다. 2009년에 남아프리카 대통령으로 당선되었던 제이콥 주마가 아무런 저해도 없이 유일한 후보자로서 성공적으로 연임했다. [197]

　2014년 5월 말, 이집트가 대통령 선거를 했다. 이집트 최고선거위원회는 6월 3일 전 군지도자 엘시시가 96.91%의 득표율로 라이벌인 좌익 정치가 사바시를 누르고 승리했다고 선포했다. [198] 2014년 1월 이집트는 이틀 동안 새 헌법 초안 국민투표를 진행했다. 무르시가 2013년 7월 군부에 의해 대통령 직무를 해제당한 후 이집트는 폭력 충돌이 점점 심해지고 안전 상황이 악화되었다. [199] 혼란의 쓰라림을 겪을 대로 겪은 이집트 국민은 국면이 안정되기를 간절히 바랐다. 이 역시 이번 국민투표가 의미를 가지는 바이다. 이번 헌법 초안은 높은 표를 얻고 통과되었다. [200] 2014년 5월 말라위가 대통령, 의회, 지방 정부 세 가지 대선을 치렀다.

　민주진보당 후보 무타리카가 36.4%의 득표율로 대통령에 당선되었다. 조직 업무가 혼란스럽고 선거 물자가 제때에 도착하지 않았고 계표 과정에 '대량의 비정상적인 현상'이 발견되었기 때문에 투표와 계표 작업이 여러 번 연기되고 선거 결과가 제때에 발표되지 않았다. 비록 대선 결과에 의견이 엇갈렸지만 반다 대통령은 대선 결과를 접수한다고 선포하고 권력 이양을

197　Gaye Davis, 'Zuma Elected President', Eyewitness News, 2014-05-21.

198　Yasmine Saleh, 'Sisi won 96.91 percent in Egypt's presidential vote-commission', Reuters, 2014-06-03.

199　「국제관찰, 이집트 안전 국면 관건적인 시기에 직면」, http://news.xinhuanet.com/world/2014-01/17/c_119015669.htm, 2014-01-17.

200　Patrick Kingsley, 'Egypt's new constitution gets 98% 'yes' vote', The Guardian, 2014-01-18.

준비했다. [201]

2014년 10월 보츠와나가 대선을 치렀다. 보츠와나의 집정당인 민주당이 대선에서 국민의회 반수 이상 의석을 얻었고 현임 카마 대통령이 선거에서 승리해 연임했다. [202] 2014년 10월 모잠비크가 대선을 치렀다. 집정당인 모잠비크해방전선당 후보 니우시가 57.03%의 득표율로 이 나라가 독립한 이래 네 번째 대통령이 되었다. 모잠비크 해방전선당은 동시에 국가 및 성급 의회 선거에서도 승리하였지만 가장 큰 반대당인 모잠비크 전국저항운동의 강력한 비난을 받았다. 어떻게 하면 모잠비크 전국저항운동과 담판을 잘 해 지금의 국내 평화 상태를 유지할지, 이 나라의 풍부한 광산 자원을 어떻게 경영해야 할지, 이는 모잠비크 해방전선당이 집정한 후 해결해야 할 어려운 문제로 남았다. [203] 2014년 11월 나미비아가 대통령과 국민의회 선거를 했다. 집정당 서남아프리카 인민조직의 후보 겡고브가 87%에 가까운 득표율로 대통령에 당선되었다. 서남아프리카 인민조직은 동시에 국민의회 96개 의석 중 77석을 얻었고 계속해서 최고입법기구 중 절대다수 지위를 차지했다. [204] 2014년 12월 모리셔스가 의회 선거를 했다. 여러 개의 야당이 연합해 구성된 '인민연맹'이 10일 진행된 의회 선거에서 압도적인 승리를 했다. 헌법에 따라 반대파 수령 쥬그나트가 총리 직무를 맡게 되었다. [205]

201   Raphael Tenthani, 'Malawi's new president sworn in despite complaints of election rigging', The Christian Science Monitor, 2014-05-31.

202   'Botswana president's party secures election victory', Reuters, 2014-10-25.

203   「모잠비크 집정당 후보 니우시 대통령에 당선」, http.//news.xinhuanet.com/ world/2014-10/31/c_1113052077.htm, 2014-10-31.

204   'Geingo belected as Namibia's next President', SAnews 2014-12-02.

205   Bryan Chellen, 'Results of Mauritius General Election 2014', Mauritius News, 2014-12-11.

위에서 말한 8개 국가 모두 평화적으로 정치적 권력 교체를 완성했는바이는 아프리카 안전 상황이 전체적으로 안정적이라는 것을 설명하며 또한 이지역의 정치가 날로 성숙돼가고 있다는 표현의 하나이다.

2014년 아프리카의 안전 상황이 양극분화 추세를 보였다. 즉 평화로운 지역은 더 평화로워지고 전란이 일어난 지역은 충돌이 여전히 치열했다.

세계 평화지수 수치에 따르면 앙골라, 콩고공화국 등의 순위가 중국과 비슷했고 보츠와나, 잠비아, 나미비아 등 나라는 심지어 세계 50위권 안에 들었다.[206] 그러나 일부분 국가의 안전 상황은 낙관적이 되지 못했다. 콩고민주공화국은 국내에 여전히 정부와 반정부 무장 충돌이 존재했고 충돌이 이웃나라에까지 미쳤다. 콩고민주공화국과 르완다는 장기적으로 사이가 나빴다. 유엔과 일부 서방국가들은 르완다가 콩고민주공화국의 반정부 무장 'M23운동'을 지지하여 정부군과 싸우게 한다고 비난했다. 그러나 르완다 정부는 이를 견결히 부인하고 있었다. 르완다는 2013년에 콩고민주공화국 군대가 자국 영토에 로켓탄과 박격포를 발사했다고 비난하고 국경에 병력을 배치하는 것으로 대응했다.[207] 2014년 12월 30일 아침, 콩고민주공화국 국경에서 온 100여 명의 무장인원이 부룬디에 진입하려 했다가 양국 국경 지대에서 무장 충돌을 일으켜 8명이 사망하고 1명이 부상을 입었다.[208] 남수단은 내전으로 끊임없이 충돌이 일어났으며

206 Global Peace Index 2014, available from availablefrom
     http,//www.visionofhumanity.org/#page/indexes/global-peace-index/2014.

207 「르완다와 콩고민주공화국 변경에 무장 충돌 발생」,
     http,//news.xinhuanet.com/world/2014-06/12/c_1111105484.htm, 2014-06-02.

208 「부룬디와 콩고민주공화국 국경지대에서 무장충돌 발생, 8명 사망 1명 부상」,
     http,//news.xinhuanet.com/world/2014-12/31/c_1113833715.htm, 2014-12-31.

싸움을 완전하게 끝낼 희망이 잠시는 보이지 않는다. 남수단 내전은 2013년 12월부터 지금까지 지속되었으며 내전 양측은 현임 남수단 대통령 살바 키르와 남수단 정계의 2인자이자 전 부통령인 마차르이었다. 2014년 4월 14일부터 16일까지 남수단 유니티주 주도 벤티우에서 평민을 상대로 대규모의 폭력사태가 일어나 200여 명의 평민이 사망했다. 유엔 안전보장이사회는 이에 놀라움과 분노를 표했다.[209]

충돌이 일어난 이후 2014년 7월까지 병원을 약탈하거나 불사른 사건이 최소 6건 발생했다.[210] 중앙아프리카공화국은 국내 종교 충돌이 여전히 치열했다. 기독교도와 무슬림 사이에 폭력사태가 일어나 수천 명이 사망하고 약 100만 명(전국 인구의 약 25% 차지)이 살 곳이 없어 헤매게 됐다. 2014년 11월 심지어 이 나라의 기독교 민병 무장과 유엔 평화유지군 사이에 충돌이 일어나 6명이 사망하고 10명이 부상을 입었다.[211]

2014년 12월 이슬람교를 신앙하는 풀라니인과 기독교를 신앙하는 민병들 사이에서 충돌이 계속 이어졌다. 프랑스 언론은 중앙아프리카공화국에서 새로운 교파 간 충돌이 일어날 것이라고 보도했다.[212] 소말리아는 여전히 국내에 유효한 통치를 형성하지 못했으며 지방이 무장문제가 여전히 심각했다.

---

209 「안전보장이사회, 남수단 대규모 평민학살 사건 강력하게 규탄」, http,//news.xinhuanet.com/2014-04/25/c_126431834.htm, 2014-04-25.

210 리즈(李智), 「남수단 폭력 충돌 빈발, 의료시설 엄중하게 파괴당해」, http,//www.china.com.cn/news/world/2014-07/03/content_32843839.htm, 2014-07-03.

211 추이윈(崔雲), 「중앙아프리카공화국 민병과 유엔 평화유지군 충돌해 6명 사망」, http,//world.huanqiu.com/exclusive/2014-11/5210899.html, 2014-11-21.

212 「중앙아프리카공화국 폭력 충돌로 18명 사망, 새로운 교파 간 충돌 곧 일어날 듯」, http,//world.huanqiu.com/exclusive/2014-12/5288861.html, 2014-12-24.

2014년 8월 소말리아 수도 모가디슈에서 또 한 차례 충돌이 일어났다. 정부군과 아프리카연합 평화유지군이 한 지방 군벌의 무장을 해제하던 중 상대방과 치열하게 교전이 벌어졌다.[213] 2014년 11월 22일 한 무리의 무장인원이 케냐 동북부와 소말리아 국경지대에서 버스 한 대를 납치하여 28명의 비 무슬림 승객을 처결했다. 무장단체 알샤바브(Al Shabaab)가 이에 대해 책임진다고 선포했다.[214] 콩고민주공화국, 남수단, 중앙아프리카공화국, 소말리아는 국내 정치가 매우 혼란스러웠다. 이는 본국의 발전에 방해가 되었을 뿐만 아니라 이웃 나라에도 부정적 외부성을 가져다주었다. 전란과 함께 자연재해와 전염병도 상황을 악화시켰다. 예를 들면 남수단에는 사상 가장 극심한 기근이 들었다.[215] 전란이 지속되면서 그 해 경작 시간을 놓친 것이었다.

비록 안전 위협이 존재했지만 아프리카 일부분 국가의 정치 혼란이 넓은 범위로 확대되지 않았고 2014년 아프리카 대륙의 정치상황은 전반적으로 안정적이었다. 빈곤에서 벗어나 발전을 모색하는 것은 대다수 국가가 집중적으로 관심하는 의제였으며 대부분 아프리카 국가는 여전히 정치 현대화의 길에서 점진적으로 발전하고 있었다.

---

213 「소말리아에 또 충돌, 아프리카연합 부대 지방 무장과 치열하게 교전」, http.//news.xinhuanet.com/world/2014-11/23/c_127241216.htm, 2014-11-23.

214 「케냐 28명 근거리 총격으로 사망, 알샤바브 책임진다 선언」, http.//news.xinhuanet.com/world/2014-11/23/c_127241216.htm, 2014-11-23.

215 Stephen Sackur, 'South Sudan 'facing worst-ever famine'', BBC News, 2014-05-19.

2) 거시 경제 호전과 구조 전환 기대

지난 1년을 회고해 보면 한 마디로 아프리카 경제의 총 상황을 정리한다면 고난 중에서 계속 발전을 한 것이다. 비록 아프리카가 에볼라, 이슬람 종교 극단조직의 지속적인 위협, 국제 원유 가격 하락 등 불리한 영향을 받았지만 유로시스, 아시아와 신흥국가의 경기 침체와 비교하면 2014년 아프리카의 경제는 전반적으로 비교적 빠른 속도로 발전했고 세계 경제의 안정에 중대한 기여를 했다. 아울러 기타 국가에 비하면 아프리카 경제상황은 아래와 같은 특징을 띠고 있다.

(1) 거시 경제상황이 양호했다.

2014년 서방국가가 여전히 위기 속에 있고 아시아 경제가 둔화되었지만 아프리카 경제는 전반적으로 여전히 지속적인 성장세를 유지했다. 2014년 아프리카 경제성장률은 4.8%~5.1% 사이에 있어 세계적으로 중국 이외의 기타 지역에 비해 좋았다. 아프리카는 최근 몇 년간 전 세계 투자자들에게 보여주었던 '기회가 가득한 땅'이라는 이미지를 진일보적으로 부각시켰다.

아프리카 경제가 안정적으로 성장한 원인은 주로 기초제품 가격이 2014년 전년 대부분의 시간에 상대적으로 높았고, 신흥 경제체와 무역 왕래를 강화했고, 현지 소비가 아프리카 내수를 지탱해주었고, 아프리카 발전에 필수인 인프라에 대한 공공투자가 증가된 것 등이었다.

이밖에 아프리카의 종합관리와 경제관리 능력이 눈에 띠게 개선되었는데 구체적으로 재정 균형과 경상계정의 안정 유지, 거시 경제와 상업 환경의 대대적인 개선 등이었다. 이밖에 2014년 투자 관련 법률 법규가 개선되면서 아프리카에 있는 외국인 투자자와 아프리카 사영 투자업체가 더욱 확신을 가지게 됐으며 현지 기업이 끊임없이 발전한 동시에 아프리카에 흘러드는 국제투자 총액이 사상 최고치를 기록했다. 아프리카 개발은행의 통계에 따르면 2014년 아프리카가 유치한 외부자금(기부금, 대부금, FDI 등 포함)이 2,000억 달러의 관문을 돌파해 10년 전의 4배가 되었다. 마지막으로 지난 1년 아프리카의 경제성장은 '천시'의 덕을 입었다. 적당한 날씨 조건과 관개 조건으로 아프리카의 농업이 대풍작을 거두었고 아프리카 대부분 지역의 농업 생산량이 급격히 반등했다.

(2) 경제의 비약적인 발전, 구조 전환은 피할 수 없는 추세

그러나 경제가 성장했다고 경제 사회가 발전한 것은 아니었다. 10년래 아프리카 경제가 대체적으로 전례 없는 성장을 했지만 대부분 아프리카 인구가 여전히 빈곤, 실업과 경제 불평등 속에 있다는 것은 논쟁할 나위 없는 사실이었다. 다행히 빈곤선(매일 1.25 달러 이하) 아래에 있는 아프리카 인구 비례가 진일보적으로 감소되었다. 세계은행의 통계에 따르면 현재 빈곤선 이하에서 살고 있는 아프리카 인구 비례는 45% 이하인데 1990년대 까지만 해도 이 비례가 58%를 넘었다. 이런 방면에서 보면 아프리카 경제 발전의 앞날은 여전히 험난한 것이었다.

세계은행의 한 경제학자는 "아프리카는 경제의 포용성을 늘리기 위해 계속해서 수출형 경제로부터 소비경제로 변해야 한다."고 말했다. 때문에 아프리카는 경제 구조 변혁을 다그치고 발전 곤경에서 벗어나야 하며 우선 공업화로부터 시작해야 했다. 그것은 공업화만이 아프리카에 충분한 취업 기회를 가져다줄 수 있고 아프리카 인민의 생존 현황을 점차적으로 개변시킬

수 있기 때문이었다. 이밖에 2014년 봄부터 서아프리카 지역을 휩쓴 에볼라 전염병, 국제 원자재 가격의 지속적인 하락 등 요소가 아프리카 경제에 새로운 도전을 제기했으며 동시에 새로운 기회도 가져다주었다.

우리는 앞에서 말한 도전에 적극적인 면도 있다는 것을 알아야 한다. 그런 새로운 도전과 위기는 주로 2014년 하반기부터 아프리카 경제에 충격을 주기 시작했다. 그러나 곧 경제 발전의 결정적인 단계를 넘을 아프리카에게 이런 도전은 시련이기도 했다. 즉 아프리카가 고압적인 국제 경제 환경에 저항할 능력이 있는지를 시험하는 것이었다.

금방 지나간 한 해는 아프리카 대륙으로 놓고 말하면 고난의 한 해였다. 아프리카 경제는 평온하게 성장했고 성장률이 5%였으며 아프리카 각 경제체는 여전히 외국 자본을 흡수하는 인기 지역이고 경제상황이 전반적으로 좋았다. 하지만 아프리카 국가의 전망은 하룻밤 사이에 급전했다. 기니에서 시작된 에볼라 출혈열이 전 아프리카에 혼란과 고통의 씨를 심어주었다. 전염병이 기승을 부리면서 아프리카 경제에 막대한 손실을 주었고 일부 농업과 에너지 산업(예를 들면 채광업)은 발전을 멈출 수밖에 없었으며 또 이미 사헬 지역 안전문제로 영향을 받기 시작한 관광업(특히 비즈니스 관광)까지 피해를 보았다. 서부 아프리카의 4국(라이베리아, 시에라리온, 기니, 코트디부아르)은 2014년 말까지 에볼라로 7,000여 명이 목숨을 잃었다.

엎친 데 덮친 격으로 아프리카가 세계에 수출하는 주요 원자재- 원유의 국제 시장가격이 하반기에 갑자기 폭락했다. 나이지리아, 알제리, 남아프리카를 포함한 아프리카의 일부분 경제 대국이 잇달아 곤경에 빠졌고 경제가 흔들렸다.

상술 분석에 따르면 2014년의 상황이 매우 좋다고 할 수 없으며 아프리카의 경제 전망도 높이 예측할 수 없었다. 매우 뜻밖인 것은 국제 통화기금이 2015년 아프리카 경제성장을 5.8%로 예측한 것이었다. 경제 발전이 아직도 '시험 기한'인 대륙으로 말하면 이런 단언은 일종의 테스트와 희망이라 볼 수밖에 없었다. 경제성장 목표가 절대적으로 실현할 수 없는 것은 아니지만 전제 조건은 당연히 아프리카 각국 지도자가 신중하고 현명한 선택을 하는 것이었다. 2015년을 내다보면 경제 구조의 다양화, 풍부한 취업, 지역 통합을 가장 중요한 사항으로 삼아야 할 것이다.

(3) 원자재, 이용 가격이 하락한 기회

국제 원유 시장의 가격이 2014년 6월의 배럴당 110달러에서 12월 23일에 배럴당 60.63 달러로 폭락하면서 아프리카 석유 수출국은 천당에서 지옥으로 떨어지는 악몽을 경험하게 되었다. 이사이 화폐의 평가절하, 수출 수입 하락, 경제성장 둔화가 각국에 더욱 큰 충격을 주었다. 이번 국제 원유 시장 가격의 동요가 모든 원자재에 파급되었으며 가장 엄중하게 피해를 본 것은 광산물(철광, 동광, 보크사이트광)과 농산물(목화솜, 입쌀과 당료) 수출국이다.

중부아프리카 경제통화공동체의 6개 회원국 중 5개(가봉, 적도기니, 콩고, 차드, 카메룬)는 석유생산국이었다. 2014년 말, 중부아프리카개발은행의 엔샤마(Nchama) 총재는 공동체의 2014년 GDP 성장률을 4.9%로 예측했는데 이는 최초의 5.6%보다 낮았다.

알제리에서 일부 대형 프로젝트가 중단된 것은 별로 이상한 것도 없었다. 경제 협력 개발 기구의 경제 분석가 트라오레는 "이런 상황이 단시기 경제에 주는 영향을 얕보아서는 안 된다. 더욱이 일부분 국가는 현재 재정 예산에 적자가 생겼고 경상항목에도 비교적 큰 적자가 생겼는데 재정 지출에 매우 신중을 기하여야 한다."고 단언했다. 중부아프리카 경제통화공동체 지역의 최신 통계수치가 그의 말을 증명해 주었다. 2013~2014년 공동체의 상술 두 가지 적자가 GDP에서 차지하는 비중이 2%에서 2.8%로 증가되었다.

상황이 매우 심각한 것 같았지만 아직 막다른 골목에 이른 것은 아니었다. 최근 몇 년 아프리카가 경제 방면에서 뛰어난 성적을 거둔 것은 단지 국제 원자재 시장 가격에 의지해 간신히 지탱해온 것이 아니라 거시경제를 잘 관리해온 덕분이었고 또한 충족하고 강력한 내수(식품 시장, 건축과 공공사업, 중산계급 소비 등)가 있었기 때문이었다. 2015년에도 이변이 없는 한 이 추세는 지속될 것이다. 아프리카에 유리한 요소에는 경제 다양화와 지역 통합의 발 빠른 추진, 생산가공 계획의 실행 등이다. 시디베 이슬람개발은행 부총재는 "현재 우리는 대부분 소비품을 수입하고 있는데 이는 현지 공업에 불리한 영향을 조성하고 있다. 석유생산국이 더욱 그러하다."고 지적했다. 그는 국제 원자재 시장 가격 하락으로 조성된 어려움을 일종의 기회로 삼아야 한다고 했다.

일부분 국가가 이 도리를 알고 이미 실천하고 있었다. 예를 들면 가나는 모리셔스(OMNICANE) 기업과 협력해 총 투자가 1억8200만 유로인 사탕공장 프로젝트를 가동했는데 현재 잘 운행되고 있다. 가봉은 일부분 내국채를 갚는다는 명의로 현지 기업에 2억3600만 유로의 자금을 주입해 투자의 힘으로 국내 생산을 활성화하려 했다.

이밖에 아프리카의 54개 국가 중 3분의 2는 산유국이 아니다. 이는 그들이 해마다 거액의 자금을 들여 국내 에너지 산업을 부축해야 한다는 것을 의미했다. 이런 국가들에게 원유가격 하락은 호재이며 국가 투입의 감소를 의미했다. 아프리카 항공업이 바로 그러했다. 모로코 항공회사 재무부의 바이라다 매니저는 "발전 능력이 매우 취약한 항공업에게 이는 봄바람과 같은 것이다."고 말했다.

(4) 에볼라, 항쟁은 계속되고 있다.

반기문 유엔 사무총장은 2014년 12월 말에 에볼라 피해 지역인 서아프리카 국가(라이베리아, 시에라리온, 기니, 말리)를 방문했다. 떠날 때 반 사무총장은 "신중한 낙관"이라는 말로 자신의 소감을 표현했다. 지금 상황을 보면 이 말이 현재 아프리카의 종합적인 분위기를 적절하게 개괄한 것이다.

일찍 2014년 10월 로페즈 유엔 아프리카경제위원회 사무총장은 에볼라가 "서방에 사람을 경황실색하게 하는 공포감을 조성해 주었다."고 지적했다. 2014년 12월 20일까지 에볼라 병례가 누계 19,031 건 발생했고 7,373명이 목숨을 잃었다. 에볼라는 현지에 거대한 시끄러움을 조성했으며 생산, 생활을 엄중하게 파괴했다.

또 한 가지 관점은 에볼라가 경제에 미친 불리한 영향이 상상처럼 엄중하지 않다는 것이었다. IMF는 2015년 아프리카의 경제성장률을 여전히 5% 이상으로 예측했다. 아프리카 개발은행의 한 거시경제 학자는 "에볼라 영향을 받은 3개의 경제체가 아프리카 GDP에서 차지하는 비중이 0.7% 미만이기 때문에 에볼라가 아프리카 경제를 0.04% 둔화시켰을 뿐이다."라고 밝혔다.

물론 이런 관점을 믿을 수 있는 전제 조건은 전염병이 상술 국가에서 통제되는 것이다. 그렇지 않으면 모든 것이 빈말에 불과하게 되고 또 전염병으로 인한 손실이 빠른 속도로 증가될 것이다. 세계은행은 2015년 에볼라가 서아프리카에게 지속적으로 확산되고 총 250억 달러에 가까운 손실을 조성할 것이라고 내다봤다.

의료 전문가들이 처음으로 말리에서 병례를 발견했을 때 경제학자들은 이에 별로 신경을 쓰지 않았으며 나이지리아, 콩고민주공화국, 세네갈 이런 국가의 위험은 사라졌고 별로 큰 손실을 보지 않았다고 했다. 그러나 세계은행은 에볼라가 상술 세 나라의 사회 경제에 준 영향이 가장 크다며 세 나라의 느긋한 대응 시스템이 결정적으로 에볼라의 확산을 효과적으로 막지 못했다고 했다.

에볼라가 이런 국가에 조성한 영향에는 경제가 마이너스 성장(2014년 기니 경제성장률은 -2.1%, 라이베리아는 -3.4%, 시에라리온은 -3.8%였다.)을 한 것 그리고 또 재정 지출의 증가와 재정 수입의 감소이며 이로써 원래 낙관적이 아닌 재정문제를 악화시켰다. 유엔 아프리카경제위원회가 2014년 12월에 발표한 보고는 이런 국가들이 "정치적으로 매우 취약한데다가 행정기구마저 여러 해 지속된 내전으로 약화되었다"고 했다. 에볼라와의 전쟁은 한 차례 소모전으로 이런 국가들은 공공위생 의료 분야에 대한 투입을 증가하는 한편 경제성장 둔화와 세금수입 감소 문제를 해결해야 했다.

유엔 아프리카경제위원회의 전문가는 "이런 국가들에서 매주 최소 10개의 기업이 문을 닫고 영업을 중단한다."고 지적했다. 아르셀로미탈그룹은 라이베리아에서 진행하던 프로젝트를 잠시 중단했다. 시에라리온에서 일부분의 새 광업 기업들이 철거했고 많은 인프라 투자자가 프로젝트를 중단했다.

실업률이 증가한 문제를 제외하고도 아프리카 대륙의 인구에 위협을 주는 기타 위험으로는 지금까지 지속되어온 식량 위기와 갈수록 나빠지는 교육 상황이었다. 전염병이 가장 창궐하던 시기에 장기간의 휴학이 비일비재였다. 카베루카 아프리카 개발은행 총재는 "에볼라를 저지하고 그 부정적인 영향을 제거하는 유일한 방법은 이런 국가들에 자금을 제공하여 전염병을 방지하게 하는 것이다."라고 말했다. 유엔 아프리카 경제위원회가 창의한 다른 방법은 이런 국가들의 채무를 일차적으로 전액 면제하여 에볼라가 통제된 후 부담 없이 발전하도록 하는 것이었다. 그러나 이 제안의 전망에 대해 다들 좋게 보지 않았다.

(5) 안전 문제, 신뢰를 되찾아야 한다.

납치, 테러리즘 및 기타 군사행동의 영향으로 아프리카의 많은 나라들이 생업으로 삼던 관광업이 주저앉았으며 심지어 생존할 수 없는 상황까지 이르렀다. 그러나 3년 전까지만 해도 관광업은 말리에서 황금과 목화솜에 이어 세 번째로 큰 외화벌이 산업이었으며 관광업 생산액이 GDP에서 차지하는 비중이 5%나 되었고 수입은 10,700만 유로로 추산되었다. 하지만 지금은 큰 타격을 입었는데 2014년 관광객이 누계 10만 명 미달이었다. 그러나 2010년에는 누계 25만 명이었다. 동부 아프리카의 주요한 경제체인 케냐는 2013년 관광업 수입이 거의 82,000만 유로에 달했으나 테러 습격의 파괴를 받아 2014년 1분기 관광객 수가 동기 대비 13.6% 감소되었다.

서아프리카와 마그레브 지역은 이전에는 많은 프랑스 관광객이 찾는 곳이었다. 그러나 고델이 알제리에서 살해된 사건이 나쁜 영향을 일으켜 2014년 연말까지 프랑스 관광객이 서아프리카 지역을 다녀가는 횟수가 끊임없이 감소되었으며 이런 '신중함'이 사하라 이북 지역까지 파급되었다. 프랑스 외교부는 2014년 초기에 '위험 지역'에 관한 공고를 발표했고 언론이 이를 마구 타전하면서 공황이 진일보적으로 확산되었다. 예를 들면 모로코는 안전한 관광지로 모두에게 인정을 받아왔으나 프랑스 정부는 여전히 관광객들에게 '경계를 강화하라'고 했다. 아무런 근거도 없는 이런 경계가 많은 관광객들의 흥을 깨뜨려 버렸다.

심각한 타격을 받은 관광업을 어떻게 다시 진작시킬 것인가 하는 것은 정부의 지혜를 시험하는 문제였다. 비관적인 추산에 따르면 2015년의 상황은 여전히 좋지 않으며 안전을 보장하는 것이 시종 첫 번째로 중요한 임무였다. 안전 문제를 잘 해결해야만 관광객을 유치한다는 것이 빈말이 되지 않았다. 관광업을 다시 진작시키는 다른 한 갈래 길은 희망을 아프리카 중산계급의 굴기에 기탁하여 주의력을 현지 관광객에게 집중시켰고 그들의 잠재력을 개발하는 것이었다. 모로코 Mazagan 호텔이 이 길을 걸었다. 이 호텔은 원래 서방의 부자들을 끌어들일 계획이었으나 별로 효과를 보지 못하자 경영책을 철저히 변경하여 모로코인을 상대로 영업을 했으며 주로 가정 관광을 개발했다. 이 부분의 고객은 이미 총 고객수의 약 42%를 차지했으며 호텔의 객실 용률도 70%를 돌파하여 국내 호텔의 평균 객실 용률 수준을 훨씬 능가했다.

2. 2014년 아프리카 에너지 상황 분석

2014년 아프리카 주요 국가의 안정적인 정치 국면과 비교적 빠른 경제성장속도 및 양호한 거시경제 환경이 아프리카 국가의 에너지 산업이 진일보적으로 발전하는데 조건을 마련해주었다. 아프리카는 현재 에너지공급과 에너지 수요를 자극하는 트윈엔진이 되고 있고 전통적인 국가와 신흥자원국의 공급이 국제유가 하락의 영향을 많이 받지 않았으며 또한 상대적으로 후진 발전 수준 때문에 에너지 소비에 거대한 공간이 있었다. 신흥 석유천연가스 자원국의 굴기로 자원민주주의가 어느 정도 자라났지만 동시에 더욱 많은 국제 자원이 현지에 와 투자하도록 흡인했다. 이밖에 아프리카 각국은 신에너지와 재생 에너지의 발전을 높이 중시하고 있었다. 아프리카는 극히 우월한 자연조건을 가지고 있어 태양에너지발전, 수자원 개발, 풍력 응용에 사용할 수 있었다. 환경문제에 대한 중시가 높아지면서 신에너지와 재생 에너지가 에너지 구조에서 더욱 중요한 위치를 차지하는 것은 전체적인 발전 추세였다.

1) 에너지공급과 에너지 수요를 자극하는 트윈엔진

2014년 아프리카 에너지발전의 전반적인 상황은 낙관적이었다. 한편으로 에너지 생산국의 생산기술, 제품 품질, 에너지 다양화 정도가 안정적으로 상승했고 다른 한편으로 아프리카 지역의 거시경제의 강력한 발전세가 이 지역 에너지 수요국의 에너지 소비를 고속으로 성장시켰다.

공급측 방면을 보면 아프리카의 전통적인 에너지 생산국 예를 들면 석유천연가스를 많이 생산하는 나라인 나이지리아, 앙골라, 알제리, 이집트, 리비아의 에너지 생산이 양호한 발전추세를 유지했다. '이집션 가제트'의 2014년 1월 6일 소식에 따르면 이집트 석유부 장관은 영국 Dana 석유회사와 서부사막 지역의 블록1과 블록2의 석유 채굴에 관한 2,500억 달러 가치의 계약을 체결했다. 석유부 장관은 이집트는 현재 새로운 조치를 통해 더욱 많은 외국 석유업체가 이집트의 석유탐사 프로젝트에 참가하도록 유치할 것이라고 밝히고 나서 상이집트 지역, 서부사막 지역, 홍해 연안의 석유 매장 전망은 낙관적이라고 밝혔다. 그는 또 이집트 석유부는 21개의 석유천연가스 채굴 계약을 체결할 계획인데 총 투자 규모가 69,800만 달러에 달한다고 밝혔다. [216] 나이지리아 '비즈니스데이'는 최근 각 방면의 정보를 분석하고 나서 1960년대에 엑슨모빌, 셀 등 서방 석유기업이 나이지리아에서 천연가스를 발견한 이후 나이지라아의 천연가스 자원은 석유 채굴에 따라 나오는 파생제품으로 취급되고 지금까지 충분히 중시를 받거나 효과적으로 이용되지 않았다고 밝혔다. 업계는 나이지리아 천연가스 매장량은 이미 밝혀진 182조 세제곱피트(약 51,000억㎥에 해당)을 훨씬 능가할 것이며 잘 탐사한다면 아직 600조 세제곱피트(약 17조㎥에 해당)를 채굴할 수 있을 것이라 내다봤다. [217]

보도에 따르면 앙골라의 새로 오픈한 석유천연가스정 수량이 북미를 제외하면 세계적으로 5위를 차지한다. 아프리카와 중동의 대형 석유천연가스 채굴 계획이 실행되면서 현재 석유천연가스정 채굴 활동이 30년래 최고 수준에 도달할 것이다. [218] 전통적인 의미에서 화석에너지가 부족한 지역 특히 동아프리카 지역에도 대량의 석유와 천연가스 자원이 발견되기 시작했다. 영국 천연가스공사는 케냐 연해의 라무 지역에서 석유와 천연가스 자원을 발견했다고 선포했다. 일찍 2012년 9월 미국 아파치 코포레이션을 비롯한 여러 다국적기업이 합동으로 라무에서 천연가스를 발견한 적이 있었다.

---

216 「이집트, 석유탐사에 2500억 달러의 투자 유치할 계획」, http://eg.mofcom.gov.cn/
article/jmxw/201401/20140100457367.shtml, 2014-01-12.

217 「나이지리아 아직 600조 세제곱피트 천연가스 채굴 가능」,
http://www.cngcn.com.cn/news/shoe-24821.html, 2014-11-29.

218 「앙골라 석유채굴 활동 세계의 선두에」,
http://ao.mofcom.gov.cn/article/sqfb/201404/20140400549317.shtml, 2014-04-04.

이와 동시에 영국의 털로 석유(Tullow Oil plc)는 케냐 투르카나 지역에 상업 채굴 가치가 있는 6억 배럴의 석유 매장량이 있다는 것을 발견했다.[219] 캐나다 Taipan 자원회사는 케냐 만델라 분지의 석유블록 2B존에서 석유가 발견됐으며 매장량이 2억5100만 배럴인 것으로 초보적으로 밝혀졌다고 확인했다. 이 업체는 또 전체 만델라 분지에 약 16억 배럴의 석유가 매장되어 있을 것이라고 예측했다.[220] 러시아에서 두 번째로 큰 석유생산업체인 루크오일은 가나 근해의 삼각지대에서 새로운 유전을 발견했다. Wentworth 자원회사는 월요일에 애너다코 석유가 모잠비크의 천연가스 매장지 로부마 분지의 한 육상 목표를 테스트하던 과정에 새로운 유정에서 천연가스 자원을 발견했다고 밝혔다.[221]

수요측으로 보면 아프리카 총 인구는 세계 인구의 15%를 차지하지만 에너지 소비는 세계 에너지 생산량의 3%밖에 되지 않았다. 그러나 현재 이런 상황이 신속히 변화되고 있다. IEA는 지금부터 2040년까지 주요 선진 경제체의 원유 수요량이 지속적으로 위축될 것으로 예측했다. 인도, 동남아, 중동과 사하라 이남의 아프리카 지구는 원유 수요의 성장을 이끌어가는 주력이 될 것이다.[222] 아프리카 정유공장협회 주석이며 가봉 석유 전문가인

219   「영국 천연가스공사, 케냐 라무에서 석유와 천연가스 발견」,
       http,//ke.mofcom.gov.cn/article/jmxw/201403/2014030052/586.shtml, 2014-03-19.

220   「케냐 만델라 분지에서 석유 발견」,
       http,//ke.mofcom.gov.cn/article/jmxw/201403/201403005/5373.shtml, 2014-03-12.

221   「애너다코 석유, 모잠비크 육지 최신 탐사정에서 더욱 많은 천연가스 발견」,
       www.sinopecnews.com.cn, 2014-12-30.

222   「국제 에너지 기구, 중국은 20년 내 미국을 대체하여 세계 최대의 원유 소비국이
       될 것」, http,//houston.mofcom.gov.cn/article/jmxw/201411/20141100794059.shtml,
       2014-11-13.

피에르 레티노 엔디에는 코트디부아르 아비장에서 열린 국제석유회의에서 현재 아프리카 대륙의 석유 소비 수요의 연간 성장률이 5%이지만 2025년이 되면 인구의 빠른 증가라는 거대한 압력 하에 70%로 증가될 것이고 연간 소비량은 3억 톤에 달할 것이라고 예측했다. 피에르 레티노 엔디에는 아프리카 경제의 연간 성장률은 6%~10%지만 인구의 빠른 증가가 본토의 석유 특히 휘발유, 디젤유의 소비 수요를 절정으로 추진할 것이라고 했다.

코트디부아르 석유업자인 어니스트는 지금부터 2025년까지는 아프리카 지역에 현대화한 석유 정제, 창고 저장, 판매 등 기반시설이 마련돼 있고 안전하고 양호하게 운영되더라도 급증하고 있는 본토의 소비만 만족시킬 수 있는 수준이라고 했다.[223] 그러나 아프리카의 에너지 생산과 이용 기술이 비교적 낙후하고 기반시설이 아직 완벽하지 못하기 때문에 아프리카 국가의 에너지 수요를 충분히 만족시키려면 시간이 필요하며 그중에는 에너지협력의 기회가 숨어 있는 것이 분명하다.

2) 신흥 석유천연가스 자원국의 굴기가 세계에 미친 영향

최근 몇 년간 아프리카에서 신흥 석유천연가스 자원국이 굴기했다. 가나는 아프리카 석유생산 구도에서 지위가 점점 올라가고 있고 케냐와 우간다는 중요한 석유 생산국이 될 것으로 예상되며 모잠비크와 탄자니아는 천연가스 생산대국이 될 것이다. 이는 국제 에너지협력과 세계 에너지시장에 영향을 미치게 될 것이다.

---

223   황옌광(黃炎光), 「아프리카 석유 수요 빠른 속도로 성장할 것」,
      『경제일보』 2014-12-05.

자원민주주의가 투자에 어느 정도 장애물로 작용하고 있다. 전문적인 컨설팅 업체인 국제상업관찰(BMI)이 보고를 발표해 모잠비크 정부의 감독관리 정책의 불확실성 및 자원민주주의 부활 우려가 외상 투자의 흡인력을 떨어뜨릴 수 있다며 현재 일부 투자 프로젝트가 잠시 중단된 상태라고 했다. BMI는 새로 통과된 '석유법'은 전반적으로 환영을 받는 편이지만 여전히 자원민주주의의 색채를 보이고 있다고 했다. 예를 들면 모잠비크 국영 석유기업은 그 어떤 프로젝트에서나 최고로 20%의 지분을 차지할 수 있는 것, 앞으로 계약한 프로젝트의 25%의 생산량은 반드시 현지 시장에 남겨야 하는 것 등이다. 이밖에 새 법안은 외국 투자자가 일정한 비례로 현지 노동자를 고용해야 하고 현지 기업의 서비스를 받아야 한다고 규정했다. 보고는 모잠비크의 최근의 탐사 분석 결과에서 가장 주목할 만한 것은 탐사 기업이 천연가스 매장지의 채굴 가치에 대해 '점점 더 확신을 가지게 된 것'이라며 천연가스의 액화 가공을 위해 사전 준비를 잘 해야 한다고 했다. 그럼에도 불구하고 외상 직접투자의 연기, 정책 제정, 기반시설 영역의 원가와 제한 및 새 법안 비준 절차의 거듭되는 지연 등으로 모잠비크는 탐사 단계에서 생산 가동 단계까지 가는데 많은 어려움을 겪었다.[224]

에너지협력은 이런 국가의 국내발전에 유리한 것이다. 예를 들면 에너지협력과 밀접하게 연관된 인프라 건설의 발전이었다. 아울러 에너지 투자와 무역은 경제성장에 유리하고 인민의 복지를 제고하기 위한 기초를 다져주게 되었다. 보도에 따르면 IEA는 2014년 아프리카 에너지전망

224　「국제상업관찰」, 모잠비크의 새 〈석유법〉 평가」, http://m2.mofcom.gov.cn/article/
　　　jmxw/201501/20150100879672.shtml, 2015-01-27.

특별보고를 발표해 현재 아프리카에서 62,000만 명(아프리카 총 인구의 3분의 2 차지) 이상이 전기를 사용하지 못하고 약 73,000만 명이 나무 땔감, 목탄 등 비효율적인 방법으로 밥을 짓고 있으며 1인당 전기소모량이 낮다고 밝혔다. 이 보고는 사하라이남 아프리카의 에너지 상황에 대해 종합적인 분석을 한 결과 이 지역의 에너지 자원이 인구의 수요량을 훨씬 초과하지만 대부분 에너지가 개발되지 못했다는 결론을 내렸다. 지난 5년간 사하라이남 아프리카의 석유천연가스 채굴이 세계의 30%를 차지했고 또 이 지역은 태양에너지, 풍력, 수력과 지열 에너지를 포함한 대량의 재생에너지 자원을 보유하고 있다. 이 지역의 에너지 투자가 지속적으로 증가되고 있지만 2000년 이후 3분의 2의 투자가 자원을 수출용으로 채굴해왔다. 보고에 따르면 전력계통 통계를 바탕으로 한 이 지역의 발전능력은 실제 수요를 만족시키기에는 거리가 멀고 그중 절반의 발전량은 남아프리카 한 나라에 집중되었다. 이는 비싼 발전기에 의한 전기생산에 지나치게 의존하는 결과를 초래했다.

보고는 2040년에 이르러 사하라이남 아프리카의 경제가 4배 성장하고 인구가 약 2배 증가해 17억5,000만 명이 될 것이라고 예측했다. 또한 에너지 수요량이 80% 증가하고 발전 능력이 4배 성장하고 재생에너지가 이 지역 에너지 생산량의 45%를 차지할 것으로 내다봤다. 천연가스 채굴량이 2,300억 ㎥에 달할 것이고 나이지리아는 여전히 가장 큰 산출국이며 모잠비크, 탄자니아와 앙골라의 생산량이 지속적으로 증가하고 액화천연가스 수출이 세계 시장의 양을 3배 성장시켜 950억 ㎥에 달할 것이다. 석탄 생산량은 50% 증가되고 남아프리카에 집중될 것이다.

석유 생산량은 2020년에 일평균 600만 배럴에 달하고 2040년에는 일평균 530만 배럴로 하락할 것이며 나이지리아와 앙골라는 여전히 이 지역에서 가장 큰 산유국일 것이다. 보고는 비록 사하라이남 아프리카 에너지 시스템의 능력과 효율이 끊임없이 성장하여 2040년에 이르러 약 10억 명이 전력을 공급받게 되지만 인구 성장이 빨라 1인당 에너지 소비가 여전히 낮을 것이고 나무땔감과 목탄을 계속 사용하게 될 것이라고 했다.

IEA 수석 경제학자가 이렇게 분석했다. 사하라 이남 아프리카의 경제와 사회 발전은 주로 에너지 분야에 의존한다. 에너지 분야에 1달러를 투입할 때마다 경제가 15달러 성장할 것이다.[225] 보고는 아래와 같은 3가지 조치를 실행하면 사하라이남 아프리카 경제를 30% 성장시킬 수 있다고 밝혔다. 그것은 (1) 에너지 분야에 4,500억 달러의 투자를 증가해 도시의 보편적인 전기사용 수요를 만족시키는 것, (2) 새로운 대규모의 발전 및 전력수송 프로젝트를 실행하여 다국적 전력 무역을 확대하는 것, (3) 에너지 자원과 수입에 대한 관리를 더 잘하고 유력하고 투명한 절차를 통해 석유천연가스 이용이 더욱 효율적이 되게 하는 것. 이런 조치가 실행된다면 2040년에 전기 사용 인구가 23,000만 명 증가할 것이다.[226] 때문에 아프리카 발전에 대한 에너지의 중요한 의의를 강조하는 것은 조금도 과장된 것이 아니었다.

3) 신에너지와 재생에너지발전을 중시

전 세계의 미래 에너지발전추세에 발 맞춰 아프리카의 미래 에너지 구조도

---

225   「에너지는 사하라 이남 아프리카가 번영하는 관건」,
       http,//sl.mofcom.gov.cn/article/jmxw/201410/20141000769333.shtml, 2014-10-22.

226   「에너지는 사하라 이남 아프리카가 번영하는 관건」,
       http,//sl.mofcom.gov.cn/article/jmxw/201410/20141000769333.shtml, 2014-10-22.

재생에너지에 점점 더 의존하게 되었다. 남아프리카는 세계에서 가장 큰 태양에너지 공원을 건설할 계획이었다. 남아프리카의 노던케이프 주 어핑턴 시 교외는 눈길이 닿는 곳마다 거의 다 건조한 초원이다. 이 황량한 땅에 이미 여러 개의 태양에너지발전공장이 건설되었다. 이로부터 남아프리카가 재생에너지를 이용하기 시작했다는 것을 알 수 있다. 아울러 아프리카의 많은 국가가 재생에너지 이용을 장기적인 계획에 포함시켰고 이는 아프리카 에너지 구조의 전반적인 개선과 경제성장에 동력을 주입하게 되었다. [227)

이집트는 이미 석유 순수입국으로 변했으며 천연가스는 겨우 자급자족하는 정도이지만 인구의 성장과 더불어 순수입으로 변하는 것은 시간문제이다. 이집트 정부는 이를 똑바로 인식하고 있으며 신에너지에 가장 큰 희망을 기탁했다. 그들은 심지어 전력부 이름을 전력 신에너지부로 고쳤는데 이로부터 신에너지에 대한 중시 정도를 알 수 있다.[228)

당면, 세계 수력발전 개발이 녹색 전력 시대에 들어섰다. 아프리카 수력에너지 자원은 세계적으로 2위에 있지만 수자원 개발은 상대적으로 저조했고 많은 국가들의 전력 공급이 부족한 상태였으며 거대한 발전 잠재력이 존재했다. 소형 수력발전은 투자가 적고 효과가 빠르기 때문에 지역에 알맞게 분산적으로 개발하고 현지에서 전력을 공급할 수 있고 환경에 대한 영향도 적은 특징이 있어 세계 각국의 중시를 받았다. 아프리카 특히 농촌은 대부분 전기가 통하지 않으며 사하라이남 아프리카 농촌은 전기가 통한 곳이 7.5% 밖에 되지 않는다. 예를 들면 모잠비크는 전국적으로 15%의

---

227   「재생에너지, 아프리카가 전력 발전 슬럼프를 극복하는데 도움」,
       『인민일보』 2014-10-22.

228   「신에너지만이 이집트 전력 부족 '구원'한다」, 중국에너지사이트, 2014-12-19.

인구만 전기를 사용할 수 있는데 대부분 도시 주민이며 거의 모든 농촌에 전기가 통하지 않았다. 때문에 아프리카 각국은 소형 수력발전을 개발하여 경제 발전을 추진하려는 요구가 매우 강렬했다. 유엔 개발계획도 아프리카 농촌에 전력을 공급하는 것을 우선 발전의 전략적 계획으로 삼았으며 2005년에 사하라이남 아프리카 농촌에서 미형/소형 수력발전 개발과 투자 프로젝트를 정식으로 가동했는데 매 프로젝트에 의해 최소 3,000명의 주민(또는 최소 500개 가정)이 혜택을 보게 되었다.[229]

청정에너지와 재생에너지를 발전시키는 것은 생태 환경을 보호하고 경제의 지속 가능한 발전에 꾸준한 이득을 가져다줄 뿐만 아니라 끊임없이 성장하는 아프리카 국가의 에너지 수요를 해결할 수 있고 국민경제를 발전시키는데 유리하다.

3. 2014년 중국과 아프리카 에너지협력 개황과 분석

중국이 아프리카 국가와 에너지협력 관계를 발전시키는 것은 에너 지공급을 보장하고 에너지 비축을 늘리고 에너지 안전을 실현하고 더 나아가 경제와 사회 발전에 더욱 봉사하는 전략적인 의의를 가진다. 아프리카 국가도 국제협력 파트너를 찾아 에너지 탐사, 생산과 가공 등을 더 잘 진행할 수 있게 협조받기를 바랐다. 그렇게 되면 그들은 비교적 충족한 자금과 선진적인 기술을 제공받아 경제를 성장시키는 한편 이런 업적과 성과의 합법성으로 사회 안정을 공고히 할 수 있다. 이는 현재 세계의 '평화,

---

229   「아프리카 수력에너지 자원 세계 2위」, 『중국에너지보』 2014-05-11.

발전, 협력, 원윈'이라는 시대적 조류에 부합되며 길게 보면 국제 정치 경제의 새로운 질서를 구축하는 조건에도 부합된다. 이런 맥락에서 중국과 아프리카의 에너지협력에는 거대한 잠재력이 존재한다.

1) 2014년 중국과 아프리카 에너지협력 개황

2014년 중국과 아프리카는 에너지협력에서 만족스러운 성과를 많이 달성했다. 양자는 한 해 동안 심도 있는 교류를 빈번하게 진행했다. 시진핑 중국 국가주석이 2013년에 아프리카를 방문한 뒤를 이어 리커창 국무원 총리가 2014년 5월에 아프리카를 방문해 에너지 자원 개발 등을 중점으로 삼고 서로 이득을 주는 협력을 강화할 것을 거듭 강조했다. 리위안차오(李源潮) 부주석도 2014년 6월 아프리카를 방문했다. 탄자니아, 남아프리카 등 국가의 대통령도 잇달아 중국을 방문했는데 한 해 동안 13명의 아프리카 국가의 대통령 및 총리가 중국을 방문하는 기록을 창조했다.[230] 에너지협력의 구체적인 분야를 말하면 협력은 석탄, 석유천연가스, 신에너지 등 종류를 포함했다.

---

230 「린숭톈(林松添) 사장(司長), 2014년 13명의 아프리카 국가 지도자가 중국을 방문해 기록을 돌파했다」, http,//world.people.com.cn/n/2014/1230/c1002-26301624.html, 2014-12-30.

(1) 석탄, 성숙된 협력, 현지에 대한 서비스.

석탄이 중국 에너지 사용 구조에서 비교적 큰 비중을 차지하지만 최근 몇 년간 중국은 국내 경제구조를 전환하면서 석탄자원에 대한 의존도를 낮추었고 또 저렴한 석탄자원을 얻을 수 있는 능력을 갖추었다. 때문에 중국과 아프리카의 석탄 에너지협력은 빈도나 규모나 다 중요한 지위를 차지하지 못하고 있다. 중국과 아프리카의 석탄 협력은 대부분 석탄발전 기술을 제공하고 현지의 경제 사회의 발전에 서비스하는데 집중되었다.

2014년 1월 15일 류전야(劉振亞) 중국 국가전력망공사 이사장은 모잠비크를 방문해 아르만도 에밀리오 게부자 모잠비크 대통령과 회담을 가졌다. 류전야 이사장은 모잠비크가 자체의 풍부한 수력, 석탄, 천연가스 자원을 이용하여 수력 발전과 전력 수송 통합 프로젝트의 발전 규모, 수송 능력을 늘리는 동시에 수력, 석탄, 가스발전소를 조화롭게 개발할 것을 제안했다. 게부자 대통령은 제안을 흔쾌히 받아들였다. 2014년 10월 10일 짐바브웨 국가전력공사와 중국 수력발전그룹이 가치가 11억 달러에 해당되는 협의를 체결해 짐바브웨에서 가장 큰 석탄발전소인 황게발전소를 개조하고 업그레이드하게 됐다.

2014년 12월 22일 정주창(鄭竹强) 보츠와나 주재 중국대사가 모카이디 보츠와나 광산에너지수자원부 장관과 함께 모루풀레 B 석탄화력발전소 프로젝트 합동실무위원회 제10차 회의를 주재했다. 펠로노미 벤슨 모이토이 보츠와나 외교부 장관이 회의에 참석했다. 정주창 대사와 모카이디 장관, 벤슨 장관이 함께 발전소 프로젝트의 최신 상황 및 제3자 독립업체가 완성한 기술보고를 소개받았다. 보츠와나의 업주와 중국 청부업체들은 계속 협력을 강화하여 설비의 안정적이고 고효율적인 운행을 보장할 것을 약속했다.

중국 전력공정유한회사의 진춘성(靳春生) 총재 등이 회의에 참가했다. 2014년 12월 23일 이집트 전력 재생에너지부는 성명을 발표하여 이집트 전력지주회사가 중국 민간기업과 7건의 석탄발전소 운영 협의를 체결했다고 밝혔다. 이로부터 중국은 2014년 아프리카와의 에너지협력에서 주요 석탄생산국의 석탄자원 개발 상황에 관심을 가지고 자금과 기술로 지원하고 그 나라 자체의 발전을 위해 서비스했다는 것을 알 수 있다.

(2) 석유 천연가스, 중점은 협력, 형식은 다원화

석유천연가스 산업은 중국-아프리카 에너지협력의 전략적인 중점이었다. 일찍 1990년대에 중국과 아프리카는 석유천연가스 협력을 시작했다. 석유 협력이 점차 심도 있게 진행되면서 협력 내용도 최초의 에너지 무역으로부터 석유천연가스의 탐사와 개발로 확대되었다. 중국은 석유 수요가 많아진 반면 수입지가 확정되지 못한 지정학 리스크가 크기 때문에 석유 수입 원천지를 점차 다원화로 발전시켰다.

중동지역은 여전히 중국이 석유를 가장 많이 수입하는 곳이지만 최근 몇 년간 차지하는 비례가 다소 감소되었고 아프리카 국가 예를 들면 앙골라, 수단 등이 신속히 성장했다. 그중 앙골라는 이미 중국의 두 번째로 큰 석유 수입 원천지국이 되어 수입 비례의 12.3%를 차지했다. 천연가스 방면에서 현재 천연가스가 중국 에너지 소비의 약 6% 밖에 차지하지 않았지만 중국의 경제구조가 끊임없이 조정되고 생태 문명 건설이 끊임없이 발전하면서 국제 천연가스 협력의 중요성도 필연적으로 끊임없이 높아지게 되었다.

현재 중국은 아프리카의 나이지리아, 이집트 등 나라와 비교적 밀접한 수입 관계를 형성했다. [231] 중국 측의 해외 석유천연가스 자원에 대한 강력한 수요와 아프리카 국가의 풍부한 석유천연가스 자원이 수급방면에서 상호 보완 관계를 형성했으며 에너지협력의 중점 영역이 되었다.

2014년 1월 24일부터 25일까지, 뤼여유칭(呂友淸) 탄자니아 주재 중국대사가 핀다 탄자니아 총리를 수행하여 15시간동안 차를 타면서 800여 킬로미터를 달려 중국 정부의 특혜 차관을 이용하고 중국 석유천연가스집단공사가 청부를 맡아 건설한 천연가스 수송관 프로젝트를 시찰했다. 2014년 2월 18일 당제(唐杰) 중국 선전시(深圳市) 부시장이 이만누르 코피 부아 가나 에너지석유부 장관이 인솔한 대표단을 회견했다.

양측은 에너지와 전력 등 영역의 협력을 강화하여 상호 이득과 혜택을 주기로 합의했다. 2014년 2월 28일부터 3월 2일까지 천따언(陳大恩) 중국 석유대학 부총장 등이 수단에 있는 중국석유 나일강 회사를 방문해 2013년에 학교기업과 체결한 '전략적 협력 기본협의'를 진일보적으로 실천에 옮겼고 공동으로 제막하여 '합동훈련기지'를 설립했다. 2014년 3월 19일 국가발전개혁위원회 부주임 겸 국가 에너지국 국장 우신시웅(吳新雄)이 베이징에서 마카비 모하메드 아바드 수단 석유부 장관을 만나 중국과 수단의 에너지협력과 관련된 사항에 대해 의견을 교환했다. 2014년 3월 25일 중국뎬젠(中國電建)그룹이 앙골라의 연간 500만 톤의 원유가공 프로젝트 셀프 화력발전소 4×15 메가와트 공사 EPC(설계-구매-시공)의 글로벌 컨트랙드에 낙찰되었다.

2014년 4월 15일 중국석유천연가스집단공사 파이프국이 맡은 탄자니아

231   EIA, 'China Energy Analysis', http,//www.eia.gov/countries/analysisbriefs/China/china.pdf.

천연가스 파이프라인 프로젝트의 해양 파이프라인 해상 연결 작업이 15시간 만에 성공적으로 완성되었다. 2014년 8월 19일 뤼유칭 탄자니아 주재 중국대사가 마르세유 탄자니아 에너지광산부 차관을 만났다. 마르세유 차관은 탄자니아는 중국 기업이 에너지와 광산자원 개발에 참가하는 것을 환영한다며 이는 탄자니아의 에너지 안전을 보장하고 개발 효율을 높이는데 중요한 의의를 가진다고 밝혔다. 현재 중국석유천연가스집단공사가 청부맡은 무트와라-다르에스살람 천연가스관 프로젝트가 순조롭게 진행되고 있으며 탄자니아 에너지 산업의 호혜협력 시범항목이 되었다.

2014년 10월 5일 중국석유천연가스 파이프국이 도급 맡은 탄자니아 최대의 민생 프로젝트-탄자니아 천연가스관 수송 및 기체 처리공장 프로젝트의 가스관이 전부 부설되었다. 이는 '탄자니아-잠비아 철도'라고 불리는 탄자니아 에너지 대동맥이 전부 개통되었음을 의미했다.

2014년 10월 27일 류센파(劉顯法) 케냐 주재 중국대사가 키르키르 케냐 에너지석유부 장관을 만나 양국 에너지협력에 대해 심도 있게 의견을 교환했다. 2014년 10월 30일 쑨바오훙(孫保紅) 가나 주재 중국대사가 가나 국가천연가스공사 최고경영자 조지 얀키 및 주요 고급 관리인원을 만나 양국의 에너지협력 및 중국석유화공그룹이 청부맡은 아투아보 천연가스 처리공장 프로젝트의 진전 상황에 대해 의견을 교류했다.

2014년 11월 8일 알레무 에티오피아 광업부 국무부 장관이 중국 바오리 세신(保利協鑫)석유천연가스그룹주식유한회사가 에티오피아에서 진행한 새 오피스텔 낙성의식에 참석해 에티오피아는 중국 기업과 에너지 개발 및 이용 방면의 협력을 진일보적으로 강화하여 더욱 많은 성과를 거두기를 희망한다고 말했다. 2014년 11월 10일 중국석유화공그룹이 청부맡은 가나 천연가스 1기 공사가 성공적으로 조업을 가동했다. 2014년 11월 15일

쑨수중(孫樹忠) 모로코 주재 중국 대사가 타마넬을 방문하여 하하유전의 시굴 가동 의식에 참가했다.

하하유전은 중국 푸방더(富邦德)석유기계설비유한회사, 파키스탄 PEL 석유회사, 모로코 석유천연가스광산국이 공동으로 투자하여 개발한 것이었다. 2014년 12월 1일 중국석유천연가스 파이프국은 EPC 글로벌 컨트랙드의 방식으로 케냐 6호선 파이프라인 공사에 낙찰되었다. 이는 파이프국이 아프리카가 시장 구도를 조정한 후 낙찰된 첫 동아프리카지역 프로젝트였다. 2014년 12월 5일 중국석유화공그룹 파이프라인 저장운반유한회사는 신샹(新鄕)송유처 탄자니아 사업부를 특별히 설립했다. 이는 이 회사가 설립한 첫 해외 노무관리 프로젝트인 것으로 알려졌다.

2014년 12월 11일 중국 아오루이안(奧瑞安)에너지주식유한회사가 카메룬 HETA 석유천연가스유한회사와 함께 구성한 공동 경영체(중국-카메룬 기업 공동 경영체라고 약칭, 그중 카메룬이 10%의 지분을 가졌고 중국이 90%의 지분을 가져 통제권을 보유했음)가 야운데에서 카메룬 국가석유공사와 석유생산량 분배 계약을 체결했다. 2014년 12월 17일 중국석유천연가스집단공사는 주바에서 남수단 석유부와 석유회수증진(EOR) 협력 양해각서를 체결했다.

2014년 12월 22일 중국석유천연가스그룹공사 Grand Baobab 유전 원유 수송 의식이 Chari-Baguirmi 지역 Ronier 유전에서 진행되었다. 후즈창(胡志强) 차드 주재 중국대사가 데비 차드 대통령과 함께 원유 수송 파이프라인의 밸브를 열었다. 2014년 12월 30일 리롄허(李連和) 수단 주재 중국대사가 마카비 수단 석유부 장관을 만났다. 마카비 장관은 수단은 중국과 석유 등 영역의 협력을 진일보적으로 강화할 의향이 있다고 밝혔다.

중국과 아프리카 각국 간의 석유천연가스 협력의 실천이 다원화의 특점을 형성했다는 것을 알 수 있다. 첫째, 중국 정부는 아프리카 각국과의 석유천연가스 협력을 높이 중시하고 있었다.

예를 들면 해당 국가에 주재한 대사는 그 나라 석유부문의 관리들과 양호한 정보 교류를 유지하고 있었다. 둘째, 중국 기업은 아프리카에서 직접 경쟁 입찰하여 소재국의 민생 프로젝트인 석유천연가스 항목에 참가했으며 석유천연가스 파이프라인 등 관련 인프라 시설을 개선했다. 셋째, 기타 각 차원의 협력관계가 널리 펼쳐졌는데 중국석유대학이 수단에 설립한 양성기지를 예로 들 수 있다.

(3) 신에너지, 협력이 추세, 실천 확대

아프리카는 신에너지와 재생에너지를 발전시키는 우월한 자연 조건을 가지고 있다. 게다가 기후변화가 아프리카에 주는 영향이 크기 때문에 아프리카 지역은 점차 재생에너지를 이용하는 에너지문화를 형성했으며 신에너지시장이 바야흐로 힘차게 발전하고 있다. 중국은 경제구조 조정을 통해 재생에너지에 대한 관심도와 수요가 날로 상승하고 있는 한편 재생에너지를 발전시킨 시간이 아프리카보다 길고 기술과 개발 방식이 아프리카 국가보다 더욱 성숙돼 있다. 때문에 중국과 아프리카의 신에너지협력은 넓은 전망을 가지고 있다. 녹색에너지와 재생에너지가 금후의 에너지발전 추세로 된다는 것은 의심할 바 없으며 이 또한 중국-아프리카 에너지협력에서 어느 정도 체현되었다.

2014년 1월 21일 중국의 리허쥔(李河君) 전국공상업연합회 부주석 겸 한넝(漢能)주식그룹 이사장 일행이 토고 로메 대통령 궁을 방문해 포로 토고 대통령과 회담을 가졌다. 양자는 신에너지 산업의 발전,

태양광에너지발전소 건설 및 공업 구조전환과 고도화 등 문제에 대해 심도 있게 교류했다. 2014년 5월 4일 텐허(天合)태양광에너지유한회사가 아프리카에서 가장 큰 상업 옥상태양에너지발전 프로젝트에 수주했음을 선포했다.

이 프로젝트는 Belgotex Floorcoverings 회사의 남아프리카 피터마리츠버그에 있는 공장 옥상에 건설할 계획인데 텐허태양에너지는 이 프로젝트의 유일한 설비 공급업체이다. 2014년 5월 5일 리커창 국무원 총리는 아프리카연합 회의센터에서 「중국-아프리카 협력의 더욱 아름다운 미래를 창조하자」는 제목으로 연설을 발표하여 중국-아프리카 협력의 업그레이드 버전은 중국-아프리카 생태환경보호 영역의 협력을 끊임없이 강화하고 청정에너지와 재생에너지를 적극 발전시키게 된다고 밝혔다. 2014년 6월 25일 제1회 유엔 환경대회 소속 중국-아프리카 환경협력 장관급 대화회의가 케냐 나이로비에서 열렸다.

아프리카 여러 나라의 대표들은 중국과 풍력, 태양에너지, 지열에너지 등 재생에너지 기술 방면에서 진일보적으로 협력을 펼쳐가기를 희망했다. 저우성시엔(周生賢) 환경보호부 장관이 대표단을 이끌고 회의에 참가했다. 2014년 7월 25일 벤젠창(卞建强) 기니 주재 중국 대사가 이드리사 티엠 기니 에너지수리부 장관을 만나 양국의 에너지와 수리개발 협력에 대해 의견을 교환했다.

2014년 8월 5일 쑨바오홍(孫保紅) 가나주재 중국대사와 지나폴 가나 에너지부 차관이 에너지부에서 중국정부가 지원하여 건설하는 가나 태양에너지 가로등 프로젝트를 체결하고 증서를 인계했다. 다가두 가나 에너지부 차관, 프로젝트 청부업자인 화웨이(華爲)회사 책임자가 체결 의식에 참가했다. 2014년 8월 11일 중국 태양전지 제조업체인 징커(晶科)에너지가 남아프리카 케이프타운의 태양전지패널 생산기지에서 조업가동 의식을 진행했다. 이는 중국 태양전지 기업이 아프리카에 설립한 첫 공장이 정식으로 생산을 시작했음을 의미한다.

2014년 8월 21일 양유밍(楊優明) 잠비아주재 중국대사가 카리바 노스쇼어 수력발전소 확장공사 준공 인수인계식에 참가했다. 가인 스콧 잠비아 부통령 등이 의식에 참가했다. 본 프로젝트의 도급업자는 중국수리수전건설집단(中國水利水電建設集團, 중국수전) 11국이다. 2014년 8월 22일 중국기계설비공정주식유한회사(中國機械設備工程股份有限公司, 이하 중국덴젠.)와 앙골라공화국 에너지수리부가 앙골라의 소요 복합화력발전소 건설 및 설치 프로젝트 계약을 체결했다.

프로젝트는 750메가와트의 복합화력발전소 건설을 포함해 계약금액이 9억8500만 달러에 달했다. 2014년 8월 25일 중국덴젠 산하 중국수전 5국이 중국수전과 남수단 전력댐부를 대표하여 주바 수력발전소 프로젝트 비즈니스 계약을 체결했으며 계약금액이 약 5억 달러에 달했다.

2014년 9월 2일 중국덴젠 수력발전 3국 기초건축 분국이 알제리 태양광발전소의 태양전지 받침대 및 토목건축공사 계약에 낙찰되었다. 2014년 9월 4일 중국덴젠이 설계하고 시공한 카리바 남안 수력발전소 확장공사가 정식으로 가동되었다. 이는 짐바브웨가 독립한 이래 건설한 두 번째로 큰 규모의 에너지 항목으로 2017년 말기에 완성될 계획이며 짐바브웨 전국의 연간 발전량을 약 25% 높여주게 된다. 무가베 짐바브웨 대통령이 가동의식에 참가했다. 2014년 9월 5일 상무부가 주최한 '2014년 이집트 신에너지 개발 이용 관리 연수반'이 창사(長沙)에서 수업을 시작했다.

2014년 9월 7일 중국덴젠 소속 쿤밍위안(昆明院)이 설계와 구매, 건설을 책임진 베냉 100 킬로와트 오프네트워크 태양광발전 시범공사가 최근 성공적으로 조업을 가동했다. 2014년 9월 8일 지타 웰치 가나주재 유엔 개발계획서 임시대표와 알프레드 오프수 가나 에너지 위원회 사무국장이 가나 수도 아크라에서 '중국-가나 남남협력 재생에너지 기술 양도 프로젝트' 협의를 체결했다. 2014년 10월 13일 중국뎬젠 소속 수력발전컨설팅국제회사가 나이로비에서 케냐 Aperture 녹색에너지회사와 Limuru 풍력발전 프로젝트 50메가와트 EPC 계약을 정식으로 체결했다. 2014년 10월 17일 중국 기업이 참가해 제조한 케냐 '올카리아' 4호 지열발전소 프로젝트가 나이로비에서 가동의식을 가졌다. 우후루 케냐타 케냐 대통령이 의식에 참가했다. 중국 정부는 중국수출입은행을 통해 이 프로젝트의 지열 착정에 자금을 지원했다.

중국석유 창청(長城)시추공정회사와 중국석유화공그룹 국제석유공 정유한회사가 각각 이 프로젝트의 착정과 도관 건설을 맡았다. 2014년 10월 30일 창장(長江)국제상회와 남아프리카 중국무역촉진회는 우한(武漢)에서 협력 양해각서를 체결했으며 회원들에게 플랫폼을 만들어주어 중국과 아프리카가 신에너지발전 등 방면에서 협력하도록 촉진했다.

2014년 11월 7일 우신시웅 국가발전개혁위원회 부주임 및 국가에너지국 국장이 베이징에서 피터스 남아프리카 에너지부 장관 일행을 만났다. 양측은 중국과 남아프리카의 원자력에너지협력 등 사항에 대해 심도 있게 의견을 교류했다. 회의가 끝난 후 양측은 함께 '중국-남아프리카 정부 간 민용 원자력 프로젝트 협력 기본협의'를 체결했다. 2014년 11월 11일 물라투 에티오피아 대통령이 중국수력발전공정 컨설팅그룹 국제공정회사가 청부 맡은 아다마르 풍력발전프로젝트 공사 현장을 시찰했으며 세샤오옌(解曉岩) 에티오피아 주재 중국대사 등이 수행했다. 물라투 대통령은 중국이 계속 에티오피아를 도와 전력 인프라시설 건설 및 에티오피아의 공업화, 녹색

성장과 에너지 다원화 발전을 추진시킬 것을 희망했다.

2014년 11월 27일 중국뎬젠 소속 서북탐사설계연구원이 설계하고 수력발전8국이 청부맡은 가나 부벳 수력발전소가 EPC 프로젝트를 순조롭게 완성하고 증서를 인계했다. 이는 이 프로젝트가 품질보장 기한에 들어섰음을 의미했다. 2014년 12월 4일 국가원자력 발전기술회사와 남아프리카 원자력에너지그룹이 인민대회당에서 '남아프리카 원자력에너지 프로젝트 양성 협의'를 체결했다. 국가원자력 발전기술회사는 동시에 중국공상은행, 스탠더드은행과 '남아프리카 원자력 발전 프로젝트 융자 기본협의'를 체결했다.

2014년 12월 16일 칭화양광(淸華陽光), 창팡(長方)조명, 진펑(金鵬) 등 여러 개의 중국 기업이 이집트 수도 카이로에서 합동 신제품 발표회를 가지고 태양열온수기, 태양광발전 시스템, LED 램프, 에너지 절약 창문 등 여러 가지 에너지 절약 제품을 선보였다. 송아이궈(宋愛國) 이집트주재 중국대사가 참가해 축사를 했다. 2014년 12월 19일 중국이 말라위를 원조하는 태양에너지 이동전원 설비 양해각서 체결의식이 말라위 재정부에서 진행되었다. 장칭양(張淸洋) 말라위주재 중국대사와 곤드웨 말라위 재정 및 계획경제부 장관이 각각 자국 정부를 대표해 사인했다. 이는 중국 정부가 두 번째로 말라위에 청정에너지 설비를 제공하는 것으로 말라위 농촌지역의 일부분 의료센터와 학교의 전력공급 부족 문제를 해결하는데 사용되었다.

2014년 12월 23일 이집트 전력 신재생에너지부는 성명을 발표하여 이집트 전력지주회사가 중국 민영기업과 7건의 석탄발전소 운영 협의를 체결한다고 밝혔다. 2014년 12월 24일 첸즈민(錢智民) 중국핵공업집단공사 지배인과 모하메드 셰이커 이집트 전력 신재생에너지부 장관이 지켜보는 가운데 중국핵공업 후이닝(滙能)유한회사와 이집트 전력 신재생에너지부가 베이징에서 '중국핵공업집단과 이집트 전력신재생에너지부 태양에너지협력 양해각서'를 체결했다.

2014년 중국과 아프리카의 신에너지협력이 신속하게 발전해 진일보의 협력 방안이 있는가 하면 아프리카 현지에서 광범하게 실천되기도 했다. 첫째, 중국의 아프리카와의 신에너지협력은 모든 종류가 다 갖추어졌고 중점이 두드러졌다. 태양에너지, 수자원 개발, 원자력 에너지, 풍력 등 많은 방면을 포괄했을 뿐만 아니라 자체의 우세를 충분히 발휘하면서 태양광발전 산업과 수력발전 협력에 집중했다.

둘째, 신에너지의 전망이 넓고 여러 나라가 협력에 농후한 흥취를 가졌다. 석탄, 석유천연가스 협력에 비해 신에너지 자원은 원시적인 매장량의 제한은 받지 않아 현지 실정에 알맞게 개발할 수 있었다. 지금의 협력 상황을 보면 국가의 도달범위가 비교적 컸다. 셋째, 신에너지협력에서 민영자본이 시장에 더욱 많이 진입한 한편 과학기술 혁신을 동반했다. 중국-아프리카 신에너지협력은 아프리카 에너지 구조의 다원화를 추진했고 아프리카의 석유화학 에너지에 대한 의존성 및 가격 파동으로 받는 불리한 영향을 감소시켰으며 기후변화에 대한 아프리카의 대응 능력을 강화했다.

중국-아프리카의 신에너지에 대한 공동의 수요 및 중국의 신에너지 기술과 자금이 아프리카 국가와 형성한 잠재적인 상보적 구조가 계속 강대한 추진력이 되어 중국-아프리카 신에너지협력의 진행을 추진할 것이다.

2) 중국-아프리카 에너지협력이 직면한 도전과 대응책

이상 분석을 보면 2014년 중국과 아프리카가 에너지협력에서 많은 성과를 거두었으며 장기적으로 양자 간에 더욱 넓은 협력 공간이 있다는 것을 알 수 있다. 그러나 현재 중국과 아프리카의 에너지협력에는 아직 도전이 존재하는데 예를 들면 에너지협력 과정에 직면한 많은 불확실성, '신식민주의'에 대한 상대국의 오해와 질책, 세계 기타 중요한 행위체가 가져다준 경쟁 압력 등이다. 협력 과정에 어떻게 이런 도전에 효과적으로 대처할지는 중국과 아프리카가 앞으로 에너지협력을 심도 있게 발전시킬 수 있는 관건이다.

(1) 에너지협력 과정에 직면한 많은 불확실성

2011년의 북아프리카 국가의 정치동란을 발단으로 생겨난 새로운 정치 리스크가 중국 기업의 아프리카에 대한 투자에 매우 큰 부정적인 영향을 일으켰다. 일부분 아프리카 국가를 예로 들면 콩고민주공화국, 남수단의 국내 충돌은 중국 기업이 현지에 투자하는데 위협이 됐다. 중국기업이 어떤 국가에서는 현지 민중의 적대시를 받기도 했다. 예를 들면 2014년 4월 12일 새벽, 잠비아 수도의 교외에서 허난(河南) 채석업체의 7명의 직원이 4명의 현지 폭도의 습격을 받았으며 1명의 중국인이 사망했다.[232]

이밖에도 중국기업 직원은 아프리카에서 인신 안전을 위협받거나

---

232 한쉬양(韓旭陽), 「잠비아 중국투자 탄광에 소동이 일어나 300~400명이 중국인만 보면 폭행」, 『신경보(新京報)』 2014-02-14.

질병에 걸릴 위험이 있었다. 다년간 전란이 일고 질병이 유행된 것은 아프리카가 외상 투자를 유치하는데 가장 큰 장애물이었다. 예를 들면 2014년 아프리카에서 만연된 에볼라 전염병이 관련 협력에 소극적인 영향을 끼쳤다. 기타 질병, 예를 들면 말라리아가 아프리카 특히 중남부 아프리카에서 유행되면서 인구의 면역력을 크게 떨어뜨렸다. 일부분 국가는 학질 때문에 주민 평균 수명이 겨우 30여 세밖에 안 되었다. 많은 서방 기업이 안전과 질병의 위험을 고려하여 일부 아프리카 국가에 대한 투자를 단연히 포기했다.

아프리카 대륙은 비교적 복잡한 법률제도를 가지고 있다. 중국 기업이 아프리카에 대한 투자를 결심했다면 반드시 사전에 해당 국가의 법률을 잘 알고 법률에 대한 몰이해로 오해를 불러일으켜 나쁜 결과를 초래하는 것을 피해야 했다. 이런 종류의 리스크를 법률법규 리스크라고 부른다. 예를 들면 중국기업이 남아프리카에 투자를 하려면 우선 남아프리카의 '흑인경제육성정책(BEE정책)'을 알아야 한다. 많은 기업이 BEE정책을 잘 알지 못하거나 중시하지 않았기 때문에 남아프리카에서 오랫동안 정상적으로 일을 할 수 없었다.

이런 잠재적인 리스크가 존재했기 때문에 중국 기업은 아프리카와 에너지협력을 하기 전에 리스크 평가를 잘 하고 그에 대한 컨트롤 조치를 내놓아야 했다. 우선 해당 국가에 존재하는 리스크의 유형을 정확하게 분석하고 국제 큰 평가기구들의 보고에 주목한 후 이런 중대한 리스크에 대처할 조치를 자세하게 연구해야 했다. 이를 바탕으로 전면적인 아프리카 투자 리스크 통제 시스템과 리스크 방어 모본을 만들고 중국 기업의 아프리카 투자의 상업 리스크를 더욱 잘 방지하여 중국-아프리카 에너지협력의 안전도를 높여야 했다.

(2) '신식민주의'에 대한 오해와 질책

중국은 아프리카와 지리적으로 멀리 떨어져 있기 때문에 장기적인 역사 발전 과정에 경제적 문화적 교류가 매우 적었으며 양자는 서로 완전하게 다른 문화 특징을 가졌다. 이런 문화적 차이가 특정된 환경에서 양자 간 경제 협력의 순조로운 진행에 영향을 주게 되었다. 그 어떤 경제활동이든 간단한 금전이익 거래가 아니며 경제협력의 배후에는 상업 문화, 전통적인 풍속, 법률의식, 도덕적 수양, 가치관념, 사유방식과 교제방식 등이 존재했다. 상업문화, 전통적인 풍속은 언제 어느 때나 사람들이 교제하는 과정에 구체적이고 세밀하게 표현되었다. 예를 들면 현지 노동력 사용 방면에서 중국석유천연가스그룹의 아프리카에서의 현지화 비율이 80%를 넘었다. 아프리카는 역사적으로 오랫동안 서구 열강의 식민지로 있으면서 경제와 정치 방면에서 착취와 압박을 받아왔는데 식민주의의 표현 형식의 하나가 바로 다국적 자본의 수출이었다.

아프리카에 대한 중국의 투자가 점점 증가되자 중국이 아프리카에 '신식민주의'를 실행한다는 국제 여론 또한 만만치 않았다. 때문에 중국 기업은 각 계층, 각 방면의 아프리카 인민들과 왕래하는 과정에 스스로 양호한 자질, 착실한 수양, 탄탄한 능력과 풍부한 경험을 갖추어야 할 뿐만 아니라 아프리카 사회 교제의 풍습, 예의와 풍토인정 등을 존중해야 하고 조화로운 대인관계, 따뜻한 사회 환경과 쾌적한 상업 분위기를 조성하여 이상적인 경제 효과와 사회 효과를 얻어야 했다. '신식민주의'가 가져다준 여론 압력에 적극적으로 대처해야 했다.

우선 이 여론에 대한 이론 인식을 강화하고 오해를 밝혀내야 했다. 중국은 아프리카에 더욱 많은 선택과 기회를 가져다주었다. 중국-아프리카의 경제무역 협력은 배타적이 아니고 제3국을 표적으로 한 것은 더욱 아니었다. 중국은 더욱 공평하고 충분한 경쟁을 가져다주었고 이는 아프리카 국가에 유리할 뿐만 아니라 외국 투자자들에게도 유리한 것이었다. 예를 들면 중국과 아프리카가 20억 달러의 '아프리카 동반성장펀드' 융자 협의를 체결했는데 이 펀드는 중국이 출자했지만 중국기업만을 상대로 한 것이 아니라 전부가 아프리카 개발은행의 공개입찰 조건을 채용하고 있었다. 이는 아프리카의 발전을 도우려는 모든 국가 및 기업들과 공동으로 아프리카 건설에 참여하려는 중국의 좋은 의도를 충분히 보여주었다. [233]

다음, 자원 이외의 영역에서 더욱 전면적이고 종합적인 시각으로 중국-아프리카 관계를 취급하고 정부 원조를 통해 현지에서 기업의 마이너스 외부성을 감소시켜야 했다.

아프리카 국가를 도와 의료위생 조건을 개선한 것을 예로 들 수 있다. 현재 43개의 중국 의료팀이 42개의 아프리카 국가에 분포되었다. 중국은 약 30개의 병원과 30개의 말라리아 예방치료센터를 원조 건설했고 8억 위안에 해당되는 의료 설비, 물자, 말라리아 치료 약품을 제공했으며 아프리카 국가들에 3,000여 명의 의사와 간호사를 양성해주었다. 라이베리아를 지원해 건설한 타페타 병원은 선진적인 의료설비가 잘 갖추어져 있으며 건설된 후 중국, 이집트, 라이베리아 3국이 함께 운영함으로써 이 프로젝트가 지속적으로 운영되도록 유익한 시도를 했다. [234]

마지막으로 중국과 아프리카의 에너지자원 협력은 기존의 상황을

---

233 리샤오빙(李小兵), 「중국-아프리카 협력에 신식민주의 감투는
    부적절한 것」, 『학습시보』 2014-07-14.

234 「중국의 대외 원조(2014년)」, 『인민일보(해외판)』 2014-07-11.

바탕으로 현지에 대한 서비스를 진일보적으로 강조하고 민생 지원 프로젝트에 기여할 수 있게 되었다. 예를 들면 2014년 중국선유천연가스 파이프국이 도급 맡아 건설한 탄자니아에서 가장 큰 민생 프로젝트-탄자니아 천연가스 파이프라인 수송 및 기체처리공장의 가스관 부설이 전부 끝났다. 이는 탄자니아 에너지의 '탄자니아 잠비아 철도'로 불리는 대동맥이 전부 개통되었음을 의미했다.[235]

(3) 기타 중요한 행위체가 가져다주는 경쟁 압력

아프리카 국가에서 대량의 석유천연가스가 발견되자 세계적으로 에너지 투자 붐이 일어났다. 더욱이 아프리카 국가의 경제가 성장하고 정치상황이 점차 안정되면서 투자의 거시 환경이 개선되자 전 세계의 자본이 아프리카 에너지시장에 몰리기 시작했는데 이는 중국 기업에 비교적 큰 경쟁 압력을 가져다주었다.

셰일가스 혁명으로 2014년 미국은 아프리카에서의 석유 수입을 40년래 최저 수준으로 줄였다.[236] 상반기에 미국은 아프리카 8개 국가에서 4,764만 배럴의 원유를 수입했는데 이는 미국의 원유 총 수입의 3.8%밖에 차지하지 않았다. 이 수치는 심지어 미국이 이라크 한 나라에서 수입한 원유의 양보다 적다.

---

235 「석유 파이프국이 도급 맡은 탄자니아 에너지 대동맥 전부 개통」,
     http://report.hebei.com.cn/system/2014/10/014102424.shtml, 2014-10-10.

236 「미국과 아프리카 석유무역 40년래 최저 수준으로 하락」,
     http://dz.mofcom.gov.cn/article/jmxw/201408/20140800687223.shtml, 2014-08-06.

한때 필수적이던 아프리카 원유가 점차 미국 시장에서 퇴출하고 있었다.[237] 그러나 부인할 수 없는 것은 아프리카에서의 미국의 존재가 여전히 중요한 지정학 의의를 가진다는 것이었다. 2014년 8월 4일부터 6일까지 제1회 미국-아프리카 정상회의가 워싱턴에서 열렸는데 양자 간 관계를 다시 진작시키는 것이 첫 미국-아프리카 정상회의의 취지였다. 미국은 오랫동안 아프리카의 최대 무역 동반자였다. 2008년 금융위기가 폭발한 후 양자 간 무역이 큰 타격을 받았으며 해마다 하락하는 추세를 보였다. 2009년 중국이 미국을 대체하여 아프리카 최대의 무역 동반자가 되었으며 지금까지 지속되고 있다.[238]

아프리카에서 일본 아베 정부가 중국과 뚜렷하게 경쟁을 벌이고 있다. 아베 총리는 2014년 1월 코트디부아르를 방문하는 기간에 아프리카 15국으로 구성된 '서아프리카경제공동체' 각국의 지도자를 만났다. 5일간의 아프리카 순방 과정에 아베 총리는 140억 달러에 달하는 무역과 대외원조 협의를 체결했는데 중국과 맞서려는 의도가 분명했다.[239] 아울러 유럽의 다국적 기업도 아프리카에서 큰 경쟁력을 갖추고 있었다. 예를 들면 프랑스의 페렌코석유회사가 이미 가봉의 최대 석유생산기업이 되었다.[240] 그리고 유럽연합과 아프리카의 무역량은 이미 미국을 초월했다. 외부의

---

237 「아프리카 원유의 미국 시장에서의 퇴출에 주목해야」, http,//ga.mofcom.gov.cn/article/ztdy/201409/20140900730654.shtml, 2014-09-15.

238 「미국-아프리카 정상회의 '다음 세대 투자'에 관심, 아프리카와의 대국 협력 재설계할 의향」, http,//news.china.com.cn/world/2014-08/08/content_33178507.htm, 2014-08-08.

239 「아베 순방, 가는 곳마다 중국과 경쟁」, 『국제선구도보(國際先驅導報)』 2014-08-06.

240 「프랑스 페렌코석유회사, 가봉 최고의 석유생산업체로 부상」, http,//ga.mofcom.gov.cn/article/jmxw/201412/20141200840272.shtml, 2014-12-19.

경쟁력이 주는 압력에 대처하려면 한편으로 중국 기업이 협력 수준, 관리와 기술 수준을 높이고 하드 파워의 경쟁력을 확보해야 했다.

　다른 한편으로 중국 정부가 효과적인 아프리카 국제에너지 경쟁 전략을 제정하고 아프리카 국가와의 경제협력의 거시 방식을 혁신하여 경제 분야에서 호리공영의 협력을 널리 펼쳐가는 한편 사회 문화 등 분야에서도 교류를 강화하여 중국 문화의 소프트 실력을 높이고 아프리카에서의 중국의 국제 이미지를 높여야 했다.

유럽 지역

유럽 지역

1. 2014년 유럽의 정치 경제상황

전반적으로 말하면 2014년은 유럽에게 어려운 시간이었다. 비록 유럽연합이 연내에 재정위기 이후 해마다 지속되던 경제 침체 상태를 되돌려 플러스 성장을 시작했으나 경제상황은 여전히 좋지 않았다. 아울러 동유럽에서 우크라이나 위기가 일어나고 이라크가 다시 내란에 빠져들어 유럽연합은 엄중한 도전에 직면했고 냉전의 그늘이 다시 유럽에 드리워졌다. 기존의 문제가 아직 해결되지 않은 상황에 새로운 문제가 연이어 생기면서 유럽 지도자와 인민의 지혜에 시련을 주었다.

1) 유럽연합에 낡은 문제와 새 문제가 엇갈리고 유럽통합이 어려움에 직면하다.

유럽 재정위기가 일어난 후 유럽연합은 큰 곤경에 빠지고 많은 문제에 직면했으나 여전히 확장을 멈추지 않았다. 2014년 1월 1일 라트비아가 정식으로 유로존에 가입해 18번째 회원국이 되었다. 이와 동시에 터키는 연내에 진행된 가입 담판에서 많은 유럽연합 회원국의 지지를 받았다. 2015년에 유로존에 가입하려는 리투아니아의 노력도 유럽연합위원회의 적극적인 호응을 받았다.

'심화'와 '확장'은 유럽통합의 '두 개의 바퀴'로 취급받았다. 그러나 최근 몇 년간 이 두 바퀴가 점차 같은 궤도에서 운행하기 어려워졌다. 과도하게 확장하는 한편 효과적인 통합과 깊은 단계로의 발전이 부족했기 때문에 지금의 유럽연합은 낡은 문제와 새 문제가 엇갈리고 병폐에 시달리고 있었다.

우선, 사회 불공정과 관료기구의 부패가 경기 부진이라는 큰 배경 속에 날로 엄중해졌다. 독일 베르텔스만 재단이 2014년 9월에 발표한 '유럽 사회공정 지수' 조사보고에 따르면 유럽연합의 28개 회원국의 사회 불공정 상태가 점점 심각해지고 있고 유럽은 빈부격차, 실업, 남북차이가 심해지는 추세였다. 회원국 수량이 끊임없이 확대되면서 정부가 청렴하기로 이름났던 유럽 국가들에서 부패 문제가 날로 두드러졌다. 유럽연합위원회가 2014년 2월에 발표한 보고에 따르면 "유럽연합 국가의 연간 부패금액이 1,200억 유로에 달해 루마니아의 총 경제수입에 맞먹는다."

다음, 우익세력과 유럽통합에 반대하는 세력이 더욱 많아졌다. 2014년 5월 말에 진행한 유럽의회 선거에서 유럽통합을 지지하는 정당이 여전히 절반을 차지했지만 의석이 뚜렷하게 감소되었고 극단적인 우익과 유럽통합에 반대하는 정당의 의석이 뚜렷하게 증가되었다. 이는 높은 실업률과 경제 회복이 부진한 배경 하에 '유럽회의주의'가 진일보적으로 성장했으며 극단적인 사상이 다시 일부분 민중들 속에서 시장을 얻었음을 설명했다. 이런 추세가 제때에 통제되지 않는다면 유럽은 정체성위기를 겪게 되고 유럽연합 자체의 합법성이 동요하게 되었다.

그 다음, 일부분 지역이 새로운 소동과 혼란에 빠졌고 정치상황이 불안해졌다. 2014년 초, 보스니아 헤르체고비나에서 1992년 보스니아 내전 이후 가장 엄중한 항의와 소동이 일어났으며 파리에서도 수만 명이 반정부 시위를 가졌다. 그 후 리스본에서 수천 명의 민중이 시위행진을 하면서 정부의 경제 내핍정책에 항의했다. 하반기에 들어서 영국에서 여러 차례 파업이 일어났다. 그중에서 최근 3년래 최대 규모로 수십만 명이 집단적으로 파업을 하기도 했다. 2014년에 유럽 각국에서 민중의 분노 정서가 계속 끊임없이 표출되었다.

마지막으로 일부분 국가가 더욱 심각한 분리주의 위협에 직면했다. 동유럽에서는 위기에 빠진 우크라이나가 사방으로 분열되었다. 크림공화국이 러시아에 소속된 후 우크라이나의 분열은 기정사실이 되었다. 우크라이나 동부의 독립운동은 여전히 효과적으로 통제되지 못하고 있었다. 서유럽에서는 오랜 서방 대국인 영국이 스코틀랜드 독립 국민투표 때문에 한때 매우 위험한 상황에 처했고 비록 어려운 고비를 넘었지만 분리주의 위협이 깨끗이 제거되지 않았다. 남유럽에서는 스페인 동북부 카탈로니아 자치구가 2014년 11월 9일 독립 국민투표를 실시했는데 80.7%나 되는 국민이 독립지지표를 던졌다. 비록 스페인 정부의 견결한 반대로 이 지역이 잠시 독립하지 못했지만 이 사건 역시 유럽 분리주의가 상승하는 추세라는 것을 반영하고 있다.

2) 경제성장이 무기력하고 실업률이 상승하고 채무 문제 특히 공공채무 문제가 두드러졌다.

유럽연합의 주요 경제체 중 영국과 독일의 경제상황이 비교적 좋은 편이고 프랑스와 이탈리아의 상황은 여전히 좋지 않았다. 유럽 재정위기 충격을 가장 많이 받은 나라들 가운데 스페인의 경제상황이 가장 좋았고 아일랜드와 포르투갈의 상황도 눈에 띄게 호전되었다.

　그럼에도 불구하고 우크라이나 위기, 중동 정세의 불안정, 에볼라 전염병과 교착 상태에 빠져버린 다자간 무역협상(도하 라운드)으로 유럽 경제는 큰 시련을 받았으며 경제상황이 낙관적이지 못했다. 2014년 유럽연합이 재정위기 이후 거듭 강조해오던 재정 긴축정책이 어느 정도 완화되었으나 회원국의 재력과 유럽연합의 적자목표의 제한을 받아 유럽 연합 국가들은 효과적인 경기 부양 정책을 내오지 못했다. 아울러 높은 실업률과 소비 부진으로 유럽연합의 경제는 여전히 활력이 부족했다.

　우선, 높은 실업률은 재정위기가 유럽 사회에 가져다준 가장 엄중한 후과의 하나로 끝없는 고통을 안겨주었다. 이 문제는 2014년에 호전되지 않았을 뿐만 아니라 오히려 악화되는 추세였다. 실업률이 장기적으로 내려가지 않자 많은 국가들은 지지율이 미끄럼질 치고 합법성이 낮아지는 곤경에 처했으며 유럽이 아직도 '포스트 위기시대'를 맞이하지 못했다는 중요한 표징으로 되었다. 2014년 유로존의 실업률은 11%를 초과했으며 상황이 비교적 심각한 이탈리아는 젊은이의 실업률이 거의 40%에 달했다. 스페인의 경제상황은 눈에 띄게 호전되었으나 연내에 젊은이의 실업률이 여전히 47%의 높은 수준이었고 전체 실업률도 20% 이상이었다.[241]

　다음, 공적채무가 지속적으로 상승했으며 원래 채무위기가 비교적 심각했던 스페인, 그리스, 아일랜드는 공적채무가 여전히 GDP보다

241　『QE, 중병에 시달리는 유럽을 살릴 수 있을까?』, http://news.hexun.com/2015-01-30/172929750.html, 2015-01-30.

높았다. 절대다수 국가의 공적채무가 GDP에서 차지하는 비중이 60%라는 IMF 경계선 수준을 넘었다. [242] 그리스를 예로 들면 2015년 대선에서 새로 출범한 집정연맹은 '긴축 반대'를 경선 구호로 삼았는데 정권을 잡은 후 지원계약을 파기하느라 바삐 보냈고 심지어 70년 만에 재차 독일에게 2차 세계대전 문제로 배상할 것을 요구함으로써 깊은 속내를 보여주었다. 그리스 새 정부의 동향은 매우 우려되는 추세를 보여주었다. 채무문제가 심각한 국가가 경제를 활성화하고 높은 실업률을 낮추고 엄격한 재정규율을 집행하는 것으로 위기를 해결하는 것이 아니라 행정과 정치 수단으로 위기를 다른 곳에 전가하려 한다면 채무 문제는 여전히 존재하게 될 것이고 그 부정적인 시범 역할이 유로존 및 전체 유럽통합의 진척을 위태롭게 할 수 있었다.

3) 세계가 보는 유럽

우크라이나 충돌을 둘러싸고 구미와 러시아가 세계적으로 첨예한 대립 관계를 형성하였고 냉전의 그늘이 다시 나타났으며 유럽은 또다시 '신냉전'의 최전방이 될 수 있었다. 이 사건과 이라크가 또다시 내란에 빠진 것은 세계가 '패권 이후'에 권력 진공 상태라는 난처한 상황에 직면했다는 것을 보여주고 있었다. 세계 정치의 전체적인 추세가 갈수록 긴장해지고 파편화된 것은 유럽에 준엄한 시련을 안겨주었으며 내부의 의견 차이를 심해지게 했다. 유럽이 재차 세계를 개변시켰을 뿐만 아니라 '새로운 세계'도

---

242   「유럽 재정위기가 일어난 원인, 진행 상황과 대응책」, http://www.cet.com.cn/wzsy/gysd/733474.shtml, 2013-01-04.

유럽을 다시 바꾸고 있었다. 2014년 국제 형세의 급격한 변화가 최소 아래 몇 개 방면으로 유럽에 도전을 가져다주었다.

우선, 나날이 장대해지고 있는 유럽연합이 우크라이나 정세를 어떻게 대할지가 뚜렷한 문제로 부각되었다. 우크라이나 임시정부로부터 후에 대통령으로 당선된 포로셴코까지 다 우크라이나와 유럽의 통합을 다그치겠다고 거듭 밝혔으며 '유럽의 대 가정에 복귀'하려 했다. 이와 관련해 조제 마누엘 바호주 EU 집행위원장은 퇴임 전에 유럽연합은 아직 우크라이나를 접수할 준비가 돼 있지 않았다고 신중하게 얘기했지만 우크라이나가 앞으로 유럽연합에 가입할 가능성은 배제하지 않았다. 그럼에도 불구하고 유럽연합은 2014년 6월 말에 우크라이나와 연계국 협정을 체결하여 양자 간 연계를 강화했다. 그러나 유럽연합 내부에는 이에 대해 다른 의견이 있었는데 이렇게 하는 것은 오히려 우크라이나 국민의 실제와 동떨어진 기대를 높여주어 현재 우크라이나의 긴장 국면을 악화시킬 것이라고 주장했다.

다음, 러시아 제재를 둘러싼 서로 다른 주장이 유럽에 새로운 불화를 조성했다. 영국, 프랑스, 독일 등 핵심 대국이 러시아를 엄격하게 제재해야 한다고 주장했으나 동유럽 국가들은 자기 나라가 대항의 최전방에 서게 될까 걱정했고 중소 국가도 대국의 정치 싸움에서 손해를 볼까 두려워했다. 대다수가 제재에 대해 신중한 태도를 보였으며 심지어 많은 나라들이 명확하게 제재를 반대했다. 예를 들면 핀란드는 러시아에 대한 제재는 '문제 해결에 도움이 되지 않는다'고 여겼고 체코도 나토가 군사적 수단으로 우크라이나 사태를 간섭하지 말았어야 했다고 명확하게 표시했다. 슬로바키아는 제재를 공개적으로 반대했다. 세르비아의 태도가 가장 강경했는데 절대로 러시아와의 '형제 관계'에 손상을 주지 않을 것이라고 밝혔다.

다음, 유럽 각국은 이라크 정세에 대한 개입 여부에 대해서도 뚜렷하게 정책 차이를 보였다. 2003년 미국이 발동한 이라크 전쟁을 지지해야 할지 여부를 두고 이른바 '신유럽'과 '노유럽' 간에 대립 관계가 형성되었다. 10년 만에 다시 내란에 빠진 이라크를 두고 주요 대국의 태도에 뚜렷한 변화가 생겼다. 한때 앞장서 이라크 전쟁을 반대하던 프랑스가 이번에는 군사적 간섭에 가장 적극적이었는데 유럽에서 유일하게 '이슬람국가'에 대한 공중폭격 군사행동에 참가한 나라가 되었다. 이라크전쟁에서 미국의 가장 친밀한 동맹국이던 영국은 더 이상 중동의 군사충돌에 말려들지 않을 것이라고 거듭 밝혔다.

이 문제에서 기타 국가의 입장도 뚜렷하게 엇갈렸다.

마지막으로, 국제 정세가 전반적으로 긴장해진 것도 유럽 경제의 회복에 불리한 영향을 가져다주었다. 2014년 8월 프랑스, 독일 두 나라 재무장관은 선후로 지정학적 긴장 국면이 유럽 경제에 압력을 주면서 경제 둔화 조짐이 보이기 시작했다고 밝혔다. 2014년 10월까지 유럽연합과 러시아 간의 상호 제재로 유럽의 농업 생산자들이 50억 유로 손실을 보았다.[243] 이밖에 유럽이 천연가스 공급 등 방면에서 러시아에 많이 의지하고 있었기 때문에 유럽도 러시아로부터 에너지 반제재를 받게 됐으며 이 때문에 비교적 엄중한 후과를 감당할 수 있게 됐다.

---

243   「2014년 유럽 경제 내우외환의 여러 가지 엄중한 시련에 직면」
       http://hotel.chinairn.com/news/20141227/130440262.shtml, 2014-12-27.

4) 유럽의 미래

2014년 8월 말, 이탈리아의 가장 젊은 외교장관인 모게리니가 '유럽의 외교장관'이라고 불리는 외교안보정책 고위대표로 취임했다. 2014년 11월 1일 융커 전 룩셈부르크 총리가 위원장을 맡은 새로운 유럽연합위원회가 업무를 시작했다. 한 달 후 폴란드 총리직에서 사직한지 얼마 안 되는 투스크가 '유럽의 대통령'이라고 불리는 유럽연합 이사회 의장을 맡았다. 유럽연합의 새로운 '3대 거두' 모두 2014년에 취임했다.

그들은 유럽연합에 대한 야심찬 혁신 계획을 내놓았다. 그중 융커 위원장이 제기한 3,000억 유로의 경기부양 방책이 특히 주목을 받았다. 그러나 지금의 유럽연합은 쌓인 문제가 너무 많아 어떤 정치가든 한 개 또는 몇 개의 정책 호재를 통해 짧은 시간 내에 문제들을 해결할 수 없게 되었다. 2014년의 내외 정세를 보아 유럽이 위기에서 철저하게 벗어나려면 여전히 긴 시간이 걸릴 것이다.

2. 2014년 유럽의 에너지 상황 분석

2014년 유럽 각국의 안정된 정치 형세와 안정된 경제성장이 유럽 국가의 에너지 산업 발전에 물질적 기초를 마련해주었다. 2010년 3월 유럽 이사회 회의에서 유럽국가의 지속가능하고 포용적인 성장을 이룩하기 위해 유럽연합 지도자는 '유럽 2020 전략'을 제정했다. 지속가능 발전의 한 부분으로써 '절약형 유럽'이 플래그쉽 프로젝트로 되고 최우선시 되었다. 2014년 1월 유럽연합위원회는 한 걸음 나아가 2030년 기후와 에너지정책 목표를 제정했는데 인프라 시설과 저탄소 기술에 대한 민간투자를 격려하기 위한 것이 목적이었다.

이런 목표는 미래 온실가스 배출 목표를 향해 한 걸음 진보한 것으로 2030년에 1990년보다 40%의 온실가스를 적게 배출하려고 했다. 국제 에너지의 청정화, 신형화와 더불어 유럽 국가들은 이 추세에 적극 호응했으며 '2050 에너지 로드맵'을 제기하여 신에너지를 주체로 하는 에너지 소비 구조를 형성하게 되었다.

1) 2014년 유럽 에너지발전 개황

경쟁력이 있고 지속가능한 에너지 부문은 한 나라에게 매우 중요한 것이며 선진적인 경제체에 대해서는 의의가 더욱 부각된다. 특히 에너지 부문이 점점 더 많은 주목을 받고 있다. 지난 한 해에 에너지와 관련된 몇 개의 관건적인 의제가 있었는데 그것들은 석유와 천연가스 가격 변동, 에너지공급 중단, 국가 간 전력망의 비효율적인 연계로 일어난 정전, 원자력에너지 생산, 온실가스 배출 등이다. 에너지 소비의 주요 지역인 유럽도 이런 요소의 변화와 발전의 제약을 받았으며 이런 요소를 잘 이해하는 것은 우리가 유럽의 에너지 현황을 이해하는데 큰 도움이 되었다. 아래 2014년 유럽 에너지 개황에 대해 대강 정리해 본다.

2014년 유럽에 대한 에너지공급에 가장 큰 영향을 일으킨 사건은 연초 크림공화국을 둘러싼 우크라이나 위기였다. 이 위기는 사람들에게 2009년 러시아와 우크라이나가 '기싸움'을 하면서 유럽에 연대적인 피해를 가져다주었던 사실을 떠올리게 했다. 우크라이나 위기는 지연정치와 민족 관계에 영향을 미쳤을 뿐만 아니라 러시아, 미국, 우크라이나, 유럽 국가의 국가 이익에도 영향을 미쳤다. 러시아와 우크라이나의 긴장 국면의 배후를 보면 유럽의 에너지 약점이 이번 대국간 게임에서 중요한 카드로 작용했다. 미국과 러시아의 더욱 심층적인 투쟁은 이 점을 둘러싸고 많은 문제를 만들어낼 수 있었다.

2014년 6월 16일 러시아의 국영 천연가스회사인 가스프롬(Gazprom)이 우크라이나를 향한 천연가스 도관을 닫아버리고 유럽 기타 국가들에 대한 천연가스 수송을 줄일 수도 있다고 경고했다. 역사적으로 가스프롬은 두 번이나 천연가스 공급을 중단한 적이 있었는데 한 번은 2006년이고 다른 한 번은 2009년 두 번 다 정치와 경제 분규 때문이었다.

소식에 따르면 우크라이나 정부는 2014년 6월 16일 오전 10시 마감시간까지 약 20억 달러에 달하는 천연가스 할부금을 지급하지 못했다. 이에 앞서 가스프롬은 천연가스 공급을 선불제로 바꾸겠다고 선언했다. 세르게이 쿠프리야노프 가스프롬 대변인은 "가스프롬은 대금을 지급받은 만큼 우크라이나에 천연가스를 공급할 것인데 이미 지급받은 천연가스 대금은 '제로'이다."라고 밝혔다. [244]

가스프롬이 러시아와 우크라이나의 천연가스 분쟁은 순수한 상업 분쟁이고 정치와는 무관하다고 밝혔지만 우크라이나는 러시아가 천연가스 공급 중단을 이용하고 양국 의존관계의 불평등을 이용하여 우크라이나의 명성을 파괴하고 우크라이나가 유럽연합과 나토에 가입하는 것을 막으려 한다며 이를 '경제적 압박' 수단이라고 비난했다. 유럽연합의 전 공산당 국가들도 러시아가 에너지를 정치적 무기로 삼았다고 비난했으며 "나토에

---

244 「미국 언론, 러시아가 우크라이나에 대한 가스공급 중단, 러시아-우크라이나 위기 업그레이드」, http://www.chinanews.com/gj/2014/06-17/6287691.shtml, 2014-06-17.

중국 에너지 국제협력 보고서 287

가입하려는 유시첸코 우크라이나 대통령의 노력이 러시아 지도자를 격노시킨 것"이라고 했다.[245] 이와 동시에 가스프롬은 성명을 발표하여 "유럽연합위원회에 이미 통지를 했는데 우크라이나 천연가스공사(Naftogaz Ukrainy)가 유럽으로 가는 가스를 빼내 쓸 경우에 유럽에 대한 천연가스 수송이 중단될 수 있다"고 경고했다.[246]

2014년 8월 25일 러시아와 유럽연합이 우크라이나 문제로 관계가 긴장해졌을 때 반 데르 후번 IEA 사무총장은 "단시간 내에 유럽은 여전히 러시아의 천연가스 공급에 의존할 것"이라며 공급 원천을 분산시키는 것은 시간이 필요하기 때문이라고 밝혔다.[247] 현실 상황은 유럽의 천연가스 공급이 3분의 1은 러시아에서 오고 5분의 1은 노르웨이에서 오고 기타 천연가스 공급은 액화 천연가스를 포함하여 네덜란드와 영국 등 본토의 천연가스 생산업체가 공급하고 있다.

이번의 러시아와 우크라이나 분쟁이 유럽 인민의 실제적인 생활에 영향을 미치지 않았지만 천연가스 부족 문제가 국가 지도자들에게 경종을 울려주었다. 각국은 러시아가 우크라이나 영토를 경과하여 유럽 국가에 수송되는 천연가스 공급을 중단함으로써 "유럽이 천연가스를 사용하지 못하게 하겠다."고 위협한 것을 원망하는 한편 다른 대체 에너지를 찾아

---

245   자오라핑(趙臘平)의 「에너지 부족으로 피동에 빠진 유럽-미국과 러시아 충돌 배후에 숨은 에너지 전쟁」, 『중국광산보』 2014-04-01.

246   「미국 언론, 러시아가 우크라이나에 대한 가스공급 중단, 러시아와 우크라이나의 정치 위기 업그레이드」, http://www.chinanews.com/gj/2014/06-17/6287691.shtml, 2014-06-17.

247   「국제에너지기구 사무국장, 유럽은 여전히 러시아 천연가스에 의존하게 된다」, http://www.chinanews.com/gj/2014/08-26/6531331.shtml, 2014-08-26.

나섰다. 유럽 각국이 푸틴 러시아 대통령의 독단적인 결책에 불만을 표출했지만 전체 유럽으로 말하면 러시아의 이 행위에 고마워할 필요가 있었다. 유럽이 러시아의 에너지 독점을 타파하는 것은 어렵지만 피할 수 없는 선택이기 때문이었다. 우크라이나 문제에서 푸틴의 지나친 행위가 우유부단하던 유럽인들이 결심을 내리도록 했다.

현재 유럽은 해마다 러시아에서 1,600억㎥의 천연가스를 수입하고 있는데 그중 절반은 우크라이나를 경유해야 한다. 유럽 국가들이 걱정하는 것은 러시아-유럽 위기의 최악의 결과로 유럽이 800억㎥의 천연가스를 손실 보는 것이다. 이 양은 독일의 2년 동안의 천연가스 소비량과 거의 맞먹는 수준으로 유럽이 감당할 수 없는 양이다.

2014년 5월 5일 유럽연합이 회의를 소집했는데 주제는 러시아 천연가스 공급의 급격한 감소에 대응하는 것이었으며 유럽연합 국가들은 대응책에 관한 많은 의논을 했다. 일치하게 달성한 결과로는 각국이 (러시아의) 천연가스에 대한 수요를 줄이거나 심지어 천연가스 사용을 포기하여 푸틴 대통령의 에너지 무기의 위력을 최저한으로 낮추는 것이었다. 그중 구체적인 방법으로는 셰일가스 사용을 늘리고 저장량을 늘리고 수요를 줄이고 석탄 사용량을 늘리고 에너지 효율을 높이는 것 등이다. 데이비 영국 에너지 장관은 "유럽연합은 전략적인 결정을 내려 산업화 국가의 러시아 에너지에 대한 의존성을 낮출 것"이라고 공개적으로 밝혔다.[248]

에너지가 기본 수요라는 특성을 가지고 때문에 러시아 천연가스에 대한 의존성을 낮추는 가장 현실적인 방법은 공급을 늘리고 에너지 다양화를

---

248   리즈친(李自琴), 「유럽이 러시아 천연가스를 포기한 후」,http,//www.china5e.com/
        news/news-869299-1.html, 2014-05-09.

실현하는 것이다. 이에 앞서 수압파쇄 채굴법이 환경을 파괴하기 때문에 유럽은 한동안 셰일가스 개발에서 보수적인 태도를 취했고 많은 국가들이 수압파쇄법을 공개적으로 금지시켰다. 한편 터키는 기타 에너지공급 루트를 증가할 계획이며 그중에는 이란에서 천연가스를 수입하는 방안이 포함돼 있었다. 헝가리는 국내 각 발전소가 기타 연료를 사용하는 것을 격려했다.

2) 에너지 구조 조정, 구상 로드맵

근 20년래 유럽연합의 신에너지 산업이 신속하게 발전했다. 그중에서 정책 지지가 중요한 추진 역할을 했지만 이밖에 전통 에너지 소비의 환경에 대한 파괴, 전통 에너지 구조의 폐단, 경제와 산업 구조 전환의 수요 등이 유럽 국가가 신에너지를 적극 개발하고 이용하게 된 더욱 중요한 원인이 되었다. 2020년에 이르러 유럽연합은 신에너지와 재생에너지가 에너지 소비에서 차지하는 비중이 20%에 달하게 되었고 이는 신에너지 산업에 거대한 추진 역할을 하게 되었다. 이밖에 유럽연합의 '2050년 에너지 로드맵'의 요구에 따라 2050년이 되면 모든 에너지 소비 중 신에너지 소비의 비례가 최고로 75%에 달하게 된다. [249]

다년간의 발전을 거쳐 유럽연합의 신에너지 산업은 일정한 규모를 형성했다. 2011년 말, 신에너지 산업의 생산액은 1,370억 유로에 달하고 1,186,000개의 일자리를 창출했다. 2001년 이후 유럽연합의 신에너지가 전체 에너지 소비에서 차지하는 비중이 63% 상승했으며 같은 시기에 석유와

---

249   「유럽 청서, 유럽에서 신에너지가 점차 전통 에너지를 대체한다」,
       http://world.people.com.cn/n/2014/0829/c1002-25565981.html, 2014-08-29.

석탄의 소비량은 대폭 감소되었다. 신에너지 사용의 평균 성장률은 69%로 기타 에너지의 성장 속도보다 높았다. 이는 신에너지가 점차 전통 에너지를 대체하고 있다는 것을 설명했다.

2000~2012년 유럽연합에서는 신에너지가 전기생산 분야에서 강력한 동력을 보여주었으며 기존의 전통에너지발전의 점유율을 점차 차지해갔다. 풍력 발전용량이 96.7 기가와트(GW)(GW)에 달했고 태양광 발전용량은 69기가와트(GW)에 달했으며 원자력 발전용량은 14.7기가와트(GW) 하락, 화력 발전용량은 12.7기가와트(GW) 하락했고 석유 발전용량도 17.4기가와트(GW) 하락했다. 전체 신에너지 중 태양광 에너지의 기여율이 가장 높아 약 54%에 달했고 다음으로 풍력이 약 38%에 달했다. 바이오매스 에너지의 기여율은 4%, 태양열 에너지의 기여율은 3%, 조력, 지열 등 기타 에너지의 기여율은 1%였다.[250] 2005년 이후 유럽연합은 중요한 신에너지발전 전략을 연이어 출범하여 미래 에너지산업의 발전에 방향을 가리켜주었다.

2006년에 제작한 『유럽연합 에너지 그린 북』은 에너지 안전과 지속가능한 발전을 강조했고 신에너지발전목표를 초보적으로 설정했다. 2008년 유럽연합은 전략 에너지기술 계획을 진일보적으로 통과하여 그중의 기술요구와 세칙을 세분화하고 풍력 에너지, 태양광 에너지와 바이오에너지 기술을 발전시킬 것을 제안하여 '저탄소 에너지'를 기반으로 유럽연합의 경제를 발전시키려 했다.

2010~2011년 유럽연합은 에너지 전환의 중요한 한 걸음을 내디더

---

250   「유럽 청서, 유럽에서 신에너지가 점차 전통 에너지를 대체한다」,
       http,//world.people.com.cn/n/2014/0829/c1002-25565981.html, 2014-08-29.

선후로 '유럽 2020 전략'과 유럽연합 '2050 에너지 로드맵'을 출범함으로써 유럽연합의 신에너지발전 정책 목표를 설정했다. 2020년에 이르러 유럽연합은 신에너지와 재생에너지가 에너지 소비에서 차지하는 비중이 20%에 달하게 되며 바이오 연료가 교통 연료에서 차지하는 비중이 10%에 달하게 되었다.[251] 그리고 유럽연합 '2050 에너지 로드맵' 요구에 따라 2050년에 이르러 유럽연합의 전체 에너지 소비 중 신에너지가 전력에너지의 97%를 공급하게 되는데 그중에는 이미 전력에너지의 3분의 1을 차지한 원자력에너지발전이 포함되지 않았다. 이로부터 유럽연합이 신에너지산업 발전을 위해 다방면으로 정책적인 지지를 했다는 것을 알 수 있었다.

입법 방면에서 2009년 유럽연합은 새 재생에너지법을 통과하여 에너지 구조를 진일보적으로 추진하기 위한 준비를 했다. 2011년에 재생에너지발전법을 통과하여 각국에 법률 요구에 따라 재생에너지를 건설하고 발전시킬 것을 요구했다. 경제 방면에서 유럽연합 국가는 잇달아 신에너지산업 발전에 대량의 보조금을 제공했다. 유럽연합이 통일적인 보조금 표준을 내놓지 않아 각국이 자체로 결정해야 했지만 대부분 회원국은 '발전차액지원' 제도를 이용해 본국의 신에너지 산업 발전을 지지했다.

세금과 대출 문제에서 유럽연합 회원국은 본국의 신에너지 산업에 세금 감면과 우대금리를 제공하고 규제를 완화했다. 예를 들면 유럽 의회는 법을 제정하여 바이오연료 생산 과정에 90%의 세금을 감면하였고 바이오디젤유의 주요 원료인 유채씨는 생산과정에 차별세율을 누렸다.

지난 한 해를 돌이켜보면 유럽연합의 신에너지 산업이 새로운 변화를

---

251 「유럽 청서, 유럽에서 신에너지가 점차 전통 에너지를 대체」,
     http,//world.people.com.cn/n/2014/0829/c1002-25565981.html, 2014-08-29.

맞이했다는 것을 알 수 있다. 우선, 재정 지원을 계속 이어가기 어려웠고 이런 지원이 신에너지 산업의 시장경쟁력을 교란한 것이 아닌지 검토해볼 필요가 있었다. 다음, 일부 기술적인 난관을 극복하기 어려웠다. 지금까지 유럽연합이 신에너지 기술을 개발하고 사용하는 과정에 주목할 만한 성과를 거두었지만 아직도 많은 기술 난관을 돌파하지 못하고 있다. 특히 신에너지 자동차, 바이오연료 기술을 상업적으로 보급시키는 방면에 여전히 기술적인 결함이 존재하며 상품이 다 아직 성숙되지 못했다. 이런 기술을 돌파하고 상업화를 하려면 대량의 투자가 필요하다. 기술과 자금 부족은 유럽이 신에너지 산업이 발전시키는데 걸림돌로 작용하고 있다.

3) 바다를 향하여, 조력에너지 이용 확대

2014년 1월 22일 유럽연합위원회는 『유럽연합 에너지가격과 원가 보고』라는 보고서를 발표하여 유럽의 전력과 천연가스 가격 추세를 상세하게 분석하고 유럽연합과 세계 주요 협력동반자의 에너지가격을 비교했으며 에너지가격을 통제할 것을 제안했다.

이 보고는 2008~2012년의 세계 에너지가격 동향을 분석하였는데 에너지 소매가격이 뚜렷하게 상승하는 추세였다. 가정용 전기와 가스 가격은 각각 연평균 4%와 3% 상승했고 공업용 전기와 가스 소매가격은 각각 연평균 3.5%와 1% 상승했다. 화석에너지가격이 상승하면 유럽연합의 전기 가격과 가스 가격이 짧은 시간 내에 계속 상승할 것으로 전망된다.[252]

---

252 「유럽연합 에너지가격과 원가 상승에 고민, 앞으로 해양 재생에너지 자원 전망 밝아」,
http://news.xinhuanet.com/energy/2014-02-01/c_126081672.htm, 2014-02-01.

보고는 분석을 통해 유럽연합 각국의 에너지가격에 비교적 큰 차이가 존재한다고 지적했다. 에너지 구조, 에너지 수송 원가와 세율 등 요소가 각기 다르기 때문에 각국의 에너지가격 또한 서로 달랐다. 이 보고는 에너지 개발과 사용 원가가 계속 상승하는 추세기 때문에 유럽의 에너지가격은 보편적으로 세계 기타 주요 경제체보다 높다고 지적했다.

　유럽연합 각국의 공업용 전기 가격은 미국과 러시아의 2배를 초과했고 중국보다도 20% 높으며 일본보다 20% 낮을 뿐이었다. 공업용 가스 가격은 미국, 인도와 러시아의 3~4 배이고 중국보다 12% 높고 브라질과 같은 수준이며 일본보다 낮을 뿐이었다. [253)]

　『유럽연합 에너지가격과 원가 보고』는 '기후와 에너지 보고'의 한 부분으로 유럽 2015~2030년의 에너지정책에 많은 영향을 주게 되었다. 보고가 발표된 후 유럽연합 각국 사이에서 널리 토론이 일어났다. 기존의 에너지정책이 2020년까지 지속되기 때문에 여러 나라들은 유럽연합의 가격 경쟁력이 지금의 기후 · 에너지정책과 미래 에너지정책의 영향을 받은 것이 아닌지 생각해보고 있다.

　락시미 미탈 아르셀로미탈(Arcelor Mittal) 강철그룹 회장 및 최고경영자가 '파이낸셜 타임즈'와의 인터뷰를 통해 새로운 에너지기후정책이 "유럽의 에너지집약형 산업을 위협하는 거대한 원가 차이"를 충분히 보충할 수 있다고 밝혔다. 미탈 회장은 "유럽에 있는 우리 공장이 미국의 에너지 가격으로 지불한다면 그룹의 원가가 해마다 10억 달러 이상 감소할 것"

---

253 「유럽연합 에너지가격과 원가 상승에 고민, 앞으로 해양 재생에너지 자원 전망 밝아」,
　　http,//news.xinhuanet.com/energy/2014-02/01/c_126081672.htm, 2014-02-01.

이라고 전했다. [254]

　이런 난감한 국면을 타개하기 위해 유럽연합위원회는 에너지가격을 통제하기 위한 몇 가지 건의를 제기했는데 여기에는 유럽연합 내부의 에너지시장을 건전히 하고 이용 효율을 높이고 에너지공급의 다원화를 실현하고 에너지 문제에 관한 담판에서 유럽연합이 일치하게 외부를 상대하고 유럽연합 에너지정책을 실천할 때 에너지가격과 소비자에 대한 영향을 충분히 고려하는 것 등이 포함돼 있다. 이밖에 유럽연합위원회는 또 해양 재생에너지발전 계획을 제기하여 유럽연합 회원국이 조력에너지의 개발과 이용을 추진할 것을 희망했다.

　현재 조력에너지는 기술을 응용하고 발전시키는 방면에서 많은 난제에 부딪혔다. 예를 들면 조력에너지발전의 원가가 너무 높아 실용적이 되지 못한 것, 조력발전소의 관리와 운행 문제 및 조력에너지 이용이 현지 생태환경에 주는 잠재적인 폐해 등이다.

　해양 재생에너지발전 계획의 초보적인 계획이자 가장 관건적인 행동이 바로 해양에너지포럼을 설립하여 현지에 존재하는 문제에 대해 실행 가능한 해결방법을 연구 토론하는 것이다. 그리고 기타 해양산업 문제도 논의할 필요가 있는데 여기에는 해상 풍력발전 프로젝트, 해양산업 공급사슬의 양 끝과 관련된 문제가 포함된다. 포럼의 성과를 바탕으로 유럽연합 회원국, 관련 구역(해양) 당국과 비정부기구를 조직하여 전략 로드맵을 제정하고 대체적인 발전 방향을 예측하고 명확한 목표를 제정함과 아울러 초보적인 목표 실현 시간표를 내와야 한다.

254　「유럽연합 에너지가격과 원가 상승에 고민, 앞으로 해양 재생에너지 자원 전망 밝아」,
　　　http://news.xinhuanet.com/energy/2014-02-01/c_126081672.htm, 2014-02-01.

유럽연합 에너지 위원인 군터 웨팅거는 "조력에너지는 유럽 지역에서 개발과 이용이 가능한 청정에너지이고 실용가치가 사람들의 상상을 초과한다"고 말했다. 마리아 다마나키 유럽연합 해양수산 집행위원인도 "유럽연합이 조력에너지를 개발, 이용하는 것은 가능한 것이고 또 꼭 필요한 것"이라고 전했다. 현재 프랑스, 영국, 포르투갈, 스페인과 스칸디나비아 반도가 조력에너지발전소를 건설하고 있으며 대규모로 이용하는 것은 시간문제이다.

유럽연합위원회는 이 새 계획이 '블루 에너지'를 산업화 하는데 도움이 될 것이라 여겼다. 해양 재생에너지 특히 조력에너지는 유럽연합의 청정에너지의 중요한 원천이 될 것이며 이로써 에너지 다원화를 실현하고 앞으로 큰 경제 효과를 얻을 수 있다.

4) 온실가스 배출 감소, 동시에 경제성장도 확보

2014년 1월 22일 유럽연합위원회는 벨기에 브뤼셀에서 2030년 기후 · 에너지정책 목표를 발표하여 기후변화에 대응하는 동시에 경제발 전을 유지하려 했으며 경제수준을 희생하는 것을 대가로 삼으려 하지 않았다. 그중에는 유럽연합 회원국이 2030년 전까지 온실가스 배출을 1990년보다 40% 감소시키고 동시에 재생에너지가 유럽 에너지 구조에서 차지하는 비례는 27% 또는 그 이상이어야 한다는 규정이 있다. 이는 큰 진보이며 유럽의 에너지 현황을 근본적으로 개변할 수 있다. 바호주 유럽연합 집행위원회 위원장은 기자회견에서 "기후행동은 우리가 살고 있는 별의 미래와 관계되고 에너지정책은 각국의 경쟁력을 발휘하는 관건이며 이 두 가지는 서로 모순되는 것이 아니라 상호 보완하는 것"이라고 말했다.

그는 유럽연합은 기후변화에 대응하는 동시에 경제의 발전을 포기하지 않는다는 확신을 가져야 한다고 했다.

바호주 위원장은 "우리는 세계 기후행동에서 유럽연합의 확고한 지도적 지위를 보여주었고 경제에 이로운 방식으로 이를 실현할 수 있다는 것을 보여주었다. 야심차고 교묘한 '2030 전략'을 통해 유럽은 세계 기후행동에서 자신의 몫을 완성하는 한편 비싼 수입산 천연가스와 석유에 대한 의존성을 줄이고 녹색 과학기술산업의 발전과 지속가능한 성장을 추진함으로써 기업에 장기적으로 안정된 투자 전망을 제공할 것이다."라고 말했다. [255]

지금의 상황으로 보면 40%란 상당히 높은 목표로 실현하기 매우 어려운 것이며 유럽연합 내부에서도 이 목표가 실제에 부합되는지 치열하게 논쟁을 벌인바 있다. 유럽연합위원회의 기후변화 담당인 헤더가드 집행위원은 이 목표가 높기는 하지만 실현할 수 있는 것이고 장원한 시각으로 보면 반드시 실현해야 한다고 말했다. "우리의 모든 영향평가와 배후의 분석결과가 보여주다시피 우리가 2050년에 온실가스를 80%~95% 감축하는 목표를 실현하려면 2030년의 가장 합리한 목표는 40% 감소시키는 것이다. 이는 우리가 비교적 평평하고 매끄러운 곡선을 따라 온실가스 감축 목표를 완성하면서 모든 임무를 미래에 맡기지 않는다는 것을 의미한다. 이것이 바로 40%가 실행이 가능한 이유이다. 그러나 이는 또한 야심찬 목표이고 우리는 그렇게 해야 한다." [256]

이밖에 유럽연합위원회는 세계 기타 국가들에 유럽처럼 실제적인 에너지

---

255 「유럽연합, 기후변화에 대응하는 동시에 경제도 발전시킨다」,
http://www.chinanews.com/cj/2014/01-23/5771690.sht-ml, 2014-01-23.

256 「유럽연합, 기후변화에 대응하는 동시에 경제도 발전시킨다」,
http://www.chinanews.com/cj/2014/01-23/5771690.sht-ml, 2014-01-23.

중국 에너지 국제협력 보고서 297

목표를 제정하여 기후변화와 환경문제에 적극 대응할 것을 호소했다. 세계 기타 큰 경제체도 유럽을 따라 배워 2030년 내지 더욱 장원한 시간의 온실가스 감축 목표를 제정한다면 기후변화 대응 방면에서 세계에는 더욱 많은 협동협력의 공간을 가지게 될 것이다.

3. 2014년 중국과 유럽 에너지협력 개황과 분석

2014년 중국과 유럽의 에너지협력이 점진적으로 발전했다. 이 해에 시진핑 주석과 리커창 총리가 각각 유럽을 방문하였는데 각국 정상들과의 회담에서 에너지협력이 화제의 중심이 되었다. 에너지와 환경문제에 대한 각국의 중시와 견해가 일치해졌으며 중국과 유럽의 에너지협력이 빠른 속도로 진전되었다. 시 주석은 유럽 방문 기간에 네덜란드 헤이그에서 열린 핵안보정상회의(NSS)에 참가해 두 개의 중요한 성과를 거두었다.

하나는 중국광허그룹(中國廣核集團)이 프랑스 전력공사가 영국에 건설하는 원자력 발전 프로젝트의 지분에 출자한 것이고 다른 하나는 토탈회사가 중국해양석유총공사와 '액화천연가스(LNG) 협력협의'를 체결한 것이다. 리커창 총리는 유럽방문 기간에 해당 국가와 에너지협력을 강화하겠다고 거듭 밝혔으며 중국핵에 너지전력주식회사(CNNPC · 中國核電)에게 외국으로 진출하여 중국의 에너지 대국의 이미지를 수립하라고 격려했다. 리 총리가 이탈리아를 방문하는 기간에 중국과 이탈리아는 80억 유로에 해당되는 에너지협력 계약을 체결했다.

1) 핵안보 정상회의, 중국-프랑스 협력 성사시켜

2014년 3월 24일부터 25일까지, 핵안보정상회의(NSS)가 네덜란드 헤이그에서 열렸는데 취지는 세계 범위에서 핵테러리즘을 방지하는 것이었다. 국제 사회는(NSS)가 효과적인 국제협력을 보장하고 핵테러리즘을 방지하는데 매우 중요한 역할을 한다고 평가했다. 이 정상회의는 제일 처음 오바마 미국 대통령이 발기하였고 제1차 정상회의는 2010년에 워싱턴에서 소집되었다. 2012년 제2차 정상회의가 한국 서울에서 열렸다. 그 후 네덜란드가 요청을 받고 2014년 제3차 정상회의를 소집했다. NSS의 지명도가 날로 높아지면서 이 정상회의에 세계 수천 명의 대표와 기자들이 모여왔다.[257] 세계 반테러 협력을 심도 있게 추진시키는 한편 중국은 이 기회를 이용하여 유럽과 두 개의 중요한 협력 성과를 달성했다. 하나는 중국광허그룹(中國廣核集團)이 프랑스 전력공사와 협의를 체결하여 지분에 출자하는 방식으로 프랑스 전력공사가 영국에 건설하는 신규 원자력 발전 프로젝트의 개발과 건설에 참가하게 된 것이다. 다른 하나는 중국해양석유총공사가 프랑스 토탈회사와 '액화천연가스(LNG) 협력협의'를 체결한 것인데 양자는 중국의 천연가스 시장에 해마다 100만 톤의 액화천연가스를 더 공급함으로써 액화천연가스 산업사슬에서 전면적인 협력을 강화하게 되었다.

중국과 프랑스가 체결한 영국에 대한 신규 원자력 발전 프로젝트 건설 협력협의는 역사상 유례가 없는 것이었다. 이번 협력은 형식도 매우 새로웠

---

257 「제3차 핵안보 정상회의 네덜란드 헤이그에서 개막, 시진핑 중국의 핵안보관 명백히 논술」, http://gb.cri.cn/42071/2014/03/25/2225s4477250.htm, 2014-03-25.

는바 중국과 프랑스가 처음으로 제3국에서 원자력 발전 프로젝트를 공동 개발하는 것이었다. 체결한 협의에 따라 중국광허그룹은 지분에 출자하는 방식으로 프랑스 전력공사가 영국에 새로 건설하는 원자력 발전 프로젝트의 개발과 건설에 참가했다. 양자는 중국광허그룹이 이끄는 중국원자력 발전기업이 영국에 있는 후속개발 원자력 발전 프로젝트를 개발하는 것을 공동으로 추진하게 되었다. 중국과 프랑스는 앞서 이미 체결한 세계 동반자 협의 및 양해각서 집행 협의에 따라 원자력 발전기술 연구개발 방면에서의 협력을 강화하고 원자력 발전 프로젝트의 설계와 설비구매 협력을 강화하고 기존의 원자력 발전소의 운영과 유지 방면에서 협력을 강화하고 양측의 원자력 발전 프로젝트의 설계 및 발전소의 설계, 건조, 구매 및 운영 관리 등 방면의 능력과 업적을 진일보적으로 제고시켰다.[258]

시진핑 주석은 이번 유럽 방문기간에 연속해서 이틀간 중국 원자력발전 산업의 '해외진출'을 추진했다. 이에 앞서 시 주석은 캐메런 영국 총리와의 만남에서 원자력 발전 등 영역에서 '해외진출' 전략을 관철하겠다고 강조하여 주목을 받았다. 시 주석은 양국이 원자력 발전, 고속철도, 첨단기술, 금융 등 영역에서 시범성이 강한 '플래그쉽 프로젝트'을 만들어 교육, 과학기술, 언론의 교류와 협력을 심화시키고 인적 내왕을 편리하게 해야 한다고 말했다.

연속 이틀간 중국은 영국, 프랑스 두 대국과 원자력 발전 산업과 관련해 광범하게 접촉하여 세계의 주목을 받았으며 중국원자력 발전 산업의 '해외진출(走出去)' 전략을 위해 좋은 기반을 마련했다. 그러나 사실상

258　「중국광허그룹, 프랑스 전력공사와 협력협의 체결」,
　　　http,//www.chinairn.com/news/20140331/122915704.html, 2014-03-31.

중국원자력 발전 기업은 2013년 하반기부터 세계에 두각을 내밀기 시작했다. 특히 영국, 루마니아, 파키스탄, 아르헨티나 등 나라들에서 중대한 돌파를 거두었으며 여러 개의 원자력 발전 프로젝트의 기회를 따냄으로써 좋은 브랜드 이미지를 수립했다. 오스본 영국 재무장관은 중국 방문 시에 중국광허그룹이 영국 원자력 발전 프로젝트에 참가한 것에 대해 큰 믿음을 가진다고 밝힌바 있다.

이에 앞서 시진핑 주석과 리커창 총리는 2013년의 중앙경제업무회의에서 원자력 발전과 고속철도를 중요한 수출 항목으로 삼고 추진하고 실현해야 한다고 지시했는데 즉시 효과가 나타났다. 리커창 총리는 2014년의 3차례의 국사방문과 2014년 12월 초 베이징에서 진행된 중영총리 연례회의에서 중국핵에너지전력 등 중국 브랜드의 이미지를 부각시키고 적극적으로 세계에 홍보했으며 중국광허그룹이 루마니아 국가원자력 발전공사와 원자력 발전 프로젝트 협력 의향서를 체결하는 것을 주도함으로써 원자력 발전 산업이 세계에 진출하는데 좋은 시작을 만들어주었다.

중국의 지금의 발전상황을 보면 원자력에너지의 '세계진출'은 필연적인 선택이고 국가발전의 주제에 반드시 포함될 내용과 이치이다. 비교적 깨끗한 지속가능 에너지로서 원자력에너지의 발전은 이미 세계적으로 광범하게 인정을 받았다. 지금까지 원자력 발전이 세계 전력의 총 발전용량에서 차지하는 비율이 거의 17%에 달하고 세계 발전량의 약 12%를 차지했다. 중국은 원자력 발전의 이용이 매우 부족한편인데 중국의 원자력 발전용량의 비례는 2% 미만으로 시장이 넓고 발전 공간이 매우 크다.

국제원자력기구의 예측에 따르면 10년 후 중국을 제외하면 세계적으로 60~70대의 100만 킬로와트 급 원자력 발전 설비가 건설에 투입될 것이다. 미국, 러시아, 프랑스, 일본, 한국 등 원자력 발전 대국은 필연코 국제시장에 진출할 것이고 원자력 발전의 수출을 국가 전략으로 업그레이드시키고 자체의 기술 우세를 이용하여 국내 기술 진보와 산업고도화를 이끌어갈 것이다.

2014년 '양회' 기간에 11명의 정협 위원이 공동 서명으로 제출한 「'화룽1호(華龍1號)'의 세계 진출을 추진해 원자력 발전 '강국의 꿈'을 조속히 실현하자」는 제안이 많은 주목을 받았다. 이 제안은 중국 원자력 발전이 국문을 나서게 하는 것은 중국이 강국의 길로 가는데 필요한 한 걸음이라고 지적했다. 이밖에 원자력기술 최적화와 원자력 기술 장비의 수출을 추진하는 것도 처음으로 본 연도의 정부업무보고에 포함되었다.

앞에서 제기한 11명의 정협 위원의 한 명인 왕지(王計) 둥팡뎬치 그룹(東方電氣集團) 회장은 중국원자력장비가 현재 '계단을 올라가고', '세계로 진출'하는 관건적인 시기라며 이 기회를 잘 틀어쥔다면 중국의 원자력 발전 산업은 큰 발전을 맞이하게 되지만 원자력 발전의 건설 및 발전이 연속성과 지속적인 지원을 잃는다면 원자력 발전 장비제조 기업은 기술의 연구와 개발, 능력건설 등 방면에서 연관성을 잃고 미끄럼질 칠 것이며 형성 된지 얼마 안 되는 국유화 진척이 점차 정체될 것이라고 했다.

바오원차오(鮑雲樵) 중국 에너지연구회 부이사장도 비슷한 견해를 발표한 적이 있다. 그는 "국내 원자력 발전 건설이 정체될 경우 우리나라 원자력 발전 건설 자원의 낭비를 조성할 수 있다"고 했다. 그는 "지금 연구개발과 건설 준비를 하지 않는다면 앞으로 전체 원자력 발전 산업의 사슬이 단열되면서 중국의 전반 에너지상황이 위험에 빠질 수 있다"고 했다.

허위(賀禹) 전국정협 위원 및 중국광허그룹 회장은 세계의 개방된 원자력 발전 시장을 지향한 중국원자력 발전의 '해외진출' 전략은 내재적인 동력을 가지고 있을 뿐만 아니라 실제 운행 능력을 구비했다고 했다. 그는 '30년간 중국원자력 발전 산업은 신속히 발전했으며 규모와 산업사슬이 비약적으로 발전하여 사전에 기대했던 표준에 도달했으며 프로젝트의 건설, 생산운영 등 방면에서 비교우위를 형성했고 국제 시장에서 좋은 평가를 받았다'고 했다.

2) 중국-유럽의 탄소배출권 거래 항목에 관한 교섭

2014년 5월 20일 중국은 유럽연합과 새로운 탄소배출권 거래 협력 프로젝트를 공식 가동했다. 이는 중국과 유럽연합의 온실가스 감축 협력이 확실한 한 걸음을 내디뎠다는 것을 보여주었다. 이 협력 프로젝트는 3년을 기한으로 하는데 그중 유럽연합이 500만 유로를 출자하고 프로젝트 팀은 국제컨설팅업체(ICF)가 주도했다. 중국-유럽연합 연도 기후변화 대화회의가 2014년 5월 20일 소집되었다. 회의 의정에는 국제기후변화 담판, 중국과 유럽연합 각자의 기후변화 정책 및 중국-유럽연합의 협력 등이 포함되었다. 새로운 협력 항목을 통해 유럽 측 전문가와 중국의 7 개의 탄소거래 시점도시의 전문가 및 정책제정자가 유럽연합의 탄소배출권 거래 경험을 공유했는데 이는 중국이 국가 차원에서 탄소거래 시스템을 건설하는데 도움이 되었다. 여기에는 관건적인 시스템인 '모듈'을 지원하는 설계가 포함되는데 예를 들면 탄소배출 상한선 설정, 배정액 발급, 관건적인 시장 프레임 건설 및 감독 · 보고 · 감사 · 인증 시스템 건설 등이었다.[259]

중국이 전국의 탄소시장을 연구하고 있을 때 중국과 유럽은 또 새로운

---

259   「중국과 유럽, 새로운 탄소배출권 거래 협력 프로젝트 공식 가동」,
         『과학시보』 2014-05-20.

탄소배출권 거래 협력 항목을 발표했다. 요스 델베키(Jos Delbeke) EU 기후변화 총국장은 "이 프로젝트에는 두 가지 목적이 있는데 첫째는 훈련을 강화하는 것이고 둘째는 경험을 교류하는 것이다"라고 밝혔다.

이밖에 중국-유럽연합 연도 기후변화 대화회의가 같은 시기에 진행되었다. 회의 의정에는 국제기후변화 담판, 양자의 기후변화 정책 및 중국-유럽연합 에너지협력 등이 포함되었다. 델베키 총국장은 중국 국가발전개혁위원회 기후변화대응사 사장과 교류했으며 두 사람은 현재 중국의 배출 최대치 내부 연구에 대해 의견을 교류했다고 밝혔다. 그는 중국이 배출 최대치를 제때에 발표한다면 2015년 파리 정상회의의 성공적인 개최에 매우 큰 도움이 될 것이라고 했다.

중국은 전국적으로 통일된 탄소거래시장을 건설하기 시작했고 현재 탄소거래 시점이 중대한 성과를 취득했기 때문에 국가의 통일적인 탄소거래시장 건설 요구에 따라 각 성 시와 전국의 탄소시장 건설 능력을 높일 계획이며 중점은 각 성 시의 관련 참가자들에게 탄소거래의 기본지식을 훈련시키고 이를 바탕으로 특정된 테마별로 훈련을 실시하는 것이다.

훈련이 매우 중요한 것은 탄소배출권시장이 중국의 일부분 지역 참가자들에게는 아직 매우 생소한 화제이기 때문이었다. 탄소배출권 시장이 영활하게 운행되게 하려면 게임 법칙을 충분히 연구하고 알아야 하기 때문에 참가자에 대한 능력 건설이 지극히 중요하다. 비록 현재 중국의 탄소배출권 거래 시장의 규모가 급속히 확대되고 있지만 진일보적으로 최적화하고 해결해야 할 문제가 많고 또 완벽하지 못한 곳이 많다. 이 역시 중국-유럽연합 프로젝트가 성립된 원인의 하나이다.

현재, 중국의 온실가스 감축 시점 기업은 첫 계약이행 기간에 있다. 흔히 계약이행 기간의 초기 단계에 많은 관건적인 문제가 표출되는데 이 역시 빈틈을 메울 좋은 기회이다. 관건은 문제가 생겼을 때 해결해야 하고 미봉해야 할 문제가 어떤 것인지 알아야만 우리가 증상에 따라 처방을 내릴 수 있다는 것이다. 다른 나라의 경험으로 보아 3가지 중요한편에 중시를 돌려야 한다. 첫째는 탄소시장 총량의 목표를 설정하는 것인데 이는 수급관계에 매우 중요한 것이다. 둘째는 탄소시장의 인프라 건설인데 이는 등록하는데 매우 중요한 것이다. 셋째는 수치의 질이다. 이 세 가지는 탄소시장 건설에서 가장 중요한 것이다.

수치의 질을 말하면 유럽도 처음 시작할 때에 중국과 상황이 비슷했는데 배출에 관한 온전한 데이터베이스가 없었다. 앞에서 서술한 바와 같이 온실가스 감축 기업의 첫 계약이행 기간은 둘도 없는 기회로 진실한 배출 상황을 파악하고 진실한 수치를 얻어 배출 데이터베이스를 보충하고 최적화할 수 있다.

현재 유럽연합은 탄소배출권 시장의 주력과 선도자이며 자체의 영향을 확대하기 위해 세계적인 탄소배출권 거래 시장이 건설되기를 절박하게 희망하고 있다. 중국과의 협력은 바로 이런 급한 마음에서 출발한 것이다. 현재 중국에서 미국까지, 남아프리카에서 호주까지 세계적으로 40여 개 국가와 20개 지역이 새로운 탄소배출권 가격결정 제도를 건설하고 있다.

2013년 세계은행이 발표한 한 차례 세계 탄소배출권 시장 보고에 따르면 현재 탄소배출권 가격결정 제도를 이미 건설한 국가 또는 지구의 매년 이산화탄소 총 배출량은 약 100억 톤으로 세계의 21%를 차지한다. 만약 중국, 브라질, 칠레 및 기타 국가가 다 자체의 탄소배출권 가격결정 제도를 실행한다면 세계 240억 톤의 이산화탄소 배출 즉 거의 세계의 절반에

해당되는 이산화탄소 배출이 가격의 통제를 받게 될 것이다. [260]

이성적으로 고려하여 우리는 세계 탄소배출권 시장의 완성에 장기적인 기대를 해야 한다. 세계 탄소배출권 시장을 연결시키는 것은 하룻밤 사이에 완성할 수 있는 것이 아니다. 보수적인 추산에 따르면 최소 10여 년의 시간을 들여 세계 탄소배출권 시장 연결을 협상해야 한다.

3) 중국-영국 원자력 발전 프로젝트 협력

2014년 6월 17일 중국과 영국이 공동성명을 발표했다. 양국은 민용 원자력 발전 협력을 환영했으며 민용 원자력에너지협력 공동성명을 체결하고 발표했다. 중국핵에너지전력주식회사(CNNPC · 中國核電), 중국광허그룹과 국가핵에너지전력기술회사가 각각 영국의 기업과 원자력 발전에 관한 협력협의와 양해각서를 체결했다.

같은 날, 리커창 중국 국무원 총리와 캐메런 영국 총리가 중영 총리 연례회의를 가졌다. 중영 양국은 원자력 발전 협력 등에 관한 공동성명을 발표했다. 영국은 중국 기업이 계속 영국에서 교통, 에너지 등 인프라시설 특히 원자력 발전, 고속 철도, 해상 풍력, 태양광발전 등 프로젝트에 투자하는 것을 환영한다고 밝혔다.

이는 2013년에 오스본 영국 재무장관과 캐머런 영국 총리가 선후로 중국을 방문한 후 영국이 또 한 번 양국 간 원자력에너지협력을 지지한다고 태도표시를 한 것이다. 이 역시 양국 간 원자력 발전 방면의 또 하나의

---

260 「중국-유럽, 새로운 탄소배출권 거래 협력 가동」,
     『21세기 경제도보(21世紀經濟導報)』 2014-05-26.

중요한 협력이다.

원자력 발전 방면의 협력을 양국 정부의 공동성명에 포함시킨 것은 양국이 이 협력을 높이 중시하고 서로 상대방과의 협력을 필요로 한다는 것을 충분히 설명한다. 현재 중국의 원자력 발전 프로젝트가 아직 시작 단계에 있는바 양국의 원자력에너지발전이 이 정책적인 서류의 지도하에 투자협력 관계로부터 착수하여 상호 신뢰를 증진하고 양국 협력의 심도와 폭을 추진시키기를 바란다.

이 성명에서 양국이 다 에너지협력은 양국 협력의 중요한 버팀목과 결합점이라는 것을 인정했다. 이 협력은 시대의 조류에 순응하여 청정 에너지와 저탄소에너지 구조 전환을 지지하게 되며 앞으로 안정적이고 안전 하고 저렴한 가격의 에너지를 공급받는데 유리하다. 양국은 상대국과의 민용 원자력에너지협력을 희망하면서 민용 원자력에너지협력 공동성명을 체결하고 발표했다.

이밖에 양국은 동반자 관계를 구축하는 방식으로 협력을 강화할 수 있고 투자를 최적화해야만 영국 원전시장의 발전 기회를 최대한으로 잘 이용할 수 있다고 생각했다. 양국은 함께 노력하여 영국 힝클리포인트 원전 프로젝트 건설을 다그치고 조속히 공사를 끝마치기를 바랐다.

힝클리포인트 원전 프로젝트는 영국이 20년 이래 처음으로 건설한 원자력 발전소로 2개의 원자로를 건설할 계획이다. 이 프로젝트는 중국-프랑스의 협력으로 영국 서머싯에 건설되며 160억 파운드(약 256억 달러에 해당)나 되는 높은 예산을 가지고 있다. 이 프로젝트는 프랑스 전력그룹이 책임을 지고 중국광허그룹과 중국핵공업집단회사가 공동으로 참여하고 프랑스 아레바 그룹은 10%의 지분을 보유하며 건설이 끝난 후 각 자가 공동으로

35년간 운영한다. [261]

영국 언론은 힝클리포인트 원전 프로젝트는 지분 양도 등 문제를 해결하기 매우 어렵기 때문에 담판이 짧은 시간 내에 달성되기 어렵다고 보도했다. 그러나 중국은 힝클리포인트 원전 프로젝트의 협력에서 돌파를 가져와 영국이 앞으로 추진하게 될 기타 원전 프로젝트에서 '자금 수출' 뿐이 아니라 중요한 역할을 맡을 수 있기를 바랐다.

리커창 총리가 영국을 방문하는 동안 중국의 3대 원전 기업인 중국핵공업그룹, 중국광허그룹과 국가원전기술공사가 이미 영국의 기업과 원전 협력협의와 양해각서를 체결했다. 이 가운데 국가원전기술공사는 영국의 롤스로이스 그룹과 양해각서를 체결하여 영국 및 기타 국가의 시장에서 민용 원전 프로젝트 협력을 하기로 했다. 롤스로이스는 양자가 프로젝트 지지, 부품 공급과 공급사슬 관리 등 방면에서 끊임없이 협력을 도모할 것이라고 밝혔다. 이밖에 두 중국 기업도 영국과 이와 비슷한 협의와 양해각서를 체결했다.

성명은 또 중영 양국이 서로의 시장에서 철도교통(고속철도 포함)의 설계와 자문, 시설 유지 등 방면에서 실질적인 대화와 협력을 추진함으로써 더욱 전면적인 호혜 협력을 실현하는데 동의한다고 했다. 양자는 교통 분야에서 협력 양해각서를 체결하는 것도 환영한다고 밝혔다.

---

261 「중국 3대 원전기업 영국과 협력 강화」,
     http,//www.chinairn.com/news/20140619/095800580.shtml, 2014-06-19.

4. 중국-유럽 에너지협력이 직면한 도전과 리스크 및 대응책

1) 중국-유럽 에너지협력 메커니즘 끊임없이 개선되어야 한다.

현재 중국-유럽 에너지협력은 주로 고위층 방문에 의지하고 있으며 상설적인 협상 메커니즘이 부족하다. 양자 간 에너지협력과 리스크 컨트롤 메커니즘이 끊임없이 증가되고 있지만 여전히 포럼을 대표로 하는 비공식 메커니즘을 위주로 하고 있다.

에너지에 대한 현대사회의 거대한 수요와 더불어 중국-유럽의 협력에서 에너지협력의 정도가 날로 향상되고 있다. 1995년 유럽연합은 처음으로 대 중국 정책파일인 「중국-유럽연합 관계 장기적인 정책」을 발표하여 중국-유럽연합의 관계는 장기적인 협력관계라는 기본 정신과 주선율을 확립했다. 파일은 중국-유럽연합의 정치와 경제무역 관계의 발전에 대해 중점적으로 관심을 가졌고 과학기술 협력은 매우 적게 언급했으며, 파일 마지막의 '기타 협력' 중에만 과학기술 협력을 제기했을 뿐이다.[262] 최신 유럽연합의 공식적인 대 중국 파일은 과학기술과 에너지협력이 중국이 국제 경제체제 속에 융합되는 과정에 매우 큰 역할을 했다며 날로 굴기하는 중국이 더욱 많은 국제 책임을 떠안을 것을 요구했다.

현재 중국-유럽연합 에너지협력 메커니즘 가운데 비교적 성숙된 것은 3개인데 중국-유럽연합 연례 정상회의, 중국-유럽연합 에너지협력대회, 중국-유럽연합 에너지안전 실무진회의가 있다.

---

262 'A Long-term Policy for China-Europe Relations', http://ec.europa.eu/transparency/regdoc/rep/1/2005/EN/1-2005-279-EN-F1-1.Pdf.

첫 메커니즘은 중국과 유럽연합이 연례 정상회의를 가지고 양자 간 에너지협력의 총체적인 전략을 제정하는 것이다. 에너지협력과 관련된 부분이 점차 중국-유럽연합 정상회의 공동성명의 핵심 내용의 하나가 되었다. 1998년에 중국-유럽연합 지도자 연례회담 메커니즘이 정식으로 설립된 후 지금까지 17차례 진행되었다. 2014년 시진핑 주석과 리커창 총리가 각각 유럽을 방문하여 중국-유럽 에너지협력을 추진했다. 시 주석은 방문 기간에 네덜란드 헤이그에서 열린 핵안보정상회의에 참가했는데 이는 중국 지도자가 처음으로 핵안보정상회의에 참가한 것이 된다. 이 사이에 중국광허그룹이 지분에 출자하는 방식으로 프랑스 전력그룹이 영국에 건설하는 원전 프로젝트에 참가하기로 결정지었고 토탈회사와 중국해양석유총공사가 LNG 프로젝트 협력협의를 체결했다. 리커창 총리는 유럽 방문 기간에 해당 국가들과 에너지협력을 강화할 것이라고 거듭 밝혔으며 중국 원전이 세계로 진출하도록 추천했다. 이탈리아 방문 기간에 양국은 80억 유로에 해당되는 에너지협력 계약을 체결했다.

중국-유럽연합의 에너지협력 역사를 전면적으로 관찰해보면 '정상회의 메커니즘'이 가장 효과적이고 빈도가 가장 높은 방식이었다. 중국 지도자와 유럽연합 지도자의 회담 또는 회원국 지도자와의 단독적인 회담에서 에너지협력은 줄곧 핵심적인 의제였으며 중요성이 점점 커지고 있다. 그러나 '정상회의 메커니즘'에 과도하게 의지하는 것은 양자 간에 상설적이고 전문적인 메커니즘이 부족하다는 것을 보여주기도 한다.

두 번째 주요 메커니즘은 중국-유럽연합 에너지협력대회인데 1994년에 창설되어 지금까지 8차례 회의를 가졌다. 그러나 최신 제8차 대회는 2010년에 소집되었으며 최근 몇 년간 회의가 폐지된 상태이다.

최근에 소집된 에너지협력대회 즉 제8차 중국-유럽연합 에너지협력대회는

2010년 7월 세계박람회 기간에 상하이에서 열렸다. 당시 과학기술부 부장으로 있던 완강(萬鋼)과 유럽연합위원회 에너지 위원으로 있던 웨팅어가 회의에 참가해 축사를 했다. 완강 부장은 중국정부가 에너지 절약과 온실가스 감축 기술을 연구 개발하고 보급, 응용하는 방면에서 얻은 성과를 소개하고 다음 단계의 계획을 소개했다. 중국은 양자의 지난 협력을 적극적으로 평가하고 나서 에너지 기초연구 협력 강화, 신에너지 핵심기술 연구와 양도, 에너지의 산학연 진도 가속화 등을 포함한 협력을 끊임없이 추진할 것을 희망했다.

웨팅어 위원은 유럽연합은 계속해서 중국과 에너지협력을 강화하고 함께 세계 에너지공급의 안정을 유지하고 세계 기후 온난화에 대응하기 위해 기여할 것이라고 밝혔다. 이번 대회의 핵심적인 주제에는 에너지절약과 온실가스 감축, 기후변화 대응, 포스트 금융위기 시대 신에너지 기술의 추세 등이 포함되었다.

역대의 에너지대회에는 참가국의 많은 부문이 참가했고 참가자가 200여 명에 달했다. 그중에는 중국과 유럽 정부의 해당 주관부문, 에너지 분야의 유명한 기업과 관련 연구 기관이 포함됐으며 생산 업체 학교 연구 기관 대표가 집중되어 있어 에너지정책, 에너지 연구 개발과 에너지 상업화 운전이 서로 결합되는 중요한 플랫폼이었다.

세 번째 메커니즘은 2013년에 시작된 중국-유럽연합 에너지안전 실무진 회의이다. 중국-유럽연합의 에너지안전 협력은 주로 양자 간 에너지안전 실무진 건설, 양자간 에너지안전협력 로드맵 제정, 각종 프로젝트를 통해 협력 내용을 현실화하는 등 방면을 둘러싸고 전개되었다.

중국과 유럽연합은 2012년에 '중국-유럽연합 에너지안전 공동성명'을 발표해 쌍방의 에너지협력에 방향을 제시했다. '중국-유럽연합 에너지안전

공동성명'이 달성한 일련의 공통인식을 어떻게 현실화할지, 중국과 유럽연합의 에너지안전 협력을 어떻게 강화할지가 쌍방이 고려하는 중요한 과제가 되었다.

현재 중국-유럽연합은 에너지안전 협력에서 다음 단계에 펼쳐나갈 3개 주요 방면의 업무를 확정했다. 즉 중국-유럽 에너지대화 메커니즘을 보충, 최적화하고 중국-유럽연합 에너지안전 실무진을 건설하는 것, 중국-유럽연합 에너지안전 협력 로드맵을 제정하고 에너지 입법, 선진 기술, 원자력 발전 안전, 재생에너지, 청정에너지와 에너지시장화 등 방면에 초점을 맞추는 것, 기존의 메커니즘을 이용하여 계속 협력을 펼쳐가는 것 등이다.

결과적으로 지금의 중국-유럽연합 에너지협력 메커니즘에는 다차원, 전략성과 계획성 특점이 있다. 에너지협력 메커니즘의 다차원성은 정책 메커니즘 이외에 중국-유럽 에너지협력대회, 에너지안전 실무진회의, 중국-유럽연합 정상 및 정계 기업 고위층 대화 등 형식을 통해 양자 간 정책 소통과 협력 및 에너지기술 교류와 연구를 강화하는 것으로 표현된다. 양자의 이익과 요구를 종합적으로 고려하여 중국-유럽 에너지협력은 주로 아래와 같은 3가지 목표를 실현하게 된다. 첫째는 에너지의 지속가능한 발전을 실현하여 에너지 안전과 공급을 보장하는 것, 둘째는 기후변화에 대응하여 인간과 자연의 조화로운 발전을 실현하는 것, 셋째는 에너지산업과 관련 산업의 국제 경쟁력을 제고시키는 것이다. 이상 목표를 실현하기 위해 계획적으로 협력하여 정책 대화를 강화해야 하며 양자의 에너지정책 법제화 건설을 추진하고 양호한 메커니즘으로 에너지협력의 효율과 리스크 컨트롤 능력을 제고해야 한다.

그러나 현재 가장 큰 리스크는 많은 메커니즘 건설이 아직도 우발적인 정상 및 정부 고위층 회의에 의존하고 이전에 유효했던 많은 메커니즘 예를 들면 중국-유럽연합 에너지 실무진(1996년에 시작)이 정치적 원인으로 계승되지 못한 것이다. 즉 상설적인 일상 협력 메커니즘이 엄중하게 부족한 것은 변화무쌍한 지금의 국제 에너지시장으로 말하면 거대한 '제도 적자'라고 할 수 있다. 때문에 현재 중국과 유럽연합에 가장 시급한 것은 효과적인 법률과 정책 프레임을 통해 협력 메커니즘을 제도화하여 자물쇠 효과를 형성하고 경제무역 등 영역의 의제와 연결시켜 상설 제도 메커니즘이 살아남게 하고 활력을 유지하게 하는 것이다.

2) 중국-유럽연합 에너지협력의 영역 진일보적으로 확대되어야

중국 기업이 유럽 기업의 지분에 출자한 것, 원자력 발전 협력 등은 모두 만족할만한 진보이며 과거에 표면에 집중되고 피복 면이 좁던 국면을 타개했다. 그럼에도 불구하고 양자의 협력 범위는 여전히 제한된 상태이다. 중국과 유럽연합은 태양광 발전을 대표로 하는 신에너지 기술 방면에서 아직도 경쟁하고 있고 중국은 '반보조금 반덤핑' 위험을 크게 떠안고 있다.

2014년에 중국과 유럽연합의 에너지협력의 폭과 깊이가 어느 정도 돌파를 가져왔으나 아직 넓은 공간과 거대한 잠재력이 존재한다. 지금의 중국-유럽연합 에너지협력은 아직 전통 에너지가 위주이며 신에너지협력도 여전히 원자력에너지, 태양에너지, 풍력 등 방면에 집중돼 있다. 아래에 각종 유형의 신에너지협력에 존재하는 문제와 리스크를 분석해본다.

첫째는 풍력발전 설비이다. 유럽은 세계 풍력발전 설비의 선도자이다. 세계 5대 풍력설비 기업 중 4개가 유럽에 있다. 현재 중국 국내 30여 개 주요한 풍력발전 설비의 원시적 기술은 거의 모두 유럽에서 온 것이며 중국은 유럽에 주로 소형 풍력발전 설비(100~600킬로와트)를 수출하고 있다. 1,000킬로와트의 대형 풍력발전 설비 기술은 주로 유럽, 미국, 일본 등 선진국이 장악하고 있다. 중국은 유럽 기업이 생산하기 싫어하는 저부가가치의 소형 설비를 저가로 수출하고 있을 뿐이다. 이는 중국의 풍력발전 설비 기업이 발전하지 못하고 저가 및 저부가가치라는 악순환에 빠지게 한다. 다른 한편으로 가격 우세로 시장에 진입하면 반덤핑 조사를 당하기 쉽기 때문에 산업 발전의 장원한 계책이 될 수 없다.

둘째는 태양광 발전 제품이다. 중국의 태양광 발전 제품에는 전형적인 '두 끝이 외국에 있는' 특점을 가지고 있다. 즉 원료와 시장이 다 외국에 있고 중국 기업은 주로 생산의 조립 고리를 맡은 것이다. 중국의 95%의 태양전지가 외국 시장에 수출되고 국내 태양에너지발전 기업의 원료(단결정실리콘과 다결정실리콘), 기술과 설비는 다 유럽 기업이 제조한 것이다. 산업 자체의 제한 이외에도 과도한 투자, 생산량 과잉으로 엄중한 내적 소모와 낭비를 조성했으며 이 때문에 국제 시장에서 걸음마다 제한을 받고 있다. 현재 세계 경제의 회복과 유로의 약세로 몇 년 전까지만 해도 절망적인 경지에 이르렀던 중국 태양에너지발전 기업(대표적인 사건은 업계 선두주자인 우시상더[無錫尙德]가 파산했던 것이다.)이 점차 호전되기 시작했다. 그러나 급격한 파동은 한 업종의 정상적이고 건전한 발전 상태가 아니었다. 설상가상으로 중국 태양에너지발전의 주요한 수출 시장인 유럽이 '반보조금 반덤핑'의 몽둥이를 휘두르기 시작한 것이었다. 그러나 이로써 유럽의 일반 민중들이 중국의 품질 좋고 저렴한 태양전지 제품을 사용하지 못하게 됐으니 이 조치가 윈윈 게임은 아니다. 2014년 4월 유럽연합위원회는 유럽 태양광 유리 무역협회(EU ProSun Glass)의 신고를 받고 중국 태양에너지 유리에 대해 반보조금 조사를 실시한다고 밝혔다. 또 한 차례의

'반보조금 반덤핑' 파도가 습격해와 중국-유럽 에너지제품 무역에 시련을 가져다주었다.

셋째는 바이오매스 에너지이다. 유럽연합은 세계 바이오매스 에너지 특히 바이오매스 디젤유의 주요한 생산기지이다. 중국에서 바이오매스 에너지의 보급은 여전히 초급 단계에 있으며 중국은 수출국이기도 하고 수입국이기도 하다.

중국의 바이오매스 에너지는 주로 전통 에너지가 부족한 아시아 국가 예를 들면 일본, 한국, 싱가포르, 미얀마, 태국 등 이웃나라에 수출되었다. 중국이 수입하는 바이오매스 에너지는 주로 에탄올이고 에탄올의 30% 이상은 미국과 브라질에서 수입되며 유럽에서 수입하는 양은 3%도 안 된다. [263] 유럽의 바이오매스 에너지는 주로 특수한 공예 공정을 거쳐 추출되며 원료는 주로 유채씨이고 생산된 바이오매스 디젤유는 주로 교통운수에 사용된다. 식량안전을 고려하고 또 중국의 경작지 면적이 제한돼 있기 때문에 중국의 유채씨 생산량은 제한돼 있다. 기존의 제1대 바이오매스 채취 기술을 전제로 중국-유럽 바이오매스 에너지협력은 제한돼 있다. 만약 아직 테스트 단계에 있는 제2대 기술(주요 원료는 농작물 줄기인데 중국과 유럽은 이미 이에 대한 연구와 산업화의 협력을 일부분 진행했다)이 상업에 투입된다면 협력 전망은 기대할만 한 것이다. 때문에 중국과 유럽연합이 에너지협력 범위를 확대하고 심화시키려면 아래 몇 개 방면으로 노력을 해야 한다. 우선 협력과 교류의 경로를 확대하고 상호 신뢰를 증진시키고 각자의 비교우위를 충분히 이용하여 합리하고 질서 있게 경쟁과 협력을 하는 것이다. 시장은

---

263   쉐옌핑(薛彦平), 「유럽 신에너지 산업과 중국-유럽 신에너지협력」,
      『세계 과학기술 경제 전망』 2014(6).

언제나 가혹한 것이다. 선의의 경쟁 관계를 형성하려면 양자가 서로 선의를 보여야 한다. 아울러 정부 차원의 지도와 제도의 규제가 있다면 서로 협력을 달성하는 시간을 줄이고 기회비용을 감소할 수 있다.

다음은 새로운 영역의 협력을 중점적으로 강화하는 것이다. 기존의 영역이 비교적 성숙된 상황에 신흥 영역으로 나가는 것은 양자의 에너지 다원화의 전략적 이익에 부합될 뿐만 아니라 협력을 통해 신기술, 신제품 개발 리스크를 낮출 수 있으니 서로에게 이득이 되는 일이다. 마지막으로 전반 국면에서 출발해 무역 장벽을 줄이는 것이다. 현재 중국-유럽연합 에너지협력은 무역장벽의 제약을 받고 있으며 양자 간에 아직 일정한 무역 마찰이 존재한다. 세계적으로 기후변화에 대응하고 있는 상황에 신에너지산업은 전략적 가치가 있는 새로운 경제성장점으로 간주되어 각국이 앞 다투어 지지하고 발전시키고 있으니 어떤 마찰은 피면할 수 없는 것이다. 수없이 많은 사실이 증명하다시피 무역전쟁의 결과는 싸운 쌍방이 다 피해를 보는 것이고 실제 의의가 매우 제한돼 있다. 만약 신에너지산업 무역 마찰로 신기술의 발전과 보급이 정체된다면 세계 기후변화 대응의 전반 국면에 소극적인 영향을 가져다주게 될 것이다.

기후 변화는 전 인류에 대한 도전이고 신에너지 무역 전쟁은 '세 가지를 잃는' 소극적인 결과를 가져다주게 될 것이다. 세계의 미래를 위하여 중국-유럽이 무역장벽을 최대한 줄이고 더욱 포용하는 태도로 신에너지 산업의 발전을 취급하고 전통적인 무역 법규에 구애되지 않는 것으로 전 인류를 위해 더욱 큰 생존 공간을 얻어 낸다면 인류의 복지가 아닐 수 없다.

3) 중국-유럽 에너지협력은 조율 강화가 필요

중국과 대부분 유럽 국가는 에너지 소비국이고 주요 에너지인 석유, 천연가스의 대외 의존도가 비교적 높다. 때문에 중국과 유럽은 국제에너지시장에서 공통 이익이 많은 편이다. 그러나 구미의 장기적인 대화의 편견과 유럽연합 각국에 존재하는 '중국 위협론' 때문에 중국과 유럽은 정책 조율 정도가 매우 낮은바 특히 중대한 돌발 사태에서 보조가 일치하지 않았다. 전형적인 예는 2014년의 우크라이나 위기를 들 수 있다.

2014년 3월 우크라이나 위기가 일어난 이후 미국과 유럽연합은 러시아를 타격하는 목표를 세우고 시장, 기술, 금융 3개 방면으로 6차례 제재를 가했으며 범위가 점차 확대되고 강도가 끊임없이 커졌다. 러시아는 곤경에 빠져버렸다. 우크라이나 동부 정세도 좋지 않았다. 우크라이나 사건은 2014년 세계적으로 가장 큰 지정학 사건으로 러시아와 서방이 냉전 이후 가장 엄중한 대치 상태에 들어서게 했으며 세계 정치와 에너지시장 구도에 큰 영향을 주었다. 유럽연합은 러시아 에너지에 대한 의존도를 낮추기 위해 에너지 다원화 진도를 다그치고 중앙아시아, 중동과의 에너지협력을 추진했다. 한편 서방의 전략적 포위에 둘러싸인 러시아는 석유천연가스 전략을 동쪽과 남쪽으로 옮겼는데 특히 중국과의 에너지협력이 돌파적인 진전을 가져왔으며 중-러 에너지협력이 전면적인 새로운 단계에 들어섰다.

유럽연합은 러시아를 제재하여 러시아에서의 석유와 천연가스 수입을 줄였고 중국은 러시아를 지원하여 러시아와의 석유 천연가스 협력을 강화했다. 양자를 서로 대조해보면 러시아 에너지에 대한 중국과 유럽연합의 의견 차이가 남김없이 드러났다. 이런 상황에 중국의 대 러시아 에너지정책은 유럽연합의 의심과 경각심을 불러일으키게 되었으며 유럽의 일부 우익세력이 떠들어대는 빌미가 되었다. 이로부터 표면상 평온해보이고 협력이 강화되는 배경 속에 중국과 유럽연합의 전통적인 오일가스 자원에 대한 이익 경쟁과 정책 불신임이 급속으로 두드러지고 있다는 것을 알 수 있다.

우크라이나 사건이 일어난 후 유럽연합은 전통적인 동맹국인 미국을 계속 껴안았으며 구미는 통일된 표준 동작으로 제재와 간섭을 해나갔는데 서로 마음이 잘 통하고 손발도 척척 맞았다. 유럽연합의 중동부유럽 작은 나라들은 대국간 게임의 희생양이 되기 싫은데다가 지정학적인 접근성을 고려하여 구미 대국의 제재에 동조하지 않았다. 하지만 그들의 원색적인 입장은 러시아를 반대하는 것(또는 두려워하는 것)이었고 중국의 입장과는 분명히 달랐다.

중국과 유럽연합은 우크라이나 사태에서 정책상 서로 삐걱거리는 면이 있었지만 이 때문에 양자가 서로 협력을 포기한 것은 아니었으며 공통 이익이 있을 경우에 양자의 입장은 일치했다. 2014년 국제에너지시장의 최대 사건은 국제유가가 대폭 하락한 것이다. 세계 석유 공급의 과잉 및 에너지 수요의 비관적인 전망의 영향을 받아 2014년 하반기부터 국제유가가 두 동강이 났다. 2015년 들어 수요와 공급 관계에 대해 지속적으로 비관적인 로 상황으로 인해 뉴욕상품거래소 경질원유 선물가격과 런던 브렌트 원유 선물가격이 다 배럴당 50 달러 이하로 내려갔다. 2015년 2월 1일에는 2014년 6월의 원유가격 최고치에 비해 구미 원유가격이 60% 가까이 폭락했다. 이번의 국제유가의 대폭 하락은 예상했던 일이기도 하고 예상 밖이기도 했다. 세계 경제의 추세 및 석유 공급과 수요의 펀더멘털이 저유가를 지지하고 있었다.

수요 방면에서 미국은 경제가 회복되고 발전 추세가 양호하지만 일자리 증가가 주로 서비스업에 집중되었고 에너지 수요 증가가 제한되었다. 유로존은 경제회복이 불균형적이고 다수 국가의 성장률이 저조하고 수요가 진일보적으로 하락했다. 신흥 경제체의 경제성장이 둔화되었고 특히 중국이 이른바 '뉴노멀' 시기에 들어섰는데 세계 석유수요 성장의 주력인 중국의 경제가 둔화된 것은 수요에 영향을 준 것이 틀림없다. 공급 방면에서 비 OPEC 국가의 공급 성장이 수요 성장을 훨씬 능가했고 OPEC 회원국도 생산량을 줄이지 않았다. 공급이 증가되고 공급이 수요보다 많으니 유가가 떨어질 수밖에 없었다. 이밖에 우크라이나 위기로 인한 지정학적 싸움, 사우디아라비아가 전략적으로 생산량을 줄이지 않은 것, OPEC 내부 갈등이 심화된 것 등 요소가 2014년 하반기에 유가를 더욱 빠른 속도로 떨어뜨렸다.

국제유가의 대폭 하락이 미국, 유럽, 일본, 중국, 인도 등 주요 석유소비 대국의 경제 운행 원가와 소비자의 부담을 직접 감소시켰으나 한편 산유국 특히 경제가 석유수출에 극단적으로 의존해온 국가에게 거대한 타격이 되었다. 지속적으로 낮은 유가가 셰일오일 오일샌드 등 원가가 높은 비전통 가스오일 자원 및 대체 에너지와 재생에너지의 발전을 엄중하게 타격했으며 사우디아라비아 등 OPEC 전통적인 산유국은 기회를 타서 자체의 시장점유율을 안정시킬 수 있게 되었다.

때문에 중국-유럽 에너지협력 정책을 조율하는 핵심은 공통 이익을 도모하는 것이며 이를 계기로 상호 신뢰를 증진하는 것은 양자 간 에너지 정책 조율의 중요한 경로였다.

이 보고서는 중국-유럽연합 에너지협력이 주로 아래 몇 개 방면에서 비교적 많은 공통이익을 가지고 있다고 여겼다.

우선, 중국은 유럽연합의 대외관계에서 지위가 상승하는 추세였다. 유럽연합이 발표한 일련의 대 중국 정책 파일에 따르면 중국은 유럽연합의 대외정책 서열에서 지위가 점차 상승하고 있었다. 최신 유럽연합 대 중국 정책 파일 「유럽연합과 중국, 더욱 긴밀한 동반자, 더욱 많은 책임 담당」과 첫 대 중국 무역과 투자정책 파일 「경쟁과 협력-더욱 긴밀한 동반자 관계 및 끊임없이 증가하는 책임」은 긴밀함과 확대, 동반자와 책임을 강조하면서 중국과 유럽연합이 경제무역 관계, 과학기술 관계에서 협력과 경쟁의 미묘한 시기를 열었음을 강조했다.[264] 이런 정책 파일은 과학기술과 에너지협력이 중국이 세계 경제체제에 융합되는 과정에 일으키는 역할을 더욱 중시했다.

다음, 에너지발전 전략을 대규모로 조정하고 에너지 내부 시장을 조속히 건설하려는 유럽연합의 절박한 수요에 부합되었다. 유럽연합이 직면한 에너지 도전에는 주로 아래와 같은 몇 개 방면이 포함된다. 첫째, 1인당 에너지 소모가 높다. 생활수준이 높기 때문에 1인당 에너지 소모 수준이 개발도상국 수준을 훨씬 초과했다. 둘째, 에너지공급의 안전을 보장받기 어렵다. 비록 유럽연합 각 회원국이 에너지 생산, 수송, 분배와 과학연구 등 완전한 시스템을 형성했고 특히 원자력에너지 산업의 기술과 생산은 세계 선도적 지위에 있지만 화석에너지의 고갈, 사람들의 삶의 질 제고, 환경보호의 오염과 소모에 대한 심한 제한, 국제 에너지시장의 세계화 및 부차적인 거대한 시장 리스크 등 요소가 유럽연합이 에너지를 안전하게 공급 받는데 위협이 되고 있다. 셋째, 기후변화의 거대한 도전이다. 유럽연합은 세계 온실가스 감축의 선두주자로 되기 위해 노력하고 있으며 '교토의정서'의 틀 안에서 온실가스 감축 압력을 많이 받고 있다. 넷째, 유럽연합은 에너지의 대외 의존도가 너무 높다.

---

264 'EU-China, Closer Partners, Growing Responsibilities', http.//ec.europa.eu/transparency/
     regdoc/rep/1/2006/EN/1-2006-631-EN-F1-1.Pdf.

현재 유럽연합은 50% 이상의 에너지가 수입의 의지하고 있으며 20년 후에는 대외 의존도가 70%로 높아질 것으로 예상된다. [265]

그 다음, 중국의 거시 에너지전략에 부합되고 중국이 에너지 소비 구조를 조정하고 에너지 효율을 제고하고 능력 건설을 하는데 필요한 것이다. 중국과 미국은 세계적으로 가장 큰 두 탄소배출 국가로서 2014년 11월에 온실가스 감축 협의를 최종적으로 체결했다. 협의의 규정에 따르면 중국은 노력을 거쳐 약 2030년부터 온실가스 배출을 감소시키게 되는데 이는 중국의 에너지 구조와 발전 구도 및 세계 에너지 구도에 광범하고 심각한 영향을 일으키게 될 것이다. 중국 정부는 2014년 APEC 회의 기간에 기후변화 대응에 관한 중요한 파일인 「국가의 기후변화 대응 계획(2014~2020년)」 발표해 APEC회의의 세계적인 영향력을 이용해 탄소배출 제한, 세계 기후변화 대응 방면에서의 중국의 확고한 결심을 보여주었고 중국은 'APEC 블루'를 영원히 유지해나갈 능력과 자신감이 있다는 것을 보여주었다.

마지막으로 유럽연합의 기술과 중국의 시장은 서로 우위 보완을 형성한다. 유럽연합은 선진적인 에너지기술을 장악하고 있고 중국은 거대한 잠재력을 가진 시장이다. 기술로 시장을 바꾸게 되면 유럽연합 기업은 이득을 얻을 수 있고 중국 기업은 이 기회에 성장할 수 있다. 최근 몇 년간 중국 기업이 신에너지시장과 기술 개방에서 눈에 띠는 성장을 한 것은 유럽연합 국가의 정책적인 지지와 기술 양도 덕분이다.

---

265 'EU 2020 Energy Strategy', http,//ec.europa.eu/energy/en/topics/energy-strategy.

중동지역

중동지역

1. 2014년 중동지역의 정치 경제 사회상황 총론

1) 정치 환경, 중동의 정치적 혼란 진일보적으로 악화

2014년 중동에는 계속 동란이 지속되었으며 이집트, 시리아, 리비아, 예멘 등 국가가 지속적으로 동란 상태에 있었다. 신생 역량인 '이슬람 국가'가 신속히 굴기하여 중동의 정치적 혼란을 점점 더 악화시켰다. 한편 중동은 난국이 지속되고 있는데다가 뚜렷한 전략적 지위와 에너지 의의를 가지고 있어 역외 대국들이 중동사무에 진일보적으로 개입했다. 미국은 여전히 중동에 가장 큰 영향력을 행사하는 역외 세력이고 기타 국가 예를 들면 중국, 일본, 러시아도 적극 침투했다. 종합적으로 중동은 여전히 지속적으로 동란 상태에 있었으며 각종 정치 세력이 서로 경쟁을 하면서 새로운 중동 구도가 동란 속에서 서서히 발전했다.

구체적으로 말하면 2014년 중동의 정치 안전 정세는 아래와 같은 특점을 가지고 있었다.

(1) 신생 역량인 '이슬람 국가'가 갑자기 나타나 중동의 정세를 악화 시
   켰다.

'이슬람국가'가 강력하게 굴기하면서 2014년 중동 난국을 조성한 가장
큰 세력이 되었다. 2014년 6월 이라크 정부가 교체되는 기회를 타서
미국은 말리키 정부를 배척하고 새로운 대리인을 구축하려 했다. 이라크
국내 정치가 불안할 때 '이라크 - 레반트 이슬람국가'가 단지 수백 명으로
이라크 북부의 니나와 주와 이라크에서 두 번째로 큰 도시인 모술을
점령하고 바그다드까지 위협해 국제 사회를 놀라게 했다. 그 후 6월
18일 그들은 이라크에서 가장 큰 정유공장인 바이지 정유공장에 침입해
이교도와 평민을 거리낌 없이 학살했다. 6월 29일 그들은 '이슬람국가'를
설립한다고 선포하고 나서 수령 아부 바크르 알바그다디를 첫 칼리프로
천거했다. 그 후 '이슬람국가'는 중동의 각종 정치 세력의 내부 충돌을
이용하여 끊임없이 세력을 확장했다. 이사이 '이슬람 국가'는 대량의
종족 멸절 및 이교도와 평민 학살 행위를 저질렀다. 현재 '이슬람 국가'는
이라크 북부의 넓은 지역을 점령했고 시리아에 있는 세력을 이라크와 한데
연결시켰다. 지금의 이라크는 '이슬람 국가', 이라크 정부, 쿠르드 무장 세
갈래의 세력이 차지하고 있으며 이라크는 더 이상 정치세력을 대표하지
못하고 지리 명사로만 사용되고 있을 뿐이다. '이슬람 국가'의 테러행위는
국제사회로부터 일제히 비난을 받았고 이라크정부도 '우리는 반드시
('이슬람 국가'에 의해 점령당한) 모든 이라크 영토를 해방할 것'[266] 라고

---

266   「이라크 총리, '이슬람 국가'에 점령당한 국가 되찾겠다 거듭 표명」,
      http://news.xinhuanet.com/world/2014-11/06/c-1113133035.htm, 2014-11-06.

했다. 중동의 기타 대국의 예를 들면 터키와 사우디아라비아도 '이슬람 국가'를 타격하겠다고 밝혔다. 이 지역의 대국과 역외 대국 예를 들면 미국, 러시아, 유럽연합도 모두 '이슬람 국가'의 테러행위를 타격하겠다고 밝혔다. 그러나 현재 대다수가 구호와 홍보에 그치고 있다. 정치 세력의 충돌과 경쟁 및 중동에 장기적으로 형성된 난국, 이 모든 것이 다 '이슬람 국가'가 발전하는 비옥한 토양이 되었다. 때문에 국제 세력이 공동으로 '이슬람 국가'를 소멸한다는 것은 난관이 많았으며 '이슬람국가'는 짧은 시간 내에 소멸되기 어렵다.

(2) '아랍의 봄' 이후 정치제도를 개변한 국가가 여전히 혼란 상태에 있고 걸프 국가는 여전히 비교적 안정된 정세를 유지했다.

시리아는 2011년에 동란이 시작되어 2014년에도 계속 내전 상태였다. 현재 정부군과 반대파의 전쟁은 여전히 교착 상태에 있지만 정부군이 상대적으로 우위에 있다. 2014년 이집트에서는 무르시 대통령이 하야하고 엘시시 군 정부가 정권을 잡았다. 이집트 군정부와 무슬림형제단 간의 모순은 무르시가 고소당하고 엘시시 군 정부가 무슬림형제단을 테러조직이라며 해체할 것을 요구하자 진일보적으로 격화되었다. 이집트는 다시 철권통치 시대로 돌아갈 가능성이 보였으며 중동의 이 전통적인 대국이 혼란스럽고 불안한 상황에 빠졌다. 아울러 예멘도 북부의 강대한 시아파의 알 사비린 무장 세력의 확장과 더불어 계속 혼란에 처해 있었다.

반면 걸프 국가는 상대적으로 안정된 상태였다. 걸프국가는 비록 군주제를 실행했지만 미국과의 동맹 관계, 국내 석유 수입, 높은 복지의 민생정책에 의해 중동의 난국 속에서 조용함을 유지했다.

(3) 역내 대국관계 여전히 복잡한 상태

미국은 지금까지 중동지역의 가장 큰 역외 세력이었고 이곳에서 거대한 이익을 가지고 있다. 그러나 미국은 셰일가스 혁명과 더불어 중동 석유에 대한 의존도가 하락했으며 그 때문에 중동에 대해 더욱 큰 외교 자주권을 가지게 되었다. 미국이 이란과의 관계를 개선하려 한 것이 바로 가장 뚜렷한 표현이다. 오바마 정부는 이란 핵문제가 해결되기를 크게 바랐다. 2014년에 이란 핵문제가 진일보적으로 상담 중에 있었으나 돌파적인 진전을 이루지 못했다. 미국이 이란과 관계를 개선하려 했기 때문에 미국과 사우디아라비아, 이스라엘의 관계가 더욱 미묘해지기 시작했다. 비록 동맹국이지만 이란에 대한 문제에서 사우디아라비아와 이스라엘은 더욱 강경했고 미국의 느긋해진 태도에 큰 불만을 가졌다.

러시아의 중동에서의 이익은 주로 에너지 이익 및 시리아와 이란과 전통적인 동반자 관계를 유지하려는 데서 표현되었다. 2014년 중국, 일본 등 역외 대국들도 중동 국가 특히 중동 대국, 주요 산유국들과 관계를 적극 발전시켰다. 2014년 아베 일본 총리가 여러 차례 중동을 방문했는데 특히 걸프 국가들을 모두 방문했다. 일본은 중동에서 경제 카드와 에너지 카드를 꺼내 들었다. 중동 정책에서 일본은 여전히 미국의 뒤를 따랐지만 점차 더욱 적극적인 중동정책을 탐색했다. 중국은 국력이 증가되고 중동에서의 이익이 확대됨에 따라 2014년에 역시 중동의 이란 핵문제 해결에 적극 참가했고 팔레스타인과 이스라엘의 평화회담을 적극 추진시켰다. 이로부터 2014년에 중동이 혼란스러울수록 역외 대국들이 더욱 적극적으로 중동 사무에 개입했다는 것을 알 수 있다. 앞으로 중동에서 역외 대국과 역내 세력이 복잡하게 얽히는 것이 정치세력 변화의 일상 상태로 될 것이다.

2) 거시 경제환경, 경제가 더디게 성장하고 비 석유화학 산업이 현저
하게 발전했다.

2014년에 지속적인 동란과 유가 폭락이 중동의 주요 산유국 경제에 일정한
영향을 미쳤지만 그럼에도 이 지역의 경제가 전반적으로 성장했다. IMF
『2015년 세계 경제 전망』은 2014년 중동지역의 경제성장률이 2.8%에 달해
2013년보다 27% 포인트 성장했다고 밝혔고 2015년 중동의 경제성장률을
3.3%로 예측했다.[267] 걸프국가의 경제성장률은 세계 경제성장률보다
높았다. 2015년 걸프협력회의의 경제성장률은 4% 였고 앞으로 10년간 계속
성장할 것으로 전망된다.[268]

(1) 경제가 성장을 유지했으나 속도가 늦춰졌다.

비록 경제가 여전히 성장세를 유지했으나 국제유가의 지속적인
하락이 중동 주요 산유국의 경제에 큰 영향을 미쳤다. AFP는 석유 수입이
걸프협력회의 6개국 재정수입의 90%를 차지하고 있으며 유가 하락으로
이 6개국이 3,000억 달러의 피해를 보았다고 보도했다.[269] 동시에 유가
하락이 중동의 주식시장과 금융에 비교적 큰 영향을 조성했다. 카타르

---

267 「2015년 세계 경제 전망」, http//, www.imf.org/external/chinesepubs/ft/weo/2015/
     update/01/pdf/0115c.pdf, 2015-01-20.

268 「중국, 걸프협력회의와 자유무역협정 담판 추진할 계획」, http.//world.huanqiu.com/
     hot/2015-09/7486698.html, 2015-09-14.

269 「유가 하락으로 걸프협력회의 6개국 3000억 달러 이상 손실」, http.//biz.xinmin.cn/201
     4/12/11/26180608.html, 2014-12-11.

언론에 따르면 사우디아라비아의 주가 지수가 3% 하락했고 두바이 주가 지수가 3.4% 하락했으며 카타르 주가 지수는 1.91%, 아부다비는 0.5% 하락, 쿠웨이트는 0.8% 하락, 오만은 0.7% 하락했다.[270] Dealogic가 제공한 수치에 따르면 2014년 중동 및 북아프리카 지역 은행단 융자 총액은 609억 달러로 2013년의 684억 달러에 비해 12.2% 감소했다.[271]

(2) 민영 부문과 비 석유화학 산업이 경제 발전을 추진

중동 국가들은 이미 석유공업이 본국 경제발전에서 차지하는 비중이 너무 많아 조성된 폐단을 알았다. 사우디아라비아를 대표로 하는 중동 국가들은 경제구조를 적극 개혁했으며 특히 민영 부문의 발전과 비 석유화학 산업의 발전을 추진했다. 아울러 석유가격의 하락이 중동의 기타 산업 예를 들면 수송업의 원가를 낮추었고 이로써 수송업도 발전할 수 있게 됐다. 예를 들면 아랍에미리트에서 유가 하락으로 두바이 항공수송이 비교적 큰 발전을 이룩했으며 2014년 여객 유동량이 연 7,000만 명을 넘어 세계적으로 가장 바쁜 공항이 되었다.[272] 아제르바이잔 국가 통신에 따르면 두바이 증권거래소 금융시장(DFM)은 보고를 발표하여 DFM 2014년의 순수익이 7억5,900만 디람(약 2억 달러에 해당)에 달해 2013년에 비해

---

270 「걸프 국가의 주가 전면적으로 하락」, http.//www.cnzsyz.com/yazhou/370266.html, 2015-01-08.

271 「2014년 중동 및 북아프리카 지역 은행단 융자 총액 감소」 http.//ae.mofcom.gov.cn/ article/jmxw/20501/20150100879761.shtml, 2015-01-2.

272 「유가 하락, 두바이 항공수송업 성장 진일보적으로 추진할 듯」, http.//ae.mofcom.gov.cn/article/jmxw/201501/20150100882743.shtml, 2015-01-29.

167% 성장했다고 밝혔다.[273] 2014년 사우디아라비아의 국내은행 이윤은 415억 리얄로 2013년에 비해 10% 성장했다.[274] 카타르 '걸프 타임스' 보도에 따르면 카타르는 2014년에 280만 명의 관광객을 유치했는데 동기 대비 8.2% 상승했다. 카타르 알자지라 사이트는 카타르에서 줄기차게 발전하고 있는 비 석유화학 경제가 이미 카타르 경제발전의 새로운 버팀목이 되었고 국제유가 파동의 영향을 받아 카타르의 수입이 약 40% 하락하더라도 소비, 부동산, 무역, 금융 서비스 등 비 석유화학 산업의 번영이 경제의 빠른 성장을 지탱해줄 것이라고 보도했다.[275]

'이란 타임스'의 소식에 따르면 이란은 2014년 3월 21일부터 2015년 1월 20일까지 비 석유제품 수출이 426억 달러에 달해 동기 대비 24.1% 성장했다.[276] 쿠웨이트 국민은행이 발표한 최신 보고에 따르면 2014년 쿠웨이트가 이미 체결한 프로젝트는 73억 디나르(약 205억 달러)에 달해 2013년과 지난 3년 총계의 4배를 넘었다. 이는 2014년에 쿠웨이트 정부가 정부와 민간의 협력관계 관리법을 새로 출범하여 쿠웨이트 프로젝트 시장에서의 민영 부문의 발전을 추진한 덕분이다.[277] 중동국가는 경제

273 「MSCI 신흥시장 지수를 사용한 후 두바이 금융시장 순수익 대폭 증가」,
    http://ae.mofcom.gov.cn/article/jmxm/201502/20150200888489.shtml, 2015-02-04.

274 「2014년 사우디아라비아 국내 은행 이윤 415억 리얄에 달해」,
    http://www.mofcom.gov.cn/article/i/jyjl/k/201501/20150100874205.shtml, 2015-01-21.

275 「비 석유화학 경제의 발전이 카타르 경제의 지속적인 성장 지탱해준다」,
    http://qa.mofcom.gov.cn/article/jmxw/201412/20141200850777.shtml, 2014-12-29.

276 「이란 비 석유제품 수출 동기 대비 24% 성장」,
    http://ir.mofcom.gov.cn/article/jmxw/201502/20150200888631.shtml, 2015-02-04.

277 「쿠웨이트 2014년 프로젝트 시장 계약액 새 기록 창조」,
    http://kw.mofcom.gov.cn/article/jmxw/201503/20150300907887.shtml, 2015-03-04.

발전을 토대로 대외 투자를 적극 추진했다.

로이터 통신의 보고에 따르면 2014년 중동지역의 인수합병 액수가 동기 대비 23% 상승해 503억 달러에 달했고 해외에서 투자하고 인수합병을 한 액수가 74% 상승해 260억 달러에 달했다. 그중 카타르의 해외 인수합병 액수가 65%를 차지했고 그 다음으로 아랍에미리트(15%)와 사우디아라비아(9%)였다.[278]

이런 수치를 통해 유가 하락의 영향으로 중동 국가의 경제가 성장을 유지하기는 했지만 성장 속도가 늦춰졌고 비 석유화학 산업의 발전이 중동국가의 발전을 진일보적으로 지탱해주었으며 비 석유화학 부문 및 민영기업이 중동 국가의 발전에 날로 중요해졌다는 것을 알 수 있다.

3) 법률 사회환경, 외국자본의 투자를 계속 제한했으나 에너지문화가
   진일보적으로 발전했다.

2013년에 비해 2014년 중동의 석유천연가스 투자에 대한 법률과 사회 환경이 뚜렷하게 개변되지 않았으며 여전히 아래와 같은 특점을 가지고 있었다.

---

278 「2014년 중동 기업의 인수합병 액수 새로운 기록 창조」,
    http://qa.mofcom.gov.cn/article/jmxw/201501/20150100880004.shtml, 2015-01-22.

(1) 석유천연가스 투자에 대한 가혹한 법률 환경.

중동지역은 석유자원이 풍부하고 식민지 역사가 있었으며 더욱이 석유경제가 중동의 국민경제에 중요한 의의를 가지고 있다. 때문에 중동의 주요 산유국은 외자의 석유와 천연가스 투자에 특별하고 가혹한 법률 요구를 제기했다. 중동지역의 법률은 이슬람교의 영향을 깊이 받았기 때문에 외국 자본 국가의 세속적인 법률과 어느 정도 충돌되었다. 예를 들면 사우디아라비아는 장기적으로 외자가 본국 석유천연가스 시장에 진입하는 것을 거부해왔다. 2000년 5월에 통과된 '외국투자법'을 통해 외래 투자가 석유천연가스 시장에 진입하는 것을 접수하기 시작했으나 석유천연가스 자원은 국가에 속한다고 명확히 밝혔고 외래 투자를 엄격하게 제한했으며 석유 산업의 개방 정도가 매우 낮았다.

아울러 사우디아라비아는 정교일치의 정치 제도를 실행하고 있기 때문에 석유계약은 이슬람교 법률의 개념만 접수하고 외국의 세속적인 법률의 개념은 접수하지 않았다. 사우디아라비아에 비해 이란은 외자 투자에 대해 더욱 명확한 법률적 보호 조례가 있다. 이란 의회는 2001년 5월에 '외국 투자 격려와 보호법'을 비준했고 2001년 9월에 '외국 투자 격려와 보호법 실행 세칙'을 통과했다. 실행 세칙은 국외 투자자와 국내 투자자는 같은 대우를 받고 법률적 보호를 받는다고 규정했다. 이란 헌법이 외자 기업에 천연가스 자원을 양도하는 것을 금지시켰기 때문에 이란은 '환매'라고 불리는 협력 방식을 취했다. 즉 석유천연가스를 개발하는 모든 투자는 계약 체결 회사가 출자하고 이란 국가석유공사(NIOC)가 15%~17%의 제품을 대가로 지불하며 계약이 완성된 후 다시 유전의 경영권을 이란국가석유공사에 넘기는 것이다.

원유 가격이 하락할 경우 NIOC는 반드시 더욱 많은 석유 또는 천연가스를 판매하여 차액을 보상해주어야 한다. [279]

이라크는 전후 재건과 경제 회복을 위해 외자에 대해 더욱 개방적인 태도를 취했다. 쿠웨이트 직접투자촉진회(KDIPA)는 10가지 외상투자 금지 분야를 규정했는데 그중에는 원유 채굴, 천연가스 채굴, 코크스 생산, 석탄가스 제조, 메인 파이프를 이용한 기체 연료 분배 등 에너지 영역이 포함돼 있으며 외자를 심하게 제한하고 있다는 것을 알 수 있다. [280] 자체의 안전을 위해 쿠웨이트는 외자의 석유천연가스 투자방면에서 미국의 이익도 많이 고려하게 되었다. 결과적으로 말하면 중동 주요 산유국의 법률 환경이 매우 가혹하고 또 이슬람교의 영향을 심하게 받고 있었다.

(2) 사회 모순이 돌출하고 시장 메커니즘이 건전하지 못하여 외래 투자에 영향을 준다.

중동지역은 석유가 풍부하고 국민도 비교적 부유하지만 공업 기반이 매우 박약하고 서비스업도 발달하지 못했으며 완벽하고 건전한 시장 메커니즘은 더욱 건설되지 못했다. 때문에 외자가 중동지역의 석유 천연가스에 투자하려 해도 상응하게 맞춰진 사회 서비스와 시장 환경이 없어 외자의 투자 열정이 엄격하게 영향을 받았다. 더욱 중요한 것은 중동 주요 산유국

---

279   아이추한(艾楚涵), 「21세기 초 중국과 중동 에너지협력 연구」, 지린대학(吉林大學) 석사 학위 논문, 2014.

280   「쿠웨이트, 외상투자 진입 금지 영역 명확히 규정」, http://kw.mofcom.gov.cn/article/jmxw/201502/20150200900756.shtml, 2015-02-17.

대다수가 정교일치 또는 권위국가이고 민주체제가 건전하지 못하며 대부분의 부가 황실 또는 소수의 사람들에게 집중되었고 사회 빈부격차가 확대된 것이었다. 이런 문제는 간단하게 석유 수출을 통해 해결될 수 있는 것이 아니었다. 때문에 중동의 주요 산유국은 비교적 엄중한 사회 모순이 존재하고 심지어 통치 안정의 위기를 겪기도 했다. 외래 투자가 일반 대중에게 직접 혜택을 주지 못하는데다가 이 지역은 주로 이슬람교 문화이기 때문에 외래 투자자와 문화적 충돌을 겪기도 했다. 이상 모든 문제는 다 중동지역의 사회투자 환경이 2014년에도 뚜렷한 개선을 가져오지 못했음을 보여주었다.

(3) 에너지문화가 다소 발전했고 지속가능한 에너지발전 방식을 더욱 추구했다.

중동 주요 산유국은 석유를 이용하여 국민경제를 발전시켜 거대한 진전을 이룩했으나 많은 부를 축적한데 비해 공업체계 및 과학기술 문화가 발전하지 못했고 석유 산업 특히 석유 수출이 여전히 국민경제에서 거대한 비례를 차지했다. 예를 들면 아랍에미리트는 2014년 재정수입의 64%가 석유천연가스 부문에서 왔다. [281] 이로써 중동 국가는 '에너지 저주'에 빠져버리게 됐다. 중동의 주요 산유국은 이런 석유 발전 패턴이 장기적이 될 수 없다는 것을 점차 인식하고 지속가능한 에너지발전 패턴을 찾기 시작했다.

---

281 「아랍에미리트 경제부 장관, 올해 4.5%의 경제성장률 예기 유지」,
    http://ae.mofcom.gov.cn/article/jmxw/201501/20150100882747.shtml, 2015-01-29.

우선, 경제 구조 개혁을 적극 추진하고 민영 부문의 국민경제에서의 지위를 높여주었다. 예를 들면 바레인 정부는 총 220억 달러의 발전 프로젝트를 가동하고 투자를 흡인하고 격려하는 정책을 계속 집행했다. 이런 프로젝트는 주로 부동산, 공업, 서비스업, 관광업과 인프라 시설 등 업종에 집중되었으며 민영부문이 바레인 발전의 주력군이 되었다.[282] 아랍에미레이트 '걸프 뉴스'는 유가 하락으로 이 나라의 석유천연가스 업종이 직원모집을 줄일 계획이지만 대량의 민영부문 및 금융 서비스, 소매, 호텔과 의료 서비스 등 업종은 직원 모집 규모를 늘리고 있다고 보도했다.[283]

다음, 신에너지를 적극 발전시키고 에너지 기술의 진보를 추진했다. 국제 재생가능 에너지 기구(LRE-NA) 본부 청사가 아부다비에 주둔하게 되었다.[284]

아랍에미리트 '걸프 뉴스' 보도에 따르면 두바이에서 재생에너지에 의한 전기생산 비례가 2020년에 7%에 달하게 되고 2030년에는 15%에 달하게 될 것이다. 두바이는 계속 재생에너지의 비중을 대폭 높여 앞으로 5년간 153억 달러를 투입하게 되는데 그중에는 2016년에 500 메가와트 태양에너지발전 프로젝트를 입찰 모집하는 것도 포함된다.

이런 것들은 아랍에미리트의 녹색에너지발전을 추진하게 될 것이다.[285] 아울러 아랍에미리트는 마셜 등 태평양 도서 국가에서 태양에너지 개발

---

282 「바레인 정부 총 220억 달러의 발전 프로젝트 개발」, http.//kw.mofcom.gov.cn/article/ jmxw/201503/20150300906689.shtml, 2015-03-03.

283 「아랍에미리트 90% 이상의 기업, 직원모집 늘릴 계획」, http.//ae.mofcom.gov.cn/ article/jmxw/20150100882736.shtml, 2015-01-29.

284 「국제재생에너지기구 본부 청사 아부다비에 낙성」, http.//ae.mofcom.gov.cn/article/ jmxw/201501/20150100878422.shtml, 2015-01-26.

285 「두바이 2030년 재생에너지발전 목표 3배 상승」, http.//ae.mofcom.gov.cn/article/ jmxw/201501/20150100875465.shtml, 2015-01-22.

계획을 실행하게 된다. [286]

마지막으로 '에너지 저주'를 피하기 위해 국부펀드를 적극 발전시켰다. 현재 세계적으로 비교적 큰 국부펀드가 중동 국가에 집중되었는데 예를 들면 아부다비 투자국, 쿠웨이트 투자국, 이란 석유안정펀드 등이다. 이런 국부펀드는 경제를 안정시키고 대외로 투자하고 부의 세대 간 교체를 실현하는 등 기능을 발휘하고 있으며 앞으로 중동 국가를 진일보적으로 지속적으로 발전시키기 위한 준비를 하게 된다.

이런 것들은 다 중동국가가 에너지문화를 발전시키고 경제 에너지의 지속적이고 건강한 발전을 추구한다는 것을 설명하고 있다. 이런 것들은 외자의 투자에 호재로 작용하게 되며 외자가 중동지역의 석유천연가스에 투자하는데 더욱 큰 범위와 더욱 좋은 정부 보장이 있게 된다는 것을 설명한다.

2. 2014년 중동 에너지 상황 분석

중동지역은 석유천연가스 자원이 풍부하다. 지난 25년 간 사우디아라비아를 수반으로 하는 걸프협력회의 국가가 세계에서 가장 주요한 에너지 수출국이었다. 그중 걸프국가는 세계 39%의 석유와 21%의 천연가스 매장량을 보유하고 있다. 걸프 국가의 수출은 세계 석유 공급의 23%를

---

286 「아랍에미리트, 마셜 등 태평양 도서 국가에서 태양에너지 개발 계획 실행」,
http.//kw.mofcom.gov.cn/article/jmxw/201503/20150300906689.shtml, 2015-01-20.

차지하고 천연가스 공급의 12%를 차지한다.[287] 그중 사우디아라비아, 이란, 아랍에미리트, 쿠웨이트 등 국가의 원유 매장량과 생산량은 세계의 선두에 있다. 그러나 2014년 시장과 국제 정세 특히 러시아-우크라이나 위기의 영향, '이슬람 국가'의 홍기, 국제유가의 대폭 하락으로 중동지역은 점점 더 많은 불안정요소에 직면했으며 이는 중동 에너지 정세와 안전, 세계 에너지 구도에 심원한 영향을 일으키게 된다.

1) 2014년 중동 에너지발전 상황, 석유 생산량이 다소 하락했으나 여전히 국제 석유시장의 핵심이었고 석유 천연가스 산업의 고도화를 추진했다.

(1) 석유 매장량으로 보면 2014년 중동지역의 원유 총 매장량은 2013년에 비해 다소 증가되었다. BP 세계에너지 통계 수치에 따르면 2013년 말까지 중동지역에 확인된 석유 매장량이 총 1,094억 톤(8,085억 배럴)에 달해 세계 총 확인매장량의 47.9%를 차지했다. 그중 사우디아라비아, 이란, 이라크가 중동 국가의 선두에 있었으며 각각 세계 총 확인매장량의 15.8%, 9.3%, 8.9%를 차지했다. 지금까지 중동지역의 석유 확인매장량은 세계 총 확인매장량의 50% 이상을 차지해왔으나 2013년부터 그 비중이 어느 정도 하락했다. 2013년에 이 비중은 47.9%로 하락했다. 2014년 중동지역의 석유 총 매장량이 다소 증가되어 동기 대비 0.18% 상승했다. 각국의 매장량을 보면 변화가 가장 뚜렷한 것은 이란, 사우디아라비아와 이라크이다. 이란은

---

287 「걸프국가, 세계의 약 40%의 원유와 20%의 천연가스 매장량 보유」, http.//www.mofcom.gov.cn/article/i/jyjl/k/201404/20140400538383.shtml, 2014-04-02.

동기 대비 1.76% 상승했고 사우디아라비아는 동기 대비 0.16% 상승했다. 국내 정세의 영향을 받아 이라크는 동기 대비 0.74% 하락했다.

　(2) 석유 생산량으로 보면 국제 석유시장 수요의 침체, 지역 정세의 영향을 받아 중동지역 석유의 총 생산량이 다소 하락했다. 2014년 1~10월 중동지역의 평균 석유 생산량은 일평균 2,787만1,000 배럴로 2013년 같은 시기의 일평균 28,358,000 배럴에 비해 약 1.7% 하락했다. 2014년 대부분 중동 국가의 석유 생산량이 다소 하락했다. 1~10월 수치에 따르면 쿠웨이트는 동기 대비 10.2% 하락했고 시리아는 동기 대비 41.25% 하락, 아랍에미리트는 동기 대비 4.8% 하락했다. 그러나 생산량이 증가한 나라도 있었다. 1~10월 수치에 따르면 이라크는 동기 대비 5.8% 증가했고 사우디아라비아는 동기 대비 1.02% 증가했다. 미국 에너지정보서의 보고에 따르면 이라크는 2014년 미국에 이어 세계적으로 석유생산량 증가가 두 번째로 빠른 나라가 되었다.

　OPEC 국가의 60%의 석유생산량 증가가 이라크에서 비롯되었다. 비록 이라크 북부가 '이슬람 국가'의 습격을 받아 석유 생산과 정유 설비가 모두 파괴되었지만 남부의 석유생산은 영향을 받지 않았다. 남부 석유가 2014년 이라크 석유 총 수출의 95%를 차지했다. 동시에 북부 쿠르드 지역도 '이슬람 국가'의 영향을 별로 받지 않았다. 이밖에 이란은 서방과 관계가 완화되면서 2014년에 석유 생산량을 늘려 세계에서 다섯 번째로 석유생산량 증가가 빠른 국가로 되었다.

　(3) 2014년에 비록 전반적으로 석유 생산량이 다소 하락했지만 중동지역은 여전히 세계 원유 시장의 가장 큰 공급자였다. 아울러 중동의 주요 석유

생산국은 석유산업 투자의 고도화를 다그쳤다. 2014년 BP 세계에너지 통계수치에 따르면 사우디아라비아는 중동지역 각국에서 석유 생산량이 가장 많은 나라였다. [288] 2014년 사우디아라비아의 일평균 원유 생산량은 900만 배럴 이상이었다. '빅 브라더'로서 사우디아라비아는 OPEC에서 중요한 발언권을 가지고 있었다. 유가의 하락과 관련해 사우디아라비아는 감산을 반대해왔고 유가가 스스로 안정될 것이라며 가격 인하를 통해 더욱 많은 시장 점유율을 차지할 수 있다고 주장해왔다. 아랍에미리트는 중동에서 두 번째로 큰 산유국으로 석유 생산량을 증가할 계획이었다. 이밖에 현재 국제유가가 하락하고 있지만 아랍에미리트는 여전히 석유산업에 투자해 산업 고도화를 추진할 계획이다.

이란은 중동지역에서 세 번째로 큰 산유국이다. 2013년 이란 석유생산량은 일평균 3,558,000 배럴에 달했다. 2014년 이란에 대한 제재가 늦춰지면서 이란의 석유화학 제품의 생산량이 약 4,000만 톤에 달해 전해에 비해 25% 상승했다. 이밖에 이란은 또 새 유전을 많이 건설했다. [289] 2014년 12월 이란국가개발기금(NDFI)은 3년 내에 이란 서부 카룬유전에 총 60억 달러를 투자하기로 했다. 정부 측은 현재 서부 카룬유전 프로젝트가 이미 가동되었고 석유 탐사정 건설에 관한 계약을 이미 체결했다고 밝혔다. [290] 서부 카룬유전 프로젝트가 완성됨에 따라 2020년에 이르러 이란의 원유

---

288 「2014년 석유 산업 대사 회고」,
   http,//news.cnpc.com.cn/system/2015/01/07/001523908.sht-ml, 2015-01-07.

289 탕샤오훙(唐紹紅), 라오싱허(饒興鶴), 「이란 석유화학 산업, 제재에서 '해방' 되기를 기대」, 『중국화공보』 2014-06-17.

290 「이란 국가개발기금 60억 달러 투자하여 유전 건설」,
   http,//www.mofcom.gov.cn/article/i/jyjl/j/201412/20141200834856.shtml, 2014-12-16.

생산량은 별도로 일평균 65~70만 배럴 증가될 것으로 추산된다. [291] 이라크는 중동지역에서 네 번째로 큰 산유국이다. 2013년 이라크의 석유생산량은 일평균 3,141,000 배럴에 달했다. 2014년 이라크의 긴장 국면이 끊임없이 악화되면서 국제 원유 시장의 공급량이 일평균 300만 배럴로 감소되었다. 하지만 2014년 4분기에 이라크의 석유 생산량이 다시 상승하면서 전년 석유 생산량이 대폭 증가했다. 이란으로 말하면 이라크 원유 공급의 부족한 부분을 이란이 보충할 수 있었다. 때문에 2014년에 이란의 석유생산량이 대폭 상승했다. 쿠웨이트는 중동지역에서 다섯 번째로 큰 석유생산국이다. 2014년 쿠웨이트는 줄곧 고공 행진을 유지해왔다.

유가가 하락했음에도 쿠웨이트 정부는 앞으로 5년간 계속 석유 산업에 1,000억 달러를 투자할 계획이며 여기에는 석유 생산, 정유, 석유화학과 운송 등 프로젝트가 포함되었다. 2020년에 이르러 쿠웨이트의 석유 생산량은 지금의 일평균 300만 배럴에서 400만 배럴로 높아지고 2030년까지 계속 유지될 것이다. 2014년 10월 쿠웨이트 북부에 위치한 Ratqa 유전의 43억 달러에 달하는 중요한 프로젝트가 곧 경쟁 입찰 서류를 받게 되는데 이는 쿠웨이트가 2020년의 일평균 400만 배럴의 석유 생산 목표를 실현하는 한 부분이다. [292] 이밖에 2014년 4월 쿠웨이트 국가석유공사는 미래 5년 내에 약 350억 달러를 새 프로젝트에 투자할 계획인데 여기에는 신규 알주르 정유공장, 제5 천연가스공장 및 새로 건설한 천연가스 액화 장치 등이 포함된다. 이런 프로젝트는 쿠웨이트의 석유와 석유 제품의 국제시장에서의

291 「장제링(張介嶺), 이란 핵 담판 돌파, 유가 하락세 멈추기 어려워」,
    『경제도보(經濟導報)』 2015-07-27.

292 「쿠웨이트 43억 달러의 중유 프로젝트 곧 가동」,
    http.//kw.mofcom.gov.cn/article/jmxw/201404/20140400552174.shtml, 2014-04-16.

경쟁력을 대폭 높여주게 된다. 카타르는 중동지역에서 여섯 번째로 큰 석유 생산국이다. 2013년 카타르의 석유 생산량은 일평균 199만5,000 배럴이었다. 2014년 카타르 정부는 2020년 전까지 석유화학 산업에 250억 달러를 투자할 계획이며 이로써 카타르 석유화학 산업의 생산량이 2,300만 톤에 달하게 될 것이다.

(4) 천연가스 매장량으로 보면 2014년 중동지역의 전체 천연가스 매장량은 2013년과 기본상 같고 소폭 하락했는데 동기 대비 약 0.36% 하락했다. 그중 천연가스 매장량이 가장 풍부한 국가로는 이란, 카타르, 사우디아라비아, 아랍에미리트와 이라크였다. 2014년 이란 천연가스 매장량은 동기 대비 0.5% 증가했고 사우디아라비아는 동기 대비 1.03% 증가했고 카타르는 동기 대비 0.53% 하락했으며 아랍에미리트와 이라크의 천연가스 매장량은 2013년과 같았다.

2014년 중동 각국은 천연가스 개발 강도를 높였다. 이란의 천연가스 매장량은 여전히 중동에서 첫 자리를 차지하고 있다. 유가가 지속적으로 하락했지만 이란의 천연가스 자원은 오히려 각 방면의 주목을 받았다. 미국, 러시아, 프랑스, 한국, 일본, 캐나다 등 국가를 포함한 40여 개의 외자 기업이 이란에 대해 강력한 투자 의욕을 보였다. 석유를 절약하여 수출하려고 사우디아라비아는 홍해에서 천연가스를 탐사고 있다.

사우디아비아도 비전통 천연가스 자원을 대규모로 탐사하고 있고 셰일가스를 이용하여 1,000 메가와트의 발전소를 건설할 준비를 마쳤는데 이는 북미 이외에서 처음으로 셰일가스를 이용하여 전기를 생산하는 프로젝트이다. 이밖에 사우디아라비아는 2018년에 매일 2억 세제곱피트의 비전통 천연가스를 채굴해 전기생산에 사용함으로써 원유를 절약하여

수출에 사용할 계획이다.[1]

　(5)중동지역은 풍부한 석유자원을 보유했을 뿐만 아니라 석유천연가스 산업의 고도화 진척을 다그쳤고 에너지 다원화를 끊임없이 추진시켰다. 국제통화기금이 발표한 최신 보고에 따르면 2014년 유가의 하락, 저유가로 걸프 국가의 경제는 3,000억 달러의 피해를 봤다. 이런 배경 하에 중동 국가는 끊임없이 석유천연가스 산업 고도화를 추진하고 에너지 구조 다원화를 추진하기 위해 노력했다. 2014년 4월 쿠웨이트 국가석유공사는 세 국제연합체와 120억 달러의 계약을 체결하여 자체의 두 정유공장을 업그레이드 시키고 경쟁 입찰을 통해 수십억 달러의 정유공장을 건설했다.[2] 이 두 고도화 개조 프로젝트는 최근 25년래 OPEC의 최대의 프로젝트로 일평균 73만 배럴의 생산 능력을 갖추었고 2018년 초에 개조를 거친 후 생산능력이 일평균 80만 배럴로 상승했다. 이밖에 2014년 쿠웨이트는 에너지 생산방식을 확대하고 탄화수소 에너지에 대한 의존도를 낮추기 위해 국민들에게 태양에너지 프로젝트가 가져다주는 상업과 투자 기회에 대한 인식을 제고시키고 재생에너지 프로젝트를 발전시키기 위한 첫 걸음을 내디디게 되는데 2014년 여름에 태양에너지 프로젝트를 가동하고 2030년에 15%의 전력을 태양에너지에서 공급받을 계획이다. 사우디아라비아는 앞으로 20년 사이에 33%의 전력을 태양에너지에서 공급받을 계획이다.

---

1 「사우디아라비아, 비전통 천연가스를 개발할 계획」, http.//jedda.mofcom.gov.cn/article/
　　jmxw/201403/20140300521419.shtml, 2014-03-20.
2 「쿠웨이트, 120억 달러 정유공장 고도화 계약 체결」, http.//jedda.mofcom.gov.cn/article/
　　jmxw/201403/20140300521419.shtml, 2014-04-16.

사우디아라비아도 셰일가스 등 비전통 천연가스를 개발해 전기를 생산할 계획이다. 현재 미국 에너지정보서의 수치에 따르면 사우디아라비아는 세계 32개국 셰일가스 매장량 순위에서 5위에 있다. 그러나 사우디아라비아가 셰일가스 개발에서 직면한 가장 큰 어려움은 어떻게 충족한 물을 얻는가 하는 것이다. 그럼에도 불구하고 사우디아라비아는 에너지구조 다원화를 중단한 적이 없으며 중국을 포함한 많은 나라들에게서 투자 지지를 얻으려 했다. 아랍에미리트는 에너지정책 방면에서 새로운 규정을 내와 24%의 전력은 청정에너지로 생산하고 75%의 폐기물은 회수하여 재활용해야 한다고 규정함으로써 청정에너지의 발전을 추진하고 에너지 구조 다원화를 추진하려 했다.

2) 2014년 중동 에너지발전이 직면한 도전, 4가지 도전에 잘 대응해야

(1) 유가의 하락

2014년은 원유 가격이 큰 변동을 일으킨 한 해였다. 2014년 6월부터 국제 가공유 가격이 폭락하여 배럴당 110억 달러 이상에서 떨어지기 시작해 하락폭이 50%를 초과했으며 몇 달 동안 계속 저가에서 맴돌았다. 대다수 분석가들은 2014년 유가 하락의 주요한 원인은 세계 원유의 공급이 수요를 초과하기 때문이라고 했다. 한편으로 여러 큰 산유국이 생산량을 늘렸고 다른 한편으로 세계 경제성장이 둔화되면서 원유 수요를 억제했기 때문이었다. 달러의 강세도 원유 가격 시세에 영향을 준 중요한 요소였다.

원유 가격 하락이 2014년 세계 정치와 경제 구도에 중대한 영향을 미쳤다. 국제 원유 가격의 끊임없는 하락이 주는 영향은 다방면적이다. 유가 하락은 미국의 적대국가에게 큰 타격을 주어 러시아, 베네수엘라 등

국가가 경제적으로 큰 타격을 받았으며 또 석유와 천연가스 수입에 의존하는 미국 국내의 주에 타격을 주었다. 중동지역으로 말하면 국제통화기금이 발표한 최신 보고서에 따르면 2015년 유가 하락으로 중동 비 걸프협력회의 석유수출국이 900억 달러의 수입을 손실 보았는데 이는 GDP의 10%를 차지했다. 저유가로 걸프국가는 3,000억 달러를 손실 보았는데 GDP의 약 21%를 차지했다.[3] 이밖에 지나치게 낮은 국제유가가 석유 탐사와 개발 방면의 투자를 유치하는데 불리했으며 이는 재생에너지발전에도 영향을 주게 되었다.

이번 원유 가격 파동에서 사우디아라비아를 수반으로 하는 중동국가는 생산량 감소를 반대해왔으며 유가가 저절로 안정될 것이고 가격 인하를 통해 더욱 많은 시장 점유율을 확보할 수 있다고 여겼다. 사우디아라비아 고급 관리는 여러 차례 언론을 통해 사우디아라비아는 기존의 석유정책을 유지할 것이며 사우디아라비아와 걸프지역의 OPEC 중요한 산유국들은 억지로 높은 유가를 유지하는 것으로 기타 산유국의 비효율적인 생산을 위해 책임질 필요가 없다고 밝혔다. 2015년 1월 사우디아라비아 석유대신은 사우디아라비아는 비감산 정책으로 석유시장을 확보하여 비효율적인 생산자가 스스로 시장에서 퇴출하게 할 것이라고 밝혔다. 사우디아라비아는 5,270억 달러의 거액의 재정비축에 의해 불합리한 투자항목을 삭감하면서 최소 4~8년의 저유가를 견뎌낼 수 있었다. 아랍에미리트는 현재 국제유가가 하락하고 있지만 계속 석유산업에 투자하여 산업고도화를 추진할 것이라며 앞으로 유가가 점차 높은 수준으로 회복될 것으로 내다봤다.

---

3 류양(劉楊), 「걸프국가 올해 석유 수입 3000억 달러 손실」, 『중국증권보』 2015-01-23.

카타르로 말하면 카타르가 받는 충격은 크지 않았다. 카타르는 석유천연가스 비축량이 충분하고 또 세계적으로 가장 큰 LNG 수출국이다. 때문에 카타르는 OPEC 회원국 중 유가 하락의 영향을 가장 적게 받은 국가였고 2022년 월드컵 경기장 건설을 포함한 많은 인프라 시설 투자 계획도 영향을 받지 않았다. 쿠웨이트는 재정 수입의 94%가 석유에서 오는 국가이지만 석유 가격이 거의 60% 하락했음에도 여전히 1,550억 달러에 달하는 새로운 5년 발전 계획을 제정했으며 많은 큰 프로젝트가 안정적으로 실행되고 있다. 이란으로 말하면 50%의 재정수입이 석유 수출에서 온다. 이번 석유가격 전쟁에서 사우디아라비아는 저유가로 국제시장에서의 이란의 시장점유율을 차지하려 했다. 하지만 2014년 이란의 성적을 보면 이란은 러시아, 중국, 파키스탄, 아프가니스탄과의 관계를 밀접히 하고 중국에 대한 석유 수출을 늘리고 중국의 투자를 유치하여 본국의 천연가스 등 기타 에너지를 개발하는 것으로 국제유가 하락이 가져다준 불리한 영향을 실감했다.

2014년 전년 중동 국가의 석유천연가스 생산량과 수출의 전반적인 상황을 보면 생산량과 수출이 줄지 않았고 많은 대형 유전 프로젝트가 유가 하락에도 생산을 중단하지 않았다. 짧은 시간 내에 국제 원유 가격이 이전의 높은 수준으로 돌아가기 어렵지만 중동 각국은 다 본국의 석유천연가스 산업을 업그레이드 시키려 했고 에너지 구조 다원화의 걸음을 멈추지 않았다.

(2) 지역 혼란

2014년 중동지역은 이란 핵문제가 어느 정도 완화되고 시리아 문제의
열기가 다소 식었으며 각 방면이 이 두 가지 문제에서 끊임없이 타협을
했다. 때문에 2014년 중동지역의 핫이슈는 당연히 '이슬람 국가'의
신속한 굴기였다. 이라크에서 시리아로 멀리 도망을 쳤던 극단 테러무장
'이슬람국가'가 2014년 5월 하순부터 이라크에 불의의 반격을 가하여
수만 명의 정부군과 변방 부대를 격파했다. 그들은 짧은 며칠 사이에
이라크에서 두 번째로 큰 도시 모술과 사담 후세인의 고향인 티크리트 등
도시를 점령하고 이라크 북부의 넓은 지역을 장악했다. '이슬람 국가'의
신속한 굴기는 최근에 중동 정세를 어지럽히고 이라크 국내 안정을 파괴한
가장 돌발적인 사건으로 이라크 안전에 대한 외계의 의혹을 불러일으켰고
감독관리, 환경 및 예산에 대한 국제 석유회사의 우려를 증가시켰다. '이슬람
국가'는 정치적으로 이라크 국내 정치 방향을 개변시켰으며 직접 중앙정부의
개각을 초래해 누리 알 말리키 이라크 총리가 하야하도록 했다. 말리키
정치의 핵심 밖에 있던 기타 시아파 역량이 활약하기 시작했으며 최종적으로
2014년 8월 중순, 말리키가 부통령으로 되고 같은 '이슬람 다와당' 소속인
시아파 정치가 하이데드 알 아바디가 총리로 되었다.

이에 앞서 중앙정부와 쿠르드지역 간의 모순은 주로 영토, 석유와 재정
세 방면에 집중되었다. '이슬람 국가'가 중앙정부와 쿠르드 지역에 거대한
군사적 압력을 가하자 중앙정부와 쿠르드 지역은 잠시 화해하여 공동으로
'이슬람 국가' 무장조직에 대응했다. 그러나 '이슬람 국가'의 신속한 굴기와
더불어 이라크는 수니파 아랍인, 시아파 아랍인과 쿠르드인 세 거주구역으로
나뉠 가능성이 점차 커졌고 이라크가 '지리적 개념'이 될 가능성도 점차

확대되었다.

미래를 내다보면 미국이 투입을 적게 하는 반면 여러 개의 목표를 가졌기 때문에 미국과 동맹국 사이에 많은 모순이 존재하고 있다. '이슬람 국가'는 단시기 내에 제거되기 어렵고 앞으로 오랜 동안 이라크와 주변 지역 동란의 '장본인'이 될 것이다.

(3) 지정학 충돌과 대국간 경쟁

2014년에 가장 주목을 받은 지정학 충돌과 대국간 경쟁은 러시아-우크라이나 정세의 돌변이며 유럽연합과 미국이 러시아에 제재를 한 것을 꼽게 된다. 그중에서 대국간 경쟁은 에너지의 지연정치 및 에너지 구도에 중대한 변화를 일으키게 되었다.

2014년 초, 러시아와 우크라이나는 크림공화국을 쟁탈하기 위해 군사적 충돌을 일으켰다. 충돌이 끊임없이 악화되면서 미국과 유럽연합은 러시아에 금융 제재와 에너지 제재를 가했다. 금융 제재에는 러시아의 해외 자산 일부분을 동결한 것, 서방국가 은행이 러시아에 대출금을 제공하지 못하게 한 것 등이 포함되며 에너지 제재에는 러시아의 중요한 에너지 기업에 대해 심해, 북극 및 셰일가스의 탐사와 개발에 필요한 기술과 설비 공급을 제한하는 것이 포함된다. 제재 조치가 실행된 후 러시아 경내의 석유가스 탐사와 개발이 투자 부족과 설비 부족을 겪었으며 일부분의 중대한 프로젝트가 중단되고 석유가스 공업이 엄중하게 영향을 받았다. 구미의 제재 조치에 반격해 러시아도 반 제재 조치를 내왔는데 그중 우크라이나와 유럽에 대한 천연가스 공급을 줄인 것이 가장 살상력을 가졌다. 유럽과 우크라이나는 가스 부족으로 큰 어려움을 겪었다.

중동지역은 미국의 중요한 후방이다. 미국의 동맹국들은 미국이 러시아와 싸워 이기도록 도왔으며 이번 사건에서 중요한 배역을 맡았다.

사우디아라비아를 위수로 하는 중동 국가들은 이번 싸움에서 다른 목적을 가지기도 했다. 한편으로 사우디아라비아를 위수로 하는 OPEC 국가는 이번 가격 전쟁에서 러시아에 대한 서방의 제재를 빌어 석유 수입에 엄중하게 의존하고 있는 러시아와 그의 동맹국인 베네수엘라, 이란을 무너뜨리려 했다. 석유 가격이 폭락하자 러시아는 사우디아라비아 등 국가가 석유생산량을 줄이지 않아 전체 석유수출국의 이익에 손상을 주었다고 비난했다. 러시아의 비난에 대해 사우디아라비아는 세계 최대 석유생산국인 러시아는 동맹국인 이란과 베네수엘라와 감산을 의논해야지 OPEC 회원국을 비난하는 것은 옳지 않다고 했다. 이밖에 러시아는 아시아 시장을 확대하는 것으로 유가의 끊임없는 하락이 가져다준 손실을 미봉했는데 이 조치가 사우디아라비아의 아시아 시장을 빼앗았다. 블룸버그 통신이 수집한 수치에 따르면 세계에서 두 번째로 큰 석유생산국인 러시아는 2014년에 중국, 일본, 한국에 대한 석유수출을 25% 늘렸으며 아시아 시장 점유율이 2012년의 7.2%에서 8.7%로 상승했다. 이에 비해 사우디아라비아의 아시아시장 점유율은 26%에서 24%로 하락했으며 카타르와 쿠웨이트의 아시아 시장 점유율도 축소되었다. 다른 한편으로 중동국가는 신에너지 특히 셰일가스가 가져다준 도전을 해결하려 했고 저유가로 그것들을 시장에서 밀어내려 했다.

(4) 신에너지의 도전

셰일가스 기술의 발전과 미국의 에너지 독립 및 미국 국내 석유 생산량의 대폭 증가와 더불어 원유 수입의 수요가 감소되었고 동시에 미국 셰일오일 생산량이 급증했다. 이는 중동 산유국의 시장점유율을 차지했을 뿐만 아니라 정치적으로 미국에 대한 중동 국가의 중요성을 크게 떨어뜨렸다. 때문에 중동 국가는 과거의 '관망의 태도'에서 경계하는 태도로 바뀌었으며 심지어 가격 무기를 이용하여 셰일가스를 시장에서 배척하려 했다. 2014년 원유 가격이 대폭 하락하면서 가격이 미국마저 통제하기 어려운 수준에 이르렀지만 사우디아라비아를 위수로 하는 OPEC 국가는 감산하지 않고 오히려 생산량을 늘릴 것이라 밝혔으며 셰일가스가 과도하게 공급되는 문제를 시정할 것을 미국에 요구했다. 하여 지난 한 해에 중동 국가의 석유천연가스 생산량은 별로 감소되지 않았으며 각국은 계속해서 석유천연가스 산업에 대한 투자를 늘리고 산업 고도화를 추진하고 시장 점유율을 확대할 것이라고 밝혔다.

3) 2014년 중동 석유천연가스의 대외협력 개황, 5가지 특징 가져

(1) 아시아 지역 국과와의 협력 강화

2014년 중동지역은 국제 석유천연가스 대외협력에서 일정한 성과를 거두었다. 협력 대상 방면에서 세계 석유천연가스 공급의 중심에 있는 중동지역은 지난 한 해에 아시아 국가와 협력을 강화했다.

첫째로 아시아 에너지 수요가 급증하고 세계 제조업이 동쪽으로 옮겨가고 인프라 시설에 대한 투입이 증가되고 소비 시장이 활성화되었다. 둘째로 부유한 경제체가 에너지 다양화 정책을 실행하면서 아프리카에서의 수입을 늘리고 재생에너지발전을 추진했는데 미국의 에너지 독립 정책을 예로 들 수 있다. 때문에 선진국과 걸프협력회의의 석유천연가스 협력 방면의 긴밀도가 낮아졌으며 아시아가 점차 걸프협력회의 국가의 중요한 석유천연가스 협력 동반자가 되었다.[4] 셋째로 2014년 유가가 폭락한 기회를 타서 아시아 국가들이 원유를 구입하여 전략적 비축량을 늘렸다. 때문에 아시아 국가들 가운데 일본, 중국, 한국, 파키스탄, 인도는 중동국가들의 중요한 협력 동반자가 되었다. 사우디아라비아는 2014년에도 일본, 중국을 포함한 많은 아시아 국가의 최대의 석유수입 원천지국 지위를 유지했다.

중국에 대한 수출을 예로 들면 일평균 107만 배럴 수출했는데 동기 대비 8.6% 상승한 것이다. 쿠웨이트는 2014년 전년에 중국에 1,062만 톤의 원유를 수출했는데 이는 일평균 21만3,000 배럴에 해당되며 전해에 비해 13.7% 증가한 것이다.[5] 이밖에 쿠웨이트는 일본의 다섯 번째로 큰 석유공급국으로 공급량이 일본의 총 수입량의 6.2%를 차지했다. 이란 핵문제가 완화되고 이라크 정세가 긴장되면서 이란의 수출이 끊임없이 증가했다. 2014년 7월 중국, 인도, 일본, 한국의 이란에서의 원유 수입은 일평균 126만 배럴로 동기 대비 8% 증가했다. 그리고 2014년 1~5월의 평균 수입량은 일평균 125만 배럴에 달해 지난해에 비해 25.3% 증가했다. 이 수량은 이란이 서방과 달성한, 2014년 7월 20일까지 6개월 동안 이란의 원유 수출이 일평균 100만

---

4 「저유가로 걸프협력회의와 아시아 관계 더욱 밀접해져」http,//news.bjx.com.cn/ html/2015/0121/583706.shtml, 2015-01-21.
5 「2014년 쿠웨이트 중국에 원유 1062만 톤 수출」, http,//kw.mofcom.gov.cn/article/ jmxw/201501/20150100878258.shtml, 2015-01-26.

배럴을 초과하지 못한다는 제한을 돌파했다. 아랍에미리트는 일본의 두 번째로 큰 석유수입 원천지국이다. 2014년 아랍에미리트는 일본에 일평균 751,000 배럴의 원유를 수출했는데 동기 대비 4.3% 증가했다. 카타르는 일본의 세 번째로 큰 석유수입 원천지국으로 일본에 대한 원유 수출이 일평균 352,000 배럴에 달했다.[6]

인도는 사우디아라비아와의 에너지협력을 강화하게 되었다. 2014년 3월 사우디아라비아의 왕세자가 인도를 방문하여 석유 분야의 '구매와 판매' 관계를 개변시켜 제3국 투자 및 합자기업을 설립하는 방식으로 동반자 관계를 심화시키려 했다. 파키스탄은 2014년 4월 카타르에서의 액화천연가스를 수입한 것에 관한 협의(가치가 20억 달러에 달하고 기한은 15년)를 비준했으며 또 이란과 300만 킬로와트의 전력 수입에 관한 양해각서를 체결했다.[7] 2015년 5월 아부다비 국가석유공사(ADNOC)는 한국 GS에너지와 40년을 기한으로 하는 협의를 체결했고 ADNOC는 아랍에미리트 최대의 유전을 개발하는 육상 석유채굴권의 3%의 지분을 한국 GS에너지에 양도하기로 했다.[8]

6 「쿠웨이트, 일본에 대한 원유 수출 18.8% 하락」, http,//kw.mofcon.gov.cn/article/ jmxw/201407/20140700647171.shtml, 2014-07-01.
7 「파키스탄, 카타르에서 액화 천연가스 수입하고 이란에서 전력 수입할 계획」, http,// pk.mofcon.gov.cn/article/jmxw/201404/2014040556797.shtml, 2014-04-21.
8 「한국 GS에너지, 아부다비 국가석유공사와 특허협의 체결」,

(2) 역내 천연가스 협력 심화

역내 협력 방면에서 많은 중동 국가가 카타르, 이란과 천연가스 협력을
강화했다. 아랍에미리트를 예로 들면 아랍에미리트의 천연가스 생산은
국내 소비 수요를 50%밖에 만족시키지 못했다. 아랍에미리트는 카타르
돌핀(Dolphin) 파이프라인의 천연가스를 수입을 늘리려 했다.[9] 2014년
6월 쿠웨이트는 카타르와 이란의 천연가스를 수입하겠다고 밝혔다. 이밖에
오만도 이란과 천연가스 계약을 체결했다.[10]

(3) 파이프라인의 수송 능력 제고

파이프라인 건설 방면에서 중동 국가는 석유 파이프라인 수송능력을
끊임없이 제고 시켰다. 2015년 6월 8일 압둘후사인 빈 알리 미르자
바레인 에너지 장관은 바레인과 사우디아라비아를 연결시키는 새 에너지
파이프라인이 2017년 말에 건설되며 8월에 낙찰된 청부업체와 부설 협의를
체결할 것이라고 밝혔다. 이 파이프라인이 건설되면 바레인 석유회사는
매일 40만 배럴의 사우디아라비아 원유를 공급받게 되었다. [11]

---

9 「아랍에미리트, 천연가스 수입 계속 늘릴 계획」,http,//kr.mofcom.gov.cn/article/
   jmxw/201405/20140500594830.shtml, 2015-01-20.
10 「쿠웨이트, 이란 천연가스 수입한다」, http,//jedda.mefcom.gov.cn/article/
   jmxw/201406/20140600616149.shtml, 2014-06-09.
11 「바레인과 사우디아라비아를 잇는 새 원유 파이프라인 2017년 말에 건설」, http,//www.
   sinopecnews.com.cn/news/content/2015-06/09/content_1530089.shtml, 2015-06-09

(4) 재생에너지발전에 대한 지지 강화

전통 에너지를 대대적으로 개발하는 밖에 중동은 계속 개발도상국의
재생에너지발전을 지지했다. 아랍에미리트를 예로 들면 2009년부터
아랍에미리트는 7억 달러 이상을 투입해 개발도상국의 재생에너지발전을
지지했다. 2015년 1월 17일 아랍에미리트는 4개의 태평양 도서국가인
마셜, 나우루, 팔라우, 솔로몬과 협의를 체결하여 공동으로 5,000만 달러를
출자하여 기금을 설립하고 이 4개국에서 태양에너지 프로젝트를 실시하기로
했다. [12]

(5) 협력 방식을 혁신

석유 협력 계약 방면에서 이란의 석유계약에 중대한 변동이 생기게
되었다. 2015년 8월 7일 장가네 이란 석유부 장관은 "이란은 올 12월에
외국인 투자자의 이란 석유산업에 대한 투자 계약 신판을 공식 발표할
계획"이라고 전했다. [13]

---

12 「아랍에미리트와 태평양 도서국가, 공동으로 태양에너지 프로젝트 가동」, http,//www.
mofcom.gov.cn/article/i/jyjl/k/201501/20150100870613.shtml, 2015-01-19.
13 「이란 연말 전으로 신판 석유계약을 발표해 외국 투자 유치할 계획」, http,//world.people.
com.cn/n/2015/0807/c157278-27429484.html, 2015-08-07.

3. 2014년 중국과 중동지역의 에너지협력 개황과 분석

1) 2014년 중동지역은 여전히 중국의 최대 에너지공급지였다.

2014년 중국은 중동국가와 에너지협력 방면에서 더욱 밀접해졌다. 결국 중국은 원유 3억800만 톤을 수입했는데 동기 대비 9.45% 상승했다. 2014년 12월 사우디아라비아는 중국의 최대의 수입 원천지국으로 일평균 수입량이 107만 배럴에 달해 8.6% 상승했다. 두 번째는 앙골라로 일평균 911,000 배럴로 4.4% 상승했다. 러시아가 일약 세 번째로 부상해 일평균 88만 배럴에 달했다. 그 뒤로 각각 오만과 이라크였다.[14] 이로부터 중동 산유국은 중국의 원유 수입의 최대 원천지이며 약 48%를 차지한다는 것을 알 수 있다. 그중에서 중국은 사우디아라비아에서 약 497만 톤을 수입했는데 총량의 약 16.11%를 차지했다.[15] 이로부터 중국의 중동 원유에 대한 의존도가 매우 높다는 것을 알 수 있다.

앞으로 몇 년간 중국의 에너지 수요가 계속 고공행진을 할 것이다. 「세계 에너지 중국 전망(2013~2014)」의 수치에 따르면 2011~2035년 중국 에너지수요 성장률이 2.23%에 달해 IEA가 새 정책을 실행한 후의 1.9%보다 높을 것이며 같은 시기 에너지 생산 성장률은 1.97%로 역시 IEA의 1.4%보다 높을 것이다. 2035년에 이르러 중국 에너지 수요는 세계

---

14 「2014년 쿠웨이트 중국에 1062만 톤의 원유 수출」, http,//kw.mofcom.gov.cn/article/ jmxw/201501/20150100878258.shtml, 2015-01-26.
15 「2014년 중국 원유 수출입 대점검」, http,//www.cpcia.org.cn/news/hyfx/2015-1/144924. shtml, 2015-01-08.

에너지 수요의 24%를 차지하게 되며 중국의 에너지 수요 증가량이 세계 에너지 수요 증가량의 38.5%를 차지하게 될 것이다. 새로운 산업 고도화 붐과 '일대일로' 창의가 실행되면서 중국 경제성장은 장기적으로 거대한 에너지공급과 에너지 소비의 성장에 엄중하게 의존하게 될 것이다. 앞으로 몇 년간 중국 에너지의 공급과 수요의 차이가 점차 확대될 것이다. 수치에 따르면 2011~2015년 중국 에너지공급 성장률이 4.37%인 반면 중국 에너지 수요 성장률은 4.7%에 달할 것이고 2015년에 에너지 대외 의존도가 10.6%에 달하게 되며 석유와 천연가스의 대외 의존도가 각각 60%와 35.5%에 달하게 될 것이다. 때문에 중동지역은 장기적으로 중국의 최대의 에너지공급지가 될 것이다. [1]

2) 2014년 중국과 중동 에너지협력 상황, 협력이 더욱 밀접해졌다.

2014년 중동지역과 중국은 역사상 유례가 없이 좋은 관계였다. 중국과 중동지역의 경제 구도의 상호 의존도와 서로의 중요성이 끊임없이 높아졌다. 2012년 중국과 중동의 무역액은 2,810억 달러였고 2013년에는 3,035억 달러에 달해 중국 국제무역 총량의 7.3%를 차지했다. 이밖에 중동이 중국의 대외투자, 공사 수주 시장에서 차지하는 시장 점유율이 무역량보다 더 많았는데 특히 공사 수주 시장이 신속히 확대되었다. 2003년부터 2013년 7월 1일까지 중국의 중동에 대한 투자, 공사 수주 총 액수가 729억9,000만

1 「보고에 따르면 2035년 중국 에너지 수요 세계 4분의 1 차지」, http://www.chinanews.com/gn/2014/02-18/5849629.shtml, 2014-02-18.

달러로 중국의 대외투자, 공사 수주 총액의 10.6%를 차지했다. 그중 중국의 중동에서의 공사 수주액은 499억 달러로 대외 공사 수주액의 19.4%를 차지했다. [2]

2014년에 이란, 사우디아라비아, 쿠웨이트 등 국가의 중국에서의 수입액이 급증했다. 사우디아라비아를 예로 들면 중국은 2014년에 사우디아라비아의 최대의 비석유제품 수입 원천지국과 제2대 수출 목적지국이 되었다. 2014년 11월 사우디아라비아의 비석유제품 수입 총액은 508억 리얄(약 1,355,000만 달러)에 달했고 주요 상품은 기계설비와 전자제품이었다. 그중 중국에서 수입한 비례가 15.65%로 가장 많았다. 같은 시기 사우디아라비아의 비석유제품 수출은 1,743,000만 리얄(약 465,000만 달러에 해당)에 달했으며 주요 상품은 석유화학 제품이었다. 그중 중국에 수출하는 화물의 비례가 10.93%로 두 번째를 차지했다. [3]

아울러 중국과 중동 주요 국가들의 정치 관계도 어느 정도 좋아졌다. 중국은 지역의 정치 분쟁에 개입하지 않는다는 기본 원칙을 지켰고 교파의 모순, 역사 분쟁에서 편 가르기를 하지 않고 등거리 균형 외교를 견지하면서 각 자와 다 우호적인 관계를 발전시켰다. 지난 몇 년간 사우디아라비아, 이집트, 이스라엘, 터키 등 미국의 전통적인 동맹국들이 미국과 관계가 멀어졌으며 이런 국가들의 중국과의 관계 개선 공간이 매우 크고 의욕도 늘어났다. 동시에 이란과 미국의 관계가 어느 정도 완화되었고 이란이

---

2 「중국과 중동 관계 역사상 유례없는 좋은 시기에 진입」, 『세계지식잡지』 2015(1).
3 「중국, 사우디아라비아 석유제품의 최대 수입원천지국과 두 번째 수출 목적지국으로 되어」, http://jedda.mofcom.gov.cn/article/jmxw/201501/20150100872137.shtml, 2015-01-20.

중국과의 관계 개선에서 받는 압력도 작아졌다.

2014년 3월 살만 빈 압둘아지즈 알 사우드 사우디아라비아 왕세자 겸 부총리, 국방부 장관이 중국을 방문했다. 이는 2006년 이후 사우디아라비아의 최고위직 지도자가 중국을 방문하는 것이며 양국은 전략적 우호관계를 업그레이드하기로 일치하게 합의했다. 시리아 문제로 금이 갔던 중국-사우디아라비아 관계가 회복되었다. 2013년 이후, 이스라엘, 이란, 터키 지도자들이 잇달아 중국을 방문했으며 한 결 같이 중국과의 관계를 업그레이드하려는 의향을 표했다. 안전협력 방면에서 '이슬람 국가' 조직의 굴기, 테러리즘의 만연과 더불어 중국은 중동 안전에 대해 점점 더 큰 관심을 가지게 됐다. 2014년 9월 20일 중국해군 제17차 아덴 만 호송편대가 처음으로 페르시아 만에 진입해 이란 남부 반다르아바스에 정박했다. 앞으로 중국은 또 '일대일로' 전략을 통해 중동 국가와의 관계를 강화하게 될 것이다. 중국과 중동 국가들의 관계가 전반적으로 역사상 유례가 없는 좋은 시기에 들어섰다고 할 수 있다.

이런 배경 하에 중동과 중국의 에너지 방면의 협력이 더욱 밀접해졌다.

(1) 협력 대상 방면에서 2014년 중국은 사우디아라비아, 이란, 쿠웨이트, 아랍에미리트 등 국가와의 석유천연가스 협력을 심화시켰다. 사우디아라비아는 중국 최대의 석유 수입 원천지국이다. 2013년 중국은 사우디아라비아에서 석유 5390만 톤을 수입했는데 이는 중국 석유 수입의 15%를 넘는 양이었다. 2012년 사우디아라비아에 대한 중국의 비금융 투자가 2억4000만 달러에 달했고 계속 상승하는 추세였다. 전통적인 석유천연가스 협력 이외에 사우디아라비아는 태양에너지, 인프라 시설 등 방면에서 중국의 투자를 원하고 있다. 2014년 3월 중순, 사우디아라비아

왕세자가 중국을 방문하는 기간에 사우디아라비아 투자총국은 베이징에서 투자포럼을 개최하여 사우디아라비아의 투자 기회를 연구 토론했다. 2014년 4월 사우디아라비아 석유화학 거두인 모하메드 알 마디 사우디베이식인더스트리(SABIC) 부총재 겸 최고경영자, 보아오포럼 이사회 이사가 보아오포럼 참가 시에 '지금의 아시아는 SABIC에게는 가장 신속히 발전하고 가장 잠재력이 큰 시장이며 SABIC는 이미 중국 및 아시아 국가를 가장 중요하고 가장 우선적인 전략적 협력 파트너로 보고 있다'고 밝혔다.

중국은 이란의 석유를 가장 많이 구입하는 국가이며 2014년 11월 이란 핵문제가 완화되기 시작한 후 수입량이 끊임없이 증가했다. 2014년 1~3분기 양국 간 총 무역액은 400억 달러를 넘었다.

그중 이란의 중국에서의 수입액은 186억 달러에 달해 지난해 동기에 비해 46.8% 증가했다. 2014년 4월 타예브 니아(Tayyeb Nia) 이란 재무장관이 베이징에서 가오후청(高虎城) 중국 상무부 부장과 만나 회담을 가졌다. 쌍방은 이란의 석유천연가스 자원과 인력자원 방면에서 협력할 의사를 보였고, 중국의 이란에 대한 투자와 인프라 건설에 대해 의견을 교류했다.[4] 2014년 4월 중국-이란은 또 수력발전 방면의 협력에 관한 담판을 했다. 양국은 현재 중국이 이란에 15개의 수리와 전력 프로젝트에 융자를 제공하는 것에 관한 담판을 진행하고 있는 중이며 관련된 자금이 총 200억 달러나 되었다.[5]

---

4 「중국 상무부 부장, 베이징에서 이란 재무장관과 회동」, http.//ir.mofcom.gov.cn/article/jmx w/201405/201405/20140500572816.shtml, 2014-04-27.
5 『중국과 이란, 수력발전 방면의 협력에 관한 담판 펼쳐』를 참조할 것. http.//ae.mofcom. gov.cn/article/jmxw/201404/20140400567465.shtml, 2014-04-30.

중국과 쿠웨이트의 협력도 매우 밀접했다. 2014년 12월 쿠웨이트의 중국에 대한 원유 수출은 전해 동기에 비해 52.7% 상승해 173만 톤에 달했으며 이는 일평균 408,000 배럴에 맞먹었다. 이 역시 쿠웨이트가 2014년에 중국에 원유를 가장 많이 수출한 달이며 이로써 2014년 전년 중국에 대한 원유 수출이 1062만 톤에 달해 일평균 213,000 배럴에 맞먹었으며 전해에 비해 13.7% 증가했다.

중국과 아랍에미리트의 협력도 매우 밀접했다. 2014년 4월 할리파 아랍에미리트 대통령은 법령에 사인해 아부다비국가석유회사와 페트로차이나(홍콩)유한회사가 Al Yasat 석유작업유한회사를 설립하는 것을 비준했으며 ADNOC가 60%의 지분을 가지고 페트로 차이나(중국석유천연가스그룹)가 40%의 지분을 가졌다. Al Yasat회사는 아부다비 최고석유위원회가 비준한 육상과 해상 구역에서 작업하게 되며 회사의 기능에는 원유 개발에 필요한 탐사 착정 유전 유지, 생산에 필요한 건설 조작 유지, 원유 채굴 후의 가공 측량 저장 수송 및 원유 판매와 수출이 포함되었다.[6]

(2) 에너지 수송 방면에서 중국은 해상 수송 안보 능력을 강화했다. 중국은 중동에서 석유를 수입할 때 주로 해상 수송을 이용했다. 중동 페르시아 만에서 호르무즈 해협까지 갔다가 다시 믈라카 해협을 지나 마지막으로

---

6 「아랍에미리트 대통령 비준을 받아 아랍에미리트-중국 석유합자회사 설립」, http,// ae.mofcom.gov.cn/article/jmxw/201404/20140400567465.shtml, 2014-04-30.

중국에 도달하게 되었다. 그중에는 중국 에너지 안전에 거대한 위협을 주는 믈라카의 위험이 여전히 존재했다. 2014년 중국은 해상 수송의 안보 강도를 높였는데 2014년 3월 8월 12월에 각각 동해함대, 남해함대, 북해함대를 파견하여 소말리아 호송 행동을 계속 이어가면서 중국 수송 선단의 안전을 지켜주었다.

(3) 에너지협력 방식 방면에서 중국과 중동의 에너지협력의 방식은 여전히 중국이 중동 석유를 대량 수입하고 중국의 국유 석유회사가 중동의 일부 산유국의 석유천연가스 자원에 투자하는 것을 위주로 했다. 중동 국가의 석유 천연가스 자원에 대한 중국의 투자는 주로 상유 산업에 집중되었으며 중동의 일부분 국가도 중국의 하유 석유천연가스 시장에 투자를 시작했다. 이밖에 중국도 중동에서 유전 서비스와 인프라 시설 서비스를 적극 제공했다.

(4) 에너지협력 제도 건설 방면에서 중국과 중동 주요 산유국은 에너지 협력을 위한 제도적 보장을 건설했다. 예를 들면 중국-아랍국가연맹 포럼, 중국-아랍국가연맹 에너지협력대회, 중국-아랍국가연맹 에너지협력 연맹 등이었다. 2014년 11월 18일부터 21일까지 3일 동안 제4차 중국-아랍국가연맹 에너지협력대회가 사우디아라비아 수도 리야드에서 소집되었다. 탄룽야오(譚榮堯) 중국 국가에너지국 감독관리 총감이 대표단을 이끌고 회의에 참석해 축사를 했다. 탄롱야오 총감은 중국은 아라비아 국가와 계속해서 석유천연가스 협력을 강화하는 동시에 핵에너지의 평화적인 이용, 수력발전, 빛에너지, 풍력 등 청정에너지 분야의 협력을 적극 탐색하고 실천해갈 것이라고 밝혔다. 2014년 중국은 중동

국가들과 여전히 다양한 협력 방식을 유지했다.

3) 중국과 중동 협력의 기회와 도전

(1) 저유가의 기회

2014년 국제 에너지시장에서 가장 주목받은 것은 국제유가의 폭락이었고 2015년에도 국제유가가 여전히 낮은 가격을 유지할 것이며 유가가 계속 폭락하지 않더라도 높은 수준으로 돌아가기는 어려울 것으로 예상되었다. 이는 국제 에너지시장의 전반적인 공급과 수요 관계에 의해 결정된 것일 뿐만 아니라 전통 에너지와 신에너지의 경쟁 때문이기도 했다. 현재 세계 주요 경제체가 대부분 금융위기에서 회복되었지만 이런 국가들의 발전 잠재력은 아직 관찰해봐야 알 수 있다. 그리고 국제 에너지시장의 주요 소비자의 하나인 중국의 에너지 수요도 경제가 이른바 '저속 발전의 뉴노멀' 시대에 들어섰다. 때문에 국제 에너지시장의 총 수요가 2015년에 돌파적인 상승을 가져오기 어렵다. 공급 방면에서 미국의 셰일가스 혁명 및 캐나다, 브라질 등 국가의 신에너지 개발 기술이 진일보적으로 제고되면서 이런 국가들의 에너지도 에너지시장의 경쟁에 참가하게 되었다.

미래 국제에너지시장에서의 발언권을 쟁탈하기 위해 중동 주요 산유국 등 전통에너지 생산국은 저유가로 이런 신에너지의 발전을 타격하려 했다. 때문에 이런 국가들은 저유가 상황에서도 계속 기존의 원유 생산량을 유지했는데 중동 산유국의 이런 태도가 개변될 가능성은 별로 크지 않았다. 물론 이와 동시에 미국 국회가 중동의 이 산유국 특히 사우디아라비아와의 전통적인 동맹국 관계를 이용하여 원유생산에 대한 이 국가들의 태도에 영향을 줄 수 있다는 상황도 고려해야 했다. 그러나 결국 2015년 국제유가가 여전히 비교적 낮은 가격을 유지할 것이다.

이런 저유가 배경 속에 중국은 기회를 틀어쥐고 중동 국가들과의 관계를 융통성 있게 처리하고 중동 국가와의 담판 능력과 가격협상 능력을 높이고 시의 적절하게 원유 비축을 늘림으로써 고유가로 에너지 원가가 지나치게 높아지는 것을 줄여야 한다. 2015년에 국제 원유 가격이 저조한 상태를 유지하게 되었다. OPEC가 생산량을 늘리고 비 OPEC 국가가 기존의 생산량을 유지하는 한편 수요 성장이 둔화되어 원유 공급 과잉 국면이 지속될 것으로 예상되었다. 때문에 골드만삭스는 2014년 WTI 원유 평균가격 예기를 57달러에서 45달러로 하향 조정했다. 골드만삭스는 유가가 배럴당 20달러까지 내려갈 위험이 커지고 있다고 밝혔다. 모건 스탠리는 지금부터 2016년 중기까지 원유 시장은 여전히 공급이 수요를 초과하며 유가가 45~50달러 선을 유지할 것이라고 내다봤다.[7]

(2) 중국과 중동 에너지협력 형세

2015년은 중국과 중동의 에너지협력이 계속 심도 있게 발전한 한 해였다. 자체 실력의 상승과 석유천연가스 자원에 대한 과도한 의존으로 중국은 중동 주요 산유국과의 관계를 강화할 수밖에 없었으며 또 중국 국유에너지회사의 발전과 더불어 중동에 대한 석유천연가스 투자를 늘리는 것도 당연한 일이었다. 중동이 비교적 복잡한 지정학 상황에 직면했음에도 중국은 계속

---

7 「모건 스탠리, 미래 3년 원유 가격 변화 추세 예측」, http://oil.in-en.com/html/oil-2390035. sht-ml, 2015-09-14.

중동지역의 석유천연가스 자원에 대한 투자를 늘려갈 것으로 보인다. 2015년 중동은 여전히 중국 최대의 원유 수입지였다.

이와 동시에 중국이 전면적으로 개혁을 추진시킴에 따라 중국 국내 에너지시장도 더 한층 개방되어 중동 국가가 적극적으로 중국 에너지시장에 진입하는 것도 가능해졌다. 중국과 중동의 에너지협력의 윈-윈 국면이 계속 유지될 것이다.

(3) 중국과 중동지역의 에너지협력의 리스크

2015년에 중국과 중동의 에너지협력 전망이 매우 넓지만 그중의 리스크 역시 반드시 고려해야 할 것이다. 우선 고려할 것은 중동의 복잡한 지정학 형세이다. 현재 중동은 전환 단계에 있으며 혼란스러운 정치 질서가 2015년에 근본적으로 호전되기 어렵다. '이슬람국가'가 2015년 국제 반테러 협력이 심화됨에 따라 일정하게 제한을 받게 되지만 '이슬람 국가' 문제가 근본적으로 해결되려면 이라크 및 시리아가 본국에 유효한 정부를 건설해야 하는데 이는 2015년에 완성되기 매우 어려운 일이다. 때문에 2015년 중동의 혼란스러운 정국은 여전이 중국이 중동에서 에너지협력을 펼쳐 가는데 가장 큰 리스크로 작용할 것이다. 다음 고려해야 할 점은 기타 국가 예를 들면 서유럽, 일본, 인도, 미국과 같은 국가들과 중동에서 경쟁을 해야 한다는 것이다.

이런 국가들은 중국 '에너지 위협론'을 대대적으로 과장하여 떠들면서 중국이 대외 투자를 하는 과정에 인권 침해, 지적소유권 및 환경보호 문제가 존재한다고 비난하고 있어 중국은 이에 대해 준비가 있어야 한다. 마지막으로 고려할 것은 중동이 중국인을 배척할 가능성이다. 중국이 아프리카에서 적극 개발을 함에 따라 아프리카에서 중국인 배척 전조가 일어나고 있다. 중동지역은 주로 이슬람 문명으로 중국의 유가, 불교 문명과 문명에 대한 이해 차이로 충돌이 존재한다. 때문에 중국은 중동에 에너지 투자를 할 때 공공 외교를 펼쳐가면서 중국인 배척 행위가 일어나고 중국 재외 인원과 재산이 만회할 수 없는 손실을 받는 것을 방지해야 한다.

(4) 정책건의

중국이 중동에서의 에너지 이익을 더 잘 수호하려면 계속 경제적으로 접수할 수 있는 유가로 중동의 석유를 수입하여 경제를 지속적으로 발전시켜야 할 뿐만 아니라 중국 기업의 중동에서의 에너지 투자와 중국 측 인원의 중동에서의 재산 안전을 지켜야 한다. 이런 것들을 실현하기 위해 정부와 기업이 공동으로 협력해야 한다. 우선, 정부는 중동 주요 산유국과의 정치 관계를 유지해야 하며 양국의 에너지 계약이 효과적으로 실행되려면 정부의 보호가 필요하다.

중동지역이 오랫동안 혼란한 국면에 처해 있었기 때문에 중국 측 인원과 재산 안전은 정부의 보호에 의지해야 한다. 다음, 중국 측 기업은 자체의 해외 활동 능력을 높여야 할 뿐만 아니라 동시에 정부와 긴밀하게 연계하고 소통하여 자체의 이익을 지켜야 한다. 즉 자체의 국제 이미지를 높여 중동의 일반 민중들이 중국 투자가 그들에게 주는 이익을 느낄 수 있게 해야 한다. 마지막으로 전면적인 위기관리 및 위기 후의 보상 책략을 실시하여 위기가 발생해도 손실을 최대한으로 줄일 수 있어야 한다.

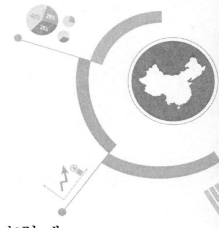

부록,
2014년 중국의 에너지 국제협력 대사기

2014년 중국의 에너지 국제협력 대사기

아시아 · 태평양지역

<u>1월 6일</u> : 싱가포르 신에너지그룹이 자회사인 신에너지국제(호주)
자산의 60%의 지분과 신에너지 호주전력망의 19.9%의 지분을
중국국가전력망에 매각했다.

<u>1월 10일</u> : 상하이전력의 완전 출자 자회사인 '상하이전
력일본주식회사'가 일본 도쿄의 마루노우치(丸の內) 빌딩에서
정식으로 설립되었다.

<u>1월 21일</u> : 중국은 원산지가 한국인 태양전지용 다결정실리콘 반덤핑
조사에 대해 최종 판결을 내렸다, 수입 경영자는 피조사제품을
수입할 때 중화인민공화국 세관에 덤핑방지관세를 납부해야 했다.

<u>1월 22일</u> : 중국칭화에너지그룹(中國慶華能源集團)은 호주
퀸즐랜드주 석탄채굴업체인 카라벨라 자원회사의 절반 이상의
지분을 인수했다. 칭화에너지는 호주 완전 출자 자회사인
웰스(Wealth)광업회사가 추천한 3명의 이사가 카라벨라에 입주하게
되었다.

2월 21일 : 중국 태양에너지 패널 제조상인 위훼이(昱輝) 솔라와 일본 전자부품상 Vitec가 협력을 이뤄 일본에 투자하여 공장을 건설하게 되었다.

3월 13일 : 우젠궈(吳建國) 국가 태양광발전제품 품질감독관리 검험센터 주임 일행이 일본 도레이(東麗)주식회사를 방문하여 회사 책임자와 업무 협력 및 산업발전 등 방면에서 교류했다.

3월 26일부터 28일까지 : 중국 전력기업연합회의 요청을 받고 인도 타밀나두 주 에너지개발국 구매부의 관리가 베이징에서 '2014년 중국 국제 청정에너지 박람회'를 참관하고 '2014 중국 태양광발전소 건설과 투융자 정상회담'에서 발언했다.

4월 2일 : 상하이자오넝전력전자기술유한회사(上海兆能電力電子 技術有限公司, Trannergy)가 참가한 호주 황막(荒漠)시범발전소 프로젝트가 전부 검수를 마치고 성공적으로 전력망에 편입되었다. 상하이자오넝은 이 프로젝트에 24대의 고효율 인버터를 제공했다.

4월 8일 : 2014년 '호주 중국'의 첫 중요한 행사인 '호주와 중국 자원업계 오찬회'가 베이징에서 열렸다. 중국과 호주에서 온 약 200명의 자원, 광업계의 고위층 대표가 이 행사에 참가했다.

4월 15일 : 중성신에너지유한회사(中盛新能源有限會社)가 호주 지사를 설립했다고 선포하고, 아시아·태평양 거래처에 에너지 해결 방안을 제공하는데 주력할 것이라고 밝혔다.

4월 16일 : 호주 반덤핑위원회가 중국 타이성풍력 에너지회사 (泰勝風力公司)에 15.0%의 덤핑방지관세를 부과한다는 판결을 내렸으며, 기타 중국 수출상에게는 15.6%의 덤핑방지관세를 부과했다.

4월 22일 : 인도 동북지역 전력망 대표단 일행이 쿤밍(昆明)을
찾아 윈난성(雲南省)에너지국, 윈난전력망공사, 화넝란
창강(華能瀾滄江)수력발전공사, 중국화전(華電)그룹 윈난회 사와
회담과 교류를 진행함으로써 협력을 도모하고자 했다.

4월 28일 : 소겡 주중인도네시아 대사가 광산에너지 및 인프라
구축 에너지의 기업 대표 100여 명을 인솔하여 충칭(重慶)으로
와 투자설명회를 개최했다. 인도네시아 광산에너지부 책임자가
인도네시아 전력발전 방면의 투자 기회, 정부 지지 및 특혜 정책을
소개했다.

5월 13일부터 16일까지 : 2014년 '중국-호주 에너지국제학술회의'가
타이위안이공대학(太原理工大學)에서 소집되었는데, 주로 석탄의
깨끗한 전환, 바이오매스 에너지, 이산화탄소의 이용과 저장 및
연료전지 등 4개의 테마로 학술교류를 진행했다.

5월 14일 : 호주 반덤핑위원회가 중국에서 수입하는 태양전지 모듈과
패널에 대해 반덤핑 조사를 진행하기로 결정했다.

5월 18일 : 충칭전파에너지집단 유한회사(重慶振發
能源集團有限公司)가 호주 캔버라에서 태양광발전소를 인수합
병하고 건설했는데, 인수 가격은 3200만 달러였다.

5월 19일 : APEC 제47차 에너지업무그룹회의가 쿤밍에서
소집되었다. 21개 경제체 회원국의 전문가들이 저탄소도시, 저탄소
발전 등 전공 분야에서 기술 교류를 했다.

5월 19일 : 세계명품투자회사 사이더스투자(賽德思投資)가 홍콩에서
홍콩 마카오 주재 인도네시아공화국 총령사관과 공동으로 '오늘의
인도네시아 에너지와 광업 자원'이라는 워크숍을 열었다.

5월 20일 : 쑨위차이(孫玉才) 중국전력기업연합회 상무 부이사장이
중국을 방문한 나미키 토오루(並木徹) 일본 석탄에너지센터 이사장
일행을 회견했다.

5월 21일부터 23일까지 : 광둥바오워이신 에너지유한회사(廣東
保威新能源有限公司)가 인도네시아의 '2014년 재생에너지 박람회'에
참가했다.

5월 23일 : 중국전력건설그룹 소속 상하이전력 건설유
한회사가 판하이 홀딩스(泛海控股) 산하의 판하이에 너지지주
주식유한회사(泛海能源控股股份有限公司)와 전략적 협력 협의를
체결하고 인도네시아 메단공업단지 자가발전소 프로젝트 개발에
나란히 참가했다.

6월 4일 : 한닝태양에너지그룹(漢能太陽能集團) 완전 출자 자회사인
한닝글로벌태양광발전응용그룹 아시아 · 태평양 유한회사는
일본 소지츠주식회사(雙日株式會社)가 완전 출자한 자회사
-소지츠기계주식회사와 한닝그룹 본부에서 전략적 기본협의
의향서를 체결했으며, 양자는 태양에너지 필름의 발전 응용분야에서
장기적인 전략적 협력파트너 관계를 건립하게 되었다.

6월 10일 : 산둥성양전원주식유한회사(山東聖陽電源股份有限公司)와
일본 후루카와배터리주식회사가 산둥 취푸(曲阜)에서 정식으로
협력협의를 체결했다. 후루카와배터리는 성양에너지회사에게
국제 선진수준의 대용량, 심층 순환, 초장수명의 리드-카본 기술
에너지저장시스템 전지제품의 권한을 부여함으로써 중국의 공장에서
현지화 생산과 홍보, 판매를 하기로 했다.

6월 10일 : 특변전공(特變電工) 선양변압기 그룹(沈陽

變壓器集團)유한회사는 특변전공(인도) 에너지유한회사에 총
4,673만 달러의 투자를 늘렸는데 그중 등록자금을 3,000만 달러
증가했다.

6월 11일 : 중국에너지건설그룹유한회사 소속 광동화력발
전공정총공사(廣東火電工程總公司)가 청부맡은 인도네시아
메단의 2 220 메가와트 프로젝트 2호 유닛의 증기도관 청소작업이
완성됨으로써 앞으로 유닛의 가동에 기반을 마련했다.

6월 17일 : 중국 상하이전력에너지발전공사가 경쟁 입찰을 통해
1억1,900만 호주달러의 갈탄 프로젝트를 따냈다. 빅토리아주와
연방정부가 2,500만 호주달러를 지원하게 되었다.

6월 19일 : 본사가 중국 바오딩(保定)에 있는 잉리녹색
에너지(英利綠色能源) 산하 완전출자 자회사 잉리녹색
에너지(싱가포르)유한회사가 말레이시아 태양에너지공사(Gading
Kencana Sdn Bhd)에 12 메가와트 단결정 및 고결정 모듈을
공급하기로 했다.

6월 27일 : 중국석유천연가스그룹 파이프국이 인도 릴라이언
스산업이 기획한 사흐로드에서 푸르부르까지의 천연가스관 1-4
표준구간 건설에 낙찰되어 총 길이가 200 킬로미터인 파이프라인
건설 임무를 맡았다.

6월 28일 :인도 구자라트 주 바로다시에서 중국의 대형
에너지장비기업 특변전공이 투자하여 건설한 송전 첨단장비 산업원-
특변전공에너지(인도)유한회사의 교류 1200킬로볼트, 직류 플러스
마이너스 1000 킬로볼트 고압 변압기 연구제작기지가 정식으로
낙성되었다. 이 공업단지에서 연구제작한 한 대의 765킬로볼트

변압기, 3 대의 765 킬로볼트의 리액터가 정식으로 출고하여 인도
국가 주요 전력망 건설에 서비스를 시작했다.

7월 1일 ： 인도네시아 에너지광업부와 중국 푸젠성(福建省) 정부가
달성한 파푸아 탕구 천연가스 수출가격 상호 양해 및 호혜 협의가
정식으로 발효되었다. 백만 영국 열량 단위당 가격은 원래의 3.34
달러에서 8 달러로 개변되었다.

7월 4일 ： '중한경제협력포럼'이 열렸다. 난징시(南京市) 정부,
난징경제기술개발구와 한국 LG 화학주식회사가 신에너지 자동차
동력전지 프로젝트 체결의식을 가졌고 총 투자가 35억 달러인
동력전지 프로젝트가 정식으로 난징에 정착했다.

7월 17일 ： 한국 현대와 기아자동차 기업도 전기자동차를 연구
개발하여 중국 시장에 진출할 것이라고 선포했다.

7월 19일 ： 일본 홋카이도의 석탄생산 기업이 '석탄생산국 석탄산업
고도화 프로젝트'에 참가한 중국 연수생들을 위해 교류환영회를
열었다.

7월 23일 ： 정신그룹(正信集團)이 완전 출자한 총 투자가 100억 엔인
31 메가와트 태양에너지발전소 프로젝트가 일본 시마네현 하마다
시에서 착공식을 가졌다.

7월 24일 ： 항저우 쌍니에너지과 학기술유
한회사(桑尼能源科技有限公司) 산하의 저장아이뤄
전원유한회사(浙江艾羅電源有限公司)가 PGK 회사와 호주지역
태양광발전 인버터, 태양광 축전지 인버터 제품의 독자 대리상
협의를 체결했다.

7월 30일 ： 하이룬(海潤)태양광발전과학기술주식유한회사가 인도에

자회사를 설립하여 이 나라의 태양광발전 프로젝트에 투자하기 위한 준비를 할 것이라고 선포했다.

8월 6일 : 중국 하나스그룹(哈納斯集團)이 한국 최대의 에너지 화학공업기업 SK 그룹과 협력 협의를 체결하여 중국 천연가스 시장을 개척함으로써 앞으로 천연가스를 수입해 비축하는데 물질적 기반을 마련해주었다.

8월 7일 : 헤이룽장(黑龍江) 민영기업인 진웨그룹(金躍集團)이 한국에 3억 위안을 투자하여 건설한 금산태양광발전소가 정식으로 사용에 투입되었다.

8월 7일부터 8일까지 : 제18차 '베이식(BASIC)' 기후변화 장관급회의가 인도 뉴델리에서 열렸다. 세전화(解振華) 중국 국가발전개혁위원회 부주임, 자바데카르 인도 환경 삼림 기후변화부 장관, 몰레와 남아프리카 수자원 환경부 장관, 지타니 멕시코 환경부 차관이 회의에 참가했다.

8월 12일 : 중국석유화학정제공정(그룹)주식유한회사가 말레이시아 국가석유공사의 정유 프로젝트에 낙찰되었는데 총 계약액이 13억2900만 달러에 달했다.

8월 12일 : 중국 에너지건설그룹유한회사 소속 안후이전력건설1공사(安徽電建一公司)가 수주한 세계적으로 최대 규모의 건설 중인 석탄발전소-인도 사산6 66만 킬로와트 울트라 발전소의 5호 유닛이 단번에 전력망 편입에 성공했다. 이는 유닛의 설치와 실험가동이 전부 끝났음을 설명하며 유닛의 상업 운행에 기반을 마련해주었다. 8월 29일 이 회사가 청부 맡은 인도 할디아 2 30만 킬로와트 석탄발전소 2호 유닛의 보일러 파이프 청결 작업이 순조롭게 완성되었다.

8월 17일 :중국덴젠이 수주한 인도네시아 아체2호 화력발전소
유닛이 순조롭게 업주에게 인계되어 정식으로 전력생산에
들어갔다. 이 프로젝트는 중국덴젠그룹 소속 수전국제(水電國際)가
인도네시아에서 맡은 첫 번째 화력발전소 프로젝트이다.

8월 22일 : 중국 잉리녹색에너지주식유한회사는 산하 완전 출자
자회사인 잉리녹색에너지일본유한회사가 일본 Benex 회사에 2
메가와트 이상의 단결정 모듈을 제공한다고 선포했다.

8월 22일 : 인도 대표단과 윈난성 국유자산감독관리위원회은
쿤밍에서 좌담회를 가졌다. 양자는 에너지, 화학비료, 인프라 구축 등
방면의 협력과 투자에 대한 공동인식을 달성했다.

8월 27일 : 인도 재정부는 인도 상공부가 중국, 중국 타이완, 미국,
말레이시아에서 수입한 태양전지 제품에 대해 덤핑방지관세를
부과한다는 최종 판결을 집행하지 않기로 결정했다.

8월 28일 : '동아시아 정상회의 청정에너지 포럼'이 청두(成都)
쌍류(雙流)에서 소집되었다. 세계 10여 개 국가와 지역 에너지관리
부문의 지도자 및 과학연구 기관, 기업, 금융기관, 산업조직 대표 등
480여 명이 참가해 청정에너지의 발전과 이용 문제를 연구 토론했다.

9월 2일 : 2014년 APEC 에너지 장관회의가 베이징에서 소집되었다.
회의는 '손잡고 미래를 지향하는 아시아·태평양의 지속적인
에너지발전의 길'을 테마로, 아시아·태평양지역 에너지협력 강화를
취지로 하면서 에너지의 지속적인 발전을 추진하고 에너지 안전을
진일보적으로 수호했다.

9월 3일부터 5일까지 : 제8차 인도재생에너지박람회가

뉴델리에서 성대하게 개막했다. 특변전공
시안전기과학기술유한회사(西安電氣科學技術有限公司)가
이 박람회에 참가했다.

9월 7일 : '중국 국제에너지협력 포럼 2014'에서 강기정
한중에너지협력연구모임 대표, 한중의원외교협회 부회장은 양국
정부 간 에너지협력이 끊임없이 심화되고 있다며 이전에 양국의
협력 방식은 정부, 기업 또는 연구센터의 지지를 많이 받는 것이었고
한국 국회는 국회가 주도하는 새로운 협력 루트를 내오기를 바란다고
했다.

9월 20일 : 중국 국가 반도체조명공사 연구개발 및 산업 연맹, 인도
광원과 부품 제조상 협회와 국제반도체조명연맹이 공동으로 주최한
'2014 인도 국제반도체조명포럼 및 중국-인도 반도체 조명산업
연결회의'가 인도 수도 뉴델리에서 성공적으로 막을 내렸다.

10월 1일 : 중국수리수력발전 7국이 건축 임무를 맡고 말레이시아
에너지공사(TNB)가 투자하고 캐나다 SNC 국제공정컨설팅회사가
컨설팅 엔지니어를 맡은 말레이시아 호루수력발전소가 원래
계획보다 48일 앞당겨 수문을 내리고 물을 저장했다.

10월 11일 : 제8차 인도국제재생에너지박람회가 인도 수도 뉴델리
국제컨벤션센터에서 개막했다. 메이다신에너지(美大新能源)가 중국
태양열이용 유명 브랜드의 선두기업으로 이 박람회에 참가했다.

10월 18일 : 중국 란차오그룹(嵐橋集團)이 호주 상장회사-
서부에너지회사를 인수 합병하여 서부에너지유한회사 이사회를
개편했다.

10월 29일 : 중국, 호주 등 15개국의 전력망 경영사 임원들이

광저우(廣州)에서 2014년 국제특대전력망운영사가 조직한
연례총회에 참가해 전력망 기술혁신 경험을 공유하고 세계 저탄소
에너지협력을 도모했다.

11월 : 롄성신에너지(聯盛新能源)가 일본 도치기 현에 투자한
태양광에너지발전소가 순조롭게 착공했으며 2015년 5월 전으로
공사를 마치게 된다.

11월 초 : 특변전공에너지(인도)유한공사가 인도 본토에서 생산한
3대의 리액터가 인도 인도르변전소에서 성공적으로 전력망에
편입되어 운행을 시작했다.

11월 7일 : 세계 선두에 있는 태양에너지기업-
징커에너지회사(晶科能源公司)가 일본 디지털 소매 및 태양에너지
설치 회사인 DMM 주식회사를 위해 일본 미에 현의 지면 발전소
프로젝트에 소금안개 부식에 잘 견디고 또 고효율적인 5 메가와트의
태양에너지 모듈을 제공한다고 선포했다.

11월 14일 : 인도네시아 칼리만탄우타라 주 누누간 현 정부는
인도네시아 수도 자카르타에서 한녕전력(인도)유한회사와 셈바콩강
수력발전 프로젝트 협력 양해각서를 정식으로 체결했다.

11월 17일 : 상하이주재 인도 총영사관과
국제반도체설비재료협회(중국)가 공동으로 주최하는 '2014 인도
신에너지 투자 교류회'가 상하이에서 소집되었다.

11월 17일 호주 브리즈번에서 열린 제9차 G20 정상회의에서
'에너지'와 '기후'가 핵심 의제에 포함되었다. G20 정상회의 성명은
'에너지협력을 강화하는 것이 우리 업무의 중점'이라고 강조했다.
국제에너지시장은 현재 중요한 전변을 겪고 있다. 강력하고 위험에

대처할 수 있는 에너지시장은 경제성장에 지극히 중요한 것이다.

11월 17일 : 푸싱국제회사(復星國制公司) 완전출자 부속회사인 차오웨에너지(超越能源)는 4억3900만 호주달러로 호주의 석유와 천연가스 상유업체-로크 오일(ROC Oil)을 인수 합병하고 92.6%의 지분을 차지했다.

11월 17일 : 시진핑 중국 국가주석은 토니 애벗 호주 총리와 캔버라에서 회담을 가졌다. 양국 정상은 중국-호주 자유무역협정 담판이 실질적으로 결속되었음을 공동으로 확인했다. 중국이 호주 석탄을 수입할 때 제로 관세를 실행하게 되었다.

11월 18일 : 중국뎬젠그룹 소속 수력발전컨설팅그룹과 호주 Entura 컨설팅회사는 호주 태즈메이니아 주 수부 호바트에서 전략적 협력 협의를 체결하여 태즈메이니아 주 및 호주 전체 지역에서 양질의 프로젝트를 골라 재생에너지 투자를 하고 함께 전력건설 프로젝트를 승계하기로 협의했다.

11월 19일 : 중국 점결탄 수입 업체인 융후이점결탄(永暉焦煤)은 합자 파트너인 일본 마루베니 사와 함께 캐나다 점결탄 생산기업의 권익을 홍콩 우파이에너지회사(優派能源公司)에 매각하기로 결정했다.

11월 20일 : 베이징 푸톈자동차(福田기차)는 인도네시아 대중교통부문 자카르타 공공버스 운영사와 '자카르타 신에너지 공공버스 해결방안 협력 협의' 3자간 협력 체결 및 푸톈자동차 신에너지제품 계열 교부의식을 가졌다.

11월 21일:중국신화에너지주식유한회사(中國神華能源股份有限公司)의 완전출자 자회사-중국신화해외개발투자유한회사는 인도네시아 Adaro Power 회사와 법적 효력을 가지지 않은 협력 양해각서를 체결했다.

<u>11월 22일</u> : 호주 빅토리아 주 에너지자원부의 라셀 노스 장관은 중국 기업이 찾아와 석탄에 투자하는 것을 격려했으며 투자국은 중국의 잠재적인 투자자들에게 자문 서비스를 제공할 수 있다고 밝혔다.

<u>12월 1일</u> : 중국신화에너지주식유한회사는 몽골 광업회사, 일본 스미토모 상사와 함께 몽골 타반톨고이의 대형 석탄 프로젝트 개발 입찰에 참가했다.

12월 4일 : 징커(晶科)에너지는 인도 구자라트 주의 지면 태양광발전 프로젝트에 21.4 메가와트의 태양광발전 모듈을 제공한다고 선포했다.

<u>12월 9일</u> : 본부와 제조공장이 중국에 있는 한화에너지는 한국에 230 메가와트의 태양에너지 모듈 장비공장을 건설하여 2015년 5월에 운영에 들어갈 계획이며 1억2600만 달러의 매출과 630만 달러 이상의 영업 이익을 창출할 것으로 예상된다.

<u>12월 10일</u> : 호주 퀸즐랜드주 지역의 한 태양에너지발전소가 성공적으로 전력망에 편입되어 전력을 생산하기 시작했다. 그중의 인버터는 선전시(深圳市) 서우항신에너지유한회사(首航新能源有限公司)의 SOFAR5000TLM 모델을 사용했다.

<u>12월 11일</u> : '한국과 쓰촨성 에너지산업 혁신과 투자 협력'을 주제로 하는 '2014 한국-쓰촨 에너지포럼'이 청두에서 진행되었으며 한국과 쓰촨 지역의 교류와 협력을 심화시키는 것을 취지로 했다.

12월 29일 : 영국 천연가스그룹(BG)은 호주에 204억 달러 투자로 개발한 퀸즐랜드 주 커티스 천연가스 프로젝트에서 배편으로 중국에 첫 상업 액화천연가스를 수출할 준비를 했다.

구소련 지역

3월 10일 : 러시아 에너지부가 2035년까지 에너지 전략 초안을 발표해 러시아가 2035년 전까지 에너지 수출의 23%를 아시아 · 태평양지역으로 수출할 것이라고 예측했다.

3월 28일 : 러시아석유회사가 원동지역으로 자리를 옮기려 했다. 이에 앞서 메드베데프 러시아 대통령은 이 계획의 실행가능성을 연구하도록 지시했으며 이 조치가 이 지역을 '조기발전지역'으로 만들 수 있다고 여겼다.

5월 12일 : 중국과 투르크메니스탄은 '전략적 파트너 관계를 발전시키고 심화시킬 데 관한 공동선언'을 발표하여 석유천연가스의 가공, 정제 협력 및 풍력, 태양에너지 등 청정에너지 영역의 협력을 펼쳐가고 전면적인 에너지협력 구도를 구축한다고 밝혔다.

5월 19일부터 20일까지 : 상하이 아시아 상호협력신뢰구축회의 제4차 정상회의 기간에 중국석유집단은 러시아 노바텍회사와

'야말 LNG 프로젝트 매매계약'을 체결하고 러시아 석유회사와
'텐진(天津)정유공장 조업 가동 및 이 공장에 대한 원유
공급 업무 일정표'를 체결했다. 중국석유집단은 카자흐스탄
국가석유천연가스회사와 '중국-카자흐스탄 파이프라인을 이용한
원유 수출의 통일적인 수송비용 계산방법 및 각 구간 소유자의
파이프 비용 소득 분배방법 협의'와 '카자흐스탄에 대구경 파이프라인
공장 건설 프로젝트 기본협의'를 체결하였다.

5월 21일 : 중국과 러시아 정부는 '중-러 동선 천연가스 협력
프로젝트 비망록'을 체결하였다. 중국석유천연가스그룹회사와
러시아천연가스공업주식회사가 '중-러 동선 가스공급 매매계약'을
체결하였는데 가스공급 기한은 30년 총 가치가 4000여 달러에
달했다. 이 계약은 2018년부터 러시아가 중-러 천연가스 파이프라인
동선을 통해 중국에 천연가스를 공급하기 시작해 최종적으로 매년
380억 ㎥ 공급하기로 협의했다.

6월 11일 : 카자흐스탄 의회 하원이 러시아가 카자흐스탄 경내를
통과해 중국에 석유를 수출하는 협력 협의를 비준했다.

6월 15일 : 중국-중앙아시아 천연가스 파이프라인 C선이 운영에
들어갔다. 중국 우루무치 주민들이 새로운 가스 원천을 보장받았다.
이는 중국-중앙아시아 천연가스 파이프라인 A, B 선이 성공적으로
운영에 들어간 후 세 번째로 외국에서 중국 서북 귀퉁이를 경유하여
국내에 천연가스를 공급, 수송하는 대구경 장거리 수송라인이다.

7월 15일 : 푸틴 러시아 대통령이 제6차 브릭스 정상회의 기간에
브라질, 러시아, 인도, 중국, 남아프리카 공화국 등 브릭스 5개국이
에너지연맹을 설립하고 이 기구의 틀 안에서 브릭스 에너지정책

연구소와 연료 준비창고를 설립할 것을 제안했다.

<u>7월 27일</u> : 제1회 실크로드 경제벨트 국제 심포지엄 및 글로벌기업 지도자 서부(카스)원탁회의가 중국 신장 카스에서 순조롭게 진행되었다. 세계에서 모여온 국제 저명인사와 상업계 지도자들이 모여 좌담을 가지고 중앙아시아 지역 역내 협력에 초점을 맞추어 에너지 등 6대 업종의 방향 및 '실크로크 경제벨트' 등 문제를 둘러싸고 광범위하고 심도 있게 논의했다.

<u>8월 12일</u> : 중국과 우즈베키스탄 정부 간 협력위원회 에너지분야 협력 소위원회 제2차 회의가 우즈베키스탄 수도 타슈겐트에서 소집되었다. 중국-우즈베키스탄 정부와 기업 대표들이 양국 정상이 달성한 각항 공통인식을 실현하기 위해 심도 있게 연구를 하고 양국의 에너지협력 문제를 교류하고 소통했다. 또 중앙아시아 천연가스관 D선 등 10여 개의 협력 프로젝트의 업무 배치에 대해 의견 일치를 달성했으며 중국-우즈베키스탄 에너지 소위원회의 미래 업무의 우선적인 방향을 확정했다.

<u>8월 19일</u> : 시진핑 중국 국가주석은 상하이에서 에모말리 라흐몬 타지키스탄 대통령을 만났다. 양국 정상은 양국관계 발전이 이미 새로운 단계에 들어섰고 각 영역에서의 협력 추세가 양호하다며 '중국-타지키스탄 2015-2020년 전략적 동반자 관계 협력 장요'를 다그쳐 제정하고 중국-중앙아시아 천연가스 파이프라인 공사 및 타지키스탄 송전 선로 개조, 교통과 국경 통상구 인프라 구축, 공업단지, 농업기술시범단지 등 협력 프로젝트를 예정대로 추진시키고 문화, 교육, 관광 등 영역의 협력을 추진시켜야 한다고 했다.

8월 20일 : 중국은 우즈베키스탄과 '중화인민공화국과
우즈베키스탄공화국 공동선언'을 발표하고 경제무역, 에너지, 금융 등
영역의 협력 문서를 체결했다.

8월 27일 : 러시아 천연가스석유공사는 북극의 Novoportovskoye
유전에서 8만 톤의 원유를 수출하고 루블로 결제하는 것을
접수한다고 선포했다. 이밖에 또 동시베리아-태평양 파이프라인을
통해 원유를 수송하고 위안화로 결제하는 것을 접수한다고 밝혔다.

9월 4일 : 투르크메니스탄 부홍가스전 1기 공사가 준공되어 생산을
시작했다. 시진핑 중국 국가주석, 베르디무함메도프 투르크메니스탄
대통령이 조업가동 의식에 참가했다.

9월 5일 : 중국은 투르크메니스탄, 러시아와 각각 천연가스에 관한
중요한 협력 협의를 체결했다.

9월 11일 : 시진핑 중국 국가주석이 타지키스탄 수도 두샨베에
도착해 라흐몬 타지키스탄 대통령의 요청에 따라 상하이협력기구
회원국 정상 이사회 제14차 회의에 참가하고 타지키스탄에 대해
국사방문을 진행했다.

9월 12일 : 중국-중앙아시아 천연가스 파이프라인 D선이 정식으로
착공했다. 시진핑 중국 국가주석과 라흐몬 타지키스탄 대통령이
함께 기공식에 참가했다. 이는 중국이 중앙아시아에 건설한 네 번째
다국적 파이프라인이며 앞의 세 갈래는 이미 가스가 수송되고 있다.

9월 13일 : 시진핑 중국 국가주석이 두샨베에서 라흐몬 타지키스탄
대통령과 회담을 가지고 일련의 쌍무협의를 체결했는데 그중에는
중국-중앙아시아 천연가스 파이프라인 D선 타지키스탄 경내 구간이
포함돼 있다.

10월 9일부터 17일까지 : 리커창 중국 국무원 총리가 러시아를
방문했다. 이 사이 양국은 39개의 협의를 체결했는데 여기에는
천연가스 공급, 원자력에너지 등 여러 영역이 포함되며 그중에서
천연가스 협의는 가치가 4000억 달러에 달했다.

10월 10일 : 러시아 천연가스공업회사와 중국 측 회사가 새로운 협력
방향을 논의했는데 그중에는 대륙붕 석유존 프로젝트 공동 실행
가능성, 러시아 가스회사의 중국에 대한 액화 천연가스 공급 전망
등이 포함되었다.

10월 29일 : 중러 석탄산업 협력 실무그룹 제3차 회의가 모스크바에서
소집되었다. 스위버(史玉波) 중국 국가에너지국 부국장과
야노프스키 러시아 에너지부 차관이 경신된 '중러 석탄산업 협력
로드맵'을 체결하여 2015년 중-러 석탄 협력의 중점 임무와 중점
프로젝트를 확정했다.

11월 초 : 중국 국가전력망회사가 신장 전력발전을 안정시키기 위한
20개의 의견을 내놓았는데 그중 중점은 '일대일로' 전략적인 배치를
실현하고 실크로드 경제벨트 전력수송 회랑을 솔선하여 구축하고
신장으로부터 중앙아시아 5개국에 이르는 전력수송 통로를 건설하고
중국-파키스탄 경제 회랑의 전력망 호련호통 속도를 빨리 하는
것이었다.

11월 8일 : 시진핑 중국 국가주석은 '호련호통 동반자 관계 강화
대화회의'에서 중국이 400억 달러를 출자하여 실크로드 펀드를
설립하고 '일대일로' 연선 국가의 인프라 구축, 자원 개발, 산업 협력
등 관련 프로젝트에 투융자 서비스를 제공할 것이라고 선포했다.

11월 9일 : 중-러 양국 지도자는 17건의 쌍무협력 협의를 체결했는데

여기에는 중-러 제2라운드 천연가스 공급 기본협의가 포함된다.
중국석유천연가스그룹은 각각 러시아 천연가스공업주식회사,
러시아국가석유회사와 '서선 파이프라인을 따라 러시아에서
중국에 천연가스를 공급할 데 관한 기본협의', '완커(萬科)유전
프로젝트 협력 기본협의'를 체결했다. 중국 화뎬집단회사와 러시아
제2지역발전회사가 베이징에서 아르한겔스크 프로젝트 기본협의를
체결했다. 시진핑 중국 국가주석, 푸틴 러시아 대통령이 체결 의식을
지켜봤다. 중국해양석유총공사와 러시아천연가스공업주식회사가
베이징에서 협력 양해각서를 체결했다. 시진핑 주석과 푸틴 대통령이
사인 의식을 지켜봤다. 중국 창장산샤그룹회사(長江三峽集團公司),
중국 전력건설그룹유한회사가 각각 러시아수력발전그룹과
수력발전소 건설에 관한 협력 협의를 달성했다. 중-러는 시베리아
서부지역에서 중국 서부 성으로 수송하는 두 번째 천연가스 수출
노선에 대한 양해각서를 체결했다.

12월 3일 : 중국석유천연가스그룹회사는
러시아천연가스공업주식회사와 함께 연합조정위원회 회의 기간에
동선 파이프라인을 통과하는 중국에 대한 가스공급 프로젝트 실행
과정을 논의했으며 중국 지하 가스저장 분야에서 협력을 발전시켜
믿을만한 공급을 보장하는 것이 매우 중요하다고 지적했다.

12월 14일 : 중국 국가전력망과 카자흐스탄의 삼룩-카지나
국부펀드주식회사가 전략적 협력 협의를 체결하여 공동으로 양국
전력망 호련호통을 추진하고 카자흐스탄에 대형 석탄발전소와
재생에너지기지 건설 가능성을 연구하고 카자흐스탄에서 중국과
기타 국가에 전력에너지를 수송하는 목표를 달성하는데 일치하게

동의했다.

<u>12월 14일부터 15일까지</u> : 리커창 중국 국무원총리가 카자흐스탄을
방문하여 상하이협력기구 회원국 정상 이사회 제13차 회의에
참가했다. 이 사이 중국은 상하이협력기구 예산안 및 중국-
카자흐스탄의 140억 달러에 해당되는 큰 협력 계약을 체결했으며
중국-러시아 고속철도 협력을 진일보적으로 추진했다. 이번 리커창
총리의 중앙아시아 순방은 일련의 핵심적인 외교정책이 출범한 이후
중국 고위층의 첫 해외방문이었다.

<u>12월 16일</u> : 러시아-중국 합자기업 C&S가 노보시비르스크에서
정식으로 운영을 시작했다. 이 회사는 에너지 분야의 공사 업무를
취급하게 되었다.

아메리카지역

<u>1월 16일</u> : 캐나다 서북지역의 보브 맥러드 주장은 베이징에서 캐나다
서북지역은 자원이 풍부하다며 중국 에너지기업이 서북 지역을 찾아
캐나다와 함께 석유천연가스 자원을 개발하기를 바란다고 했다.

2월 10일 " 화춘잉(華春瑩) 중국 외교부 대변인은 정례 브리핑에서
케리 미국 국무장관이 14일부터 15일까지 중국을 방문한다고 밝혔다.

젠 사키 미국 국무부 대변인은 2월 9일 성명을 발표하여 "기후변화와
청정에너지 문제에서 중미 협력의 중요성을 강조"하는 것이 케리
장관과 중국 정부 고관 회담의 의제의 하나로 될 것이라고 밝혔다.

2월 14일 : 미국 국제무역위원회가 초보적 판결을 내려 미국 국내
산업이 중국의 결정실리콘 태양에너지 제품을 수입해 실질적인
손해를 보고 있다고 인정했다.

2월 15일 중국 외교부는 공식사이트에 '중미 기후변화 공동성명'을
발표해 양국이 자동차 온실가스 감축 등 5개 분야에서 협력 계획을
실행할 계획이며 중미 간 공동으로 세계 기후변화 도전에 대응하기
위한 노력이 '실무'적인 단계에 들어섰다고 밝혔다.

3월 21일 : 중국 기업 완상그룹(萬向集團)은 1억4920만 달러를
투자하여 미국 전동자동차 제조업체 피스커를 인수 합병하는 모든
절차가 끝났다고 밝혔다. 완상그룹은 완전 출자로 피스커가 소유하게
되었으며 여기에는 피스커의 자동차 매물, 재고, 델라웨어주에 있던
공장 하나 및 수백 개의 특허가 포함되었다.

3월 27일 : 미국 상무부가 중국 개념주식 태양광발전 기업에 새로운
반덤핑조사를 실행하여 이 테마주가 보편적으로 하락했다.

3월 31일 : 저장(浙江) 룽성그룹(榮盛集團)은 첫 해외투자 프로젝트가
국가발전개혁위원회에 등록되었고 5억5200만 위안을 출자하여
캐나다에너지주식유한회사의 50%의 지분을 소지하게 된다고
밝혔다.

4월 8일 : 중미 양국 환경보호계 인사, 자동차 및 엔진 전문가, 언론이
미국 인디애나주 콜롬버스 시 커민스기술연구개발센터에서 오토맨
GTL 슈퍼 버전 세계발표식에 참가했다.

4월 10일 : 에너지그룹은 워싱턴에서 미국 자연자원그룹과
합자계약을 체결했다. 양자는 에너지그룹 셰일가스회사에 대한
투자를 늘려 첸장(黔江)지역의 셰일가스 자원 개발과 이용을
전면적으로 확대하기로 했다.

4월 14일 : 캐나다 캔두 에너지 회사가 베이징에서 원탁회의를 가지고
휘하의 새로운 원자로 기술 제품을 상세하게 소개하고 중국 기업과
협력을 강화할 것을 바랐다.

4월 15일 : 중국증권보(中國證券報) 기자가 중국알루미늄공사에서
입수한 바에 따르면 페루 환경평가징세국이 최신 결의를
발표하여 중국알루미늄공사의 페루 토로모코 동광의 생산을 전면
회복했다. 3월 28일부터 중국알루미늄공사의 페루 동광은 페루
환경평가감독관리국의 수질관리 요구에 따른 예방 조치로 광산
채굴활동을 잠시 중단했다.

4월 22일 : 중국 미국상회가 발표한 '2014 재중 미국 기업 백서'에
따르면 중국 경제성장률이 다소 둔화되어 중국에서의 미국 기업의
경영에 어려움이 증가되었지만 여전히 70% 이상의 미국 기업이
중국에 대한 투자를 추가할 것이라고 응답했다. 에너지 영역에서
셰일가스, 치밀 가스와 석탄층 가스 등 비전통 에너지 자원이 계속
에너지정책 입안자가 중점적으로 주목하는 업종이 될 것이다.

4월 30일 : 중국 석유화학공업그룹회사는 중국화뎬그룹회사와 함께
캐나다의 태평양 서북 액화천연가스 프로젝트의 15% 권익에 대한
일체화 협력 합의를 달성했다. 양자는 중국석유화학이 이 프로젝트의
10%의 권익을 가지고 화뎬이 5%를 가지는데 동의했으며 각각
액화천연가스 권익 양인 연간 120만 톤과 연간 6만 톤을 구매하게

되었다.

5월 9일 : 콜롬비아 7개 주의 주장이 중국 광둥(廣東)을 방문했다.
성장들은 광둥은 에너지소비 대성으로 콜롬비아와 에너지협력을
펼쳐 가는 등 방면에서 거대한 잠재력을 가진다고 표했다.

5월 9일 : 상하이는 테슬라 모델 S와 기타 수입산 순 전동자동차를
구매한 소비자들에게 3000개의 차량 번호판을 무료로 제공한다고
밝혔다.

5월 9일 : 칼 암라인 캐나다 앨버타대학 교무주임이
칭화대학(淸華大學)을 방문했다. 양자는 두 학교의 에너지전략 협력
프로젝트의 가동 경비, 집행관리위원회 구성 및 운영 방식 등에 대해
논의했으며 에너지 프로젝트 협력을 기반으로 대학원생 공동 양성
가능성에 대해 교류했다.

5월 12일 : 콜번 윌버 미국 에너지기금회 고급정책 자문위원회 의장이
칭화대학을 방문했다. 회담 중에 윌버는 미국 에너지기금회의 중국
지속가능 에너지 프로젝트 업무 진행상황을 소개하고 칭화대학과
전략적인 협력 계획을 펼쳐갈 의향을 밝혔다.

5월 12일부터 13일까지 : 중국 국토자원부 지질감사사(地質勘査司),
과학기술과 국제협력사가 미국 국무원 에너지자원국과 베이징에서
함께 중미 비전통 석유천연가스 지속가능발전 포럼을 진행했다.

5월 21일 : 칭다오
레이냐오광커에너지유한회사(雷鳥光科能源有限公司)
천연가스 프로젝트가 시닝(西寧) (국가급) 경제기술개발구
간허공업단지(甘河工業園) 동구(東區)에서 정식으로 건설을 가동해
간허공업단지의 청정에너지가 앞으로 한 걸음 발전했음을 상징했다.

이는 간허공업단지에 입주한 첫 중미합자기업이다.

6월 3일 : 미국 상무부는 이날 성명을 발표해 중국이 미국에 수출하는 결정실리콘 태양전지제품이 불공평한 정부 보조금을 얻었다는 초보적인 판정을 내리고 미국 세관에 중국이 수출하는 상술 제품에 보증금을 징수할 것을 통보했다고 밝혔다.

6월 5일 : 제3차 삼림과학포럼 및 제12차 범태평양지역 바이오복합재료 학술심포지엄이 베이징에서 소집되었으며 '녹색 저탄소 순환경제 발전, 자원 절약과 친환경사회 건설'을 테마로 한 바이오복합재료에 집중적으로 주목했다. 중국, 미국, 캐나다, 칠레 등 국가의 전문가들이 회의에 참가했다.

6월 8일 : 칭화대학 중국-브라질 기후변화 에너지기술혁신연구센터(중국-브라질 기후 에너지센터로 약칭) 제2기 협력 조인식이 화학공업학부 청사의 중국-브라질기후 에너지센터 회의실에서 진행되었다.

6월 11일 : 중국 칭하이 중미 셰일가스 탐사개발 포럼이 시닝(西寧)에서 열렸다.

6월 12일 : 뤄후이닝(駱惠寧) 칭하이 성위서기가 시닝에서 중국 칭하이 중미 셰일가스 탐사개발 포럼에 참가한 전문가 일행을 접견했다.

6월 13일 : 브라질 월드컵의 유일한 중국 협찬사로써 잉리녹색에너지(英利綠色能源)의 광고가 브라질 대 크로아티아의 첫 경기에 등장하게 된다. 잉리는 월드컵의 경기가 있는 모든 도시의 조명 정보탑에 27세트의 태양광발전 시스템을 제공했다. 6개의 경기장 내의 언론센터와 국제언론 캠프에 8~15개의 태양에너지

충전소를 설치했다. 아울러 잉리는 또 새 마라카나 축구경기장과
페르남부쿠 주 축구 경기장에 태양광발전 모듈을 설치했는데 해마다
2560 톤의 온실가스를 줄일 수 있다.

6월 13일부터 7월 14일까지 : 월드컵 기간에 중국남차(中國南車)가
생산한 TEG6129SHEV형 가솔린 전기 하이브리드 신에너지 버스가
공항에서 시내지역까지 대중교통 수송 기능을 담당하게 되었다.

6월 14일 : 세계 최대의 첨단완정 설비 제조사
제루이그룹(杰瑞集團)이 베네수일라 국가석유공사에 제공한 유전
장비가 정식으로 운영을 시작했다.

6월 15일 : 리샤오둥(李曉東) 산시성(陝西省) 인민대표대회
상무위원회 부주석이 시안에서 미국 와이오밍 주 하원 의장인 토머스
루브노가 인솔한 와이오밍 주 정부 대표단 일행을 만나 산시성의
에너지자원을 소개했다.

6월 16일 : 티나 코텍 미국 오리건 주 하원 의장이 오리건 주 의회
대표단 일행을 거느리고 쩡지엔화(曾建華) 중국인민외교학회
참사관의 동반 하에 푸톈(莆田)을 찾아 고찰, 교류하고
'중신미래성(中信未來城)-오리건 주 생태 커뮤니티 교류회'에
참가했다.

6월 19일 : 칭화대학 중국-브라질 기후 에너지센터가 선두에
서고 중국 지속가능발전연구회(中國可持續發展研究會),
중국21세기의정관리센터(中國21世紀議程管理中心),
중국민간조직국제교류촉진회(中國民間組織國際交流促進會),
중국유엔협회(中國聯合國協會),
국제녹색경제협회(國際綠色經濟協會)가 공동으로 주최한 '중국-

브라질 청정에너지와 지속가능발전 포럼'이 리우데자네이루연방
대학에서 진행되었다.

6월 20일 : 게리 리츠 캐나다 농업 농업식품부 장관은 양국이
이미 중국-캐나다 자유무역지대(FTA) 담판 가동 문제를 논의하기
시작했고 캐나다는 중국의 넓은 시장에 매우 큰 관심을 가지고
노던게이트 파이프라인 계획을 추진하기 시작했으며 캐나다
브리티시 컬럼비아 주의 천연가스를 중국에 수송할 것이라고 밝혔다.

6월 23일 : 국가에너지국의 지도하에 중관춘 에너지저장산업
기술연맹(中關村儲能産業技術聯盟)과 뒤셀도르프
전람(상하이)유한회사가 공동으로 주최한 에너지저장산업
제3차 연례 정상포럼 '에너지저장 국제정상회의 2014'가 베이징
국가회의센터에서 개막했다. 미국 에너지부의 에너지저장 계통,
미국 캘리포니아 주 에너지저장연맹이 회의에 참가해 이 포럼을 크게
지지했다.

6월 30일 : 미국 녹색건축위원회는 「LEED(에너지와 환경설계
선봉)가 행동한다, 대중화 지역」 최신 보고에 근거해 LEED 인증
항목이 중국 34개 성 가운데 29개성에 분포되었다고 밝혔다.

7월 9일 : 장가오리(張高麗) 국무원 부총리가 포데스타 미국 대통령
기후변화 에너지정책 고문, 모니즈 미국 에너지부 장관 일행을
접견했다. 양측은 세계 기후변화 대응 및 기후변화 분야의 교류와
협력을 진일보적으로 증진하는 것에 관한 의견을 교환했다.

7월 9일부터 10일까지 : 제6차 중미전략경제대화 기간에 중미 양국은
에너지와 기후변화 협력에서 많은 공통인식을 달성했으며 셰일가스,
원자력, 청정에너지, 재생에너지, 전동자동차, 공업 에너지효율,

지능 전력망 등 분야의 협력을 강화한다고 표시했다. 동시에
양국은 공동으로 '중국 국가에너지국과 미국 에너지부의 전략적
석유비축협력 양해각서'을 체결했다.

7월 9일부터 10일까지 : 제6차 중미전략경제대화가 베이징에서
소집되었다. 우신시웅(吳新雄) 국가발전개혁위원회
부주임, 국가 에너지국 국장이 대화에 참가하여 경제대화,
기후변화문제특별연합회의, 무역투자협력특별회의에서 각각 중미
에너지협력 증진, 에너지 생산과 소비 혁명 추진, 세계 기후변화 도전
대응, 중미 천연가스 무역과 투자 확대 등 문제에 대해 발언했다.

7월 16일 : 시진핑 중국 국가주석이 브라질리아에서 코레아 에콰도르
대통령을 만났다. 시 주석은 에콰도르는 라틴아메리카에서의 중국의
중요한 에너지협력 파트너와 주요한 투자대상국이라고 했다. 코레아
대통령은 중국 기업의 투자를 환영한다며 양국관계의 미래에 큰
기대감을 드러냈다.

7월 17일 : 시진핑 중국 국가주석이 브라질을 방문했다. 양자는 '중국-
브라질 전면적인 전략적 동반자 관계를 진일보적으로 심화시킬
데 관한 공동성명'을 발표했다. 양자는 에너지광산분야에서 협력
잠재력이 거대하다. 시 주석은 중국 기업이 브라질의 석유, 에너지,
강철 등 전략적 분야에 대한 투자를 늘리도록 격려할 것이라고
밝혔다.

7월 17일 : 시진핑 중국 국가주석과 지우마 호세프 브라질 대통령이
지켜보는 가운데 류전야(劉振亞) 국가전력망공사 이사장 당조서기와
코스타 브라질 국가전력공사 총재가 브라질 대통령궁에서 '브라질
벨로몬테 특고압 전력 수송 프로젝트 협력 협의'를 체결했다.

7월 17일 : 중국 공상은행 금융임대유한회사와 브라질 그루포샤힌은
중국-브라질기업가위원회 2014 연도회의에서 매매약정대금이
10억8000만 달러인 초심해 드릴십 임대 프로젝트를 체결했다.

7월 18일 : 중국석유천연가스그룹 베네수엘라 MPE3 프로젝트의
일평균 생산량이 15만5000 배럴을 넘어 이 지역에서 생산이 가장
빠른 프로젝트가 되었다.

7월 18일 중국은 아르헨티나와 일련의 협력 서류를 체결했는데
그중에는 양국이 협력하여 아르헨티나에 원자력 발전소를 건설하고
아르헨티나 파타고니아 지역의 산타크루스 주 남부에 두 개의
수력발전소를 건설한다는 것이 포함돼 있다.

7월 18일 : 시진핑 중국 국가주석과 크리스티나 아르헨티나 대통령이
지켜보는 가운데 우신시웅(吳新雄) 중국 국가발전개혁위원회
부주임 겸 국가에너지국 국장이 훌리오 디비도 아르헨티나
계획 및 공공투자와 서비스 장관과 함께 아르헨티나 수도
부에노스아이레스에서 『중국-아르헨티나 협력으로 아르헨티나에
중수로 원자력 발전소를 건설할데 관한 정부간 협의』를 공식
체결했다.

7월 21일 : 중국해양석유총공사(中國海洋石油總公司)가
베네수엘라와 40억 달러의 석유로 차관 갚기 협의를 체결했다.

7월 21일부터 22일까지 : 우신시웅(吳新雄) 중국 국가발전개혁위원회
부주임 겸 국가에너지국 국장이 미국을 방문했다. 우신시웅 국장은
선후로 모니즈 미국 에너지부 장관, 백악관 핵에너지정책사무실 관리
등을 만나 작은 범위와 큰 범위의 회담을 가졌다. 양 측은 AP1000
프로젝트 문제, 태양에너지발전, 풍력, 지열에너지 이용과 셰일가스

개발 등에 대해 심도 있게 의견을 교환했다.

7월 21일 : 비야디가 브라질 수출 투자 촉진기구(APEX)와 브라질리아 대통령궁에서 정식으로 계약을 체결하였다. 비야디는 브라질에 투자하여 남미 최대의 철전지공장을 건설하게 되었다. 이를 계기로 비야디 신에너지자동차, 에너지 축적, 태양에너지 등 관련 업무가 브라질 시장에 진입해 전반 남미 지역을 아우르게 되었다.

7월 21일 : 시진핑 중국 국가주석과 니콜라스 마두로 베네수엘라 대통령이 지켜보는 가운데 왕둥진(汪東進)과 아스드루발 차베스가 함께 『중국-베네수엘라 공동융자 펀드 1기 2차 롤링 석유무역계약(中委聯合融資基金一期二次滾動油貿合同)』을 체결했다. 계약에 따르면 중국연합석유유한책임회사가 계약 체결일부터 3년 내 매일 베네수엘라에서 10만 배럴의 연료유를 구입했다.

7월 22일 : 시진핑 중국 국가주석과 라울 카스트로 쿠바 국무위원회 주석 겸 국가평의회 의장이 지켜보는 가운데 왕둥진이 중국석유천연가스집단을 대표하여 후안 토레스 나란조 쿠바 국가석유공사 총재와 함께 쿠바 수도 아바나에서 '사이보루크 유전 원유 증산 배당 협력 기본협의'와 '9000미터 시추기 드릴링 서비스 프로젝트 협력 협의'를 체결했다.

7월 24일 : 우신시웅 중국 국가에너지국 국장이 리치 콜먼 캐나다 브리티시 컬럼비아주 부주장과 '중국 국가에너지국과 캐나다 브리티시 컬럼비아주의 천연가스 산업 협력 비망록'을 체결하고 액화 천연가스의 중국에 대한 수출을 추진했다.

7월 27일부터 31일까지 : 전기전자공학회(IEEE) 전력에너지협회

2014년 연례총회가 워싱턴에서 소집되었다. 류전야가 세계 에너지
네트워크를 건설하여 청정에너지 대체와 전력에너지 대체를 추진할
것을 호소했고 고어 전 미국 부통령, 폴슨 전 미국 재무장관 및 캐나다
동업자들과 각각 회담을 가졌다.

8월 13일 : 훌리안 중국 주재 멕시코 대사가 에너지개혁법안을 발표한
후 기자회견에서 중국기업을 포함한 외국 투자자가 경쟁 입찰을
통해 이익배당 계약을 얻는 형식으로 공동으로 또는 직접 멕시코
석유천연가스 탐사, 생산, 가공, 수송, 창고저장 과정에 참가할 수
있다고 밝혔다.

9월 2일 : 2014년 아시아 · 태평양 경제협력기구 제11차
에너지장관회의가 베이징에서 열렸다. 이번 회의는 '손잡고 미래를
지향하는 아시아 · 태평양 지속가능한 에너지발전의 길'을 주제로
하였고 취지는 아시아 · 태평양지역 에너지협력을 강화하고 에너지의
지속적인 발전을 추진하고 에너지안전을 진일보적으로 보장하는
것이었다.

9월 3일 : 안후이장화이자동차주식회사(安徽江淮汽車股份公司)가
미국 GTA 회사에 'iEV' 순전동자동차를 판매했다. 이는 중국
신에너지자동차가 처음으로 구미 선진국 시장에 수출되는 것이다.

9월 4일 : 2014년 아시아 · 태평양 경제협력기구
제11차 에너지장관회의가 막을 내린지 얼마 안 되어
중국인민대학(中國人民大學)이 주최한 '중국에너지 국제협력 포럼
2014'가 소집되었다.

9월 23일 : 2014년 유엔 기후변화 정상회의가 뉴욕에서 소집되었다.
오바마 미국 대통령은 세계 최대의 탄소배출 국가로써 미국과 중국은

기후변화 대응에 특수한 책임이 있다고 밝혔다.

<u>9월 24일부터 26일까지</u> : 제14차 중미 석유천연가스산업 포럼이
미국 덴버에서 진행되었다. 이번 포럼은 장위칭(張玉淸) 중국
국가에너지국 부국장과 다니엘 바우맨 미국 에너지부 차관이
공동으로 주재했다. 회의에서 양측은 천연가스가 미래 에너지의 발전
방향이라는데 의견을 합쳤으며 셰일가스 등 비전통 석유천연가스
자원의 기술과 정책 정보를 진일보적으로 공유하고 중미 양국 간
상호 투자를 끊임없이 추진할 것이라고 밝혔다.

9월 30일 미국 에너지부와 중국 국가에너지국이 공동으로 주최한
제14차 중미석유천연가스산업 포럼이 미국 덴버에서 열렸다.

<u>10월 16일</u> : 중국사회과학원 라틴아메리카 연구소와 미국
아메리카협회가 에너지협력을 의제로 베이징에서 '중국과
라틴아메리카, 투자 기회와 기업의 사회적 책임' 국제 심포지엄을
가졌다. 류커구(劉克崮) 전 국가개발은행 부은행장은 에너지와 자금
두 개의 큰 협력 메커니즘 및 두 메커니즘 간의 상호 연계를 구축하고
중국과 라틴아메리카 간의 천부적인 상호 보완성을 충분히 이용하여
에너지의 상, 중, 하유를 통합시켜야 한다고 밝혔다.

<u>10월 22일</u> : 보잉과 중국 상페이(商飛)가 협력해 건설한
중미항공바이오연료 시범항목이 항저우에서 정식으로 운영에
들어갔다. 이 프로젝트는 폐기된 식용유 즉 '하수구 기름'을
지속적으로 사용할 수 있는 항공 바이오 연료로 전환시킨다.

<u>10월 28일</u> : 장가오리 중국 국무원 부총리가 존 포데스타 미국 대통령
고문 일행을 접견했다. 양측은 세계 기후변화 대응 및 중미 간
기후변화 분야의 교류와 협력을 진일보적으로 강화할 데 대해 의견을

교류했다.

<u>10월 30일</u> : 제10기 캐나다-중국 에너지환경 포럼이 베이징에서
진행되었다. 자원이 있으나 시장이 없고 투자가 부족한 캐나다가
시장은 있으나 자원이 없는 중국 기업에 에너지협력을 진일보적으로
추진시키려 '러브콜'을 해왔다. 캐나다는 미국에 대한 의존에서
벗어나 중국을 대표로 하는 아시아 시장에 진입하기를 바랐다.

<u>11월 5일</u> : 캐나다 캔두에너지와 중국핵공업집단공사가 협력하여
개발한 선진적인 연료인 캔두 중수로(AFCR) 기술이 중국
핵에너지산업협회가 조직한 전문가심사단의 심사를 받았다.
프레스턴 스워포드 캔두에너지 총재 겸 최고경영자는 AFCR 기술이
중국 원자력 발전 전략에 부합된다고 밝혔다.

<u>11월 6일</u> : 중국 화뎬그룹회사와 미국 제너럴일렉트릭이 공동으로
조립한 국내 첫 항공기술유도용 가스 터빈 발전세트가 순조롭게
출고되었다. 이는 중미가 청정에너지협력 방면에서 실질적인 한
걸음을 내디뎠다는 것을 나타낸다.

<u>11월 6일</u> : 중국석유천연가스그룹과 브라질 국가석유회사는 페루
수도 리마에서 석유 프로젝트의 지분 인수를 마쳤다. 이는 중국
에너지기업이 페루에서 최대의 인수합병을 마쳤으며 중국-페루
양국의 에너지협력이 또 새로운 한 단계에 올랐음을 의미했다.

<u>11월 8일</u> : 치엔즈민(錢智民) 중국핵공업집단공사 지배인과 프레스턴
스워포드 캔두에너지 총재 겸 최고경영자가 중국핵공업집단공사와
캐나다 캔두에너지회사가 합자기업을 설립할 기본협의를 달성했다.
양자는 선진 연료 중수로를 공동으로 연구개발해 보급하고 국내와
국제 핵에너지시장을 공동으로 개척하기로 했다.

11월 8일 : 리커창 중국 국무원 총리와 하퍼 캐나다 총리가
지켜보는 가운데 우신슝(吳新雄) 중국 국가발전개혁위원회
부주임 및 국가에너지국 국장과 에드 패스트 캐나다 통상장관은
'중국 국가에너지국과 캐나다 자연자원부의 원자력 협력에 관한
양해각서'를 체결했다.

11월 9일 : 하퍼 캐나다 총리가 중국을 방문하는 사이에 중국과
캐나다는 '중국-캐나다 공동 성과 리스트'를 발표했다. 양국은 투 트랙
대화 메커니즘을 건설하고 양자 간 에너지 무역을 추진하기 위한
새로운 조치를 연구하기로 합의했는데 여기에는 앞으로 친환경 해상
에너지 회랑을 건설할 데 관한 연구가 포함된다.

11월 12일 : 중미 양국은 '중미 기후변화 공동성명'을 달성하여
청정에너지, 환경보호 분야의 협력을 강화한다고 밝혔다.

11월 12일 : 시진핑 중국 국가주석과 우말라 페루 대통령이 함께
지켜보는 가운데 왕둥진(汪東進) 중국 석유천연가스집단 부총경리 겸
중국 석유주식회사 총재가 구티에레스 페루 외교부 장관과 함께 '중국
석유와 페루 에너지광업부의 석유천연가스 산업 협력 양해각서'를
체결했다. 양측은 탐사와 개발, 천연가스 가공과 화학공업 등
영역에서 진일보적으로 협력을 확대하기로 했다.

11월 13일 : 중국-멕시코 기업가 고급실무진 제2차회의가
인민대회당에서 소집되었다. 시진핑 중국 국가주석과 엔리케 페냐
니에토 멕시코 대통령이 회의에 참가해 회의 참가 대표들을 만났다.
차오페이시(曹培璽) 중국 화넝그룹(華能集團) 지배인이 '청정 저탄소
발전 견지, 중국-멕시코 전력 협력 추진'라는 제목으로 발언했다.

11월 13일 : 시진핑 중국 국가주석과 엔리케 페냐 니에토 멕시코

대통령이 함께 지켜보는 가운데 중국해양석유총공사와 멕시코 국가석유공사가 베이징에서 협력 양해각서를 체결했다.

11월 17일 : 룽위안(龍源) 캐나다 뒤프랭(Dufferin) 풍력발전 프로젝트가 전력망에 편입되어 전기를 생산하기 시작했다. 이 프로젝트는 룽위안 내지 중국국전그룹회사(中國國電集團公司)가 외국에 뿌리를 내린 첫 재생에너지 프로젝트이며 또한 중국 전력생산 기업이 해외에 투자하여 건설한 첫 풍력발전 프로젝트이다.

12월 1일부터 12일까지 : 유엔기후변화협약 제20차 당사국총회 및 '교토의정서' 제10차 당사국총회가 페루 수로 리마에서 열렸다.

12월 3일 : 메이두에너지주식유한회사(美都能源股份有限公司)가 1억4100만 달러로 미국 텍사스 주에 이는 Manti 유전 블록을 인수한다고 밝혔다.

아프리카 지역

1월 15일 : 류전야(劉振亞) 중국 국가전력망공사 이사장은 모잠비크를 방문하는 동안 아르만도 에밀리오 게부자 모잠비크 대통령과 회담을 가졌다. 류전야 이사장은 모잠비크가 자체의 풍부한 수력, 석탄, 천연가스 자원을 이용하여 수력 발전 및 전력 수송 통합 프로젝트의 발전 규모와 수송 능력을 늘리는 동시에 수력, 석탄, 가스발전소를 조화롭게 개발할 것을 제안했다. 게부자 대통령은 제안을 흔쾌히 접수했다.

<u>1월 21일</u> : 중국의 리허쮜(李河君) 전국공상업연합회 부주석 겸 한넝(漢能)주식그룹 이사장 일행이 토고 로메 대통령부를 방문해 포로 토고 대통령과 회담을 가졌다. 양자는 신에너지 산업의 발전, 태양광에너지발전소 건설 및 공업 구조전환과 고도화 등 문제에 대해 심도 있게 교류했다.

<u>1월 24일부터 25일까지</u> : 뤼유칭(呂友淸) 탄자니아 주재 중국대사가 핀다 탄자니아 총리를 동행하여 15시간동안 차를 타면서 800여 킬로미터를 달려 중국 정부의 특혜 차관을 이용하고 중국석유천연가스집단공사가 청부 맡아 건설한 천연가스 수송관 프로젝트를 시찰했다.

<u>2월 11일</u> : 샤황(夏煌) 세네갈 주재 중국대사가 마이무나 은디에 세크 세네갈 에너지부 장관을 만나 중국-세네갈 에너지 분야의 협력에 대해 심도 있게 의견을 교류하였다. 세크 장관은 중국 측과 진일보적으로 밀접하게 협상하여 에너지협력 규모를 끊임없이 확대하기를 바란다고 표했다.

<u>2월 14일</u> : 쑨수중(孫樹忠) 모로코 주재 중국 대사가 아마르 모로코 에너지 광산 수자원 환경부 장관을 만나 중국-모로코 에너지협력 강화 방면에서 의견을 교환했다. 쑨 대사는 중국은 양국 간 실무적인 협력을 적극 추진할 의향이 있다며 특히 석유천연가스, 광산, 전력, 태양에너지 등 분야의 협력에서 중요한 프로젝트를 실행할 것이라고 밝혔다.

2월 18일 탕제(唐杰) 중국 선전시 부시장이 엠마누얼 코피 부아 가나 에너지석유부 장관이 인솔하는 대표단을 만났다. 양측은 에너지와 전력 등 영역에서 협력을 강화하고 호리공영(互利共□)을 실현할 것이라고 표했다.

2월 28일부터 3월 2일까지 : 2014년 2월 28일부터 3월 2일까지 천따언(陳大恩) 중국 석유대학 부총장 등이 수단에 있는 중국석유 나일강회사를 방문해 2013년에 학교기업과 체결한 '전략적 협력 기본협의'를 진일보적으로 실천에 옮겼고 공동으로 제막하여 '연합훈련기지'를 설립했다.

3월 19일 : 국가발전개혁위원회 부주임 겸 국가 에너지국 국장 우신시웅(吳新雄)이 베이징에서 마카비 모하메드 아바드 수단 석유부 장관을 만나 중국과 수단의 에너지협력과 관련된 사항에 대해 의견을 교환했다.

3월 25일 : 중국뎬젠(中國電建)그룹이 앙골라의 500만 톤/년 원유가공 프로젝트 셀프 화력발전소 4 15 메가와트 공사 EPC(설계-구매-시공)의 글로벌 컨트랙트에 낙찰되었다.

4월 15일 : 중국석유천연가스집단공사 파이프국이 맡은 탄자니아 천연가스 파이프라인 프로젝트의 해양 파이프라인 해상 연결 작업이 15시간 만에 성공적으로 완성되었다.

4월 17일 : 리춘화(李春華) 모잠비크 주재 중국대사가 살바도르 낭부레띠 모잠비크 에너지장관을 만나 양국 에너지 분야의 협력에 대해 의견을 교환했다. 낭부레띠 장관은 에너지협력에 대한 중국의 중시에 감사를 표했으며 모잠비크는 중국 기업이 에너지 분야에서 투자와 협력을 하는 것을 환영한다고 강조했다. 또 중국 기업의

관심사를 연구하고 해결하여 에너지협력을 위한 양호한 환경과
우호적인 조건을 마련할 것이라고 밝혔다.

5월 4일 : 리커창 중국 국무원 총리가 아디스아바바에서
하일레마리암 에티오피아 총리와 회담을 가지고 중국과
에티오피아는 인프라 구축, 에너지자원 개발을 중점으로 윈윈 협력을
강화해야 한다고 지적했다.

5월 4일 : 텐허(天合)태양광에너지유한회사가 아프리카에서
가장 큰 상업 옥상태양에너지발전 프로젝트에 수주했음을
선포했다. 이 프로젝트는 Belgotex Floorcoverings 회사의
남아프리카 피터마리츠버그에 있는 공장 옥상에 건설할 계획인데
텐허태양에너지는 이 프로젝트의 유일한 설비 공급업체이다.

5월 5일 : 리커창 국무원 총리는 아프리카연합 회의센터에서 「중국-
아프리카 협력의 더욱 아름다운 미래를 창조하자」는 제목으로
연설을 발표하여 중국-아프리카 협력의 업그레이드 번전은
중국-아프리카 생태환경보호 영역의 협력을 끊임없이 강화하고
청정에너지와 재생에너지를 적극 발전시키게 된다고 밝혔다.

5월 5일 : 중국과 아프리카연합은 '중국과 아프리카연합의 중국-
아프리카 빈곤퇴치 협력 강화 강요'를 체결했다. 양측은 계속해서
교통, 통신, 수리, 전력, 에너지 등 인프라 건설 분야에서의 협력을
강화하는데 동의했다.

5월 7일 : 리커창 중국 국무원 총리가 아부자에서 조나단 나이지리아
대통령과 회담을 가졌다. 양국 지도자는 인프라 구축, 농업, 에너지,
우주항공 등 분야에서 협력을 진일보적으로 강화하는데 동의했다.

5월 8일 : 리커창 중국 국무원 총리가 아부자에서 열린 제24차

세계경제포럼 아프리카지역포럼에 참가해 '아프리카가 새로운
단계로 발전하도록 공동으로 추진할 것'이라는 제목으로 특별 축사를
하여 중국은 아프리카와 협력하여 전력 등 인프라 건설을 추진하고
아프리카 에너지자원 산업이 더한층 하유 단계로 확장하도록
추진하고 자원의 현지가공 비례를 높일 것이라고 밝혔다.

5월 9일 : 리커창 중국 국무원 총리가 앙골라 대통령궁에서 도스
산토스 앙골라 대통령과 회담을 가지면서 중국-앙골라 협력은 산업
구동 쪽으로 매진하면서 에너지, 인프라, 금융, 농업, 도시화, 제조업
등 분야에서 실무적인 협력을 해야 한다고 지적했다.

5월 10일 : 리커창 중국 국무원 총리가 케냐 국가궁에서 케냐타 케냐
대통령과 회담을 가지고 서로 양국 경제무역연합위원회 메커니즘의
역할을 잘 발휘하고 실무협력의 계획, 지도, 조율을 강화하고 무역,
투자, 금융, 에너지 등 분야의 협력을 심화시킬 것을 바랐다.

6월 23일 : 리위안차오(李源潮) 중국 국가 부주석은 탄자니아
다르에르살람에서 열린 제2차 중국-탄자니아 투자포럼 개막식에
참가해 축사를 하면서 양국이 에너지, 전력, 우주항공, 체육, 관광,
인프라 등 방면의 협력을 진일보적으로 추진할 것을 강조했다.

6월 25일 : 제1회 유엔 환경대회 소속 중국-아프리카 환경협력 장관급
대화회의가 케냐 나이로비에서 열렸다. 아프리카 여러 나라의
대표들은 중국과 풍력, 태양에너지, 지열에너지 등 재생에너지
기술 방면에서 진일보적으로 협력을 펼쳐가기를 희망했다.
저우성시엔(周生賢) 환경보호부 장관이 대표단을 이끌고 회의에
참가했다.

7월 4일 : 쑨바오홍(孫保紅) 가나 주재 중국대사가 부임되어 엠마누얼

코피 부아 가나 에너지석유부 장관을 찾아뵙고 함께 양국 관계, 에너지협력 등 방면에서 의견을 교환했다.

7월 25일 : 벤젠창(卞建强) 기니 주재 중국 대사가 이드리사 티엄 기니 에너지수리부 장관을 만나 양국의 에너지와 수리개발 협력에 대해 의견을 교환했다.

7월 31일 : 스후(石虎) 니제르 주재 중국 대사가 마하마두 이소푸 니제르 대통령을 동반하여 수도 니아메의 변두리에 있는 중국수전(中國水電)국제공정유한회사가 수주한 구후 벤다 중유발전소 현장을 찾아 시찰했다. 이소푸 대통령은 공사 질과 진도에 대해 만족해했다. 그는 이 발전소가 니제르에 중대한 의의를 가진다며 건설된 후 수도의 전력 부족 문제를 철저하게 해결하고 수도 경제사회의 발전과 민생 개선을 유력하게 추진할 것이라고 밝혔다.

8월 5일 : 쑨바오훙(孫保紅) 가나주재 중국대사와 지나폴 가나 에너지부 차관이 에너지부에서 중국정부가 지원하여 건설하는 가나 태양에너지 가로등 프로젝트를 체결하고 증서를 인계했다. 다가두 가나 에너지부 차관, 프로젝트 청부업자인 화웨이(華爲)회사 책임자가 체결 의식에 참가했다.

8월 11일 : 중국 태양전지 제조업체인 징커(晶科)에너지가 남아프리카 케이프타운의 태양전지패널 생산기지에서 조업가동 의식을 진행했다. 이는 중국 태양전지 기업이 아프리카에 설립한 첫 공장이 정식으로 생산을 시작했음을 의미한다.

8월 12일 : 우간다 수도 캄팔라에서 중국 랴오닝-우간다 경제무역협력 프로젝트 설명회가 열렸다. 이렌느 물로니 우간다 에너지광물부 장관은 우간다에 풍부한 자원이 있고 에너지광산 분야의 투자 전망이 매우 넓다며 우간다 정부는 외국 투자자를 보호하고 중국의 투자를 환영한다고 밝혔다.

<u>8월 19일</u> : 뤼유칭 탄자니아 주재 중국대사가 마르세유 탄자니아 에너지광산부 차관을 만났다. 마르세유 차관은 탄자니아는 중국 기업이 에너지와 광산자원 개발에 참가하는 것을 환영한다며 이는 탄자니아의 에너지 안전을 보장하고 개발 효율을 높이는데 중요한 의의를 가진다고 밝혔다.

<u>8월 21일</u> : 양유밍(楊優明) 잠비아주재 중국대사가 카리바 노스쇼어 수력발전소 확장공사 준공 인수인계식에 참가했다. 가인 스콧 잠비아 부통령 등이 의식에 참가했다. 본 프로젝트의 도급업자는 중국수리수전건설집단(中國水利水電建設集團, 중국수전) 11국이다.

<u>8월 22일</u> :.중국기계설비공정주식유한회사 (中國機械設備工程股份有限公司, 이하 중국덴젠.)와 앙골라공화국 에너지수리부가 앙골라의 소요 복합화력발전소 건설 및 설치 프로젝트 계약을 체결했다. 프로젝트는 750메가와트의 복합화력발전소 건설을 포함해 계약금액이 9억8500만 달러에 달했다.

<u>8월 25일</u> : 중국덴젠 산하 중국수전 5국이 중국수전과 남수단 전력댐부를 대표하여 주바 수력발전소 프로젝트 비즈니스 계약을 체결했으며 계약금액이 약 5억 달러에 달했다.

<u>9월 2일</u> : 중국덴젠 수력발전 3국 기초건축 분국이 알제리 태양광발전소의 태양전지 받침대 및 토목건축공사 계약에 낙찰되었다.

9월 4일 : 중국뎬젠이 설계하고 시공한 카리바 남안 수력발전소 확장공사가 정식으로 가동되었다. 이는 짐바브웨가 독립한 이래 건설한 두 번째로 큰 규모의 에너지 항목으로 2017년 말기에 완성될 계획이며 짐바브웨 전국의 연간 발전량을 약 25% 높여주게 된다. 무가베 짐바브웨 대통령이 가동의식에 참가했다.

9월 5일 : 상무부가 주최한 '2014년 이집트 신에너지 개발 이용 관리 연수반'이 창사(長沙)에서 수업을 시작했다. 진쉬(金旭) 상무부 국제상무관원연수학원 원장과 이집트에서 온 18명의 수강생이 개강식에 참가했다.

9월 7일 : 중국뎬젠 소속 쿤밍위안(昆明院)이 설계와 구매, 건설을 책임진 베냉 100킬로와트 오프네트워크 태양광발전 시범공사가 최근 성공적으로 조업을 가동했다.

9월 8일 : 지타 웰치 가나주재 유엔 개발계획서 임시대표와 알프레드 오프수 가나 에너지위원회 사무국장이 가나 수도 아크라에서 '중국-가나 남남협력 재생에너지 기술 양도 프로젝트' 협의를 체결했다.

10월 5일 : 중국석유천연가스 파이프국이 도급 맡은 탄자니아 최대의 민생 프로젝트-탄자니아 천연가스관 수송 및 기체 처리공장 프로젝트의 가스관이 전부 부설되었다. 이는 '탄자니아-잠비아 철도'라고 불리는 탄자니아 에너지 대동맥이 전부 개통되었음을 의미했다.

10월 10일 : 짐바브웨 국가전력공사와 중국 수력발전그룹이 가치가 11억 달러에 해당되는 협의를 체결해 짐바브웨에서 가장 큰 석탄발전소인 황계발전소를 개조하고 업그레이드하게 됐다.

10월 13일 : 중국뎬젠 소속 수력발전컨설팅국제회사가 나이로비에서 케냐 Aperture 녹색에너지회사와 Limuru 풍력발전 프로젝트 50메가와트 EPC 계약을 정식으로 체결했다.

10월 17일 : 중국기업이 참가해 제조한 케냐 '올카리아' 4호 지열발전소 프로젝트가 나이로비에서 가동의식을 가졌다. 우후루 케냐타 케냐 대통령이 의식에 참가했다. 중국 정부는 중국수출입은행을 통해 이 프로젝트의 지열 착정에 자금을 지원했다. 중국석유 창청(長城)시추공정공사와 중국석유화공그룹 국제석유공정유한회사가 각각 이 프로젝트의 착정과 도관 건설을 맡았다.

10월 27일 : 류셴파(劉顯法) 케냐 주재 중국대사가 키르키르 케냐 에너지석유부 장관을 만났다. 양자는 양국 에너지협력에 대해 심도 있게 의견을 교환했다.

10월 30일 : 쑨바오훙(孫保紅) 가나 주재 중국대사가 가나 국가천연가스공사 최고경영자 조지 얀키 및 주요 고급관리인원을 만났다. 양자는 양국의 에너지협력 및 중국석유화공그룹이 청부맡은 아투아보 천연가스 처리공장 프로젝트의 진전 상황에 대해 의견을 교류했다.

10월 30일 : 창장(長江)국제상회와 남아프리카 중국무역촉진회는 우한(武漢)에서 협력 양해각서를 체결했으며 회원들에게 플랫폼을 만들어주어 중국과 아프리카가 신에너지발전 등 방면에서 협력하도록 촉진했다.

11월 7일 : 우신시옹 국가발전개혁위원회 부주임 및 국가에너지국 국장이 베이징에서 피터스 남아프리카 에너지부 장관 일행을 만났다. 양측은 중국과 남아프리카의 원자력에너지협력 등 사항에 대해 심도 있게 의견을 교류했다. 회의가 끝난 후 양 측은 함께 '중국-남아프리카 정부 간 민용 원자력 프로젝트 협력 기본협의'를 체결했다.

11월 8일 : 알레무 에티오피아 광업부 국무부 장관이 중국 바오리세신(保利協鑫)석유천연가스그룹주식유한회사가 에티오피아에서 진행된 새 오피스텔 낙성의식에 참석해 에티오피아는 중국 기업과 에너지 개발 및 이용 방면의 협력을 진일보적으로 강화하여 더욱 많은 성과를 거두기를 희망한다고 말했다.

11월 10일 : 중국석유화공그룹이 청부맡은 가나 천연가스 1기 공사가 성공적으로 조업을 가동했다.

11월 11일 : 물라투 에티오피아 대통령이 중국수력발전공정 컨설팅그룹 국제공정회사가 청부 맡은 아다마르 풍력발전프로젝트 공사 현장을 시찰했으며 제샤오옌(解曉岩) 에티오피아 주재 중국대사 등이 수행했다. 물라투 대통령은 중국이 계속 에티오피아를 도와 전력 인프라시설 건설 및 에티오피아의 공업화, 녹색 성장과 에너지 다원화 발전을 추진시킬 것을 희망했다.

11월 15일 : 쑨수중(孫樹忠) 모로코 주재 중국 대사가 타마넬을 방문하여 하하유전의 시굴 가동 의식에 참가했다. 하하유전은 중국 푸방더(富邦德)석유기계설비유한회사, 파키스탄 PEL 석유회사, 모로코 석유천연가스광산국이 공동으로 투자하여 개발한 것이다.

11월 17일 : 쑨바오홍(孫保紅) 가나주재 중국대사가 엠마누얼 코피 부아 가나 에너지석유부 장관, 쿠아베나 둔켈 의회 에너지광산위원회 의장을 관저로 초청하였다. 양 측은 중점적으로 중국-가나 에너지협력 및 전력, 천연가스 프로젝트 추진 등 문제에 대해 심도 있게 의견을 교환했다.

11월 27일 : 중국덴젠 소속 서북탐사설계연구원이 설계하고
수력발전8국이 청부맡은 가나 부벳 수력발전소가 EPC 프로젝트를
순조롭게 완성하고 증서를 인계했다. 이는 이 프로젝트가 품질보장
기한에 전면적으로 들어섰음을 의미했다.

11월 28일 제1차 중국-모로코 경제포럼이 베이징에서 열렸다. 중국과
모로코 기업가 대표 200여 명이 포럼에 참가하여 27개의 협력 협의를
체결했는데 주로 은행, 에너지, 광업 등 분야가 포함되었다.

12월 1일 : 중국석유천연가스 파이프국은 EPC 글로벌 컨트랙드의
방식으로 케냐 6호선 파이프라인 공사에 낙찰되었다. 이는
파이프국이 아프리카 시장 구도를 조정한 후 낙찰된 첫
동아프리카지역 프로젝트이다.

12월 4일 : 국가원자력 발전기술회사와 남아프리카
원자력에너지그룹이 인민대회당에서 '남아프리카 원자력에너지
프로젝트 훈련 협의'를 체결했다. 국가원자력 발전기술회사는 동시에
중국공상은행, 스탠더드은행과 '남아프리카 원자력 발전 프로젝트
융자 기본협의'를 체결했다.

12월 5일 : 중국석유화공그룹 파이프라인 저장운반유한회사는
신샹(新鄕)송유처 탄자니아 사업부를 특별히 설립했다. 이는 이
회사가 설립한 첫 해외 노무관리 프로젝트인 것으로 알려졌다.

12월 9일 : 주중 이집트 대사관은 '이집트 투자, 기회와 좋은 점'이라는
투자 심포지엄을 개최했다. 중국 방문 중이던 이집트의 국제협력부
장관, 교통부 장관, 공업무역부 장관, 전력과 재생에너지부 장관 등
4명의 이집트 내각 장관이 인프라, 공업, 석유화학공업, 전신, 에너지,

교통운수 등 업종의 중국 기업에 이집트에서 투자가 가능한 분야와
쌍방의 미래 협력기회를 소개했다.

12월 11일 : 중국 아오루이안(奧瑞安)에너지주식유한회사가 카메룬
HETA 석유천연가스유한회사와 함께 구성한 공동 경영체(중국-
카메룬 기업 공동 경영체라고 약칭, 그중 카메룬이 10%의 지분을
가졌고 중국이 90%의 지분을 가져 통제권을 보유했음)가 야운데에서
카메룬 국가석유공사와 석유생산량 분배 계약을 체결했다.

12월 12일 : 우신시웅(吳新雄) 중국 국가발전개혁위원회 부주임
및 국가에너지국 국장이 베이징에서 이집트 전력과 재생에너지부
장관을 만났다. 양자는 중국과 이집트 양국의 원자력, 재생에너지 등
영역의 협력 사항에 대해 심도 있게 의견을 교환했다.

 12월 16일 : 칭화양광(淸華陽光), 창팡(長方)조명, 진펑(金鵬) 등 여러
개의 중국 기업이 이집트 수도 카이로에서 합동 신제품 발표회를
가지고 태양열온수기, 태양광발전 시스템, LED 램프, 에너지 절약
창문 등 여러 가지 에너지 절약 제품을 내놓았다. 쏭아이궈(宋愛國)
이집트주재 중국대사가 참가해 축사를 했다.

12월 17일 : 중국석유천연가스집단공사는 주바에서 남수단 석유부와
석유회수증진(EOR) 협력 양해각서를 체결했다.

12월 19일 : 중국이 말라위를 원조하는 태양에너지 이동전원
설비 양해각서 체결의식이 말라위 재정부에서 진행되었다.
장칭양(張淸洋) 말라위주재 중국대사와 곤드웨 말라위 재정 및
계획경제부 장관이 각각 자국 정부를 대표해 사인했다. 이는 중국
정부가 두 번째로 말라위에 청정에너지 설비를 제공하는 것으로
말라위 농촌지역의 일부분 의료센터와 학교의 전력공급 부족 문제를

해결하는데 사용된다.

12월 21일 : 누포쿠 토고 에너지광산부 장관이 중국 대사관을
방문하여 류위시(劉豫錫) 토고주재 중국대사 부부와 양국 친선에
대해 얘기를 나누고 양국 간 에너지와 광산 분야의 협력을
진일보적으로 심화시킬 데 관한 문제에 대해 의견을 교환했다.

12월 22일 : 중국석유천연가스그룹공사 Grand Baobab 유전 원유
수송 의식이 Chari-Baguirmi 지역 Ronier 유전에서 진행되었다.
후즈창(胡志强) 차드 주재 중국대사가 데비 차드 대통령과 함께 원유
수송 파이프라인의 밸브를 열었다.

12월 22일 : 정주창(鄭竹强) 보츠와나 주재 중국대사가 모카이디
보츠와나 광산에너지수자원부 장관과 함께 모루풀레 B
석탄화력발전소 프로젝트 합동실무위원회 제10차 회의를 주재했다.
펠로노미 벤슨 모이토이 보츠와나 외교부 장관이 회의에 열석했다.
정주창 대사와 모카이디 장관, 벤슨 장관이 함께 발전소 프로젝트의
최신 상황 및 제3자 독립업체가 완성한 기술보고를 소개받았다.
보츠와나의 업주와 중국 청부업체들은 계속 협력을 강화하여
설비의 안정적이고 고효율적인 운행을 보장할 것을 약속했다. 중국
전력공정유한회사의 진춘성(靳春生) 총재 등이 회의에 참가했다.

12월 23일 : 시진핑 중국 국가주석이 인민대회당에서 엘시시 이집트
대통령과 회담을 가졌다. 중국 측은 이집트와 인프라 구축, 원자력
발전, 신에너지, 우주비행 등 분야에서 협력하고 적당히 투자와
융자를 배치할 의향을 밝혔다. 회담이 끝난 후 양국 정상은 경제,
무역, 우주비행, 에너지 등 영역의 협력 파일에 사인하는 것을
지켜봤다.

12월 23일 : 이집트 전력과재생에너지부는 성명을 발표하여 이집트 전력지주회사가 중국 민간기업과 7건의 석탄발전소 운영 협의를 체결했다고 밝혔다.

12월 24일 리커창 중국 국무원 총리가 인민대회당에서 엘시시 이집트 대통령을 만나 중국은 이집트의 고속철도, 철도, 해저 터미널, 원자력 발전소 등 대형 프로젝트의 건설에 참가할 의향이 있다고 전했다.

12월 24일 :치엔즈민(錢智民) 중국핵공업집단공사 지배인과 모하메드 셰이커 이집트 전력신재생에너지부 장관이 지켜보는 가운데 중국핵공업 후이닝(滙能)유한회사와 이집트 전력신재생에너지부가 베이징에서 '중국핵공업집단과 이집트 전력신재생에너지부 태양에너지협력 양해각서'를 체결했다.

12월 25일 : 엘시시 이집트 대통령이 청두(成都)를 방문했다. 쓰촨(四川)은 엘시시 대통령의 이번 중국 방문에서 두 번째 정거장이며 두 지역의 에너지협력을 강화하는 것이 목적이었다. 중국 동방전기그룹유한회사(東方電氣集團有限公司)를 참관할 때 엘시시 대통령은 이집트는 전력 분야에 매우 많은 기회가 있다며 양측이 조속히 행동을 개시하여 협력 프로젝트를 완성하기를 바란다고 했다.

12월 30일 : 리렌허(李連和) 수단 주재 중국대사가 마카비 수단 석유부 장관을 만났다. 마카비 장관은 수단은 중국과 석유 등 영역의 협력을 진일보적으로 강화할 의향이 있다고 밝혔다.

유럽 지역

2월 18일 : 영국 랭커스터 대학과 광둥성(廣東省) 과학기술청이
광저우(廣州)에서 5년을 기한으로 하는 양해각서를 체결했다.
쌍방은 협력적 연구항목을 통해 세계 시장 개발과 신제품, 신서비스
상업화에 진력하고 이로써 양국 과학기술 기업 간의 협력을
강화하기로 했다.

2월 22일 : 뤄푸허(羅富和) 중국 전국정협 부주석, 민진중앙
상무부 주석이 민진중앙기관에서 중국-유럽(광둥) 수소에너지기술
산업협력 교류회의 유럽방문단 일행을 접견했다. 양측은
에너지절약과 환경보호 협력에 대해 심도 있게 의견을 교환했다.

3월 6일 : 황단화(黃丹華) 중국 국무원국유자산감독관리위원회
부주석이 본 위원회에서 스티브 라프그라이프 영국 에너지
기후변화부 상무 차관 일행을 만났다. 라프그라이프 차관은
영국 에너지 기후변화부의 직책과 기능 범위를 소개하고
나서 영국은 중앙기업이 영국의 관건적인 에너지 분야에
투자하는 것을 환영한다고 밝혔다. 황단화 부주석도
국무원국유자산감독관리위원회의 직책과 기능을 소개하고
중앙기업의 '대외 진출' 상황 및 영국에서 업무를 전개한 상황을
소개했으며 민간용 원자력에너지, 저탄소, 재생에너지 방면의 영국의
우세를 적극적으로 평가했다.

3월 21일 : 우신시웅(吳新雄) 중국 국가발전개혁위원회 부주임
및 국가에너지국 국장이 프랑스 파리에서 베르나 비고 프랑스
원자력에너지위원회 의장, 헨리 프로그리오 프랑스 전력공사(EDF)

총재, 오르셀 아레바 CEO 등을 각각 만나 중-프 원자력 발전 전
산업사슬 협력 및 제3국 원자력에너지발전 시장 공동 개척 사항에
대해 심도 있게 의견을 교환했다.

3월 23일 : 우신시웅(吳新雄) 중국 국가발전개혁위원회 부주임 및
국가에너지국 국장이 헤이그에서 중국-네덜란드 양국 정부의 협력
협의 체결의식에 참가했다. 양국 정상이 지켜보는 가운데 그는 칸푸
네덜란드 경제사무부 장관과 중국-네덜란드 에너지협력 양해각서를
체결했다.

3월 24일 : 시진핑 중국 국가주석이 네덜란드 헤이그에서 진행된
핵안보 정상회의에 참가했다. 쌍방은 중국-네덜란드 관계와 중국-
유럽관계에 대해 심도 있게 의견을 교환하고 중요한 공통인식을
달성했다. 쌍방은 공동성명을 발표해 양국이 에너지절약과 환경보호,
신에너지, 도시 지속적인 발전, 금융 서비스 등 분야에서 새로 협력을
확대하기로 일치하게 결정했다고 밝혔다.

3월 25일 : 중국 사회과학원 도시발전과 환경연구소는 영국 두뇌집단
채텀하우스(Chatham House)와 공동으로 '중국-유럽 지속가능 발전과
에너지 안전' 심포지엄을 개최했다.

3월 26일 : 둥펑그룹(東風集團)이 시진핑 중국 국가주석과
올랑드 프랑스 대통령이 지켜보는 가운데 프랑스 정부, 프랑스
푸조시트로엥(PSA)과 출자협의를 체결하여 8억 유로를 대가로 PSA의
약 14%의 지분을 구매했으며 앞으로 신에너지 자동차를 기반으로
일련의 협력을 해나가게 될 것이다.

3월 26일 : 중국과학원 칭다오(靑島) 바이오에너지와 과정연구소는
프랑스 액화공기그룹과 협의를 체결하고 '투 스텝 바이오매스 산소

부화 합성가스 제조의 관건적 기술' 방면으로 심도 있게 협력을
전개했다. 양자가 다 바이오매스 열화학 전환, 합성가스의 액체연료
제조, 바이오 재료 및 화학품 등 여러 방면에서 진일보적으로
지속적이고 심도 있는 교류를 진행하고 기술협력 공간을 확대하기를
바랐다.

4월 2일 상하이자동차그룹주식유한회사(上海汽車集團股份有限公司,
이하 상기그룹)은 독일 폭스바겐 자동차그룹과 함께 베를린에서
공동성명을 발표하여 연료전기 기술 협력을 펼쳐가고 상하이
폭스바겐 자동차와 연합하여 배터리식 전기자동차의 산업화 진척을
다그칠 것이라고 밝혔다.

4월 2일 : 프랑스 달키아그룹이 중국 충칭(重慶)에서 총 금액이
1억4000만 위안에 달하는 에너지관리 계약을 체결해 위베이(渝北)의
한 5성급 호텔의 에너지시스템에 설계, 설치와 건설, 운행 관리
서비스를 제공하기로 했다.

4월 14일 : 유럽에서 두 번째로 큰 공공 전력부문 Enel Group이 최근
중국국가전력망회사와 양해각서를 체결함으로써 재생에너지와
스마트그리드 프로젝트 분야에서 협력을 했다.

4월 22일 : 리커창 중국 국무원 총리가 중난하이 즈광거에서
시그마 가브리엘 독일 부총리 겸 경제에너지부 장관을 만났다.
양자는 경제구조 조정 방면에서 공통인식을 달성했는데 여기에는
청정에너지와 에너지절약 환경보호 기술을 대대적으로 발전시키는
것이 포함돼 있다.

4월 23일 : 류샤오밍(劉曉明) 영국주재 중국대사가 중영 재생에너지
및 에너지절약 정상회의에 참가해 그렉 바커 영국 에너지기후변화부

국무상, 시몬 투자무역총서 최고경영자 등 내빈들과 함께
중국항공기술국제주식유한회사(中國航空技術國際控股有限公司,
이하 중항국제) 영국회사가 Spriggs Farm 광전 프로젝트 양도
협의를 체결하고 런던투자회사 '지속가능 개발 펀드(SDCL)'와 협력
양해각서를 체결하는 것을 지켜봤다.

4월 24일 : 유럽연합주재 중국 사절단 단장인 양엔이(楊燕怡) 대사가
유럽학원 '유럽연합 에너지정책' 고위급 세미나에 참가해 중국
에너지정책과 중국-유럽 에너지협력에 대해 연설을 발표했다.

5월 5일 : 칭다오-폴란드 쌍방향 투자무역협력 프로젝트 상담회가
폴란드 수도 바르샤바에서 진행되었다. 칭다오의 기업 대표와 폴란드
기업가들이 직접 만나 이야기를 나누었다. 상담회의 주최 측인
폴란드 정보 외국투자국은 칭다오시 상무국과 앞으로의 양국 기업의
협력에 플랫폼을 마련해주고 칭다오와 폴란드의 투자무역 발전을
추진하기 위한 '전략협력협의서'를 체결했다.

5월 9일 : 폴란드 카토비체에서 진행된 유럽 경제대회에서
흐이노프스카 하바니크 폴란드 정보 외국투자부 장관은 더욱 많은
중국 투자가 폴란드에 들어오기를 기대한다고 밝혔다.

5월 14일 : 세전화(解振華) 중국 국가발전개혁위원회 부주임이 그렉
바커 영국 에너지기후변화부 국무상을 만났다. 양자는 기후변화
국제담판 진행과정, 국제 기후 융자, 중영 기후변화 협력 등에 대해
심도 있게 의견을 교환했다.

5월 14일 : 톈허광에너지(天合光能)가 최근 Vogt Sola의 영국
캔터베리에 있는 Knowlton Court 지면발전소에 11 메가와트의 약
4만6000 건의 태양전지 모듈을 제공하게 된다고 밝혔다.

5월 16일 : 중항국제 영국회사가 런던에서 영국 기업에 스프리그 농장의 12 메가와트 지면태양에너지발전소를 인계하는 의식을 가졌다. 건설이 끝나 영국 국가 전력망에 편입된 이 태양에너지발전소는 중국의 대형 국유기업이 처음으로 영국에서 독자적으로 개발, 투자, 건설, 양도한 태양에너지 프로젝트이며 또 지금까지 중국 기업이 영국에 투자하여 건설한 발전용량이 가장 큰 태양에너지발전소이기도 하다.

5월 18일부터 27일까지 우중치웅(吳忠瓊) 안산시(鞍山市) 시장이 대표단을 이끌고 유럽의 여러 국가를 방문하여 국제 과학기술협력 및 투자유치 활동을 했다. 덴마크 방문 시에 우 시장은 댄포스(Danfoss) 본사를 방문했다. 우 시장은 닐 크리스 댄포스 총재를 만나 '안산을 저탄소, 고효율성 중앙난방, 열계량 시범도시와 댄포스 열계량장비 제조센터로 건설할 기본협의'를 체결하고 공동으로 열계량 응용방안 시범 프로젝트를 추진하고 안산에 열공급 에너지소모를 측정하고 통제하는 선진 시스템을 건설하기로 했다.

5월 27일 : 네덜란드 경제부, 네덜란드 AMC 연구소와 상하이해사대학(上海海事大學)이 공동으로 건설한 중국-네덜란드 지식 혁신센터가 정식으로 제막했다. 양자는 공동으로 청정에너지 연구 국제협력의 새로운 플랫폼을 구축하고 이로써 양국 간 해양 신에너지 기초 연구, 기술 개발과 시장 개척을 강화하고 상하이 녹색에너지발전, 중국 신에너지기술과 시장의 발전을 추진하게 되었다.

5월 28일 : 중국-유럽 청정에너지센터가 제2차 중국-유럽 상업연맹회의를 개최했다. 이번 회의의 목적은 중국-유럽 협력

분야의 서로 다른 항목 간의 연계를 강화하고 중국과 유럽 기업이
무역과 상업 분야에서 협력하는데 기회를 창조해주는 것이었다.

6월 4일 : 쉬창(徐强) 중국 상무부 주임이 프랑스
수에즈인바이론먼트(Suez Environnement)의 중국지역 고급 부총재
마옌신(馬彦鑫,Yann Marvin) 일행을 회견했다. 쉬창 주임은 세계
선진적인 환경관리 기업인 수에즈인바이론먼트가 산샤저수지 수질
보장, 셰일가스 개발과 환경보호, 오염된 토양 관리 및 탄소거래
시장 등을 포함한 충칭의 에너지절약과 환경보호 프로젝트에 더욱
많이 참가하기를 바랐다. 마옌신 부총재는 충칭 측과 에너지 영역의
협력을 강화하기를 바란다고 밝혔다.

6월 10일 : 세계 선진적인 정보통신 해결방안 공급업체
화웨이(華爲)와 독일의 선진적인 에너지 집성업체 w
hrle전원시스템유한회사가 UPS 무정전 전원시스템 협의를 체결했다.

6월 16일부터 19일까지 : 리커창 총리가 영국을 공식 방문해
양국 총리 연례회담을 가졌다. 양국 총리는 공동성명을 발표하여
에너지협력은 양자 협력의 중요한 버팀목이라는 것을 강조했다.
아울러 중국광허그룹유한회사 영국사무소가 런던에서 제막하고
설립되었다.

6월 16일 : 중해유전서비스주식유한회사(中海油田服務股份有限公司,
이하 중해유복)가 노르웨이 국가석유공사 Statoil와 플랫폼 대기 비용
분쟁에 관한 화해협의를 달성했다. 후자는 전자에 6500만 달러를
일시불하는 것으로 갈등을 해결하게 되었다.

6월 17일 : 중국해양석유총공사와 영국석유공사가 영국 런던에서
액화천연가스(LNG) 장기공급 기본협의를 체결했다. 쌍방이 체결한

기본협의에 따라 2019년부터 BP 회사는 그의 세계 LNG 자원조합에서 중국해양석유총공사에 해마다 150만 톤에 달하는 LNG 자원을 공급하게 되는데 공급 기한은 20년이다. 양측은 2014년에 최종 비즈니스 협의가 달성되기를 바랐다.

6월 25일 : 쑨융푸(孫永福) 중국 상무부 유럽사 사장이 언론과의 인터뷰에서 중국은 국가급 개발구에 1~2개의 생태 단지를 건설하여 영국의 청정에너지, 에너지절약과 환경보호 방면의 기술을 도입하고 계속해서 영국과 천단기술 방면의 협력을 강화해갈 것이라고 밝혀다.

6월 28일 : 하이난정허실업그룹주식유한회사(海南正和實業集團股份有限公司)가 중커(中科)네덜란드에너지그룹유한회사에 융자서비스를 제공한다는 공고를 발표했다.

7월 3일 : 국무원 해당 부문의 지도자가 스베인 중국주재 노르웨이 대사를 만났다. 양자는 중국-노르웨이 투자협력 추진 및 제6차 중국대외투자협력상담회 참가사항 등에 대해 심도 있게 교류했다. 스베인 대사는 중국과 노르웨이가 에너지와 인프라 방면에서 협력하기를 바랐다.

7월 6일부터 9일까지 : 메르켈 독일 총리가 일곱 번째로 중국을 방문했다. 메르켈 총리의 이번 방문은 중국과 전통적인 분야의 협력을 강화하면서 또 환경보호, 전동자동차 등 영역의 협력을 중점적으로 발전시켜 양국 신에너지 분야의 협력을 심화시키기 위한데 있다.

7월 10일 : 생태문명구이양국제포럼(生態文明貴陽國際論壇) 2014년 연례총회- 중국 영국 청정에너지 심포지엄이 구이양(貴陽)에서 진행되었다.

7월 16일 : 신세계발전유한회사(新世界發展有限公司, 00D17-HK)와 신창건그룹(新創建集團, 00659-HK)이 함께 소식을 발표해 따르면 휘하의 중파홀딩스(中法控股)가 중파에너지(中法能源)의 90%의 지분을 매각하고 중파홀링스 주주가 난광(南光)그룹에 대출금을 지불하는 거래가 15일에 완성되었다고 발표했다.

7월 29일 : 줄리안 영국 대사관 에너지환경 참사관은 '2014 중국원전 지속가능발전 포럼'에서 중국과 영국은 민간용 원자력협력 방면에서 심원한 역사가 있고 또 많은 새로운 기회가 있다고 밝혔다.

8월 7일 : '2014 중국 풍력 태양에너지 전력망 편입 회의'가 소집되었다. 국가 재생에너지센터 수석 전문가 산귀루이(單國瑞)는 재생에너지의 전력망 편입은 비교적 새로운 과제이며 과학적으로 통일 계획을 내오는 것은 양자가 지속적으로 발전하는 토대라고 했다. 새 에너지 전력망 편입 문제에 대응하기 위해 유럽 전력망 개발 계획은 조직 및 방법에서 정도부동하게 혁신을 했는데 이런 시도가 중국에 계시와 본보기의 역할을 했다.

8월 10일 : 독일 에너지분야의 전문 인사들이 발기한 중국-독일 에너지협회가 프랭크퍼트에서 설립되었다. 이 협회는 중국과 독일의 에너지협력과 교류를 추진하는 것을 취지로 했다.

8월 27일 : 중국과 독일이 협력하여 충전 표준을 내온 것은 세계 전동자동차 충전 표준을 통일하는데 적극적인 영향을 일으키게 되었다. 현재 세계적으로 전동자동차의 직류 쾌속충전 모드에는 유럽 표준, 미국 표준, 중국 표준, 일본 표준 등 4개의 표준이 있는데 이는 전동자동차의 규모화 발전에 불리하고 전동자동차 기업의 해외 발전에도 불리하다.

9월 5일 : 스위스 자동화기술그룹 ABB는 이미 중국의 비야디와 동맹을 맺고 에너지 저장 시스템을 연구 개발하면서 전동자동차의 새로운 충전 방식을 찾고 있으며 재생에너지 자원 사용을 제창할 것이라고 밝혔다.

9월 9일 : 중국과 유럽 두 지역의 자동차 산업계가 샤먼(夏門)에서 신에너지 핵심부품산업 기술혁신전략 연맹을 설립했다. 연맹은 독일-중국 경제연합회, 독일 ARADEX 회사, 독일 E.M.B 회사, 샤먼푸궁동력기술유한회사(夏門福工動力技術有限公司), 선전만쉰즈쿵주식유한회사(深圳萬迅自控股份有限公司), 쑤저우 다타이창업투자관리유한회사(蘇州達泰創業投資管理有限公司), 칭화대학, 퉁지대학(同濟大學) 등 기관이 공동으로 발기해 설립한 것이다.

9월 16일 : 중국 상무부, 프랑스 외교부와 국제발전부, 유럽연합 에너지위원회가 공동으로 주최한 '제6차 중국-유럽 투자무역상담회'가 선양(沈陽)에서 개막했다.

9월 16일 : '2014 중국-독일 건축에너지절약 지속가능발전 정상포럼'이 허난성(河南省) 가오베이뎬시(高碑店市)에서 열렸다. 이 사이 슈테판 퀼러 독일 에너지서 서장은 독일 에너지서가 허난성과 협력해 중국-독일 건축에너지절약센터를 건설하여 더욱 많은 독일의 기업과 기술이 허난에 뿌리내리게 할 것이라고 밝혔다.

9월 25일 : 라호이 스페인 총리가 중국을 방문하는 동안 중국과 스페인은 총 가치가 약 32억 유로(약 40억 달러)에 달하는 상업 협의를 체결했다. 협의에는 스페인 풍력발전기 제조사 Gamesa Corporacion Tecnologica SA가 허난성에 발전용량이 150 메가와트인 풍격발전기를 제공하는 계약이 포함되었다.

10월 6일 : 포르투갈을 방문 중인 자오커즈(趙克志) 구이저우(貴州) 성위서기 및 성인민대표대회 상무위원회 주임이 리스본에서 파울로 포터스 포르투갈 부총리를 만나 에너지, 전신, 금융, 해양, 환경보호, 신에너지 등 분야의 협력에 관해 상담을 했다.

10월 8일 : 제4차 중국-유럽 사회생태·법률비교 포럼이 베이징에서 열렸다. 이번 포럼이 주로 논의한 내용에는 생태문명건설을 배경으로 하는 지속가능한 교통 정책, 법률 이론과 실천 연구가 포함되었다.

10월 9일 : 노르웨이 혁신서, 중국 재생에너지학회가 공동으로 주최한 '중국-노르웨이 에너지 대화'가 베이징 금일미술관(今日美術館)에서 진행되었다. 노르웨이 대사관, 중국 재생에너지학회, 중국 풍력에너지협회, 노르웨이 풍력에너지협회, 노르웨이 Havgul 회사, 룽위안(龍源), 밍양(明陽)풍력에너지발전 등 양국 풍력에너지발전 산업의 협회, 개발상, 제조사 대표가 행사에 참가했다.

10월 10일 : 리커창 중국 국무원 총리가 독일을 방문하는 사이에 중국과 독일은 '중국-독일 협력 행동강령, 공동으로 혁신'를 발표했다. 행동강령은 에너지 분야에서 양국의 중·장기 협력을 어떻게 전면적으로 계획할지를 둘러싸고 새로운 하이라이트 조성, 새로운 잠재력 구축, 새로운 플랫폼 건설 등을 상세하게 논술했으며 양국 혁신관계에 포함된 공통이익을 부각했다.

10월 13일부터 16일까지 : 중국-유럽 핵안전 문화 양성 교류 심포지엄이 베이징에서 소집되었다. 환경보호부 핵 방사선 안전감독관리 1사의 책임자가 개막사를 올리고 환경보호부 화동(華東) 핵 방사선 감독소, 서북(西北) 핵 방사선 안전감독소,

화북(華北) 핵 방사선 안전감독소의 지도자와 핵안전 시스템의 기타 기관의 관련자 등 110명이 회의에 참가했다.

10월 22일 : 중국-유럽 공업 에너지절약과 온실가스 감축 정책 교류와 협력을 추진하고 중국-유럽 공업대화협상 메커니즘 제3차 총회에서 합의한 협력 사항을 실현하기 위해 중국 공업 정보화부, 유럽연합 기업 공업총사가 공동으로 소집한 중국-유럽 공업 에너지효율성 온실가스 감축 실무진 제5차 회의가 청두(成都)에서 진행되었다.

11월 5일 : 황숭푸(黃松甫) 포르투갈 주재 중국대사가 마누엘 포르투갈 석유천연가스에너지그룹(Galp) 총재를 만났다.

11월 11일부터 12일까지 : 2014년 네덜란드 버스와 기술 박람회(Bustech 2014)가 네덜란드 로즈말렌에서 진행되었다. 비야디가 순전동버스 K9을 박람회에 전시했다.

11월 13일 : 쑤저우 훙펑신에너지(弘鵬新能源)가 네덜란드 이어빅(Eerbeek)과 순조롭게 계약을 체결했다. 훙펑은 이어빅시의 공공임대주택 지붕 태양광발전 프로젝트에 인버터를 제공하게 되었다.

11월 13일 : '로테르담-유럽 투자의 문호' CEO 원탁회의가 충칭에서 진행되었다. 중국-네덜란드가 새로 체결한 세무협의에 힘입어 네덜란드에서의 투자 협력을 늘렸다.

11월 25일 : 국가 에너지국 시장감독관리사(市場監管司)가 전력사(電力司)와 함께 베이징에서 '중국 스마트그리드 발전 감독관리 방법' 연구 성과 발표 및 심포지엄을 열었다. '중국 스마트그리드 발전 감독관리 방법' 프로젝트는 '중국-독일 기후변화 프로젝트'의 구성부분으로 국가 에너지국의 지도하에 독일연방 경제협력 발전부(BMZ)가 독일 국제협력기구(GIZ)에 위탁한 것이다.

<u>11월 27일</u> : 중국 국가전력망은 24억 유로의 가격으로 이탈리아 국영 에너지업체 카사데포지티 레티(CDP Reti)의 지분 35%를 인수했다. 이는 국가전력망이 지금까지 해외에서 진행한 최대 규모의 투자이고 또 중국 기업이 이탈리아에서 진행한 최대 규모의 투자였다.

<u>12월 2일</u> : '기후변화 대응, 세계발전 모델 반성'을 주제로 하는 제4차 중국-유럽사회포럼이 프랑스 파리에서 개막했다. 약 300명의 중국과 유럽에서 온 기업가, 전문가, NGO, 언론계 인사 및 정부 고급관리가 4일간 대화를 펼쳐가면서 기후온난화, 지속가능한 도시화, 인류 전반적인 발전 모델 등 기후와 환경과 관련된 분야에 대해 심도 있게 논의했다.

<u>12월 3일</u> : 이안 로스(Ian Ross) 스코틀랜드 국가개발국 국제업무 집행관이 베이징에서 미디어 미팅을 주재했다. 회의 기간에 스코틀랜드 4개의 석유천연가스 기업이 업무 진술에서 중국과 스코틀랜드의 협력이 아직 초기 단계에 있고 앞으로 발전 공간이 거대하다고 밝혔다.

<u>12월 3일</u> : 2014년 해협 기술양도 특별행사-중영 신에너지분야 해상 풍력발전 과학기술성과 설명회 및 연결회의가 푸저우(福州)에서 열렸다. 이번 회의의 취지는 푸젠성(福建省)과 영국의 과학기술 협력과 교류를 강화하고 푸젠 해상 풍력발전 산업의 발전을 추진시키며 영국의 풍력발전 과학기술 성과를 푸젠에 현지화하기 위한 것이었다.

<u>12월 3일</u> : 중국 상하이전력주식유한회사가 독일 최대의 공공사업회사 이앙(EONGn.DE) 휘하의 이탈리아 자산의 잠재적인

인수를 위해 사전 소통을 하고 있다고 응답했다.

12월 8일 : 중싱통신(中興通迅)은 이탈리아 최대의 전력회사 Enel과 신에너지 기술 배치와 발전에 관한 협력협의를 체결했으며 양자는 환경의 지속가능한 발전과 분산 발전 효율을 제고하는데 초점을 맞추게 되었다.

12월 9일 : '중국-독일 동력배터리 회수이용 프로젝트 실무진' 제3차 실무진 회의가 톈진시(天津市)에서 열렸다. 중국과 독일 양측은 각각 본국의 동력배터리의 발전과 자원화 진척 및 정책에 대해 소개하고 전동자동차 동력배터리의 발전 현황과 추세, 동력배터리 회수이용 시스템 사례, 독일 동력배터리 회수이용 기술 등에 대한 특별보고를 했다. 중국과 독일 양국 연구기관은 '중국 전동자동차 동력배터리 회수이용 실행가능성 연구보고'를 정식으로 발표했다.

12월 10일 : 중국원자력학회, 프랑스 아레바(AREVA)그룹이 공동으로 주최한 '중국-프랑스 핵연료 순환 백엔드 심포지엄'이 열렸다. 중국은 사용후핵연료 저장과 수송 능력을 높이고 사용후핵연료의 뒤처리, 고속원자로 및 우라늄과 플루토늄의 혼합 산화물(MOX) 연료 제조 등 산업과 기술을 대대적으로 발전시키고 방사능 폐기물 처리 설치 문제를 타당하게 해결하고 핵연료 순환 백엔드 국제협력을 적극적으로 추진하게 되었다.

12월 16일 : 네덜란드 로얄 더치 셸 그룹이 중국에 있는 합자기업 통일윤활유중국유한회사(統一潤滑油中國有限公司)의 모든 지분을 매각하려고 출자할 업체를 찾았는데 경쟁 입찰 가격은 3억5000만 ~5억 달러로 예상되며 이로써 8년의 합자가 종결짓게 되었다.

12월 16일 : 중국-독일 생태공원 독일주재 사무소는 독일 뮌헨

바이에론 경제의 집에서 정식으로 운영을 시작했다. 중국-독일 생태원은 현재 중국과 독일 양국 정부 간의 유일한 협력단지로 양국 정부의 큰 관심을 받고 있으며 중국 상무부와 독일 경제 에너지부가 이끄는 양자 간 실무진을 설립했다.

12월 16일 : 중국-덴마크— 재생에너지개발 프로젝트('RED 프로젝트'로 약칭) 성과 총결회가 베이징에서 열렸다. 회의는 2009년에 RED 프로젝트가 가동되면서부터 중국과 덴마크가 재생에너지협력에서 거둔 풍성한 성과를 전시했으며 곧 가동될 '재생에너지에 의한 에너지혁명' 프로젝트의 전반적인 사고 맥락을 소개했다.

12월 18일 : '크로스오버 협력, 협동적인 발전'을 주제로 하는 중국-유럽 신산업단지 국제협력 심포지엄이 베이징에서 열렸다. 여러 개의 주목 받는 국제협력 프로젝트를 내왔다.

중동지역

3월 13일 : 시진핑 중국 국가주석이 인민대회당에서 살만 빈 압둘아지즈 알 사우드 사우디아라비아 왕세자 겸 부총리, 국방부 장관을 회견했다. 시 주석은 양국은 에너지협력을 버팀목으로 삼고 우주비행, 신에너지 등 첨단기술 방면의 협력을 확대하면서 더욱 밀접한 동반자 관계를 구축해야 한다고 밝혔다.

3월 15일 : 사우디아라비아-중국 투자포럼이 베이징에서 열렸다. 포럼에서는 양국의 협력이 원유 무역에만 그치지 말고 태양에너지 등 신흥 에너지 방면에서도 협력을 펼쳐가야 한다고 했다.

3월 18일 : '사우디 가제트'의 보도에 따르면 2018년 사우디아라비아는 매년 2억 세제곱피트의 비전통 천연가스를 채굴할 계획이다. 이런 천연가스를 전기생산에 사용함으로써 원유를 절약하여 수출하게 한다.

4월 8일 : 카타르 아티아 국제에너지상 재단은 카타르 이슬람예술박물관에서 시상식을 열고 원자바오(溫家寶) 전 중국 국무원 총리 등 7명의 전 국가 지도자와 저명한 학자에게 공로상을 수여했다.

4월 10일 : 우신시웅 중국 국가에너지국 국장이 하이난(海南) 보아오(博鰲)에서 사우디 기초공업회사 부총재 겸 최고경영자 모하메드 알-마디를 만나 양국의 에너지협력에 대해 기존의 협력을 심화시키고 협력 범위를 넓히고 기업의 협력에 플랫폼을 구축할 세 가지 건의를 했다.

4월 30일 : 아랍에미리트 대통령이 AI Yasat 석유작업유한책임회사가 정식으로 설립되었음을 선포했다. 이 회사는 아부다비 국가석유공사와 중국석유천연가스그룹이 공동으로 지분을 소유하고 있는데 아부다비 석유공사가 60%의 지분을 소유하고 중국석유천연가스그룹이 40%의 지분을 소유하고 있다. 프로젝트는 주로 석유 제품의 상유에 있고 아랍에미리트 최고석유위원회의 요구에 따라 아부다비의 역내와 역외 지역에 대해 석유 탐사, 측량, 채굴 작업을 진행하며 동시에 유정의 정상적인 운영을 유지했다.

5월 3일 : 이스마일 마흐서리(Esmail Mahsouli) 이란 에너지부 차관은 중국이 이란의 15개의 수리와 전력 프로젝트에 융자를 제공하는 것과 관련해 양국이 담판 중이며 관련된 총 자금이 200억 달러에 달한다고 밝혔다. 또 최종 협의를 체결하기 전에 구체적으로 조작할 은행을 결정해야 한다고 했다.

5월 11일 : 이란 국가석유공사 국제사무 책임자 무흐신 가무사는 이란이 중국과 매일 40여 만 배럴의 석유를 수출할 데 관한 협의를 달성했다고 밝혔다.

6월 3일 : 러우지워이(樓繼偉) 중국 재정부 부장은 베이징 인민대회당에서 쿠웨이트 재무장관 아나 스 알 살레와 함께 '중국-쿠웨이트 재정부의 아시아인프라투자은행 건설 지지 양해각서'를 체결했다. 쿠웨이트는 중국의 아시아인프라투자은행 건설 제안을 지지한다며 창립 멤버로 가입할 것이라고 밝혔다. 중국은 쿠웨이트가 아시아인프라투자은행 설립 제안을 지지한 것을 환영하고 높이 평가했다. 양국은 밀접히 협력하면서 기타 잠재적인 창설 멤버들과 함께 아시아인프라투자은행이 조속히 설립되도록 서둘러 성사시키기로 약속했다.

6월 3일 : 우신시웅 중국 국가발전개혁위원회 부주임 및 국가에너지국 국장이 메다지 쿠웨이트 부총리 겸 공상업부 장관과 함께 '중국 국가에너지국과 쿠웨이트 석유부의 석유산업 협력 협의'를 체결했다. 이 협의에 근거해 양국 정부 부문은 양국 기업이 석유 상유의 탐사와 개발, 공사 서비스, 하유의 석유 정제 등

분야에서 협력하는 것을 지지했다. 쿠웨이트는 계속해서 중국에
대한 원유 수출을 확대하고 중국에서 전략적 비축유 건설 가능성을
연구했다. 양국 기업은 계속해서 제3국에서의 석유 프로젝트 협력을
적극적으로 확대하고 석유 과학기술 협력을 강화했다.

6월 3일 : 리커창 중국 국무원 총리가 인민대회당에서 자베르
쿠웨이트 총리와 회담을 가졌다. 리 총리는 양국은 경제무역, 투자,
재정과 경제, 금융, 인프라 구축 등 방면에서 협력을 확대해야 한다며
중국은 쿠웨이트의 철도 프로젝트 건설에 참가하기를 원한다고
밝혔다. 또 쿠웨이트가 '실크로드 경제벨트'와 '21세기 해상 실크로드'
건설, 아시아인프라투자은행 준비 작업에 참가하는 것을 환영한다고
표했다. 리 총리는 또 에너지협력을 확대하고 석유 천연가스의 상유,
시장과 에너지, 전통 에너지와 신에너지를 긴밀히 결합시킬 것이라며
쿠웨이트가 중국 석유기업에 석유천연가스 상유 탐사와 시장 개발을
개방할 것을 바랐다.

6월 3일 : 중국석유화공그룹회사(中國石油化工集團公司)가 쿠웨이트
석유공사와 인민대회당에서 협력 양해각서를 체결했다. 양측은
원유 무역과 비축, 정유 프로젝트, 석유와 정유 프로젝트 서비스 등
분야에서 계속 협력을 심화하게 되었다.

6월 12일 : '이슬람 국가'의 군사적 역량이 커짐에 따라 이라크
정세가 더욱 악화되었고 중국석유화공그룹회사의 한 중국인 직원이
납치당했다. 그 후 이라크 정부의 도움 하에 납치된 직원이 안전하게
석방되었다.

6월 13일 : 국제에너지기구가 보고서를 발표해 이라크 정세가
긴장해지면서 이라크의 석유 생산량이 큰 영향을 받게 되었고 세계

에너지시장의 우려를 자아낸다고 밝혔다.

6월 30일 : 중국 전력에너지산업 프로젝트 계약자-
중국기계설비공정주식유한회사는 자사가 수주한 이라크 발전소
프로젝트의 전원이 안전한 지역으로 철거되었으며 현장의
토목건축이 잠시 중단되었다고 밝혔다.

7월 26일 : 중국 해관총서(海關總署)가 발표한 수치에 따르면 2014년
상반기 쿠웨이트는 중국에 387만 톤의 원유를 수출했는데 이는
동기 대비 9.6% 하락한 것으로 일평균 15만7000 배럴을 수출한 것과
맞먹었다.

8월 10일 : 중요한 사명을 짊어진 이라크 전후 첫 대외수송
전략적 파이프라인-미샨 송유관이 전면적으로 개통되어 이라크
석유의 대외수송의 신기원을 열었다. 이는 이라크에서의
중국석유천연가스그룹의 업무가 더욱 깊은 단계로 확장되고 있다는
것을 표징하며 중국-이라크 에너지협력이 달성한 또 하나의 중요한
성과이다.

8월 18일 : 쿠웨이트와 중국석유화공그룹회사가 10년을 기한으로
하는 새로운 협의를 체결했다. 협의에 따라 쿠웨이트는 더욱
경쟁력이 있는 원가에 수송비용을 추가한 후 석유를 수송해주는
방식으로 본국에서 중국으로 수출하는 원유의 양을 거의 한 배
높이게 되었다.

8월 23일 : 자오위젠(趙玉建) 파이프국 국장이 베이징에서 루아이비
이라크 석유부 장관 일행을 만났다. 자오위젠 국장은 루아이비
장관에게 파이프국과 이라크 국가석유공정건설회사(SCOP 회사)의
양호한 협력 상황을 소개하고 나서 SCOP 회사와 진일보적으로 협력

범위를 확대하고 협력 패턴을 넓히고 공동 진보, 상호 우위 보완, 협력 공영을 실현할 것을 바랐다.

8월 23일 쿠웨이트석유공사(KPC)의 한 임원이 두바이에서 쿠웨이트는 앞으로 3년 내에 매일 중국에 수출하는 원유의 양을 50만 배럴로 높이고 최종적으로 일평균 80만 배럴에 달하게 할 것이라고 밝혔다.

8월 28일 : 술탄 알 만수리 아랍에미리트 경제부 장관은 그가 인솔한 대표단이 9월에 중국 푸젠 샤먼에서 열리는 제18차 중국 국제투자무역상담회에 참가할 것이라고 밝혔다. 만수리 장관은 언론과의 인터뷰에서 아랍에미리트는 이미 중국 기업이 중동, 유럽, 아프리카 시장에 진입하는 가장 좋은 발판과 교두보가 되었다고 했다. 그는 최근 몇 년간 아랍에미리트와 중국의 경제무역 관계가 비약적으로 발전했고 2013년 양자 간 무역액이 404억 달러에 달했으며 연간 성장률은 16%라고 했다.

9월 1일 : 쿠웨이트가 중국에 수출하는 원유의 양이 7월에 동기 대비 16.9%나 상승해 무려 111만 톤에 달했으며 이는 일평균 26만2000 톤에 해당되고 4개월간 최고치를 기록한 것이었다.

9월 16일 : 카타르 국가은행(QNB)이 보고를 발표하여 카타르는 세계 지도에서 '작은 점'에 불과하지만 천연가스 매장량은 러시아와 이란 다음으로 세계 3위라고 밝혔다. 이 새로운 연구보고를 보면 지금의 생산 속도로 카타르의 천연가스 매장량을 최소 156년 사용할 수 있다. 카타르 국가은행의 분석가는 "때문에 카타르가 22세기에도 여전히 천연가스를 채굴할 것이라 완전히 믿어도 된다."고 했다.

9월 20일 : 중국해군 제17차 호송 편대의 창춘함(長春艦),

창저우함(常州艦)이 이란에 도착해 이란과 합동 군사연습을 했다. 이는 중국 해상 에너지 수송선의 안전을 지키는데 중대한 의의를 가진다.

9월 22일 : 수하일 알-마주라이 아랍에미리트 에너지부 장관이 기자회견을 통해 연방 내각의 비준을 거쳐 에너지부가 새로 5개 부문을 설립하여 에너지절약과 효율, 국제기구 참가, 청정에너지와 기후변화, 기구와 발전, 위기관리 등 사무를 책임일 것이라고 밝혔다.

9월 23일 : 아랍에미리트 푸자이라 정부 기술고문 살릴 칼림이 현지에서 열린 에너지시장 포럼에서 연설을 발표하여 아랍에미리트는 푸자이라의 액화천연가스 재기화(再氣化) 프로젝트의 연간 생산량을 1500만 톤으로 높일 계획이라고 밝혔다. 언론은 재기화 시설을 증가하는 장기적인 계획이 보여주다시피 아랍에미리트 정부는 더욱 많은 액화 천연가스를 수입하여 앞으로 10년간의 수요를 만족시킬 것이라고 했다.

9월 24일 : 아랍에미리트 에너지부 차관인 마타르 알 네야디(Neyadi)는 푸자이라에서 소집된 걸프에너지시장정보 포럼에서 최근에 국제유가가 하락했지만 국제 수요를 만족시키기 위해 아랍에미리트는 계속 증산하고 있다며 8월 일평균 원유 생산량은 285만 배럴에 달했고 연말에는 300만 배럴로 증가될 것이며 2017년에는 일평균 생산량 350만 배럴의 목표를 향해 계속 매진할 것이라고 밝혀다. 그는 또 아랍에미리트의 수출은 주로 동아시아와 남아시아 시장을 향할 것이라고 밝혔다.

9월 24일 : 중국석유화공그룹 석유공정회사는 쿠웨이트 국가석유공사와 9대의 시추기 계약을 체결했다. 이로써 석유공정회사는 쿠웨이트 국가석유회사에 32대의 시추기를 제공함으로써 최대의 시추기 서비스업체가 되었다.

10월 27일 : 쿠웨이트가 9월에 중국으로 수출한 원유 양이 동기 대비 64.5% 급증해 117만 톤에 달함으로써 6개월 간 최고 기록을 냈다. 이는 매일 중국에 28만5000 배럴의 원유를 수출하는 셈이 되었다.

10월 30일 : 아랍에미리트연방 왕세자대표, 무바달라개발공사 이사인 마흐무드 알바힘 알 마흐무드 일행이 중국 화신(華信) 본부를 방문했다. 중국화신에너지유한공사의 천치우투(陳秋途) 총재가 왕세자 대표를 열정적으로 접대하고 우호적인 회담을 가졌다. 천 총재는 아랍에미리트에 풍부한 석유, 천연가스 자원이 있고 발달한 금융 산업을 구비하고 있는 한편 상하이는 중국 경제의 선두라며 중국 화신은 에너지, 금융 등 다방면에서 아랍에미리트와 협력을 할 것이라고 밝혔다.

11월 18일부터 21일까지 : 3일을 기한으로 하는 제4차 중국- 아랍국가연맹 에너지협력대회가 사우디아라비아 수도 리야드에서 소집되었다. 탄룽야오(譚榮堯) 국가에너지국 감독관리 총감이 대표단을 거느리고 회의에 참가하여 축사를 올렸다. 탄 총감은 중국은 아랍 국가들과 석유천연가스 분야의 협력을 계속 강화하면서 원자력의 평화적인 이용, 수력발전, 빛에너지, 풍력 등 청정에너지협력을 적극 탐색하고 실천해나갈 것이라고 밝혔다.

11월 2일 : 중화인민공화국과 아랍에미리트 수교 30주년을 기념하기 위해 아랍에미리트 주재 중국 대사관과 아랍에미리트 외교부는 아부다비에서 공동으로 경축 행사를 가졌다. 시진핑 중국 국가주석이 제기한 '실크로드 경제벨트'와 '21세기 해상 실크로드'가 아부다비

왕세자 모하메드의 '실크로드 재기' 주장과 맞아떨어지며 이는 양국이
진일보적으로 실무적인 협력을 심화시키는데 강대한 동력으로
작용했다.

11월 3일 : 중국인민은행과 카타르 중앙은행은 350억 위안(약 208억
리얄) 규모의 양자 간 통화스와프 협의를 체결했다.

11월 3일 : 시진핑 중국 국가주석이 인민대회당에서 타밈 빈 하마드
알 타니 카타르 국왕과 회담을 가졌다. 양국 정상은 중국과 카타르가
전략적 동반자 관계를 수립하고 양국 간 실무적인 협력을 더욱 높은
수준으로 끌어올릴 것이라고 선포했다. 양국 정상은 함께 '일대일로',
금융, 교육, 문화 등 분야의 협력 협의가 체결되는 것을 지켜봤다.
에너지 분야에서 양국은 에너지와 교체에너지 방면의 장기적이고
전면적인 전략적 동반자 관계를 건립하게 되고 또 액화천연가스,
석유화학을 포함한 석유 천연가스 생산과 가공 분야에서 협력을
강화하게 되었다. 양국 정부의 주관 부문, 관련 기업이 에너지공급 및
관련 프로젝트 투자의 협력 협의를 체결하고 실천하도록 격려했다.

11월 11일 : 제17차 중동(아부다비) 국제석유박람회 현장에서
창청시추회사(長城鑽探公司)가 아부다비국가착정공사와
공사기술서비스 전략적 협력협의를 체결했다.
이는 중국석유천연가스집단 공사기술서비스 업무가 처음으로
아랍에미리트 시장에 진입했다는 표징이었다. 이 협력협의는
창청시추회사와 아랍에미리트 아부다비 국가석유공사의 일괄 전략적
협의 가운데 공사기술서비스 분야의 한 가지 구체적인 조치였다.

11월 12일 : 국제에너지기구는 중국 국유석유회사의 중동지역에 대한
투자가 엄중하게 좌절당했으며 그중에는 수단, 이란, 시리아, 리비아

등 정국이 불안정한 국가가 포함됐다고 밝혔다. 국제사회가 이란에 제재를 가하면서 이란에 대한 중국의 140억 달러의 투자도 물거품이 되어버렸다.

11월 13일 : 쿠모함메드 알 알렘 쿠웨이트 석유상은 언론과의 인터뷰에서 쿠웨이트 정부가 400억 달러 이상을 투자하여 본국의 석유와 천연가스 생산량을 대폭 늘릴 계획이라고 피력했다. 2020년까지 쿠웨이트 석유 생산량은 지금보다 4분의 1 증가해 일평균 400만 배럴에 달할 것이며 천연가스 생산량은 4배로 늘어나게 되었다.

11월 16일 : 이란 관리가 중국이 이란에 대한 에너지 투자를 배로 늘리게 된다며 "중국은 이란 중앙은행의 제안에 동의하고 이란에 대한 에너지 계획 중의 투자액을 520억 달러로 높이게 된다"고 밝혔다. 이란 에너지부 장관은 "물, 전기, 석유천연가스를 포함한 에너지 분야의 정부 프로젝트, 기타 공업부문 및 건설 프로젝트가 다 중국의 자금 지지를 받게 된다"고 밝혔다.

11월 17일 : 이란과 중국은 현재 300 메가와트의 태양에너지발전소에 관한 뉴라운드 협상을 진행하고 있으며 이를 통해 테헤란의 공기 오염을 다스릴 계획이다. 쌍방은 중국의 신규 에너지 항목의 대부한도에 대해 논의 중이고 또 중국이 설계, 건설, 설치, 수송하는 새로운 태양에너지발전소 프로젝트에 대해 초보적인 공통인식을 달성했다.

11월 17일 : 카타르와 바레인은 중국이 인민폐로 석유 거래를 결제하는 것을 허락했다.

11월 17일 : 쿠웨이트 아랍경제발전기금이 발표한 수치에 따르면

2014년 11월까지 이 기금은 이미 중국의 37개의 프로젝트에 총액이 2억8000만 디나르(약 9억 5200만 달러)에 달하는 특혜차관을 제공했으며 프로젝트가 에너지, 농업, 공업, 교통 등 분야에 언급되었다.

11월 24일 : 수하일 알 마즈루이 아랍에미리트 에너지 장관은 아랍에미리트 에너지부문이 현재 새로운 발전 전략을 실시하고 있는데 중점은 에너지를 다양화하여 계속 석유와 천연가스를 이용하는 동시에 원자력과 재생에너지를 발전시키는 것이라고 밝혔다. 아랍에미리트는 이미 핵에너지의 평화적인 이용 계획을 실행하기 시작했고 4개의 원자력 발전소 건설에 착수했으며 2020년 원자력에 의한 전기생산이 전국 25%의 에너지 수요를 만족시키게 되었다. 이밖에 재생에너지 분야의 투자를 확대하게 되었다.

11월 24일 : 모하메드 살레 알-사다(Mo-hammad Saleh al-Sada) 카타르 에너지산업부 장관이 이날 저유가, 미국 셰일가스 및 중국의 폴리에틸렌이 걸프지역의 석유화학산업에 도전이 될 것이라고 밝혔다.

11월 24일 : 2014년 10월 쿠웨이트가 중국에 98만6000 톤의 원유를 수출했는데 일평균 23만3000 배럴에 해당되며 동기 대비 27.8% 증가했다. 쿠웨이트가 이달 중국 원유 수입 총량의 4.1%를 차지했는데 2013년 같은 시기의 3.8%보다 높았다. 2014년 1~10월 쿠웨이트가 중국에 수출한 원유는 일평균 19만1000 배럴에 달하며 동기 대비 29.8% 증가했다.

11월 26일 : 압둘라 빈 아마드 알 살레 아랍에미리트 경제부 차관은 아랍에미리트가 중국 정부와 합동투자기금을 설립하여 청정에너지발전을 지지할 것이라고 밝혔다. 알 살레 차관은 "양국은 청정에너지 투자기금 설립 사항에 대해 이미 상담을 시작했으며 초보적인 협력 협의를 체결했다. 아랍에미리트와 중국은 모두 충족한 유동자금이 있고 청정에너지 투자는 양국의 공통이익에 부합된다."고 전했다.

12월 10일 : 중국 최대의 역외 석유천연가스 생산업체인 중국해양석유회사는 모회사인 중국해양석유총공사가 쿠웨이트 해외석유탐사(KUFPEC)와 난하이(南海) 잉거하이(鶯歌海) 분지의 3개 블록에 대한 콘소시엄생산 계약을 체결했다고 밝혔다. 계약에 따라 중국해양석유회사가 작업자를 맡고 탐사기간 내에 중국해양석유회사와 KUFPEC가 20,80의 참여 지분 비율에 따라 탐사비용을 제공했다. 개발 단계에 들어선 후 중국해양석유회사는 계약지역의 모든 상업 석유천연가스 발견의 70% 이내 권익에나 참가할 수 있고 계약 항목의 전부의 권리와 의무를 중국해양석유회사가 양도받게 되었다.

12월 11일 : 쿠웨이트석유공사가 성명을 발표하여 쿠웨이트가 2015년 1월부터 역내 기준가격인 배럴당 3.95 달러보다 낮은 가격으로 아시아 정유공장에 원유를 판매할 것이라고 밝혀 사우디아라비아와 이라크의 뒤를 이어 세 번째로 원유 수출 가격을 낮춘 OPEC 회원국이 되었다.

12월 12일 : 2015년의 수입과 관련해 중국 국영 무역업체 주하이전룽회사(珠海振戎公司)가 이란 국가석유공사와의 협의를 회복했으며 2015년에 2014년과 같은 수량으로 이란 원유를 구매할 계획이다.

<u>12월 16일</u> : 이란광업자협회(Iran Mine House) 석탄위원회 주임인
모하마드 모지타흐자드(Mohammad Mojtahedzadeh)는 이란은 정탄
생산량이 연간 150만 톤에 불과하지만 수요량은 450만 톤에 달해 본
지역의 제련 수요를 만족시키지 못하기 때문에 해마다 중국, 호주,
인도네시아에서 정탄을 대량 수입해야 한다고 밝혔다. 다른 한편으로
이란의 석탄 매장량 또한 10억7500만 톤으로 매우 풍부하지만 기존의
가공처리공장은 세 곳밖에 안 되어 가공능력이 극도로 부족하다고
밝혔다.

12월 18일 모함메드 알 알렘 쿠웨이트 석유상은 석유 가격이
지속적으로 하락하고 있지만 배럴당 50달러 이하로 떨어지더라도
쿠웨이트는 별로 큰 영향을 받지 않을 것이고 정부는 프로젝트
건설을 중단하지 않을 것이라고 했다. 그는 브렌트 유 가격이 배럴당
60달러로 떨어졌지만 쿠웨이트의 2014년 상반기 원유 거래 가격이
배럴당 100달러 이상이었고 하반기의 수입까지 합치면 국가의
예산은 전반적으로 안전하다며 적자가 나타나지 않을 것이라고 했다.

<u>12월 18일</u> : 상하이와 아랍에미리트 아부다비가 경제무역 전략적
동반자관계 양해각서를 체결했다. 양해각서에 따르면 상하이는
앞으로 중국 정부의 '일대일로' 창의의 지도하에 아랍에미리트
아부다비와 함께 국제 상업무역 , 금융, 관광, 박람회, 석유
탐사와 개발, 정밀 화학공업, 대외 공사 수주 등 분야에서
심층적으로 협력하게 된다. 아부다비주식그룹은 또 상하이
국제에너지거래센터의 해외 업무에 참가하게 된다. 아랍에미리트와
중국은 곧 인민폐 350억 위안의 통화 스와프 협의를 체결하게 되며
아랍에미리트에는 인민폐 청산센터가 설립될 것이다.

12월 23일 : 아랍에미리트의 매년 에너지수요 성장률은 9%로 세계 평균 수준의 3배이며 원자력에너지를 발전시키기 딱 좋은 시기이다. 아랍 원자력에너지위원회의 제너럴디렉터인 압둘은 아랍국가가 여전히 석유에 의해 에너지수요를 만족시키고 있는데 지금이 바로 원자로를 만들 좋은 시기이며 이는 역내 생산 발전에 중대한 영향을 일으키게 될 것이라고 밝혔다.

12월 28일 : 이란의 비잔 남다르 자가네흐 석유부 장관은 사우스 파르스 가스전의 신규 프로젝트가 가동된 후 이란의 천연가스 일평균 생산량이 7000만 ㎥ 증가했다고 밝혔다.

12월 28일 : 중국선박중공업집단(中船重工, CSIC)과 우한석박용기계유한책임회사(武漢船用機械有限責任公司)가 우한(武漢)에서 아랍에미리트 해상작업 플랫폼 건설 계약을 체결했는데 총 액수가 약 11억 달러에 달했다. 구입자 아랍에미리트 QMSL 회사는 중동지역의 대형 해양서비스회사이며 이번에 3개의 해상작업 보조 플랫폼을 구매하여 걸프지역 석유천연가스전 개발에 사용하게 되었다. 이는 중국 해상작업 장비의 독자 브랜드가 세계에 진출했음을 상징한다.

12월 29일 : 바오지석유 기계유한책임회사(寶鷄石油機械有限責任公司)와 중국석유기 술개발공사가 협력해 아랍에미리트에 시추기를 수출하는 프로젝트가 현재 진행 중이다. 이는 두 기업이 3년 내에 협력해서 가장 중대한 프로젝트를 성공시켜 누계 수출액이 50억 위안에 가깝게 되었다.

12월 27일 : 중국-카타르 구매 플랫폼 설립 기자회견이 베이징 댜오위타이 국빈관에서 열렸다. 카타르 상공총회의 알사니 회장이 이날 기자회견에서 카타르가 대량의 특혜 조치를 내와 중국의 투자를 적극 유치할 것이라고 밝혔다. 여기에는 카타르 기업에 대한 외자출자 비율 기준을 완화하는 것, 에너지 방면에서 외자 기업의 천연가스 가격에 보조금 지불하는 것, 전기세를 상징적으로만 받는 것 등이 포함되었다.

후기

　21세기에 들어선 후 중국의 에너지 국제협력이 점점 더 빠른 속도로
발전하여 중국의 전 국제협력 중에서 가장 중요한 구성부분이 되었고, 매우
큰 성과를 거두었으나 문제가 많고 직면한 도전도 컸다. 중국인민대학
국제에너지전략 연구센터는 이 연구 분야에서 정리와 장기적인 추적 업무를
시도해 보았다.

　2009년 중국인민대학이 밍더연구(明德研究) 브랜드계획을 세웠는데,
지원 범위에는 기초연구 항목, 추적 조사와 평가 항목, 의사결정 지원 연구,
기초 축적 항목이 포함되었다. 센터는 '중국에너지 국제협력의 이론과
실천'을 주제로 학교의 항목 입안 지원을 받았다. 이 항목을 기반으로
센터는 해마다 한 부씩중국에너지 국제협력 보고』를 출간하여 프로젝트의
대표적 성과로 삼게 되었다. 2012년부터 중국에너지 국제협력 보고는 또
중국인민대학 시리즈 보고의 하나로서 사회에 발표되고 있다. 이번 보고의
주요 저술자는 아프리카지역을 담당한 천자오위안(陳兆源), 아메리카지역을

담당한 최이샤오동(崔小東)과 마오차오난(毛超楠), 유럽지역을 담당한 투하오란(涂浩然)과 류웨칭(劉衛靑), 구 소련지역을 담당한 왕웨이(王偉)와 손이(孫憶), 아시아·태평양지역을 담당한 주훙위(朱紅宇)와 숑첸(熊謙), 중동지역을 담당한셰이(謝漪)와 왕수이슈(王水秀)이다.

    보고의 대부분 자료는 국내외에 공개된 에너지 사이트에서 온 것으로 인용된 수치와 정보가 사실에 부합되지 않는 부분이 있다면 독자들께서 양해하시기를 바란다. 여기에서 이런 사이트가 제공한 정보에 감사를 드린다. 우리는 각 사이트의 정보를 통합하는 방법으로 독자들에게 연도별 국제에너지의 전반적인 발전상황과 국제에너지협력의 대체적인 상황을 제공하였는데, 독자들은 진일보적으로 비교와 연구를 하는 토대로 삼기를 바란다.

    이번 보고는 중국의 에너지 국제협력의 실천을 시험적으로 정리한 것이고, 자료와 능력의 한계 때문에 부족한 점이 많이 존재할 것으로 보지만, 우리의 목적은 벽돌을 던져 구슬을 끌어들이는 것과 같은 것이니 독자들의 많은 조언을 바란다. 우리는 앞으로의 보고에서 이런 부족한 점을 미연에 방지하기 위해 노력할 것이다.

이 보고의 총 편집장인 중국인민대학 국제관계학원의 천위예(陳岳) 원장이 이 보고에 대해 관심을 갖고 지도해주신 데 대해 감사를 드린다. 아울러 본 보고에 대한 중국인민대학 출판사의 협력에도 감사를 드린다.

중국인민대학 '중국에너지 국제협력의 이론과 실천' 연구팀

2015년 8월